国家文化产业资金支持媒体融合重大项目

高等职业教育富媒体智能型·创新系列教材

活页式教材

Fundamentals and Practices of Auditing

审计基础与实务

颜永廷 主编

东北财经大学出版社
Dongbei University of Finance & Economics Press

大连

图书在版编目（CIP）数据

审计基础与实务 / 颜永廷主编. —大连：东北财经大学出版社，2020.8
（2021.8重印）

（高等职业教育富媒体智能型·创新系列教材）

ISBN 978-7-5654-3879-0

Ⅰ．审… Ⅱ．颜… Ⅲ．审计学–高等职业教育–教材 Ⅳ．F239.0

中国版本图书馆CIP数据核字（2020）第099961号

"十三五"江苏省高等学校重点教材（编号：2019-2-189）

东北财经大学出版社出版

（大连市黑石礁尖山街217号 邮政编码 116025）

网 址：http://www.dufep.cn

读者信箱：dufep@dufe.edu.cn

大连图腾彩色印刷有限公司印刷 东北财经大学出版社发行

幅面尺寸：185mm×260mm 字数：487千字 印张：21.5 插页：1

2020年8月第1版 2021年8月第2次印刷

责任编辑：王天华 周 慧 责任校对：尚玉影 慧 心

封面设计：冀贵收 版式设计：冀贵收

定价：59.80元

教学支持 售后服务 联系电话：（0411）84710309

版权所有 侵权必究 举报电话：（0411）84710523

如有印装质量问题，请联系营销部：（0411）84710711

Preface

前言

教材作为课程内容的重要载体，是教师执教和学生学习的标准和依据，是联系教与学的桥梁和纽带，是课程标准的具体化。编者从"斗胆"想编一本审计教材开始，到《审计基础与实务》书稿即将付梓，"为伊消得人憔悴"了近十年。

本教材以教育部《高等职业学校审计专业教学标准》为基础，同步反映审计行业领域、高职审计教育教学及课程改革最新成果，兼顾学科知识体系的严谨性和实务岗位技能应用的职业性，全面提升教材在高职教育教学过程中的适用性。教材编写力求做到：

（1）充分尊重学科的规范性、严谨性和准确性，字斟句酌、追根溯源，使教材经得起品读，成为教与学的可信标准和依据；

（2）充分反映最新企业会计准则、审计准则等相关内容，理论和实践融合，体现实务的应用性和引领性；

（3）充分体现"'1+X证书'制度试点方案"要求，有机融入会计、审计专业技术资格考试、审计技能竞赛等相关内容，荟萃考试竞赛试题，反映考情动态，助力学生顺利通过相关技能证书考试；

（4）设置一些特色栏目，使教材形式新颖，内容富有启发性和趣味性，有一定的宽度和深度，为师生在教与学的过程中充分发挥主观能动性搭建平台。

本教材由颜永廷担任主编，季翔、赵晓青和张经纬担任副主编。具体编写分工如下：颜永廷编写了项目一、项目二、项目三、项目五和项目十，季翔编写了项目四，赵晓青编写了项目六和项目七，张经纬编写了项目八和项目九。颜永廷负责拟定写作提纲，并对教材进行了总撰、修改和定稿。中国注册会计师协会专业技术咨询委员会专家、江苏国瑞兴光税务师事务所所长高允斌对本教材内容结构的完善及审定提出了许多中肯意见，并参与编写了部分案例和思考与练习。

在本教材撰写和出版过程中，得到了许多领导、专家、学者的支持和帮助，在此谨向他们致以诚挚的谢意！尤其要感谢"全国模范教师"江苏财经职业技术学院校长程淮中教授在本教材的编写过程中给予的指导、关心和大力支持，他提出许多富有见地的思路和观点；感谢江苏财经职业技术学院教务处处长张卫平教授、会计学院院长李群教授等给予的支持和帮助；感谢东北财经大学出版社王天华主任对本教材出版付出的大量专业、细致的编校工作。

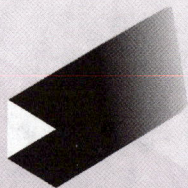

由于水平和能力所限，书中不足之处在所难免，恳请各位专家和读者批评指正。如有赐教，请发邮件至71066098@qq.com。

如果你有问题想与我们讨论与交流，可以QQ扫一扫下面的二维码。

教师扫一扫

学生扫一扫

颜永廷

2020年8月于淮安

目录

Contents

Contents

项目一
认识审计

项目一 认识审计

◇ **学习目标**

1.阐述审计的产生和发展的主要脉络
2.讲解早期的股票泡沫及独立审计的诞生
3.复述并记识审计的含义、特征、基本分类
4.归纳注册会计师审计、国家审计、内部审计之间的区别与联系

任务一　了解审计的产生和发展

　　审计是社会经济发展到一定阶段的产物。财产所有权和经营管理权的分离，是审计产生的历史背景；维系受托经济责任关系是审计产生和发展的基础。审计因受托责任的发生而发生，因受托责任的发展而发展（杨时展，1990）。审计是在受托经营、受托管理所形成的经济责任关系下，基于经济监督的需要而产生的。提高经营效率和经济效果是审计发展的动力，现代科学技术为审计的发展提供了方法和手段。按照实施审计的主体不同，审计可分为国家审计、注册会计师审计和内部审计。

一、国家审计的产生和发展

　　从四千多年前会稽山会诸侯、"大会计，爵有德，封有功"的大禹时代，到在政府中设置司会、宰夫等专门职能部门的西周王朝；从秦皇汉武设置三公九卿，创立"上计制度"，到大唐盛世设立三省六部，建立"刑部比部审计"。我国古代审计，在人类历史上书写了无与伦比的辉煌篇章。

（一）审计起源于大禹时代

　　《史记·夏本纪》记载："自虞、夏时，贡赋备矣。或言禹会诸侯江南，计功而崩，因葬焉，命曰会稽。会稽者，会计也。"《吴越春秋》记载："（禹）三载考功，五年政定，周行天下，归还大越，登茅山，以朝四方群臣，…乃大会计…遂更名茅山曰会稽之山。"《越绝书》则曰："禹始也，忧民救水，到大越，上茅山，大会计，爵有德，封有功，更名茅山曰会稽。"

（二）西周设宰夫、司会等官职

　　西周时期，我国初步建立了国家审计制度。《周礼》记载，周朝官制的天官系统中，大宰、小宰、宰夫和司会等官职均与审计职责有关。大宰为天官之长，"岁终，则令百官府各正其治，受其会，听其致事，而诏王废置"；"三岁，则大计群吏之治而诛赏之"。小宰则为大宰属员，协助大宰受计。宰夫"掌治朝之法"，"考百官府、群都、县、鄙之治，乘其财用之出入……治不以时举者，以告而诛之"。即宰夫要命令各级官吏，定期将其财政收支情况上报，由宰夫进行审核，如果发现违法乱纪者，就要向皇上汇报，加以处罚。宰夫一职的出现，标志着我国古代政府审计的产生。美国会计史学家迈克尔·查特菲尔德（Michael Chatfield）在作了翔实论证后指出："在内部控制、预算和审计程序等方面，周代在古代世界是无与伦比的。"

☑ **最古老的审计原则："明法审数"**

春秋时期，在国家财政经济管理中，崇俭节用被看作国家理财的当务之急。《管子·幼官》提出了"明法审数，立常备能，则治"的主张。"明法审数"的两点含义如下：一是要求审计人员应熟悉有关法律法规，依法办事；二是审计人员必须清楚国家财政收支情况，并据此进行审计工作。"明法审数"已成为当时审计人员从事审计监督工作的标准和原则，也是当今世界上最古老的审计原则。

微课：最古老的审计/会计原则

☑ **最久远的会计原则："会计当而已"**

《孟子·万章下》记载："孔子尝为委吏矣，曰'会计当而已矣'。尝为乘田矣，曰'牛羊茁壮，长而已矣'，位卑而言高，罪也；立乎人之本朝，而道不行，耻也。"由此可知，"尝为委吏"的孔子可谓是中国官厅会计的鼻祖，"会计当而已"则是目前世界上最古老又历久弥新的会计原则。

（三）秦、汉时期的"上计制度"

上计制度，就是古代各级地方官厅对所辖区域的人户、田地的增减，财物、赋税的出入等情况，汇总编制成册，逐级上报直至朝廷审查考核的一种制度，也是古代皇帝考核地方官吏政绩的一种方法。先秦时期的诸国，均继承并发展了自西周王朝以来中央政府实行的岁计（每年一次）、大计（每三年一次）制度，形成了较完备的上计制度。地方行政长官定期向上级呈报上计文书，报告地方治理状况。《淮南子·人间训》记载"解扁为东封，上计而入三倍"，则反映了战国时期魏国大臣解扁治理国家东部的边境地区，年终举行上计活动，收入比以前增加了三倍的历史事件。《汉书》记载，汉武帝曾四次参加"受计"活动。上谷太守郝贤曾因大破匈奴战功显赫被封为众利侯，他自恃为汉武帝的爱将又立有殊功，对上计律制置若罔闻，在上计时弄虚作假，汉武帝发现后立即对郝贤定以重罪，罢免了他的官职。秦汉时期是审计逐渐走向独立的阶段，形成了自下而上的"上计制度"与自上而下的"御史制度"（监察），成为当时中央控制全国财政经济收支的重要经济制度。

（四）隋、唐时期的"比部审计"

隋、唐时期，在刑部下设"比部"负责审计工作，独立于财计部门，行使司法审计监察权。所谓"比"，即指勾考、勾比、勾稽之意，同现今的审查、核对、稽核的意义相似。隋朝比部的基本职能为："掌勾诸司百僚俸料、公廨、赃赎、调敛、徒役、课程、逋悬数物，周知内外之经费，而总勾之。"到了唐代，凡国家财计，无论内外、军政、上下，无所不勾，无所不比，比部的审计范围之广、考核项目之详，都是前所未有的。唐代的比部组织机构与审计制度的健全与完善程度也达到了顶峰。刑部比部审计制度的建立及其司法审计职能作用的发挥，是我国古代国家审计体制建设史上最为辉煌的一页。（☑深度阅读：康均. 我国古代比部审计制度的兴衰［J］. 财会学习，2006（1））

（五）宋代设置审计司、审计院

宋代审计的重点在于建立健全财计系统内部的审计机构。虽然宋朝在刑部之下保留了比部，但比部的实职被取缔、作用被淡化，比部审计名存实亡。北宋初年，中央设中书门下、枢密院、三司，分管国家行政、军事、财政职权，共同对皇帝负责。从宋初至元丰改制期间，审计事宜主要由三司使下的都磨勘司与三部勾院（即盐铁勾院、度支勾院、户部勾院之合称）主管，并于宋太宗淳化三年（992年）设诸军诸司专勾司，专门审查军政开支。元丰改制（1080年）后，恢复唐代三省六部官制，将三司的审计职能大部分转移到刑部之下的比部，同时在国库系统太府寺内设置审计司等内审机构。

南宋建炎元年（1127年），因避高宗赵构名讳，遂改"诸司诸军专勾司"为审计院。南宋时期，除在户部下设置审计院和磨勘司两个主要内部审计机构外，在太府寺下设置专门负责审查太府寺财物出纳审计的机构审计司。

（六）元、明、清：审计衰弱时期

元代设立检校官、照磨官对中央各部门和地方各级官府的财政财务收支进行审计监督。检校所隶属于中央和地方的最高行政机构中书省和行中书省，检校官职掌检查、核对案牍是否迟滞和错失。中书省、行中书省、六部均置照磨官，掌各衙门钱谷出纳、营缮料理等事。元朝是中国历史上首个以少数民族贵族为主体的君主专制的统一王朝，其审计法规建设比较粗糙，并且没有认真地付诸实施。

明、清时代，随着君主专制中央集权政治走向极端，作为皇帝耳目的御史制度（明清时改御史台为都察院）的发展达到了极点，其审计建制出现了新的转折，都察院跃升为外部审计的主要机构，其次是户部专设的内部审计机构。

清代基本上沿用明代的审计制度，实行监审合一的体制。清代都察院统属监察御史和六科给事中。六部之中，户、工二部具有一定的审计职能。清末，对审计体制改革进行了有益的探索，由于清王朝覆灭，设立审计院的计划未能实施。

总体而言，伴随着中央集权的建立、巩固、强化和到达空前强化，我国古代审计也经过了建立、发展、趋于成熟和衰弱的变化。在中央集权强大，政治清明，皇权受到相权制约，统治者重视的时候，往往审计发展得最为良好，但若中央集权衰微或者中央集权强大但皇权无所制衡时，审计式微。

☑ 中国古代审计模式

中国古代起主导作用的审计机构隶属关系多变，没有形成一个相对固定、统一的模式。其间主要有三种隶属关系：❶独立的专门审计机构：以隋唐时期刑部下设的"比部"最为典型；❷在财政部门中设置的专职审计机构：以宋代的三部勾院和都磨勘司较为明显，隶属于主管财政的度支、户部、盐铁三司，专司审计；❸审计与监察相结合的机构，如明清时期的都察院，以纠察百官、勾考账籍为主要职责，直接为君王服务，权威性强。在三种隶属关系中，审计与监察相结合的形式历时最久，体现了中国古代的政治制度和文化传统以及当时审计的主要思想和价值取向。

微课：中国古代审计模式

（七）我国的近代审计

1840年至1949年为我国的近代审计阶段。"民国"初期的1912年，"北洋政府"在"国务院"下设"中央审计处"，颁布《审计处暂行规定》等审计法规。1914年，改审计处为"审计院"，颁布《审计院审计法》和《审计法施行规则》等审计法规（王公尚，刘曼丽. 北洋政府时期审计院部分档案之解析［J］. 西北大学学报，2008（7））。1928年，南京国民政府增设"审计院",公布《审计院组织法》和《审计法》。1931年,改"审计院"为"审计部",隶属"监察院"。民国时期审计的一个最重要的特点是:审计法规的完备达到空前的程度。一方面,它突破了历代将审计内容附于其他刑事法规之内的习惯做法,公布了大量的专门的审计法规;另一方面,所颁布的审计法规涉及审计的各个方面,形成了审计法规的体系。但由于政治腐败,审计并未起到应有的作用。

（八）我国的现代审计

中华人民共和国成立以前,在中国共产党领导下的革命组织和根据地工农政权中也实行了审计制度,既有一定的审计组织,也颁布了一些审计法规。第一次国内革命战争时期,1925年7月建立的省港罢工委员会中就设有审计局。第二次国内革命战争时期,革命根据地于1934年公布了《苏维埃共和国中央苏维埃组织法》,规定设立中央审计委员会,并在省和直属市分设审计委员会,重点是审查开支是否节约,有无损失浪费问题。

抗日战争和解放战争时期,在边区行署、专区、县均有审计委员会。红军长征胜利到达陕北的陕甘根据地初期,中央仍保留长征前"苏区"的审计委员会,对各机关的经费预算进行审核。1937年9月陕甘宁边区政府正式成立之时,设立审计处,直接隶属于边区政府。1938年3月,审计处改为财政厅的下属机关,并改为审计科。1939年12月,陕甘宁边区中央财政部设立后,中央财政部下设审计处,统一负责边区党、政、军的审计工作。陕甘宁边区制定了一系列审计工作的法规文献,如《陕甘宁边区暂行审计规程》、《各分区县市审计工作暂行规程》和《审计制度示范》等（高中华.陕甘宁边区政府的审计工作 [J]. 中共党史资料,2007（2））。

在中华人民共和国成立之前的革命战争年代,中共在苏区和解放区实行"产品本位制"或"商品本位制"的货币发行制度,货币发行既不与民国政府的货币挂钩,也不与美国或苏联的货币挂钩,实行独立自主的金融政策,保证了根据地人民生产生活的稳定,为党政军系统的运行提供了良好的财政支持,为最后赢得政权提供了重要保障。

中华人民共和国成立以后,我国审计步入现代阶段。中华人民共和国成立初期,当时师法苏联,实行财政与审计合一的做法,以会计检查取代了审计,国家未设立独立的审计机构。一方面赋予会计人员以监督财政、财务收支的职权;另一方面实行由主管部门对所属单位进行不定期的会计检查,对财政、税务、银行进行业务监督的制度。

1982年修订的《中华人民共和国宪法》规定,我国建立审计机关,实行审计监督制度。1983年9月在国务院设立了审计署,地方县以上的各级人民政府也相继成立了审计局,独立行使审计监督权。

1984年12月17日,中国审计学会成立。1985年8月,公布了《国务院关于审计工作的暂行规定》,同年10月又公布了《审计工作试行程序》。1988年12月,国务院发布了《中华人民共和国审计条例》。1994年,第八届全国人大常委会第九次会议通过了《中华人民共和国审计法》,对审计监督的基本原则、审计机关和审计人员、审计机关职责、审计机关权限、审计程序、法律责任等做了全面规定。1997年,国务院又发布了《中华人民共和国审计法实施条例》。2006年2月,修正后的《中华人民共和国审计法》正式通过并颁布实施。2010年2月,修订后的《中华人民共和国审计法实施条例》颁布,于同年5月起施行。

2000年,审计署修订发布并施行《中华人民共和国国家审计基本准则》。2002年,审计署发布《审计结果公告试行办法》。2010年9月,审计署公布修订的《中华人民共和国国家审计准则》，于2011年起施行。

2010年10月，中共中央办公厅、国务院办公厅关于印发《党政主要领导干部和国有企业领导人员经济责任审计规定》的通知发布并施行。2014年7月，《党政主要领导干部和国有企业领导人员经济责任审计规定实施细则》经中央经济责任审计工作部际联席会议审议通过并实施。

《审计法》、《审计法实施条例》、《国家审计准则》以及《党政主要领导干部和国有企事业单位主要领导人员经济责任审计规定》等的相继修订、颁布和实施，表明我国国家审计的法治化、制度化和规范化建设取得了长足的进步。国家审计对于发挥审计保障国家经济和社会健康运行的"免疫系统"功能，具有十分重大的意义。

（九）西方国家审计的产生和发展

据考证，早在奴隶制度下的古埃及、古罗马和古希腊时代，就有了官厅审计机构及政府审计的萌芽。审计人员以"听证"（Audit）的方式，对掌管国家财物和赋税的官吏进行考核，成为具有审计性质的经济监督工作。

英国是近代西方审计的发源地，英国的审计具有悠久的历史。在11和12世纪，英国国王一直把持国家的财政大权，在威廉一世时代和亨利一世时代、封建统治者在财政部门内设置了审计监督部门，即上院（收支监督局）和下院（收支局），执行审计监督。1215年，英国《大宪章》的颁布制约了英国国王的权力，奠定了英国国家审计制度产生和发展的政治基础。13世纪，英国建立了王室财政审计制度，是近代审计诞生的标志。1785年，根据《检查和审计国王公共账目的法案》，取消国库审计官，并组建了五人审计委员会。1834年，颁布了修订审计制度的法案，特别审计院长负责对国库公款的监督，院长系终身职务。1861年，开始在众议院设决算审查委员会，第一次真正建立了统一的、独立的审计机构。1983年1月1日，通过了《国家审计法案》，取消英国国库审计部，正式更名为英国国家审计署。英国国家审计署独立于行政部门，代表议会对政府进行监督，向议会报告工作。

法国在资产阶级大革命前就设有审计厅。在资产阶级大革命后，拿破仑一世创建的审计法院，至今仍是法国政府实施事后审计的最高法定机构。欧洲的许多国家于19世纪在宪法或特别法令中都规定了审计的法律地位，确立国家审计机关的职权、地位和审计范围，授权独立地对财政、财务收支进行监督。

美国虽然只有200多年的历史，但由于重视经济管理，在经济管理理论和方法的研究方面颇有成就，这就促使了美国经济的迅速发展。以前美国没有独立的财政监督机构，只在财政部设有审计官进行审查，直到1919年参、众两院建议组成预算特别委员会后，才把对政府账目的审计从财政部的业务中分离出来；1921年公布了《预算和会计法》，并根据该法建立了美国最高审计机关——审计总局，受理政府账目审计，以寻求经济有效的方式来管理美国政府的公共款项。除中央情报局和总统办公室不能审查外，凡与公共开支有关的事项，审计总局都有权审查。审计总局最重要的任务就是向国会提供信息和参考意见，以便有助于国会各委员会的工作。

在现代资本主义国家中，大多实行立法、行政、司法三权分立的国家政权组织形式，议会为国家的最高立法机关，并对政府行使包括财政监督在内的监督权。为了监督政府财政收支，执行财政预算法案，维护统治阶级的利益，西方大多数国家在议会下设有专门的审计机构，由议会或国会授权，对政府及公营事业单位财政财务收支进行审计监督。第二次世界大战以后，西方国家不仅在审计体制上有了较大的发展，更重要的是在审计理论和实务上也有了较大的发展，即把经济监督和经济管理相互结合，从传统的财务审计向现代的三 E（经济、效率、效果）审计、绩效审计方面发展。

☑ 国家审计体制模式

国家审计体制大体可以分为四种模式：❶ 立法型审计，审计机关隶属于立法部门，直接对议会负责并报告工作，完全独立于政府，主要审计政府财政收支。此模式在西欧、北美等发达国家和许多发展中国家十分普遍，以英美两国最为典型，是目前世界审计制度的主流。❷ 司法型审计，即审计机关除具有审计职能外，还拥有一定的司法权限，法国、意大利、巴西是典型代表。如法国审计法院，是独立于立法机构（议会）与行政机构（内阁政府）的一个司法机构，审计法院的院长由总统任命，为终身制；审计人员多为法官，审计的主要对象是国家财政；审计法院对违法或造成损失的事件进行审理并予以处罚，其裁决为终审判决，具有法律效力。❸ 独立型审计，即审计机关不隶属于任何权力部门，如德国设立的联邦审计院，独立于立法、司法和行政部门之外，直接对法律负责。❹ 行政型审计，即审计机关在体制上隶属于国家行政系列，是国家行政机构的一部分，对政府负责并报告工作。例如中国、瑞典、沙特阿拉伯等国家审计，属于行政型审计模式。

二、注册会计师审计的产生和发展

注册会计师审计，也称社会审计、民间审计或独立审计，起源于意大利合伙企业制度，形成于英国股份制企业制度，发展和完善于美国发达的资本市场，是伴随着商品经济的发展而产生和发展起来的。

微课：国家审计体制模式

16世纪，位于地中海沿岸、地处东西方贸易枢纽的威尼斯，由于商业经营规模不断扩大以及单个的业主难以向企业投入巨额资金，为适应筹集所需大量资金的需要，合伙制企业应运而生。合伙经营方式不仅促进了复式簿记在意大利的产生和发展，也产生了对注册会计师审计的最初需求。1581年创立的威尼斯会计协会，由专门从事查账和公证工作的专业人员组成，以独立的第三方身份对合伙企业的合伙契约履行情况进行鉴证，一般认为是注册会计师审计制度的起源。

（一）南海泡沫与独立审计诞生

在郑和下西洋（1405—1433年）近90年后，欧洲人跨越大西洋完成了新航路的开辟，西方的商业中心由此从地中海移至大西洋沿岸。战争筹款需求，催生了现代资本主义信贷制度。17世纪初，英国、荷兰等相继设立了早期的股份公司，荷兰还建立了世界最早的城市银行以及股票交易市场。早期以"两权分离""军商合一""军政合一"为主要特征的股份/殖民公司，不仅给股东带来了丰厚回报，同时也是荷兰、英国等一度称霸世界不可或缺的利器，甚至被誉为社会经济发展的"蒸汽机"。但是，如何有效解决由代理人道德风险引发的公司制度的负面影响，诸如管理层舞弊及其对股东利益的侵害等，一直是公司治理的难题。密西西比事件以及南海泡沫，引发了工业革命前资本市场的最为严重的一次经济危机，它标志着世界早期资本市场的崩溃。民间合股公司，在英国被视为非法达一百年之久。"银行"这个名词，在法国也被诅咒了近一个世纪。

天行健，君子以自强不息；地势坤，君子以厚德载物。 ——易经

1.密西西比事件与南海泡沫

由于提出了"用发行印度公司股票来兑付政府债务"这一解决政府债务危机的创新举措，约翰·劳深得当时法国政府赏识和重用。劳氏和他的印度公司掌控了法国皇家银行的货币发行，并垄断欧洲以外的所有海外贸易。法属领地路易斯安那州（位于密西西比河流域，史称"密西西比事件"），传说遍地可见金银，拥有其贸易特许权的印度公司给人们带来了无穷的想象。劳氏印度公司股票价格从1719年5月的500里弗尔，在半年之内炒高至18000里弗尔，股票投机风潮席卷全国。但随着民众信心的动摇，从1720年1月开始股票价格开始暴跌，至当年9月重新跌回500里弗尔。

借鉴法国的做法，英国政府与南海公司合作，以债转股的"嫁接办法"来清理高额的政府债务。作为交换条件，政府承诺向参与国债换股票的公司支付利息并为其提供融资渠道和授予这些公司从事海外贸易、贩卖非洲黑奴等能够盈利的一些特权。1719年英国政府允许中奖债券总额的70%，即约1000万英镑，可与南海公司股票进行转换。该年年底，借助当时英国政府扫除了殖民地贸易的障碍，公司的董事们开始对外散布各种所谓的好消息，即南海公司在年底将有大量利润可实现，并煞有介事地预计，在1720年的圣诞节，公司可能要按面值的60%支付股利。南海公司诱人的宣传，令投资者对其前景充满幻想。其股价从1720年1月的120英镑/股，到6月24日上升至1050英镑/股，涨幅达900%。随着南海股价的扶摇直上，一场投机浪潮席卷全国。170多家新成立的股份公司股票以及原有的公司股票，都成了投机对象，股价暴涨，从事各种职业的人，包括军人和家庭妇女都卷入了这场漩涡。美国经济学家加尔布雷斯在其《大恐慌》一书中这样描绘当时人们购买股票的情形："政治家忘记了政治，律师放弃了买卖，医生丢弃了病人，店主关闭了铺子，教父离开了圣坛，甚至连高贵的夫人也忘了高傲和虚荣。"大家都疯狂地抢购南海公司股票，连伟大的物理学家和数学家牛顿都不例外。本来南海公司利用其政界的盟友，推动政府于1720年6月颁布了《泡沫公司取缔法》，旨在限制竞争对手。可事与愿违，该法案导致了大量英国资本转移至海外。受巨额资本外逃以及法国资本市场崩溃等因素的影响，1720年8月25日至9月28日的一个月时间里，南海公司股票从900英镑/股跌至190英镑/股，最终被迫宣告破产。

☑ 牛顿：难以预料人们的疯狂

牛顿于1720年4月份投入7000英镑购买南海公司股票，股票价格暴涨后卖出，轻松获利7000英镑！但是，刚刚卖掉股票，牛顿就后悔了，因为到了6月，股票价格达到了1000英镑，几乎增值了8倍。经过"认真"的考虑，牛顿决定加大投入。然而股票一落千丈，许多投资人血本无归，牛顿也亏了2万英镑！事后，牛顿感到自己枉为科学界名流，竟然测不准股市的走向，感慨地说："我能计算出天体运行的轨迹，却难以预料到人们的疯狂。"

2.独立审计的诞生

由于股价暴跌，南海公司遭到投资者的敌意攻击，议会也迅速掉转矛头针对南海公司，并成立了由13人组成的特别委员会调查南海公司破产事件。英国议会聘请会计师查尔斯·斯耐尔（Charles Snell）对南海公司进行审计。1721年，斯耐尔以"会计师"名义出具了"查账报告"，从而宣告了独立会计师——注册会计师的诞生。英国议会根据斯耐尔的报告，没收了南海公司全部董事的个人财产，并将一名负直接责任的经理关进了伦敦塔监狱。

18世纪下半叶，英国的资本主义经济得到了迅速的发展，出现了第一批以查账为职业的独立会计师。1845年，英国修订《公司法》，规定股份公司的账目必须经董事以外的人员审计。1853年，爱丁堡创立了第一个注册会计师的专业团体——爱丁堡会计师协会。该协会的成立，标志着注册会计师职业的诞生。1862年，英国《公司法》确定注册会计师为法定的破产清算人，奠定了注册会计师审计的法律地位。

（二）民间审计的三个阶段

1.英式详细审计阶段

从1844年到20世纪初，是注册会计师形成时期，英式详细审计的主要特点是：注册会计师审计的法律地位得到了法律确认；审计的目的是查错防弊，保护企业资产的安全和完整；审计的方法是对会计账目进行详细审计；审计报告使用人主要为企业股东等。

2.美式信用审计阶段

美国南北战争结束后，英国巨额资本开始流入美国，英国的注册会计师远渡重洋到美国开展业务。1887年，美国公共会计师协会成立，1916年该协会改组为美国注册会计师协会，后来成为世界上最大的注册会计师职业团体。20世纪初叶，注册会计师审计与全球经济发展中心同步，也从欧洲转向美国。当时由于金融资本对产业资本更加广泛地渗透，注册会计师审计的主要目的是满足债权人判断企业的信用状况的需要。这一时期的审计，一般称为美式资产负债表审计或美式信用审计，其主要特点是：审计对象由会计账目扩大到资产负债表；审计的主要目的是通过对资产负债表数据的检查，判断企业信用状况；审计方法从详细审计初步转向抽样审计；审计报告使用人除企业股东外，扩大到债权人。

3.会计报表审计阶段

为了应对20世纪30年代的大危机，美国政府加强了对金融的监管，于1933年、1934年先后颁布了《联邦证券法》和《证券交易法》。《联邦证券法》规定，在证券交易所上市的企业的财务报表，必须接受注册会计师审计并公布注册会计师出具的审计报告。两部法律明确并加强了注册会计师对证券购买人负有的责任。这一时期，注册会计师审计的对象转为全部财务报表及相关资料，审计的主要目的是对财务报表发表审计意见，审计范围扩大到测试相关内部控制并以此为基础进行抽样审计，审计报告使用者更加广泛，审计准则开始拟定，审计工作向标准化、规范化过渡，注册会计师资格考试制度广泛推行、注册会计师专业素质普遍提高。

第二次世界大战以后，经济发达国家通过各种渠道推动本国的企业向海外拓展。近二十年来，除了直接在东道国通过合资、独资形式设立新企业外，通过对目标企业合并、股权收购等方式以取得其资产和经营的控制权的跨国并购更是异军突起。国际资本的流动带动了注册会计师审计的跨国界发展，形成了一批国际会计师事务所。1932年《财富》杂志首次推出"八大"会计师事务所排行榜，后来合并为"六大""五大"。2001年因卷入安然公司财务舞弊丑闻，安达信会计师事务所破产，"五大"变成了目前的"四大"：普华永道（Price Waterhouse Coopers）、安永（Ernst & Young）、毕马威（KPMG）、德勤（Deloitte Touche Tohmatsu）。由于悠久的历史、完善的管理制度、全球的业务网络、全方位的服务，以及许多成功的案例，这些事务所成为国际知名品牌。

（三）我国独立审计的产生与发展

中国的注册会计师审计始于辛亥革命之后，当时一批爱国会计学者积极倡导创建中国的注册会计师职业。1918年9月，北洋政府颁布了我国第一部注册会计师法规——《会计师暂行章程》，谢霖获批成为中国的第一位注册会计师，并创办了中国第一家会计师事务所——

天何言哉？四时行焉，百物生焉。　——孔子正则会计师事务所。1930年，国民政府颁布了《会计师条例》，确立了会计师的法律地位。1925年，在上海成立了"全国会计师公会"。1933年，成立了"全国会计师协会"。至1947年，全国已有注册会计师2 619人，并建立了一批会计师事务所，中国的注册会计师事业初具规模。

☑ 中国早期的"四大"

❶1918年，谢霖创办的"正则会计师事务所"。

❷1921年，沪上著名会计师徐永祚先生创立的"徐永祚会计师事务所"。

❸1927年，潘序伦在上海创办的"潘序伦会计师事务所"。次年，取《论语》中"民无信不立"之意，将事务所更名为"立信会计师事务所"。

❹1936年，奚玉书先生组建的"公信会计师事务所"。

在中华人民共和国成立初期，陈云同志大胆聘用注册会计师，依法对工商企业查账，这在当时对平抑物价、保证国家税收、争取国家财政经济状况好转作出了突出贡献，注册会计师审计在经济恢复工作中发挥了积极作用。由于新中国成立后采用计划经济模式，废除私有制，注册会计师审计制度一度"寿终正寝"。

1980年12月，财政部发布《关于成立会计顾问处的暂行规定》，标志着我国注册会计师审计职业开始复苏。1981年1月，中华人民共和国第一家由财政部批准独立承办注册会计师业务的会计师事务所——"上海会计师事务所"宣告成立。1985年公布的《中华人民共和国会计法》第20条规定："经国务院财政部门或者省、自治区、直辖市人民政府的财政部门批准的注册会计师组成的会计师事务所，可以按照国家有关规定承办查账业务"，这是中华人民共和国成立以来第一次通过法律形式对注册会计师的地位和任务所做的规定，它有力地推动了社会审计的发展。1986年，国务院颁发《中华人民共和国注册会计师条例》。1993年10月，第八届全国人大常委会第四次会议审议通过了《中华人民共和国注册会计师法》，自1994年起施行。2014年8月，第十二届全国人大常委会第十次会议通过了修订后的《中华人民共和国注册会计师法》。

1995年，中注协发布了第一批独立审计准则。财政部财会〔2010〕21号文，批准公布了中注协修订的38项审计准则，自2012年1月1日起施行。财政部财会〔2016〕24号文，批准公布了中注协拟订的12项审计准则，并于2018年1月1日起执行。其中，《CSA1504在审计报告中沟通关键审计事项》为2018年制定、发布并实施的一项新审计准则。财政部财会〔2019〕5号文，发布关于印发《中国注册会计师审计准则第1101号——注册会计师的总体目标和审计工作的基本要求》等18项审计准则的通知。截至2019年年末，现行中国注册会计师施行的审计准则共39项。注册会计师审计制度为我国社会主义市场经济体制的建立及有序运行发挥了积极的作用。

☑ 国内注册会计师行业资讯

● 截至2018年年末，全国有会计师事务所9 005家（其中分所1 130家）；中注协有执业会员（注册会计师）106 798人，非执业会员143 812人。2018年度，全国事务所实现业务收入792.54亿元；包括与会计师事务所统一经营的其他业务收入在内，全行业2018年度实现业务收入1 014.8亿元。前十家事务所实现收入超过300亿元：普华永道（51亿元）、德勤（44亿元）、安永（38亿元）、立信（36亿元）、毕马威（33亿元）、瑞华（28亿元）、天健

（22亿元）、致同（18亿元）、大华（17亿元）、信永中和（13亿元）。

● 截至2008年年底，全国共有会计师事务所7 284家，执业注册会计师85 855名。2008年度行业整体业务收入310亿元。境内前百家事务所的业务收入合计为197亿元，"百强"事务所收入占全行业当年总收入的比例为63.4%；其中，外资所"四大"的业务收入合计占"百强"收入的比例为52.7%，占全行业当年总收入的比例为33.5%。

三、内部审计的产生和发展

组织内部的分权委托关系，是内部审计产生和存在的客观基础和前提条件。一般认为，内部审计是伴随政府审计而逐步形成和发展的，古代的内部审计与政府审计很难截然划分清楚。因而从起源上来说，内部审计几乎与政府审计一样具有悠久的历史。

（一）西方的内部审计

20世纪初，一些经营规模庞大、经营地点分散以及经营业务复杂的大规模商业垄断公司相继出现。为满足加强对企业内部经济管理控制和监督的需要，现代内部审计逐步诞生。

1941年，美国维克多·贝瑞克（Victor·E.Brink）博士出版了《内部审计：性质、职能和程序方法》；同年，约翰·瑟斯顿（John·B.Thurston）在纽约建立了"内部审计师协会"（Institute of Internal Auditors，IIA）。贝瑞克对内部审计理论的构建以及瑟斯顿所推动的内部审计职业化，一般认为是现代内部审计诞生的标志。IIA于1972年开始注册内部审计师考试和授证制度。1973年劳伦斯·索耶（Lawrence·B.Sawyer）编撰了世界审计名著《现代内部审计实务》，使现代内部审计理论体系日臻完善。索耶也因此号称"现代内部审计之父"而享誉全球。

从审计的内容和对象来看，内部审计由早期的财务合规性审计发展到经营及管理绩效审计。从审计模式视角，内部审计则由控制基础的遵循性审计发展到当今的风险导向综合审计。20世纪90年代后，由于技术变革速度加快导致的产品生命周期缩短，经济国际化程度进一步加深导致的经营地日趋分散以及企业间竞争加剧，资产证券化以及衍生金融业务导致的经营业绩波动扩大，企业多元化经营进入众多前所未涉的领域导致经营失败风险的加大，信息技术在经营管理中的广泛应用和控制环节减少而引发的毁灭性的、更加隐蔽的计算机犯罪机会增加等因素的影响，企业经营中面临的各种风险普遍增大。企业不仅要面对传统的财务风险，还要全面考量战略风险和经营风险。这些风险包括关联方交易、合资以及合伙风险，企业重组并购风险，新业务、新产品和系统的风险，信息系统风险以及声誉风险等。内部审计的发展进入了风险导向综合审计的更高阶段，内部审计采用系统化、规范化的方法对风险管理、控制及治理程序进行评价，以达成完善组织治理、增加价值、提高运作效率以及实现组织目标等目的。

（二）我国的内部审计

我国内部审计工作起步于20世纪80年代。1983年8月，国务院转发审计署《关于开展审计工作几个问题的请示》，首次提出建立内部审计监督问题。当年9月，中国石化总公司率先成立审计部，开展内部审计监督活动。1985年12月，审计署颁布关于内部审计工作的第一个法规文件——《审计署关于内部审计工作的若干规定》。1994年8月颁布并于1995年开始实施的《审计法》，其中第29条明确规定："国务院各部门和地方人民政府各部门、国有的金融机构和企业事业组织，应当按照国家有关规定建立健全内部审计制度。"《审计署关于内部审计工作的规定》从1985年首次颁布至今，历经1989年、1995年、2003年、2018年

民为贵，社稷次之，君为轻。 ——孟子

等多次修订和完善，以行政法规的形式确立了我国内部审计的基本制度。

中国内部审计学会于1987年成立，同年加入了国际内部审计师协会（IIA），1998年更名为中国内部审计协会（CIIA）。2003年4月，中国内部审计协会发布了《中国内部审计基本准则》等第一批内部审计准则。截至2019年6月底，我国现行的最新内部审计准则包括《内部审计具体准则第1201号——内部审计人员职业道德规范》、《内部审计具体准则第1101号——内部审计基本准则》和《内部审计具体准则第2101号——审计计划》等23项内部审计具体准则，以及《内部审计实务指南第1号——建设项目内部审计》等5项内部审计实务指南。

近年来，中国内部审计协会倡导以风险为导向、以控制为主线、以治理为目标的内部审计新模式，在推动中国内部审计发展上发挥了不可替代的作用。中国内部审计正在由财务收支审计、经济效益审计、经济责任审计，向以风险为导向的管理审计转型与发展，由发现型、复合型审计向预防型、增值型审计转变。我国内部审计的法治化、规范化和职业化建设不断完善。

☑ 审计视野：国际审计组织简介

❶最高审计机关国际组织（International Organization of Supreme Audit Institutions，简称INTOSAI）：是各国最高一级审计机关（例如，中国的审计署，日本的会计检察院，法国的审计法庭等）的国际性组织。其宗旨是：互相交流情况，交流经验，推动和促进各国审计机关更好地完成本国的审计工作。该组织正式成立于1968年，我国于1982年加入该组织。

❷国际会计师联合会（International Federation of Accountants，IFAC）：成立于1977年，宗旨是以统一的标准发展和提高世界范围内的会计专业，促进国际范围内的会计协调。中国注册会计师协会于1997年5月正式成为国际会计师联合会成员。

❸国际内部审计师协会（Institute of Internal Auditors，IIA）：是由内部审计人员组成的国际性审计职业团体，成立于1941年，其前身为美国内部审计师协会。

微课：国际审计组织简介

任务二　掌握审计的含义及特征

☑ 导语：凭经验、逻辑、凭证查账，审计就这么简单！

老板为了经营管理要查账，政府为了税收要查账，银行发放贷款要查账，保险计算保费要查账，管理人员为了把握工作进度要查账，人们使用信用卡、网银、收款、付款等都要看账查账。看账查账（审计），如同人们生活中的阳光、空气和水！

会计做账，就是为了日后的看账查账。所以，从做账开始，就应该考虑怎样才能方便以后查账。不方便查账的会计账，必定是糊涂账，是假账。具备查账的能力，才会有对会计的信心和尊重。

❶凭经验查账：任何一个人，即使不懂会计原理，在银行里存了多少钱，不用看银行的对账单，心里都能估算得八九不离十。同理，精明的老板对公司盈亏情况的把握常常比会计更清楚，会计报表一旦有错，立刻就会被发现。

❷凭逻辑查账：一个企业的收入和支出应该和银行对账单上记载的资金流水相一致；每一笔收支的收支方名称应该和对应的用途相一致，例如：交税一定是交给政府而不会付给服装店，水电煤气的收款人一定不会是航空公司。

❸凭凭证查账：a.查银行对账单。为什么查账一定要看银行对账单？因为单位实际的收支，不是通过银行就是现金，而现金的来源最终还是银行。所以会计账目要清楚，首先就要把银行账号上的收支往来解释清楚。b.查收支的原始凭证。会计的账册报表，应当清楚地解释单位在每个银行账号上的每一笔收入和支出。会计记账的时候，要确认是在哪家银行的哪一个账号上发生的，日期、编号、收支方的名称、金额等，都要和银行的记录完全一一对应。此外，还要检查关于收支用途的会计解释，是否对应相应的会计科目/预算项目。

一、审计的含义

(一) 审计的定义

我国"审计"一词最早见于《宋史》。从词义上解释，"审"为审查，"计"为会计账目，审计就是审查会计账目。"审计"一词的英文为"Audit"，被注释为"查账"，兼有"旁听"的含义。由此可见，早期的审计就是审查会计账目，与会计账目密切相关。审计发展至今，早已超越了查账的范畴，涉及对各项工作的经济性、效率性和效果性的查核。

美国会计学会（1973）将审计定义为："审计是一种客观地获取和评价与经济活动和经济事项的认定有关的证据，以确认这些认定与既定标准之间的符合程度，并把审计结果传达给有利害关系的用户的系统过程。"一般认为，审计是由专职的机构和人员接受委托或根据授权，依照一定的标准，对被审计单位的财政、财务收支及其他经济活动的真实性、合法性和效益性进行审查的独立的经济监督、鉴证、评价活动。

(二) 审计的关系人

企业所有权与经营权分离以及组织内部的分权委托关系，是审计产生的客观基础。就上市公司来说，股东（泛指公众）是企业的所有者、最终控制人，股东将企业的经营权委托给企业管理层，管理层通过对外公布财务报表报告其受托责任。管理层作为财务报表的责任方，应当对报表的真实性、准确性和完整性承担个别及连带责任。会计师事务所（注册会计师）以独立第三方的身份接受股东委托，对管理层公布的、反映其受托责任的会计报表进行审计，并对其可信赖程度发表鉴证意见。

审计是由审计主体、审计客体和审计委托人三方面的关系人组成的。就注册会计师执行的鉴证业务来说，这三方关系人则包括注册会计师、责任方和预期使用者（如图1-1所示）。

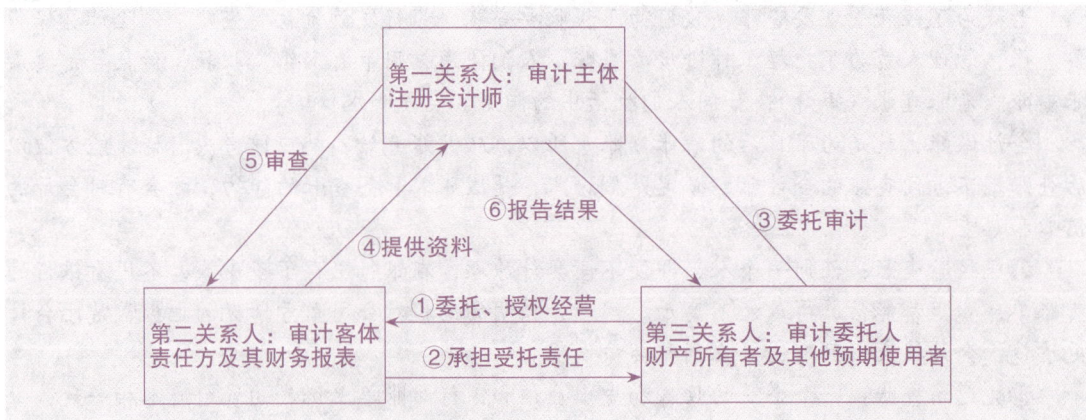

图1-1　审计关系人

大道之行也，天下为公，选贤与能，讲信修睦。　——戴圣

（三）审计概念的要素

审计的概念主要涉及以下几方面内容：

1.审计主体

即审计的执行者，亦即审计定义中的"专职机构和人员"。机构包括国家审计机构、单位或部门的内部审计机构、民间审计组织等。专职人员则是指在上述机构内从事审计工作的人员。专职人员必须具备一定的学历、专业实务工作经验并通过专门的考试等，方能取得相关职业资格。

2.审计客体

即审计对象，可以概括为被审计单位在一定时期内的经济活动及业务活动。而这些经济活动、业务活动的载体，通常包括会计资料和其他相关资料。

3.审计标准

指用于评价或计量鉴证对象的基准，是进行审计时判断审计事项是非、优劣的准绳，是提出审计意见、作出审计决定的依据。如编制财务报表所使用的会计准则和相关会计制度、单位内部制定的行为准则或确定的绩效水平等。

☑ **业务案例：审计标准差异**

中国光大银行按照国内金融会计制度（1993）编报会计报表，2004年度盈利10.01亿元；而持有其21.9%股权在香港上市的光大控股，按香港会计准则对不良贷款及其他资产增加拨备，光大银行2004年度则亏损45.8亿元。同一家公司结果迥异的两份年报，均被注册会计师出具了无保留意见审计报告，只是因为两份会计报表各自"符合"不同的会计标准。

4.审计目的

不同审计主体，不同审计事项及内容，审计目的不尽相同。一般来说，审计目的是评价经济活动的真实性、合法性和效益性。

5.审计职能和作用

审计职能主要包括经济监督、经济鉴证、经济评价三项职能。审计的作用则体现在发挥审计职能所产生的影响方面，包括防护性（制约）作用和建设性（促进）作用。通过审计揭露被审计单位存在的违规违法、损失浪费等问题，追究相关责任，从而保证财经法纪的贯彻执行，保护国有产权以及其他利益相关者的合法权益不受侵犯；针对审计查出的问题，提出改进意见和建议，从而对宏观和微观经济管理起到改善、加强、提高和促进等作用。

二、审计的特征

（一）独立性

独立性是审计的本质特征。独立性要求审计工作由专门的机构和人员来实施，审计工作不受任何部门、单位和个人的干扰，审计机构和审计人员与审计委托人、被审计单位没有利害关系。独立性包括形式上的独立和实质上的独立两个方面。

形式上的独立，又称"外在独立性"或"表面独立性"，是对第三方而言的，即注册会计师必须在第三方面前呈现一种独立于委托单位及被审计事项的身份，使得一个理性且掌握充分信息的第三方，在权衡所有相关事实和情况后，认为会计师事务所或审计项目组成员没有损害诚信原则、客观和公正原则或职业怀疑态度。形式上的独立具体表现在权责地位独立、组织结构独立、经费预算独立、业务工作独立、社会关系独立等诸多方面。

实质上的独立，要求注册会计师与委托单位之间必须实实在在地毫无利害关系。本质上是指注册会计师在审计过程中保持的一种公正无偏的态度，一种在履行专业判断和发表审计意见时不依赖和屈从于外界的压力的精神状态。它要求注册会计师在执业过程中严格保持超然性，不能主观偏袒任何一方当事人，尤其不应使自己的结论依附和屈从于持反对意见利益集团或人士的影响和压力。

形式上的独立，是物质和制度意义上的，是表面有形的，能够观察和度量的。实质上的独立，是良心和主观意义上的，是内在无形的，难以观察和度量的。两者的关系是：形式上独立是实质上独立的前提条件和制度性保障；通过形式的独立来确保实质的独立，即通过形式客观的独立手段，达到实质主观的独立目的。

《中华人民共和国审计法》（2006）第五条规定："审计机关依照法律规定独立行使审计监督权，不受其他行政机关、社会团体和个人的干涉。"《审计署关于内部审计工作的规定》（2018）第九条明确："单位应当保障内部审计机构和内部审计人员依法依规独立履行职责，任何单位和个人不得打击报复。"《中华人民共和国注册会计师法》（2014）第六条规定："注册会计师和会计师事务所依法独立、公正执行业务，受法律保护。"

（二）权威性

审计监督的权威性，是指审计组织的工作过程具有法律保障，且审计结果具有法律效力的特征。国家法律、法规对实行审计制度、建立审计机关以及审计机构的地位和权力都做了明确规定，这样使审计组织具有法律的权威性。

《中华人民共和国宪法》规定，我国建立审计机关，实行审计监督制度。《中华人民共和国审计法》规定，国家实行审计监督制度，国务院和县级以上地方人民政府设立审计机关。审计机关依照法律规定的职权和程序，进行审计监督。《审计署关于内部审计工作的若干规定》明确指出，国务院各部门和地方人民政府各部门、国有的金融机构和企业、事业组织，应当按照国家有关规定建立健全内部审计制度。《中华人民共和国注册会计师法》规定，注册会计师和会计师事务所依法独立、公正执行业务，受法律保护；注册会计师依法执行审计业务出具的报告，具有证明效力。

审计人员应当具备与其从事的审计工作适应的专业知识和业务能力。审计人员应当执行回避制度，并负有保密的义务。审计人员办理审计事项应当客观公正、实事求是、廉洁奉公、保守秘密。审计人员滥用职权、徇私舞弊、玩忽职守，构成犯罪的，依法追究刑事责任；不构成犯罪的，给予行政处分。这样不仅有利于保证审计执业的独立性、准确性和科学性，而且有利于提高审计报告与结论的权威性。

（三）公正性

审计的公正性，是指审计人员以第三方的身份，公正无私、实事求是、毫无偏袒地执行审计业务，作出不带任何偏见的、符合客观实际的判断，并作出公正的评价和进行公正的处理，以正确地确定或解除被审计人的经济责任，公平对待利益相关者。

审计的权威性和公正性均源于审计的独立性，离不开审计组织的独立地位与审计人员的独立执业。只有审计组织独立行使监督权，不受其他行政机关、社会团体和个人的干涉，才能确立审计组织的权威性。从某种意义上说，没有公正性，也就不存在权威性。审计人员只有同时保持独立性、公正性，才能取信于审计授权者或委托者以及社会公众，才能真正树立审计权威的形象。

任务三 熟悉审计的对象及分类

一、审计的对象

审计对象或称审计客体，即参与审计活动关系并享有审计权利和承担审计义务的主体所作用的对象，它是对被审计单位和审计的范围所作的理论概括。简而言之，审计对象是指审计所要考察的客体，即被审计单位的财政财务收支、有关业务或经营活动和作为提供这些业务或经营活动信息载体的会计资料及其他有关资料。审计对象具体包括以下三层含义：

（一）审计对象的空间范围

从审计对象的空间范围看，审计对象包括：（1）国家审计的对象主要是国务院各部门、地方人民政府及其各部门，国有和国有占控股地位或者主导地位的企业和事业组织；（2）内部审计的对象是本单位及所属单位；（3）注册会计师审计的对象主要是委托人确定的被审计单位。

（二）审计对象的具体内容

审计对象的具体内容，是指被审计单位的财政、财务收支及其有关的经济活动。不论是国家审计、民间审计还是内部审计，都要求以被审计单位的财政、财务收支及有关经济活动为审计对象的具体内容，对其真实性、合法性、效益性进行审查和评价。

国家审计对象的具体内容主要是各级政府机构、国有企事业单位的财政资金、公共资金收支运用情况。《中华人民共和国审计法》（2006年修正）第二条规定：国务院和县级以上地方人民政府设立审计机关。国务院各部门和地方各级人民政府及其各部门的财政收支，国有的金融机构和企业事业组织的财务收支，以及其他依照本法规定应当接受审计的财政收支、财务收支，依照本法规定接受审计监督。

☑ 法规要览：领导干部经济责任审计的对象

中共中央办公厅、国务院办公厅2019年7月印发《党政主要领导干部和国有企事业单位主要领导人员经济责任审计规定》第十六条：经济责任审计应当以领导干部任职期间公共资金、国有资产、国有资源的管理、分配和使用为基础，以领导干部权力运行和责任落实情况为重点，充分考虑领导干部管理监督需要、履职特点和审计资源等因素，依规依法确定审计内容。

注册会计师是依法取得注册会计师证书并接受委托从事审计和会计咨询、会计服务业务的执业人员。注册会计师审计的对象，主要是以上市公司为代表的营利性经济组织的财务报表。《中华人民共和国注册会计师法》（2014年修正）第十四条规定：注册会计师承办下列审计业务：（一）审查企业会计报表，出具审计报告；（二）验证企业资本，出具验资报告；（三）办理企业合并、分立、清算事宜中的审计业务，出具有关的报告；（四）法律、行政法规规定的其他审计业务。第十五条规定：注册会计师可以承办会计咨询、会计服务业务。

内部审计对象的具体内容则是单位内部的财务收支及其相关经济活动。《审计署关于内部审计工作的规定》（2018年修订）所称的内部审计，是指对本单位及所属单位财政财务收支、经济活动、内部控制、风险管理实施独立、客观的监督、评价和建议，以促进单位完善治理、实现目标的活动。

（三）审计对象的载体

被审计单位的财政、财务收支及有关经济活动，总要以一定的载体来反映或呈现，一般是通过会计、统计和业务核算记录以及计划、预算、方案、合同、章程、分析等的文本，或者电子计算机的电子文档、软件程序等来体现。从审计对象的载体来看，审计对象可以概括为被审计单位的会计资料及其他相关经济资料。

1.会计报表

会计报表是重要的会计资料之一，通过对会计报表的审计，可以全面了解被审计单位在一定时期的财务状况和经营成果，以及对国家有关方针、政策、法规和制度的执行情况，从而对其作出全面的评价。

2.会计账簿

会计账簿是重要的会计资料之一，无论进行什么样的审计，都离不开对会计账簿的审查。可以说对会计账簿的审查是会计资料审计的中心环节，在整体审计活动中处于极为重要的地位。

3.会计凭证

会计凭证是最为重要的会计资料。它是证明经济业务和财务收支的发生情况，明确相应的经济责任，进行会计核算的合法依据。事实上任何错弊的认定，最终都会反映在会计凭证上，任何经济事项的来龙去脉都会反映在会计凭证上。因此，审计中要查明任何问题最终要落实到对经济凭证的鉴别。此外，电子计算机的磁带、磁盘、磁鼓等会计信息载体，同样也是审计的对象。

4.其他相关经济资料

与经济活动有关的其他经济资料主要是指除了会计核算资料之外的业务核算资料、统计核算资料，以及有关管理资料，如计划、预决策、预算、订单、合同、章程、技术标准以及相关的文件资料等。这些相关资料主要用于审查被审计单位的经营管理活动，多用于评价效益性。

审计从产生、发展至今已有数千年的历史。随着以信息技术为代表的新技术革命的不断深化以及国际经济一体化的加剧，现代审计较之传统审计发生了巨大的变革，主要体现在：

（1）审计目标从查错防弊转向提高财务报表的可信性。早期的审计，通过详细审查会计记录来查错揭弊，以维护投资人的利益。随着现代企业规模越来越大，会计资料日趋繁多和复杂，审计人员不可能对每一笔账目都实施仔细检查。现代审计的基本目标是对财务报表的合法性、公允性表示意见，同时要求注册会计师对已审的会计报表不存在重大错报提供合理保证。

（2）审计对象由简单变为丰富。早期审计对象只是会计账目，现代审计对象不仅涵盖单位的内部控制，而且要全方位了解被审计单位及其所处环境，识别、评估财务报表的重大错报风险。传统的审计对象主要是财务审计，现代审计则触及管理审计、合规性审计、税务审计、法务审计、会计信息系统审计等诸多新兴领域。

（3）审计手段从单一化向多元化发展。从账项基础审计发展到控制基础审计、现代风险导向审计，从传统的手工审计发展到计算机辅助审计技术以及审计软件的广泛使用等。

（4）审计人员的责任由委托方向预期使用者发展。早期的审计人员一般只向委托其工作

老吾老，以及人之老；幼吾幼，以及人之幼。　——孟子

的这一方承担责任，现代的审计责任不仅局限于审计委托业务的当事人，审计人员还应当对能够合理预期的审计报告的使用者承担责任。对上市公司来说，审计报告的预期使用者（股东）可泛指整个社会公众。因而有"社会公众是注册会计师的最终委托人"之说，注册会计师亦即注册公共会计师。

审计中存在固有限制的因素主要包括：①选择性测试方法的运用；②内部控制的固有局限性；③大多数审计证据是说服性而非结论性的；④审计人员存在有限理性（即知识、技能存在不足），为形成审计意见而实施的审计工作涉及大量判断；⑤某些特殊性质的交易和事项可能影响审计证据的说服力。此外，由于财务会计存在会计假设、货币计量、会计政策选择、会计估计等局限性，财务会计报告自身也很难客观、真实再现企业经济活动的过程和结果。

由于审计中存在的固有限制影响注册会计师发现重大错报的能力，注册会计师不能对财务报表整体不存在重大错报获取绝对保证。但是，独立审计存在的意义在于为鉴证对象信息不存在由于舞弊或错误导致的重大错报提供合理保证。也就是说，经过审计的财务报表即便存在重大错报，注册会计师应当将其控制在很小可能范围之内，使其成为小概率事件。这样，就可以减少投资者依据鉴证对象信息作出投资决策的不确定性，为社会创造价值。

二、审计的分类

按照一定的标准，将性质相同或相近的审计活动归属于一种审计类型的做法，即为审计分类。对审计进行科学的分类，有助于加深对各种不同审计活动的认识，探索审计规律；有利于更好地组织审计工作，充分发挥审计的作用。研究审计的分类，是有效地进行审计工作的一个重要条件。

（一）按审计主体不同分类

1.国家审计

国家审计一般是指国家组织和实施的审计，确切地讲，是国家专设的审计机关所进行的审计。

我国国家审计机关代表政府实行审计监督，依法独立行使审计监督权。国务院设立审计署，在国务院总理的领导下，主管全国的审计工作。地方县级以上的地方各级人民政府设立审计机关，在本级政府行政长官和上一级审计机关的领导下，负责本行政区域内的审计工作。地方各级审计机关对本级人民政府和上一级审计机关负责并报告工作，审计业务以上级审计机关领导为主。我国国务院审计署及派出机构和地方各级人民政府审计厅（局）所组织和实施的审计，均属于国家审计。审计机关依法对国务院各部门和地方各级政府及其各部门的财政收支，国有的金融机构和企业事业组织的财政收支，以及其他应当接受审计的财政财务收支，进行审计监督。

2.内部审计

内部审计是指由本部门和本单位内部专职的审计组织，对系统内和单位内所实施的审计。与外部审计相比，内部审计具有工作的相对独立性、审计程序的相对简化性、审查范围的广泛性、审计实施的及时性等诸多特征。

《审计署关于内部审计工作的规定（2018）》将内部审计定义为："内部审计是指对本单位及所属单位财政财务收支、经济活动、内部控制、风险管理实施独立、客观的监督、评价和建议，以促进单位完善治理、实现目标的活动。"需要注意的是，依法属于审计机关审计监督对象的单位的内部审计工作，以及审计机关对单位内部审计工作的业务指导和监督，适用本规定。

中国内部审计协会发布的《内部审计基本准则》（2014）对内部审计的定义是："内部审计，是一种独立、客观的确认和咨询活动，它通过运用系统、规范的方法，审查和评价组织的业务活动、内部控制和风险管理的适当性和有效性，以促进组织完善治理、增加价值和实现目标。"

2002年，国际内部审计师协会（IIA）建议所有上市公司必须设立内部审计机构以改善公司治理，并被纽约证券交易所接受；相关准则也明确地将内部审计提高到公司治理的高度，并将内部控制、风险管理和公司治理这三者紧密地联系在一起。国际内部审计师协会2011年修订发布的《国际内部审计专业实务框架》将内部审计定义为："内部审计是一种独立、客观的确认和咨询活动，旨在增加价值和改善组织的运营。它通过应用系统的、规范的方法，评价并改善风险管理、控制及治理过程的效果，帮助组织实现其目标。"西方国家现代内部审计内容包括经济性（Economy）审计、效率性（Efficiency）审计和效果性（Effectiveness）审计，即"3E"审计，还拓展到环境（Environment）审计和公平性（Equity）审计，即所谓的"五E"审计。现代内部审计已从传统的财务审计拓展到业务审计、管理审计和风险控制等领域，为企业内部科学管理和增加价值服务，帮助实现组织目标。

☑ 审计视界：内部审计组织方式

❶受本单位董事会或董事会所设的审计委员会的领导，内部审计人员不受企业经营管理部门的约束；❷受本单位最高管理者（总经理）直接领导；❸受本单位总会计师或主管财务的副总经理领导。从审计的独立性、权威性来讲，领导层次越高，越有保障。相对于外部审计而言，内部审计的独立性较弱。

3.注册会计师审计

依据我国《注册会计师法》（2014）的相关规定，注册会计师是依法取得注册会计师证书并接受委托从事审计和会计咨询、会计服务业务的执业人员。参加注册会计师全国统一考试成绩合格，并从事审计业务工作二年以上的，可以向省、自治区、直辖市注册会计师协会申请注册，成为注册会计师执业会员。会计师事务所是依法设立并承办注册会计师业务的机构。注册会计师审计，是由经政府有关部门审核批准的注册会计师组成的会计师事务所进行的审计。

我国会计师事务所可以由注册会计师合伙设立，同时还规定会计师事务所符合一定条件，可以是负有限责任的法人。注册会计师依法承办审计业务和会计咨询、会计服务业务，由其所在的会计师事务所统一受理并与委托人签订委托合同。事务所必须加入注册会计师协会，接受后者的指导、监督和管理。中国注册会计师协会是注册会计师的全国性组织，接受财政部的指导、监督和管理，并接受审计署的监督。注册会计师协会会员有两类：一类是团体会员，即经依法批准设立的事务所。另一类是个人会员，包括：执业注册会计师（执业会员）、非执业注册会计师（非执业会员）和名誉会员。

我国注册会计师审计管理体制，包括政府行政管理、行业自律管理和会计师事务所自我管理，三个层次融为一体。政府行政监管体系包括财政、审计、工商行政管理、税务部门和证券监督管理机构。中国注册会计师协会作为行业协会，依法对社会审计行业进行自律管理。此外，会计师事务所实行主任会计师负责制，只有通过制定和执行业务质量、人事、财务等各项内部管理制度，规范从业人员行为，会计师事务所才能提高服务质量，防范执业风险，在激烈的市场竞争中取胜。加强会计师事务所自我管理，是整个行业管理的基础。

☑ 审计视界：会计师事务所的组织形式

❶独资事务所：注册会计师个人独自出资开办，并承担无限责任。❷普通合伙事务所：由两位或两位以上注册会计师合伙设立，合伙人以各自的财产对事务所的债务承担无限连带责任。❸有限责任公司制事务所：由注册会计师认购会计师事务所股份，并以其认购的股份对事务所承担有限责任。❹有限责任合伙事务所：事务所以全部资产对其债务承担有限责任，各合伙人只对个人执业行为承担无限责任，合伙人之间不相互承担连带责任的民间审计组织形式。❺特殊普通合伙事务所：合伙人在执业活动中因故意或者重大过失造成合伙企业债务的，应当承担无限责任或者无限连带责任，其他合伙人以其在合伙企业中的财产份额为限承担责任；合伙人在执业活动中非因故意或者重大过失造成的合伙企业债务以及合伙企业的其他债务，由全体合伙人承担无限连带责任。

微课：会计师事务所的组织形式

☑ 深度摘读：屈涛.转制嬗变——"有限责任"平稳落幕，而"特殊普通合伙"闪亮登场[N].中国会计报，2014-01-03.

❶管理决策民主化。全体合伙人按照"一人一票"选举产生的合伙人管理委员会，是事务所的决策和管理机构，避免有限责任制度下股东"重利益轻业务质量"情形。❷责任风险清晰化。合伙人的责任更大，但也更清晰、更公平，即不必再为其他合伙人的蓄意舞弊付出代价。❸打通人才晋级通道。按《公司法》的规定，公司股东人数不超过50人，而特殊普通合伙制打破了合伙人数量限制的"枷锁"，为中青年业务骨干打通晋级的通道，有利于激励、留住和吸引人才，为事务所内部治理的优化、内部管理的规范注入了新的动力，促进了事务所的蜕变升级。

此外，按照审计主体与被审计单位的隶属关系，审计又可分为内部审计和外部审计。

单位部门的内部审计，是指组织内部专设的机构或专职的人员，对本单位和所属单位的财务收支活动和经营活动及其资料所进行的审查和评价活动，以帮助组织目标的实现。外部审计，是指独立于政府机关和企事业单位以外的国家审计机构所进行的审计，以及独立执行业务的会计师事务所接受委托进行的审计。

4.不同主体审计比较

审计按照执行主体的不同所进行的分类，是审计的基本分类。从国内外审计的历史和现状来看，审计按不同主体划分为国家审计、内部审计和注册会计师审计，并相应地形成了三类审计组织机构，共同构成审计监督体系。不同主体审计的区别以及联系见表1-1。

由于国际上注册会计师审计比较发达，形成了一套较为成熟的理论与方法，因而有许多国家以注册会计师审计为模式，来开展各种形态的审计。如美国政府审计，其基本程序与方法都以美国注册会计师审计为其主要依据。本教材所介绍的审计基本理论与方法，也是偏重以中国注册会计师审计为主线。

表1-1   不同主体审计比较表

项　目	注册会计师审计	国家审计	内部审计
目标对象	依法对企业财务报表进行审计，确定其是否合法和公允	评价政府的财政收支以及国有金融机构、企事业组织的财务收支的真实性、合法性和效益性	审查和评价组织的业务活动、内部控制和风险管理的适当性和有效性，以促进组织完善治理、增加价值和实现目标
法规准则	《注册会计师法》《注册会计师审计准则》	《审计法》《国家审计准则》	《审计署关于内部审计工作的规定》《内部审计准则》
独立性	双向独立	单向独立	相对独立
审计方式	受托审计、有偿服务	强制审计、无偿	强制审计、无偿
取证权限	在很大程度上依赖被审计单位及相关单位的配合和协助来取证，没有行政强制力	对被审计单位及相关单位取证有行政强制力	外调的权限与CPA审计类似，内调的权限高于CPA审计；权限总体介于CPA审计和政府审计之间
发现问题处理方式	提请被审计单位调整和披露，或者出具保留意见或否定意见审计报告	在法定职权范围内作出审计决定或者向有关主管机关提出处理、处罚意见	国家机关、国有企业事业组织等单位，在主要负责人或者权力机构的管理权限范围内，授予内部审计机构必要的处理、处罚权；问题处理一般限于单位内部
审计时间	年报审计，或按照业务约定时间实施审计	按工作计划	体现经常性和及时性，时间安排灵活
相互联系	(1) 不同主体审计在工作上具有一致性，它们相互联系、共同构成审计监督体系；(2) 各自独立，各司其职，相互不可替代；(3) 审计机关应当依法对国家机关、事业单位、社会团体等内部审计工作进行业务指导和监督；(4) 由于内部审计是单位内控的一部分，内、外部审计在工作上具有一致性，利用内部审计工作成果可以提高审计效率，任何外部审计在执行业务时，都要对其内部审计的情况进行了解并考虑是否利用其工作成果		

（二）按审计客体不同分类

按照审计的目的和内容，审计可分为财政财务审计、财经法纪审计、经济效益审计、经济责任审计等类别。

1.财政财务审计

财政财务审计是指对被审计单位财政财务收支活动和会计资料是否真实、正确、合法和有效等进行的审计。财政财务审计的主要内容是财政财务收支活动，目的是审查财政财务收支活动是否遵守财经方针、政策、财经法令和财务会计制度、会计原则，是否按照经济规律办事，借以纠正错误，防止错弊，并根据审计结果，提出改进财政财务管理、提高经济效益的建议和措施。

2.财经法纪审计

财经法纪审计，是对国家政府机关和企事业单位严重违反财经法纪行为进行的专案审计。对严重违反国家现金管理、结算制度、信贷制度、成本费用开支范围、税利上交规定等所进行的审计，均属于财经法纪审计。财经法纪审计的重点是审查和揭露各种舞弊以及不法侵占资产事项，审查和揭露给国家和集体财产造成重大损失浪费的各种失职渎职行为。其主

春风杨柳万千条，六亿神州尽舜尧。　　——毛泽东

要目的是检查国家方针、政策、法令、制度、执行法规和财经纪律的执行情况，揭露违法乱纪现象。其任务是审查被审计单位贯彻执行财经法纪情况及存在问题，彻底查明各种违法乱纪案件，并根据审计结果，提出处理建议和改进财政、财务管理的意见。

3. 经济效益审计

经济效益审计，是以审查评价实现经济效益的程度和途径为内容，以促进经济效益提高为目的所实施的审计。经济效益审计的主要对象是生产经营活动和财政经济活动能取得的经济效果或效率，它通过对企业生产经营成果、基本建设效果和行政事业单位资金使用效果的审查，评价经济效益的高低，经营情况的好坏，并进一步发掘提高经济效益的潜力和途径。经济效益审计，不仅是国家审计的一项重要目标，更是内部审计的主要目标和日常工作的内容。根据我国国情的需要，实施经济效益审计，有利于促进国民经济各部门、各企事业单位以及各级政府机关和科研单位围绕提高经济效益和工作效益改进自己的工作，加强内部控制，实现最佳管理；有利于改善社会主义经济各方面的关系，维护正常的经济秩序；也有利于提高财务审计的质量和巩固财经法纪审计的成果。

4. 经济责任审计

经济责任审计，是指以审查经营者应负经济责任为主要目的的审计。审计从其产生开始，就包括监督与监察活动，通过对物的检查去考核管物的人，而不是审物论物。因此，无论什么样的审计与查明或追究责任总是相关联的。我国早期经济责任审计主要有经营承包责任审计、租赁审计、厂长（经理）经济责任审计或破产责任审计等。在我国干部考核制度改革中，所引进的经济责任审计的做法，实质上主要是对经济部门的干部进行聘任前、任职中和离任前的经济责任审计。

目前，我国施行的领导干部（人员）经济责任审计的法规是：2010年10月，中共中央办公厅、国务院办公厅发布的《党政主要领导干部和国有企业领导人员经济责任审计规定》；2014年7月，中央经济责任审计工作部际联席会议发布的《党政主要领导干部和国有企业领导人员经济责任审计规定实施细则》。

（三）按审计模式不同分类

1. 账项基础审计

在审计发展的早期（20世纪初以前），由于企业组织结构简单、业务性质单一，注册会计师审计主要是为了满足财产所有者对会计核算进行独立检查的要求，促使受托人（通常为职业经理人）在授权经营过程中作出诚实、可靠的行为。注册会计师获取审计证据的方法比较简单，包括检查支持凭证，评估报告资产的价值（通常是成本），确定受托责任人对存货购买和发出核算的正确性。根据有关文献记载，当时的注册会计师在整个审计过程中，约3/4的时间花费在合计和过账上。注册会计师将大部分精力投向会计凭证和账簿的详细检查，审计的重心在资产负债表，目的是发现和防止错误与舞弊。此时的审计方法是详细审计，此时的审计又称账项基础审计。

2. 制度基础审计

进入20世纪，尤其是第二次世界大战以后，随着企业规模的扩大和组织结构的日益复杂，股权投资方式在企业中得到广泛应用。注册会计师审计的重点也从检查受托责任人对资产有效使用转向检查企业的资产负债表和利润表，判断企业的财务状况和经营成果是否真实和公允。企业规模日益扩大，经济活动和交易事项内容不断丰富、复杂，使得详细审计难以实施，代之以抽样审计。然而，单纯使用抽样审计有其固有的局限性，因为注册会计师对企业风险、样本取舍、误差范围乃至误差率的估计都有相当的难度。为了进一步提高审计效率，改变抽样审计的随意性，注册会计师将审计的视角转向企业的管理制度，特别是会计信息赖以生成的内部控制制度，从而将内部控制与抽样审计结合起来，形成以内部控制测试为基础、抽样审计为重心的制度基础审计。从20世纪50年代起，以内部控制测试为基础的抽样审计在西方国家得到广泛应用，一般称之为制度基础审计。

3.风险导向审计

由于审计风险受诸多因素影响，注册会计师仅以内部控制测试为基础实施抽样审计很难将审计风险降至可接受的水平，抽取样本量的大小也很难说服政府监管部门和社会公众。为了从理论和实践上解决制度基础审计存在的缺陷，注册会计师职业界开发出了审计风险模型，即"审计风险=固有风险×控制风险×检查风险"。1983年美国审计准则委员会就把这一审计思想写入了《审计准则公告第47号》，要求注册会计师在充分评估固有风险和控制风险的基础上确定检查风险，最终将审计风险控制在可接受的水平。同时，还要求将重要性原则与审计风险模型共同运用，以降低审计风险，并明确注册会计师应当承担的责任。审计风险模型的出现，从理论上解决了注册会计师以制度为基础采用抽样审计的随意性，又解决了审计资源的分配问题，即要求注册会计师将审计资源分配到最容易导致会计报表出现重大错报的领域。注册会计师这种以审计风险模型为基础进行的审计，人们称之为风险导向审计。

在传统审计风险模式下，注册会计师对固有风险的评估是基于不存在相关内部控制制度假设，而这一假设现实是不存在的，审计通常将固有风险简单地确定为高水平。审计过程是在了解、测试内控，评价控制风险基础上，确定实质性测试程序的性质、时间安排和范围，通过降低检查风险使总体审计风险控制在注册会计师能够承受的范围之内。所谓的风险导向审计实质上是"控制风险"导向审计。由于忽略对固有风险的评估，注册会计师往往不注重从宏观层面上了解企业及其环境，而仅从较低层面上偏重对账户余额和交易层次风险的评估。而当企业管理层串通舞弊时，内部控制是失效的。如果注册会计师不把审计视角扩展到内部控制以外，就很容易受到蒙蔽和欺骗，不能发现由于内部控制失效所导致的会计报表存在的重大错报和舞弊行为。

2003年10月，国际审计与鉴证准则理事会在东京会议上对审计风险准则进行了最后修订并获得通过，2004年年底新审计风险准则正式施行。2007年中国实施新审计准则体系，2010年对审计准则进行了全面修订，并于2012年实施。新审计准则将审计风险模型重新描述为：

$$审计风险 = 重大错报风险 × 检查风险$$

新审计风险模型形式上虽有所简化，但审计风险的内涵和外延却丰富、扩大了许多，包括全面、动态地分析、评价可能影响会计报表的经营风险，强调全方位的职业怀疑态度，将环境变量引入审计模型，创立了战略审计观等。新审计风险模型是在继承传统审计风险模型的基础上、适应社会环境变化的重大突破和创新。

微课：风险导向审计

（四）审计的其他分类

审计的其他分类如下：（1）审计按照实施时间或周期不同，可以分为事前审计、事中审计和事后审计，期中审计和期末审计，以及定期审计和不定期审计；（2）审计按其执行地点分类，可以分为报送审计和就地审计；（3）审计按其对象的接受程度不同，可以分为强制（授权、无偿）审计和任意（委托、有偿）审计；（4）审计按其实施的空间或项目范围分类，可以分为全部审计、局部审计，以及综合审计和专项审计；（5）审计按其对象的性质不同，可以分为公共审计和企事业审计；（6）按与被审计单位的关系不同，分为内部审计和外部审计；（7）审计按其组织方式等不同，可以分为联合审计、常驻审计、巡回审计、预告审计、突击审计。

☑ 审计职场：职业资格考试

审计专业技术资格考试　考试科目：❶《审计专业相关知识》（包括：宏观经济学基础、企业财务管理、企业财务会计、法律）；❷《审计理论与实务》（包括：审计理论与方法、企业财务审计）。

注册会计师（CPA）考试　考试科目：❶专业阶段考试科目设会计、审计、财务成本管理、公司战略与风险管理、经济法、税法6个科目；❷综合阶段考试设职业能力综合测试1个科目。考生在通过专业阶段考试的全部科目后，才能参加综合阶段考试。两个阶段的考试，每年各举行1次。

国际注册内部审计师（CIA）考试　考试科目：❶内部审计在治理、风险和控制中的作用；❷实施内部审计业务；❸经营分析和信息技术；❹经营管理技术。前三部分由国际内部审计师协会命题，第四部分由中国内部审计协会命题，国际内部审计师协会统一阅卷。

思考与练习

一、单项选择题

1.国家审计署成立于（　　）年。

    A.1921　　　　　　　B.1949　　　　　　　C.1978　　　　　　　D.1983

2.下列各项关于西方社会审计历史的论述正确的是（　　）。

    A.西方社会审计最早起源于美国

    B.英国早期的社会审计采用详细审计方法

    C.美国式审计出现在第二次世界大战以后

    D.第一个职业会计团体出现在意大利

3.下列各项关于审计关系的论述正确的是（　　）。

    A.审计对象是审计第一关系人

    B.审计主体的经济利益与审计委托方一致

    C.审计委托方与审计对象之间存在委托代理关系

    D.审计对象只需要接受审计主体的监督

4.审计的第三关系人是（　　）。

    A.审计主体　　　　　　　　　　B.审计授权方或委托方

    C.审计对象　　　　　　　　　　D.审计行业协会

5.我国古代政府审计产生的标志是（　　）。

    A.宰夫一职的出现　　　　　　　　B.御史制度的形成

    C.比部的设置　　　　　　　　　　D.审计院的命名

6.下列各项关于审计产生和发展的表述中，正确的是（　　）。

    A.受托经济责任的确立是审计产生和发展的客观基础

    B.西周时期施行的"上计制度"代表了我国国家审计的萌芽

    C.秦、汉两代中央政权设"宰夫"一职，负责审查"财用之出入"

    D.元代设立审计司和审计院标志着我国使用"审计"一词命名审计机构

7.唐代的审计机构是（　　）。

    A.宰夫　　　　　　B.户部　　　　　　C.比部　　　　　　D.御史台

8.以"审计"一词命名的审计机构出现在（　　）。

    A.汉朝　　　　　　B.唐朝　　　　　　C.宋朝　　　　　　D.清朝

9.下列各项关于我国政府审计历史的表述正确的是（　　）。

    A.出现在西周时期的"上计制度"是我国审计立法的开端

    B.明、清时期是我国古代政府审计发展的巅峰时期

    C.中国共产党领导下的革命根据地政权也建立了审计制度

    D.中华人民共和国成立之初就建立了独立的审计机构

10.我国最高审计机关是（　　）。

    A.最高人民检察院　　　　　　　　B.中央纪律检查委员会

    C.国家监察委　　　　　　　　　　D.审计署

11.按照审计主体不同，审计的分类是（　　）。

    A.财务报表审计、经营审计、合规性审计

    B.国家审计、注册会计师审计、内部审计

    C.定期审计、不定期审计

    D.报送审计、就地审计

12.下列各项中，属于判断审计事项是非优劣准绳的是（　　）。

    A.审计证据　　　　B.审计程序　　　　C.审计标准　　　　D.审计记录

13.审计的本质特征是（　　）。

    A.独立性　　　　　B.权威性　　　　　C.公正性　　　　　D.公平性

14.研究审计演进历史，可以发现牵动审计产生、存在和发展的一条主线是（　　）。

    A.生产力发展　　　　　　　　　　B.资源财产私有制出现

    C.国家权力加强　　　　　　　　　D.受托经济责任关系

15.我国历史上第一位注册会计师是（　　）。

    A.谢霖　　　　　　B.司马迁　　　　　C.大禹　　　　　　D.宰夫

16.下列各项关于政府审计的说法正确的是（　　）。

    A.经营权和所有权的分离是催生政府审计的主要动因

    B.政府审计要求审计人员对被审计单位会计报表合法性和公允性发表意见

    C.政府审计在获取有关证据时可以不经过被审计单位有关人员的同意

    D.国家审计署在发现被审计单位重大错误和舞弊并确认后，可以直接对有关责任当

　　事人作出严肃处理

17.与财政财务审计相比较，财经法纪审计最为突出的审计目标是（　　）。
　　A.真实性　　　　　　B.合法性　　　　　　C.效益性　　　　　　D.公允性

18.政府审计机关揭示行政部门的违法乱纪行为体现了审计工作的（　　）。
　　A.经济监督职能　　B.经济鉴证职能　　C.经济评价职能　　D.经济管理职能

19.会计师事务所开展财务报表审计体现了审计工作的（　　）。
　　A.经济监督职能　　B.经济鉴证职能　　C.经济评价职能　　D.经济管理职能

20.下列关于审计产生与发展的表述不正确的是（　　）。
　　A.财产所有权与经营权分离是审计产生的历史背景
　　B.政府审计的产生早于注册会计师审计
　　C.提高劳动效率和经济效果是审计发展的动力
　　D.内部审计的产生早于政府审计

21.下列各国的政府审计体制属于行政型审计的是（　　）。
　　A.中国　　　　　　　B.美国　　　　　　　C.德国　　　　　　　D.法国

22.下列各国的政府审计体制属于立法型审计的是（　　）。
　　A.中国　　　　　　　B.美国　　　　　　　C.德国　　　　　　　D.法国

23.下列各国的政府审计体制属于司法型审计的是（　　）。
　　A.中国　　　　　　　B.美国　　　　　　　C.德国　　　　　　　D.法国

24.下列各项属于社会审计业务的是（　　）。
　　A.对政府预算的执行情况和决算进行审计监督
　　B.对行政事业单位领导干部任期经济责任进行审计
　　C.对上市公司年度财务报表进行审计并出具审计报告
　　D.对本单位及所属单位固定资产投资项目进行审计

25.下列有关审计职能的表述中，正确的是（　　）。
　　A.经济评价是审计的基本职能
　　B.绩效审计最能体现审计的经济监督职能
　　C.注册会计师接受委托对财务报表审计并出具审计报告，体现了审计的经济鉴证职能
　　D.审计机关依法检查、评价并作出审计处罚决定，体现了审计的经济评价职能

26.下列属于事中审计的是（　　）。
　　A.审查被审计单位的计划、预算
　　B.审查可行性研究报告
　　C.审查投资项目的施工进度及投资完成情况
　　D.行政、事业单位领导干部任期经济责任审计

27.下列有关审计分类的表述中，错误的是（　　）。
　　A.按照实施审计的范围，可分为全部审计和局部审计
　　B.按照执行审计的地点，可分为报送审计和委托审计
　　C.按照实施审计的时间，可分为事前审计，事中审计和事后审计
　　D.按照实施审计的主体，可分为国家审计、内部审计和社会审计

28.有关国家审计与注册会计师审计之间的区别，下列表述错误的是（　　）。

A.两者审计的基本理论方法不同　　　　B.两者的审计准则不同

C.两者的取证权限不同　　　　D.两者对发现问题的处理方式不同

二、多项选择题

1.审计的职能包括（　　　）。

A.经济监督　　　　B.经济控制　　　　C.经济鉴证　　　　D.经济评价

2.审计的制约作用体现在（　　　）。

A.发现审计对象的违法违规行为　　　　B.揭露经济资料中的错误之处

C.纠正经济生活中的不正之风　　　　D.打击各种经济犯罪活动

3.审计的建设作用体现在促进（　　　）。

A.经济管理水平的提升　　　　B.经济利益关系的协调

C.社会经济秩序的规范　　　　D.内部控制制度的建设

4.下列各项属于事前审计的有（　　　）。

A.审查被审计单位的计划、预算

B.审查可行性研究报告

C.审查投资项目的施工进度及投资完成情况

D.领导干部任期经济责任审计

5.下列各项属于事后审计的有（　　　）。

A.审查被审计单位的计划、预算　　　　B.审查可行性研究报告

C.上市公司年度财务报表审计　　　　D.领导干部任期经济责任审计

6.下列各项属于社会审计特点的有（　　　）。

A.法定性　　　　B.强制性　　　　C.独立性　　　　D.有偿性

7.下列各项关于注册会计师审计与政府审计的表述中，恰当的有（　　　）。

A.注册会计师审计和政府审计均属于外部审计，相对于被审计单位而言，具有较强的独立性

B.由于政府审计机构属于国家机关，所以较民间审计更具有独立性

C.注册会计师审计与政府审计在审计目标上是不同的

D.注册会计师审计和政府审计均依据独立审计准则执行审计业务

8.注册会计师在进行年度会计报表审计时，应对被审计单位的内部审计进行了解，并可以利用内部审计的工作成果，这是因为（　　　）。

A.内部审计是注册会计师审计的基础

B.内部审计是被审计单位内部控制的重要组成部分

C.内部审计和注册会计师审计在工作上具有一定程度的一致性

D.利用内部审计的工作成果可以提高注册会计师审计的工作效率

9.注册会计师能够以建设性和互补的方式利用内部审计的工作，这取决于下列（　　　）因素。

A.内部审计在被审计单位中的地位以及内部审计人员的客观性

B.内部审计人员的胜任能力

C.内部审计是否采用系统、规范化的方法

D.在获取审计证据的过程中利用内部审计的工作

10.注册会计师在审计中利用内部审计人员的工作包括（　　）。

A.内部审计在被审计单位中的地位以及内部审计人员的客观性

B.内部审计人员的胜任能力

C.在获取审计证据的过程中利用内部审计的工作

D.在注册会计师的指导、监督和复核下利用内部审计人员提供直接协助

11.国家审计与独立审计无法相互替代，是因为它们存在着区别。这种区别主要表现在（　　）。

A.两者的审计目标不同　　　　　　　　B.两者的审计准则不同

C.两者的取证权限不同　　　　　　　　D.两者对发现问题的处理方式不同

12.下列职能不属于我国审计职能范畴的有（　　）。

A.经济监督　　　　B.经济鉴证　　　　C.经济预测　　　　D.经济决策

13.经济效益审计可以（　　）进行。

A.事前　　　　　　B.事中　　　　　　C.事后　　　　　　D.预告

14.会计师事务所对企业年度财务报表的审计可以属于（　　）。

A.财务审计　　　　B.事后审计　　　　C.外部审计　　　　D.内部审计

15.下列关于会计师事务所的说法，错误的有（　　）。

A.由国家市场监督管理总局批准设立会计师事务所

B.特殊普通合伙事务所由全体合伙人承担无限连带责任

C.注册会计师只有加入会计师事务所才能承接业务

D.合伙会计师事务所的合伙人对会计师事务所的债务承担有限责任

16.下列各项关于地方审计机关的表述，正确的是（　　）。

A.县级以上地方人民政府下设地方审计机关

B.地方审计机关是上级审计机关的派出机构

C.地方审计机关直接对本级政府行政首长负责

D.地方审计机关在业务上接受上级审计机关的领导

17.下列有关审计分类的表述，正确的有（　　）。

A按照实施审计的范围，可分为全部审计和局部审计

B按照执行审计的地点，可分为报送审计和委托审计

C按照审计的组织方式，可分为授权审计和就地审计

D按照实施审计的主体，可分为国家审计、内部审计和社会审计

三、判断题

1.上计制度形成于汉代。　　　　　　　　　　　　　　　　　　　　　（　　）

2.目前我国各级人民政府都设置了审计机关。　　　　　　　　　　　　（　　）

3.无论从内涵还是外延来说，现代审计就是查账。　　　　　　　　　　（　　）

4.《中华人民共和国注册会计师法》于1995年1月1日起实施。　　　（　　）

5.注册会计师应当保证其经过审计的财务报告绝对正确。　　　　　　　（　　）

6.会计师事务所必须在其注册地范围内开展业务。　　　　　　　　　　（　　）

7.会计师事务所应当与业务委托方签订审计报告。 （　　）

8.组织内部的分权委托关系，是内部审计产生和存在的客观基础或前提条件。 （　　）

9.由于职业判断贯穿于注册会计师审计工作的全过程，并且可能得到的审计证据有很多是说服性而非结论性的，因此，注册会计师的任何审计意见都不能绝对保证会计报表使用人确定已审计财务报表的可靠程度。 （　　）

10.审计机关经县级以上人民政府审计机关负责人批准，有权查询被审计单位在金融机构的账户。 （　　）

11.在我国，注册会计师不能以个人名义承办业务，而必须由会计师事务所统一接受委托。 （　　）

12.内部审计机构有权对正在进行的严重违法违规、严重损失浪费行为及时向单位主要负责人报告，并作出制止决定。 （　　）

13.形式上的独立，要求注册会计师在执业过程中严格保持超然性，不能主观偏袒任何一方当事人。 （　　）

14.实质上的独立，是指注册会计师必须在第三方面前呈现一种独立于委托单位及被审计事项的身份。 （　　）

15.会计师事务所承接的所有业务活动都需要遵循独立性原则。 （　　）

16.所有单位或部门都必须建立内部审计制度并接受国家审计的指导。 （　　）

四、项目活动

活动目的：学习审计行业咨询、查询及汇报交流。

活动要求：将班级同学分组，就下列选题方向收集、阅读、分析相关资讯，推选代表汇报交流；各组将修改定稿的汇报材料发送至老师邮箱。

选题范围：（1）登录中华人民共和国审计署网站：①查阅审计署相关部门设置情况；②阅读《中华人民共和国审计法》，扼要讲解审计机关机构设置、职责、权限；③查阅审计师资格考试的报名条件、考试课程、考试时间等相关资讯。

（2）登录中国注册会计师协会网站：①查阅最新年度上市公司年报审计情况；②阅读近期的《行业执业质量检查工作动态》；③查阅注册会计师考试的报名条件、考试课程、考试时间等相关资讯。

（3）登录中国内部审计协会网站：①查阅新闻动态，选择你感兴趣的报道向大家汇报交流；②查阅内部审计准则体系构成情况；③查阅内部审计师考试的报名条件、考试课程、考试时间等相关资讯。

参考答案

项目二
职业准则与
法律责任

项目二　职业准则与法律责任

◇ 学习目标

1. 记识职业道德基本原则、树立遵守职业道德理念
2. 明辨对职业道德产生不利影响的因素并制定相应防范措施
3. 列举说明注册会计师审计准则框架体系及其构成内容
4. 复述注册会计师法律责任的概念、种类、成因，归纳避免法律诉讼的应对措施

任务一　掌握注册会计师职业道德基本原则

一、注册会计师职业准则

注册会计师职业准则，是指中国注册会计师鉴证业务基本准则、中国注册会计师审计准则、中国注册会计师审阅准则、中国注册会计师其他鉴证业务准则、中国注册会计师相关服务准则、质量控制准则和相关职业道德要求。相关职业道德要求，是指项目组和项目质量控制复核人员应当遵守的职业道德规范，通常是指中国注册会计师职业道德守则。

注册会计师执业准则是财政部印发的行政法规，作为规范注册会计师执行业务的权威性标准，对提高注册会计师执业质量，降低审计风险，维护社会公众利益具有重要的作用。职业道德守则是中注协印发的以规范协会会员职业行为的相关职业道德要求。

中国注册会计师职业准则体系如图2-1所示。

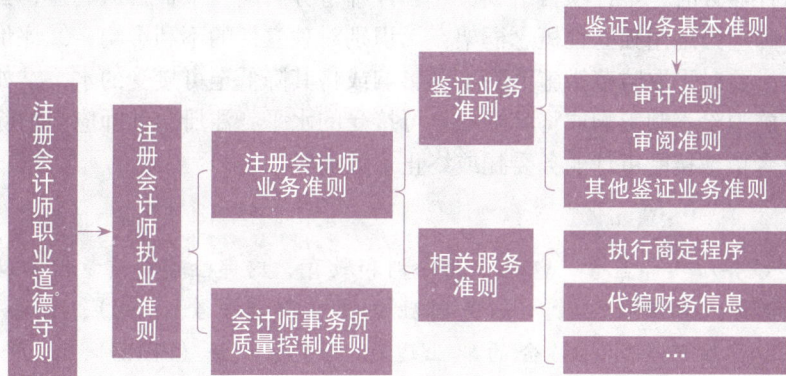

图2-1　中国注册会计师职业准则体系

二、注册会计师职业道德基本原则

注册会计师的职业道德，是指注册会计师的职业品德、职业纪律、执业能力及职业责任等的总称。注册会计师的职业性质决定了其应当履行相应的社会责任，维护公众利益。2009年10月，中国注册会计师协会在借鉴以往职业道德实践经验和新修订的国际职业会计师道德守则的基础上，制定了《中国注册会计师职业道德守则》和《中国注册会计师协会非执业会员职业道德守则》，于2010年7月1日起施行。中国注册会计师职业道德守则具体包括《中国注册会计师职业道德守

微课：注会
职业准则

项目二

则第1号——职业道德基本原则》、《中国注册会计师职业道德守则第2号——职业道德概念框架》、《中国注册会计师职业道德守则第3号——提供专业服务的具体要求》、《中国注册会计师职业道德守则第4号——审计和审阅业务对独立性的要求》和《中国注册会计师职业道德守则第5号——其他鉴证业务对独立性的要求》。

《中国注册会计师职业道德守则第1号——职业道德基本原则》总要求：注册会计师应当遵守职业道德守则，履行相应的社会责任，维护公众利益；应当遵循诚信、客观和公正原则，在执行审计和审阅以及其他鉴证业务时保持独立性；应当获取和保持专业胜任能力，保持应有的关注，勤勉尽责；应当履行保密义务，对职业中获知的涉密信息保密；应当维护职业声誉，树立良好的职业形象。

（一）诚信

注册会计师应当在所有的执业活动中，保持正直，诚实守信。注册会计师如果认为业务报告、申报资料或其他信息，存在含有严重虚假或误导性的陈述、含有缺少充分依据的陈述或信息、存在遗漏或含糊其辞的信息等，则不得与这些有问题的信息发生牵连。

微课：诚信职业道德

（二）独立性

注册会计师执行审计和审阅以及其他鉴证业务时，应当从实质上和形式上保持独立性，不得因任何利害关系影响其客观性。

会计师事务所在承办鉴证业务时，应当从整体层面和具体业务层面采取措施，以保持会计师事务所和项目组的独立性。

在执行审计业务时，审计项目组成员、会计师事务所应当维护公众利益，独立于审计客户。注册会计师应当运用独立性概念框架：①识别对独立性的不利影响；②评价不利影响的严重程度；③必要时采取防范措施消除不利影响或将其降低至可接受的水平。如果无法采取适当的防范措施消除不利影响或将其降低至可接受的水平，注册会计师应当消除产生不利影响的情形，或者拒绝接受审计业务委托或终止审计业务。

☑ 他山之石：美国CPA独立性监管框架

❶会计师事务所内部监管，包括专业培训和教育、内部检查、质量控制以及处罚措施等。❷专业组织的自律性监管，如美国独立性准则委员会（ISB）、公共监督委员会（POB）以及美国注册会计师协会的职业道德执行委员会（PEEC）、上市公司业务部（SECPS）等在这方面都发挥了积极有效的作用。SECPS不仅对部分非审计服务做了禁止性规定，而且采取同业互查等方式监督独立性规则的执行。❸公司的审计委员会。按照美国上市公司治理结构的制度设计，上市公司审计委员会在决定注册会计师的聘请和解雇、审计独立性和审计质量的监督以及审计费用决定等方面起着非常重要的作用。❹通过法律责任形式实现的外部监管。如美国SEC对违反独立性规则的会计师事务所和注册会计师有权进行罚款、市场禁入等行政处罚，而民事赔偿制度和刑事处罚，在美国是对注册会计师最为有力的监管措施。

☑ 法规检索◇审计独立性

《中华人民共和国审计法实施条例（2010）》第12条：审计人员办理审计事项，有下列情形之一的，应当申请回避，被审计单位也有权申请审计人员回避：❶与被审计单位负责

利民之事，丝发必兴；厉民之事，毫末必去。　　——万斯大

人或者有关主管人员有夫妻关系、直系血亲关系、三代以内旁系血亲或者近姻亲关系的；❷与被审计单位或者审计事项有经济利益关系的；❸与被审计单位、审计事项、被审计单位负责人或者有关主管人员有其他利害关系，可能影响公正执行公务的。

《国家审计准则（2011）》第16条：审计人员执行审计业务时，应当保持应有的审计独立性，遇有下列可能损害审计独立性情形的，应当向审计机关报告：❶与被审计单位负责人或者有关主管人员有夫妻关系、直系血亲关系、三代以内旁系血亲以及近姻亲关系；❷与被审计单位或者审计事项有直接经济利益关系；❸对曾经管理或者直接办理过的相关业务进行审计；❹可能损害审计独立性的其他情形。

（三）客观和公正

注册会计师应当公正处事、实事求是，不得由于偏见、利益冲突或他人的不当影响而损害自己的职业判断。如果存在导致职业判断出现偏差，或对职业判断产生不当影响的情形，注册会计师不得提供相关专业服务。

在提供鉴证服务时，注册会计师应当从实质上和形式上独立于鉴证客户，客观公正地提出结论，并且从外界看来没有偏见、无利益冲突、不受他人的不当影响。

在提供专业服务时，注册会计师如果在客户中拥有经济利益，或者与客户董事、高级管理人员或员工存在家庭和私人关系或商业关系，应当确定是否对客观和公正原则产生不利影响。注册会计师应当评价不利影响的严重程度，并在必要时采取防范措施消除不利影响或将其降低至可接受的水平。否则，注册会计师应当拒绝接受业务委托或终止业务。

（四）专业胜任能力和应有的关注

专业胜任能力是指注册会计师应当具有专业知识、技能或经验，能够胜任承接的工作。如果缺乏足够的知识、技能和经验提供专业服务，就构成了一种欺诈。注册会计师应当通过教育、培训和执业实践获取和保持专业胜任能力，应当持续了解并掌握当前法律、技术和实务的发展变化，并将专业知识和技能始终保持在应有的水平，确保为客户提供具有专业水准的服务。在应用专业知识和技能时，注册会计师应当合理运用职业判断。

应有的关注，要求注册会计师遵守执业准则和职业道德规范的要求，勤勉尽责，认真、全面、及时地完成工作任务。在审计过程中，注册会计师应当保持职业怀疑态度，运用专业知识、技能和经验，获取和评价审计证据。同时，注册会计师应当采取措施以确保在其授权下工作的人员得到适当的培训和督导。在适当情况下，注册会计师应当使客户、工作单位和专业服务的以及业务报告的其他使用者了解专业服务的固有局限性。

（五）保密

注册会计师应当对执业活动中获知的涉密信息保密，不得未经客户授权或法律允许，向会计师事务所以外的第三方披露其所获知的涉密信息；不得利用所获知的涉密信息为自己或第三方谋取利益。注册会计师对涉密信息保密的范围，还包括对拟接受的客户或拟受雇的工作单位，以及所在会计师事务所内部的涉密信息保密，采取有效措施，确保其下级员工以及为其提供建议和帮助的人员遵循保密义务。

在下列情形下，注册会计师可以披露涉密信息：（1）法律法规允许披露，并取得客户的授权；（2）根据法律法规的要求，为法律诉讼、仲裁准备文件或提供证据，以及向监管机构报告所发现的违法行为；（3）法律法规允许的情况下，在法律诉讼、仲裁中维护自己的合法权益；（4）接受注册会计师协会或监管机构的执业质量检查，答复其询问和调查；（5）法律法规、执业准则和职业道德规范要求的其他情形。

（六）良好职业行为

注册会计师应当遵守相关法律法规，避免发生任何损害职业声誉的行为。在向公众传递信息以及推介自己和工作时，应当客观、真实、得体，不得损害职业形象。注册会计师应当诚实、实事求是，不得夸大宣传提供的服务、拥有的资质或获取的经验；不得贬低或无根据地比较其他注册会计师的工作。

☑ 法规检索◇审计职业道德

《国家审计准则》第15条：审计人员应当恪守严格依法、正直坦诚、客观公正、勤勉尽责、保守秘密的基本审计职业道德。

《内部审计人员职业道德规范》第4-7条：内部审计人员在从事内部审计活动时，应当保持诚信正直；应当遵循客观性原则，公正、不偏不倚地作出审计职业判断；应当保持并提高专业胜任能力；应当遵循保密原则，按照规定使用其在履行职责时所获取的信息。

三、对职业道德产生不利影响的因素

（一）自身利益

自身利益导致不利影响的情形主要包括：①鉴证业务项目组成员在鉴证客户中拥有直接经济利益；②会计师事务所的收入过分依赖某一客户；③鉴证业务项目组成员与鉴证客户存在重要且密切的商业关系；④会计师事务所担心可能失去某一重要客户；⑤鉴证业务项目组成员正在与鉴证客户协商受雇于该客户；⑥会计师事务所与客户就鉴证业务达成或有收费的协议；⑦注册会计师在评价会计师事务所以往提供的专业服务时，发现了重大错误。

☑ 案例回放：普华永道违规事件

1999年，美国证监会（SEC）对普华永道（PWC）相关专业人士职业操守情况进行调查。在8 064次自报的违规行为中，几乎一半的违规行为是PWC的专业人员直接投资与客户有关的证券、共同基金或保险产品，将近三分之一的违规行为是拥有客户的股票或认股权。督导这次内部调查的11名高级合伙人中的6名以及12名地区合伙人自报有违规行为，其中一人自报38次，另一人自报34次。PWC合伙人委员会及其美国管理委员会的43名合伙人中的31人自报有违规行为，4人超过20次，一人41次，另一人40次。综合自报和随机抽查的结果，86.5%的合伙人和10.5%的其他专业人士违反了独立性规定。

（资料来源：刘纯亮. 普华永道违规事件的影响及启示［J］. 中国注册会计师，2001（9））

（二）自我评价

自我评价导致不利影响的情形主要包括：①会计师事务所在对客户提供财务系统的设计或操作服务后，又对系统的运行有效性出具鉴证报告；②会计师事务所为客户编制原始数据，这些数据构成鉴证业务的对象；③鉴证业务项目组成员担任或最近曾经担任客户的董事或高级管理人员；④鉴证业务项目组成员目前或最近曾受雇于客户，并且所处职位能够对鉴证对象施加重大影响；⑤会计师事务所为鉴证客户提供直接影响鉴证对象信息的其

政者，正也。其身正，不令而行；其身不正，虽令不从。 ——孔子

他服务。

（三）过度推介

过度推介导致不利影响的情形主要包括：①会计师事务所推介审计客户的股份；②在审计客户与第三方发生诉讼或纠纷时，注册会计师担任该客户的辩护人。

（四）密切关系

密切关系导致不利影响的情形主要包括：①项目组成员的近亲属担任客户的董事或高级管理人员；②项目组成员的近亲属是客户的员工，其所处位置能够对业务对象施加重大影响；③客户的董事、高级管理人员或所处职位能够对业务对象施加重大影响的员工，最近曾担任会计师事务所的项目合伙人；④注册会计师接受客户的礼品或款待；⑤会计师事务所的合伙人或高级员工与鉴证客户存在长期业务关系。

☑ **审计师轮换制度**

由于世界范围内频繁地发生财务丑闻和审计失败事件，审计师的独立性常受到指责。审计轮换制度主要分为会计师事务所轮换和审计师轮换。鉴于事务所轮换同时涉及事务所、上市公司、行业监管部门等，甚至还会对审计质量构成严重的威胁。相对而言，注册会计师和合伙人轮换，其质量控制和行业监管等方面的优越性更为突出，因而被许多国家政府监管所采纳。

我国《质量控制准则第5101号》规定：对所有上市实体财务报表审计业务，按照相关职业道德要求和法律法规的规定，在规定期限（5年）届满时轮换项目合伙人、项目质量控制复核人员，以及受轮换要求约束的其他人员（关键审计合伙人）。

（五）外界压力

外界压力导致不利影响的情形主要包括：①会计师事务所受到客户解除业务关系的威胁；②审计客户表示，如果会计师事务所不同意对某项交易的会计处理，则不再委托其承办拟议中的非鉴证业务；③客户威胁将起诉会计师事务所；④会计师事务所受到降低收费的影响而不恰当地缩小工作范围；⑤由于客户员工对所讨论的事项更具有专长，注册会计师面临服从其判断的压力；⑥会计师事务所合伙人告知注册会计师，除非同意审计客户的不恰当会计处理，否则将影响晋升。

☑ **中注协行业自律监管资料**

2004年至2008年，中注协共对近6 000家事务所进行了执业质量检查，对存在严重问题的137家事务所和243名注册会计师给予了公开谴责，对435家事务所和623名注册会计师给予了行业内通报批评。

2011年，CPA全行业共检查了1 702家事务所，并对存在严重问题的88家事务所和245名注册会计师实施了行业惩戒。与改革前的事务所执业质量检查制度相比，自2011年开始执行的改革方案高度强调了对事务所"系统风险"的检查，强调对事务所质量控制体系、相关的内部治理、职业道德体系等的检查，而不单局限于某项被抽中的具体审计业务。

（资料来源：刘涛，谢水园. 我国独立审计质量的现状、成因及对策［EB/OL］.［2013-10-21］. https：//www.doc88.com/p-9199973757993.html）

四、应对不利影响的防范措施

(一)相关法规要求的防范措施

相关法规要求的防范措施主要包括:(1)取得注册会计师资格必需的教育、培训和经验要求;(2)持续的职业发展要求;(3)公司治理方面的相关规定;(4)执业准则和职业道德规范的要求;(5)监管机构或注册会计师协会的监控和惩戒程序;(6)由依法授权的第三方对注册会计师编制的业务报告、申报资料或其他信息进行外部复核。

☑ 注册会计师应当严格遵守职业道德守则中的禁止性规定

职业道德守则中的禁止性规定来源于对职业道德概念框架的运用,即针对被禁止的利益、关系或服务,已经运用职业道德概念框架进行考虑并得出如下结论:没有防范措施可以有效消除相关不利影响或将其降低至可接受的水平。因此,无论会计师事务所规模大小,都应当严格遵守职业道德守则中的禁止性规定。

同样,职业道德守则中并未禁止的利益、关系或服务,并不意味着它们是被允许的,需要运用职业道德概念框架进行评估。如果对独立性产生的不利影响超出可接受的水平,则必须采取防范措施。如果无法通过防范措施将不利影响降低至可接受水平,则会计师事务所和注册会计师不应拥有该利益或关系,或不能提供该服务;只有采取防范措施将不利影响降低至可接受水平,该利益、关系或服务才是被允许的。

(资料来源:中国注册会计师协会. 中国注册会计师职业道德守则问题解答[S]. 自2015年起施行)

(二)会计师事务所层面的防范措施

会计师事务所层面的防范措施主要包括:(1)领导层强调遵循职业道德基本原则的重要性;(2)领导层强调鉴证业务项目组成员应当维护公众利益;(3)制定有关政策和程序,实施项目质量控制,监督业务质量;(4)制定有关政策和程序,识别对职业道德基本原则的不利影响,评价不利影响的严重程度,采取防范措施消除不利影响或将其降低至可接受的水平;(5)制定有关政策和程序,确保遵循职业道德基本原则;(6)制定有关政策和程序,识别会计师事务所或项目组成员与客户之间的利益或关系;(7)制定有关政策和程序,监控对某一客户收费的依赖程度;(8)向鉴证客户提供非鉴证服务时,指派鉴证业务项目组以外的其他合伙人和项目组,并确保鉴证业务项目组和非鉴证业务项目组分别向各自的业务主管报告工作;(9)制定有关政策和程序,防止项目组以外的人员对业务结果施加不当影响;(10)及时向所有合伙人和专业人员传达会计师事务所的政策和程序及其变化情况,并就这些政策和程序进行适当的培训;(11)指定高级管理人员负责监督质量控制系统是否有效运行;(12)向合伙人和专业人员提供鉴证客户及其关联实体的名单,并要求合伙人和专业人员与之保持独立;(13)制定有关政策和程序,鼓励员工就遵循职业道德基本原则方面的问题与领导层沟通;(14)建立惩戒机制,保障相关政策和程序得到遵守。

(三)具体业务层面的防范措施

具体业务层面的防范措施主要包括:(1)对已执行的非鉴证业务,由未参与该业务的注册会计师进行复核,或在必要时提供建议;(2)对已执行的鉴证业务,由鉴证业务项目组以

德不当其位;治乱之原也。 ——管子

外的注册会计师进行复核，或在必要时提供建议；（3）向客户审计委员会、监管机构或注册会计师协会咨询；（4）与客户治理层讨论有关的职业道德问题；（5）向客户治理层说明提供服务的性质和收费的范围；（6）由其他会计师事务所执行或重新执行部分业务；（7）轮换鉴证业务项目组合伙人和高级员工。

☑ 审计师不得为审计客户提供公关服务

根据美国国会2012年4月收到的报告，Amgen Inc、CVS及Verizon三家美国大公司已经决定不再聘请安永会计师事务所（Ernst &Young）担任其公关顾问，而这三家公司均为安永的审计业务客户。根据审计准则的规定，接受企业年报审计任务的会计师事务所必须避免与其审计客户存在其他联系，这一规定旨在阻止会计师事务所与审计客户之间建立过于密切的关系。自安然公司等丑闻发生以来，这一规定越来越得到各方的重视。

☑ 观点争鸣：应否为审计客户提供非鉴证服务？

认为有利观点：❶能够更深入了解客户的经营运作和交易情况，更有效地确认风险；❷能够选择更为有效的审计程序，更主动地抵制来自客户的压力；❸广泛的服务范围和领域，能使事务所拥有更坚实和更广阔的财务基础，加强CPA独立判断的能力；❹事务所提供多元化服务，能够使CPA在审计上很方便地得到本所各方面专家的专业技术支持，更有利于质量控制。

认为不利观点：❶巨额的非审计服务收费使事务所与鉴证客户"荣辱与共"，可能淡化CPA应有的职业审慎，诱导CPA将精力更多地集中于此类项目（如2001年毕马威向摩托罗拉收取咨询费6 230万美元而审计费只有390万美元），降低对审计服务的投入，间接地损害审计独立性并影响审计质量；❷审计与非审计服务之间存在"利益冲突"，提供非审计服务的CPA常常"角色互串"，事实上参与客户的管理决策，而不切实履行审计监督职能，从而使审计独立性遭到明显破坏。

（资料来源：林启云.审计与非审计服务［J］.中国注册会计师，2002（2））

任务二　熟悉注册会计师审计准则

☑ 经典案例：罗宾斯案助推独立审计准则的诞生

20世纪初叶，当时由于美国公司主要通过向银行借款的方式融资，而资产负债表是银行判断借款申请人债务清偿能力的重要参考资料，因此资产负债表审计应运而生。1917年AICPA发布了《资产负债表审计备忘录》，1918年出版时更名为《经批准的资产负债表编制方法》，此后AICPA分别在1929年、1934年和1936年对其进行了三次修订，该文件是美国最早的审计标准。但催生美国独立审计准则的标志性事件，则是麦克森·罗宾斯药材公司审计案。

1938年年初，长期贷款给罗宾斯公司的汤普森公司在审核其财务报表时发现两个疑问：该公司的制药原料部门虽然账面盈利率较高，但却没有现金积累，而且不得不依靠公司重新

调集资金来进行再投资，以维持生产；公司董事会曾要求减少存货金额，但年底公司存货反而增加100万美元。汤普森表示，在没有查明疑问之前不再予以贷款，并请求SEC调查此事。调查发现：罗宾斯1937年年底合并资产负债表总资产8 700万美元中，虚构资产1 907.5万美元，包括存货虚构1 000万美元、销售收入虚构900万美元、银行存款虚构7.5万美元；在1937年年度合并损益表中，虚假的销售收入和毛利分别达到1 820万美元和180万美元；罗宾斯的经理等同伙，利用假名混入公司并爬上公司管理岗位，其实都是犯有前科的诈骗犯。调查结果表明，罗宾斯公司实际上早已"资不抵债"。

而在罗宾斯经营的十余年中，年报均经美国著名的沃特豪斯会计师事务所审计，且每年均被发表了"正确、适当"等无保留的审计意见。汤普森为了挽回损失，向法院指控会计师事务所。汤普森认为其之所以给罗宾斯公司贷款，是因为信赖了沃特豪斯事务所出具的审计报告，要求沃特豪斯赔偿他们的全部损失。沃特豪斯则以其执行的审计，遵循了AICPA在1936年颁布的《财务报表检查》中所规定的各项规则、审定的财务报表与事实不符系企业内部共谋舞弊导致的为由，拒绝了汤普森的赔偿要求。最后在SEC的调解下，会计师事务所以退回历年来收取的审计费用共50万美元，作为对汤普森公司债权损失的赔偿。

（资料来源：唐建华. 罗宾斯案助推独立审计准则的诞生［J］. 审计研究，2009（2)）

案例的影响：罗宾斯案件暴露了当时审计程序的不足：只重视对账册凭证的审核而轻视对实物的审核；只重视企业内部的证据而忽视了外部审计证据的取得。SEC根据专家的意见对审计程序进行了修正，增加了对应收账款的询证、对存货实地盘点和对被审计人内部控制的详细评价等程序要求，并强调了审计人员对公共利益人员负责。审计职业界进一步认识到，建立科学、严格的公认审计程序，使审计工作规范化，能够有效地保护尽责的审计人员免受不必要的法律指责。AICPA于1947年发表了世界上第一部审计准则——《审计准则试行方案——公认的重要性和范围》。其后，日本、澳大利亚、德国、加拿大、英国等国家的审计职业团体或政府有关部门也先后制定了本国的民间审计准则。

一、注册会计师鉴证业务基本准则

（一）审计准则的定义及作用

审计准则是审计人员进行审计工作时必须遵循的行为规范，是审计人员执行审计业务，获取审计证据，形成审计结论，出具审计报告的专业标准。

审计准则根据审计主体的不同及其作用范围的不同，可分为民间审计准则、政府审计准则和内部审计准则。

审计准则是评价审计人员审计职责履行情况和衡量审计工作质量的权威性准绳。制定、颁布审计准则，公开、明确审计的基本规范要求，是充分、有效地发挥审计作用的必要条件和重要保证。审计准则的作用主要体现在：

（1）有利于保证审计工作质量，提高审计机构和审计人员的执业水平；

（2）有利于赢得社会公众的信任；

（3）有利于维护审计机构和审计人员的合法权益，是确定和解脱审计责任的依据；

（4）有利于完善审计组织内部管理，促进国际审计经验交流。

（二）注册会计师鉴证业务基本准则

制定《中国注册会计师鉴证业务基本准则》的目的在于明确鉴证业务的目标和要素，确

一丝一粒，我之名节；一厘一毫，民之脂膏。 ——张伯行

定中国注册会计师审计准则、中国注册会计师审阅准则、中国注册会计师其他鉴证业务准则适用的鉴证业务类型。该准则共九章六十条，主要对鉴证业务的定义、要素和目标、业务承接、鉴证业务的三方关系、鉴证对象、标准、证据、鉴证报告等方面进行了阐述。注册会计师执行历史财务信息审计业务、历史财务信息审阅业务和其他鉴证业务时，应当遵守本准则以及依据本准则制定的审计准则、审阅准则和其他鉴证业务准则。

1.鉴证业务含义

鉴证业务是指注册会计师对鉴证对象信息提出结论，以增强除责任方之外的预期使用者对鉴证对象信息信任程度的业务。鉴证业务包括历史财务信息审计业务、历史财务信息审阅业务和其他鉴证业务。

2.鉴证业务目标

鉴证业务按照保证程度不同，分为合理保证鉴证业务和有限保证鉴证业务。合理保证是一种高水平保证。合理保证的鉴证业务的目标是注册会计师获取充分、适当的审计证据，将鉴证业务风险降至该业务环境下可接受的低水平，以此作为以积极方式提出结论的基础。注册会计师执行的历史财务信息审计业务，属于合理保证的鉴证业务。有限保证的鉴证业务的目标是注册会计师将鉴证业务风险降至该业务环境下可接受的水平，以此作为以消极方式提出结论的基础。注册会计师执行的历史财务信息审阅业务，属于有限保证的鉴证业务。合理保证的鉴证业务与有限保证的鉴证业务两者比较见表2-1。

表2-1　　　　　　　　　　合理保证与有限保证鉴证业务比较表

区别＼业务类型	合理保证鉴证业务（财务报表审计）	有限保证鉴证业务（财务报表审阅）
鉴证业务目标	在可接受的低审计风险下，以积极方式对财务报表整体发表审计意见，提供高水平的保证	在可接受的审阅风险下，以消极方式对财务报表整体发表审阅意见，提供低于审计业务水平的、有意义的保证
证据收集程序	通过一个不断修正的、系统化的执业过程，获取充分、适当的证据，证据收集程序包括检查记录或文件、检查有形资产、观察、询问、函证、重新计算、重新执行、分析程序等	通过一个不断修正的、系统化的执业过程，获取充分、适当的证据，证据收集程序受到有意识的限制，主要采用询问和分析程序获取证据
所需证据数量	较多	较少，不能提供审计中要求的所有证据
鉴证业务风险	较低	较高
鉴证对象信息的可信性	较高	较低
鉴证业务收费	较高	较低
提出结论方式	以积极方式提出结论	以消极方式提出结论

鉴证业务按照预期使用者获取鉴证对象信息的方式不同，分为基于责任方认定的业务和直接报告业务。在基于责任方认定的业务中，责任方对鉴证对象进行评价或计量，鉴证对象信息以责任方认定的形式为预期使用者获取。注册会计师执行的财务报表审计业务，属于基于责任方认定的业务。在直接报告业务中，预期使用者只能通过阅读注册会计师的鉴证报告

获取鉴证对象信息。注册会计师执行的内部控制鉴证业务，属于直接报告业务。

3.业务承接

在接受委托前，注册会计师应当初步了解业务环境。在初步了解业务环境后，只有认为符合独立性和专业胜任能力等相关职业道德规范的要求，并且拟承接的业务具备《鉴证业务基本准则》第十条规定的所有特征，注册会计师才能将其作为鉴证业务予以承接。

4.鉴证业务的三方关系

鉴证业务涉及的三方关系人包括注册会计师、责任方和预期使用者。鉴证业务以提高鉴证对象信息的可信性为主要目的。由于鉴证对象信息是由责任方负责的，因此，注册会计师的鉴证结论主要是向除责任方之外的预期使用者提供的。鉴证业务三方之间的关系是，注册会计师对由责任方负责的鉴证对象或鉴证对象信息提出结论，以增强除责任方之外的预期使用者对鉴证对象信息的信任程度。

5.鉴证对象

鉴证对象与鉴证对象信息具有多种形式，主要包括：

（1）当鉴证对象为财务业绩或状况时（如历史或预测的财务状况、经营成果和现金流量），鉴证对象信息是财务报表；

（2）当鉴证对象为非财务业绩或状况时（如企业的运营情况），鉴证对象信息可能是反映效率或效果的关键指标；

（3）当鉴证对象为物理特征时（如设备的生产能力），鉴证对象信息可能是有关鉴证对象物理特征的说明文件；

（4）当鉴证对象为某种系统和过程时（如企业的内部控制或信息技术系统），鉴证对象信息可能是关于其有效性的认定；

（5）当鉴证对象为一种行为时（如遵守法律法规的情况），鉴证对象信息可能是对法律法规遵守情况或执行效果的声明。

6.标准

标准是指用于评价或计量鉴证对象的基准，当涉及列报时，还包括列报的基准。标准应当能够为预期使用者获取，以使预期使用者了解鉴证对象的评价或计量过程。

标准可以是正式的规定，如编制财务报表所使用的会计准则和相关会计制度；也可以是某些非正式的规定，如单位内部制定的行为准则、确定的绩效水平或商定的行为要求等。注册会计师在运用职业判断对鉴证对象作出合理一致的评价或计量时，需要有适当的标准。适当的标准应当具备相关性、完整性、可靠性、中立性以及可理解性等五项全部特征。

7.证据

注册会计师应当以职业怀疑态度计划和执行鉴证业务，获取有关鉴证对象信息是否不存在重大错报的充分、适当的证据。注册会计师应当以质疑的思维方式评价所获取证据的有效性，并对相互矛盾的证据，以及引起对文件记录或责任方提供的信息的可靠性产生怀疑的证据保持警觉。

注册会计师应当及时对制订的计划、实施的程序、获取的相关证据以及得出的结论作出记录。注册会计师在计划和执行鉴证业务，尤其在确定证据收集程序的性质、时间和范围时，应当考虑重要性、鉴证业务风险以及可获取证据的数量和质量。

谨小礼，行小义，修小廉，饰小耻，禁微邪。 ——管子

8.鉴证报告

注册会计师应当出具含有鉴证结论的书面报告，该鉴证结论应当说明注册会计师就鉴证对象信息获取的保证。换句话说，注册会计师应当针对鉴证对象信息在所有重大方面是否符合适当的标准，以书面报告的形式发表能够提供一定保证程度的结论。

二、中国注册会计师审计准则

中国注册会计师现行的（截至 2020 年 5 月）审计准则包括：（1）财政部〔财会 2010〕21 号文，批准公布的中注协修订的 38 项审计准则，自 2012 年 1 月 1 日起施行。（2）财政部〔财会 2016〕24 号文，批准公布的中注协拟订的 12 项审计准则，规定于 2018 年 1 月 1 日起执行。在这 12 项新准则中，《中国注册会计师审计准则第 1504 号——在审计报告中沟通关键审计事项》系 2016 年新制定的一项审计准则。（3）财政部〔财会 2019〕5 号文，修订发布的《中国注册会计师审计准则第 1101 号——注册会计师的总体目标和审计工作的基本要求》等 18 项审计准则，于 2019 年 7 月 1 日起施行。此外，中注协于 2020 年 1 月印发了《会计师事务所质量管理准则第 5101 号——业务质量管理》《会计师事务所质量管理准则第 5102 号——项目质量复核》《中国注册会计师审计准则第 1121 号——对财务报表审计实施的质量管理》等三项准则征求意见稿。上述已经正式发布并实施的 39 项审计准则的类别及名称罗列如下：

中国注册会计师 39 项审计准则（截至 2020 年 5 月）

（一）一般原则与责任（9项）

CSA 1101 注册会计师的总体目标和审计工作的基本要求[2]

CSA 1111 就审计业务约定条款达成一致意见

CSA 1121 对财务报表审计实施的质量控制[2]

CSA 1131 审计工作底稿

CSA 1141 财务报表审计中与舞弊相关的责任[2]

CSA 1142 财务报表审计中对法律法规的考虑[2]

CSA 1151 与治理层的沟通[2]

CSA 1152 向治理层和管理层通报内部控制缺陷

CSA 1153 前任注册会计师和后任注册会计师的沟通

（二）风险评估以及风险的应对（6项）

CSA 1201 计划审计工作

CSA 1211 通过了解被审计单位及其环境识别和评估重大错报风险[2]

CSA 1221 计划和执行审计工作时的重要性[2]

CSA 1231 针对评估的重大错报风险采取的应对措施[2]

CSA 1241 对被审计单位使用服务机构的考虑

CSA 1251 评价审计过程中识别出的错报[2]

（三）审计证据（11项）

CSA 1301 审计证据

CSA 1311 对存货等特定项目获取审计证据的具体考虑[2]

CSA 1312 函证

CSA 1313 分析程序

CSA 1314 审计抽样

CSA 1321 审计会计估计（包括公允价值会计估计）和相关披露

CSA 1323 关联方

CSA 1324 持续经营

CSA 1331 首次审计业务涉及的期初余额②

CSA 1332 期后事项

CSA 1341 书面声明

（四）利用其他主体的工作（3项）

CSA 1401 对集团财务报表审计的特殊考虑②

CSA 1411 利用内部审计人员的工作②

CSA 1421 利用专家的工作

（五）审计结论与报告（6项）

CSA 1501 对财务报表形成审计意见和出具审计报告②

CSA 1502 在审计报告中发表非无保留意见②

CSA 1503 在审计报告中增加强调事项段和其他事项段②

CSA1504在审计报告中沟通关键审计事项①

CSA 1511 比较信息：对应数据和比较财务报表②

CSA 1521 注册会计师对其他信息的责任

（六）特殊领域（3项）

CSA 1601 对按照特殊目的编制基础编制的财务报表审计的特殊考虑

CSA 1603 对单一财务报表和财务报表的特定要素、账户或项目审计的特殊考虑

CSA 1604 对简要财务报表出具报告的业务

（七）事务所质量控制（1项）

CSQC 5101 质量控制准则②

【注释】：①为2016年发布的1项新准则；②为2019年新修订的18项准则。

三、审阅及其他业务准则

《中国注册会计师审阅准则第2101号——财务报表审阅》对审阅范围和保证程度、业务约定书、审阅计划、审阅程序和审阅证据、结论和报告等进行了重点说明，以规范注册会计师执行财务报表审阅业务。

其他鉴证业务准则包括2项，即《中国注册会计师其他鉴证业务准则第3101号——历史财务信息审计或审阅以外的鉴证业务》和《中国注册会计师其他鉴证业务准则第3111号——预测性财务信息的审核》。

注册会计师相关服务准则包括2项，即《中国注册会计师相关服务准则第4101号——对财务信息执行商定程序》和《中国注册会计师相关服务准则第4111号——代编财务信息》。

☑ 法规检索◇审计准则

《国家审计准则》：2010年9月8日，审计署公布了修订的《中华人民共和国国家审计准则》，于2011年起施行。《国家审计准则》正文分为七章，即总则、审计机关和审计人员、审计计划、审计实施、审计报告、审计质量控制和责任、附则，共200条。

《内部审计准则》：2003年中国内审协会发布了第一批内部审计准则。目前的内审准则，系2013年内审协会发布并于2014年起施行的，以及新近发布的准则，包括《内部审计具体准则第1101号——内部审计基本准则》、《内部审计具体准则第1201号——内部审计人员职业道德规范》，以及《内部审计具体准则第2101号——审计计划》、《内部审计具体准则第2201号——内部控制审计》、《内部审计具体准则第2301号——内部审计机构的管理》等23项具体准则（截至2019年9月30日）。此外，还发布实施了5项内部审计实务指南。

勿以善小而不为，勿以恶小而为之。 ——刘备

任务三 了解注册会计师法律责任

☑ 经典案例：第三方法律责任的"厄特马斯主义"

法律责任往往与违反合约条款相关联，因而非合约方（非客户）通常不能凭借合约来要求经济利益。注册会计师有责任履行对客户委托人承担法律责任，但厄特马斯对道奇会计师事务所（Ultramares V. Touche）一案则开创了CPA对第三方法律责任的先河。

1924年3月，斯特公司向厄特马斯公司申请一笔10万美元的贷款。鉴于数额较大，厄特马斯要求斯特出具一份经过审计的资产负债表以决定是否发放贷款。道奇会计师事务所是在伦敦和纽约均有分支机构的当时著名的会计师事务所，自1920年起一直签约为斯特公司查账。经道奇会计师事务所审计并签发无保留意见的斯特公司1923年年末资产负债表显示，其总资产超过250万美元、拥有近100万美元净资产。厄特马斯据此向斯特提供了10万美元贷款，随后又向其发放了两笔总计6.5万美元的贷款。斯特以同样的手法还从其他两家银行获得了超过30万美元的贷款。

1925年1月，斯特公司宣告破产。法庭证词表明，斯特公司通过虚构巨额交易，向审计人员隐瞒其1923年年底濒临破产的事实。其中最大的一笔虚构分录，将逾70万美元的虚假销售记入应收账款账户的借方，而所附的17张销售发票既缺少货运号码，也没有客户订货单及其他相关佐证资料。厄特马斯以未能查出应收账款中有70万美元系欺诈为由，指控会计师事务所。1931年，大法官卡多佐（Cardozo）最终判决认为：犯有普通过失的CPA不对未曾指明的第三方负责，但如果CPA犯有重大过失或欺诈行为，则应当对未指明的第三方负责。道奇会计师事务所眼看败局已定，只得庭外与厄特马斯公司达成和解，同意赔偿。

这一著名判例，确立了影响久远的"厄特马斯主义"：如果是一般过失，注册会计师只需对已确知其姓名的审计报告的主要受益者这一特定的第三方负责；但如果是重大过失和欺诈行为，则对一切可合理预见的第三方负责。

一、法律责任的概念、种类、成因

（一）法律责任的概念

法律责任是指因违反了法定义务或契约义务，或不当行使法律权利、权力所产生的，由行为人承担的不利后果。注册会计师法律责任是指注册会计师在执行业务过程中，因违约、过失以及欺诈等原因，致使委托客户或其他鉴证报告的使用者遭受损失，或虽未构成损害但已违反国家的相关法律法规，应当由注册会计师或会计师事务所承担的行政、民事或刑事责任。

（二）法律责任的种类

注册会计师因违约、过失或欺诈给被审计单位或其他利害关系人造成损失的，按照有关法律和规定，可能被判负行政责任、民事责任或刑事责任。

（1）行政责任。对注册会计师个人来说，行政处罚包括警告、暂停其执行业务、吊销注册会计师证书；对会计师事务所而言，包括警告、没收违法所得、罚款、暂停其经营业务、撤销等。

（2）民事责任。其主要是指赔偿受害人损失。

（3）刑事责任。其主要是指按有关法律程序判处一定的徒刑。

一般来说，因违约和过失可能使注册会计师负行政责任和民事责任，因欺诈可能使注册会计师负民事责任和刑事责任。这三种责任可单处，也可并处。

☑ 注意：惩戒不同于行政处罚！

我国对注册会计师行业的行政处罚，由省级以上的财政部门作出。《中国注册会计师协会会员执业违规行为惩戒办法》对会员违规行为行业自律的惩戒种类包括：训诫、行业内通报批评、公开谴责三种。

☑ 法律责任案例：科龙电器行政处罚

证监罚字（2006）16号《行政处罚决定书》：中国证监会认定，科龙电器从2002年至2004年，采取虚构主营业务收入、少计坏账准备、少计诉讼赔偿金等手段编造虚假财务报告，导致科龙电器2002年年报虚增利润11 996.31万元，2003年年报虚增利润11 847.05万元，2004年年报虚增利润14 875.91万元；认定科龙电器2003年年报现金流量表披露存在重大虚假记载；认定科龙电器从2002年至2004年未披露会计政策变更等重大事项，也未披露与关联方共同投资、购买商品等关联方交易事项。据此，对科龙电器处以60万元罚款；对顾某处以30万元罚款；对严某、张某等各处以20万元、10万元不等的罚款。

（三）法律责任成因

1.社会环境因素

首先，扩展注册会计师对第三方的责任。如本节的开篇案例，20世纪30年代西方的"厄特马斯主义"开启了注册会计师（CPA）对第三方法律责任的先河，但早期的司法制度倾向于限定CPA对第三方的责任。20世纪70年代末以来，不少法官放弃了上述判例，转而规定CPA对已知的第三方使用者或会计报表的特定用途必须承担法律责任。其次，扩充注册会计师法律责任的内涵。CPA传统法律责任的含义仅限于会计报表符合公认会计原则的公允性。迫于各方使用者、利益集团以及社会舆论等的压力，许多会计职业团体在20世纪80年代末修订有关审计准则，要求CPA在进行会计报表审计时，必须设计和实施必要的审计程序，为发现错误与舞弊提供合理的保证，从而实质上扩充了CPA法律责任的内涵。再者，针对注册会计师的法律诉讼大量增加，近些年来，特别是"安然""世通"等事件爆发之后，因企业经营失败或者管理层舞弊导致的破产事件激增，致使投资者和贷款人蒙受巨大损失，由此引发针对注册会计师审计失败的诉讼案件大量增加。迫于社会压力，许多国家法院判决倾向于增加CPA在这一方面的法律责任。

2.被审计单位的责任

（1）错误、舞弊和违反法规行为。财务报表的错报可能由于错误或舞弊所致。错误是指导致财务报表错报的非故意行为，主要包括：①为编制财务报表而收集和处理数据时发生失误；②由于疏忽和误解有关事实而作出不恰当的会计估计；③在运用与确认、计量、分类或列报（包括披露）相关的会计政策时发生失误。

舞弊一般指被审计单位的管理层、治理层、员工或第三方使用欺骗手段获取不当或非法

立善法于天下，则天下治；立善法于一国，则一国治。 ——王安石

利益的故意行为。审计准则要求注册会计师关注导致财务报表发生重大错报的舞弊。下列两类故意错报与财务报表审计相关：①对财务信息作出虚假报告导致的错报；②侵占资产导致的错报。舞弊和错误的区别在于，导致财务报表发生错报的行为是故意行为还是非故意行为。

此外，被审计单位有意或无意地违反会计准则和相关会计制度之外的法律法规的行为，也可能导致其面临罚款、诉讼等对财务报表产生重大影响的后果。

防止和发现错误、舞弊以及违反法规行为，保证经营活动符合法律法规的规定，是被审计单位治理层和管理层的责任。但是，如果被审计单位因存在错误、舞弊和违反法规行为导致其会计报表含有重大错报而CPA未能查出，CPA则可能遭受到委托单位及有关方面的控告。

（2）经营失败。企业生产经营活动存在决策失误、同业竞争、经济萧条等诸多不确定因素导致的经营风险，往往面临无法达到投资人的期望收益、无力归还到期债务，乃至遭遇破产清算。被审计单位经营失败，常常连累注册会计师。但经营失败不能等同于审计失败。审计失败是指注册会计师由于没有遵守审计准则的要求而发表了错误的审计意见，例如CPA因为专业胜任能力的不足而未能发现应当发现的财务报表中存在的重大错报。

☑ 业务指导：如何应对经营失败引发的审计风险？

有关资料显示我国中小企业平均寿命约4年，全球500强约40年。再伟大的企业最终也会走向衰亡，再谨慎的CPA也逃不过客户经营失败引发的审计失败指控。所以从某种意义上说，CPA最大的审计风险就是客户的持续经营风险。但客户能否持续经营，除了专业判断，天灾人祸等偶发事件无法避免。特别是在破产的最近会计期间发表的审计意见说明会计报表是公允的，情况更是如此。CPA抗辩的理由无非是其执业遵循了审计准则的要求，即"程序真实"。而由于审计业务较强的专业性，投资人以及法庭判决往往更倾向于"结果真实"，即所依赖的CPA审计报告作出的投资决策是否遭受了损失。注册会计师如果未能恪守应有的职业谨慎通常会由此承担责任，并可能致使会计师事务所遭受损失。

3.注册会计师的责任

（1）违约。违约，即合同的一方或几方未能达到合同条款的要求。当违约给他人造成损失时，注册会计师应负担违约责任。例如，会计师事务所未能在约定的时间内完成受托任务，或违反了与被审计单位订立的保密协议等。

（2）过失。所谓过失，是指在一定条件下缺少应具有的合理的谨慎。评价注册会计师的过失，是以其他合格注册会计师在相同条件下可做到的谨慎为标准的。当过失给他人造成损害时，注册会计师应负过失责任。通常，过失按其程度不同可分为普通过失和重大过失两种。

普通过失（也称"一般过失"）通常是指没有保持职业上应有的合理的谨慎；对注册会计师则是指没有完全遵循专业准则的要求。比如，未按特定审计项目取得必要和充分的审计证据就出具审计报告的情况，可视为一般过失。

重大过失是指连起码的职业谨慎都不保持，对重要的业务或事务不加考虑，满不在乎；对注册会计师而言，则是指根本没有遵循专业准则或没有按专业准则的基本要求执行审计。

普通过失与重大过失的区分见表2-2。

表2-2   普通过失与重大过失区分

判断标准	普通过失	重大过失
专业标准 遵守情况	没有完全遵守	完全没有遵守
内部控制 情况	内部控制良好未 发现报表重大错报	内部控制失效未 发现报表重大错报
重大错报 构成情况	重大错报由许多 小错误累积而成	重大错报 由重大错误引起

（3）欺诈。欺诈又称舞弊，是以欺骗或坑害他人为目的的一种故意的错误行为。作案具有不良动机是欺诈的重要特征，也是欺诈与普通过失和重大过失的主要区别之一。对于注册会计师而言，欺诈就是为了达到欺骗他人的目的，明知委托单位的财务报表有重大错报，却加以虚伪的陈述，出具无保留意见的审计报告。

与欺诈相关的另一个概念是"推定欺诈"，又称"涉嫌欺诈"，是指虽无故意欺诈或坑害他人的动机，但却存在极端或异常的过失。推定欺诈和重大过失两者的界限往往很难界定，美国许多法院曾经将注册会计师的重大过失解释为推定欺诈，特别是近些年来有些法院放宽了"欺诈"一词的范围，使得"推定欺诈"和"欺诈"在法律上成为等效的概念。这样，具有重大过失的注册会计师的法律责任就进一步加大了。

（4）没有过失、普通过失、重大过失和欺诈的界定。对经过审计但仍含有错报的会计报表，准确界定注册会计师是否构成过失或者欺诈，确实很难。图2-2提供了甄别注册会计师没有过失、普通过失、重大过失以及欺诈的一个大致参考。

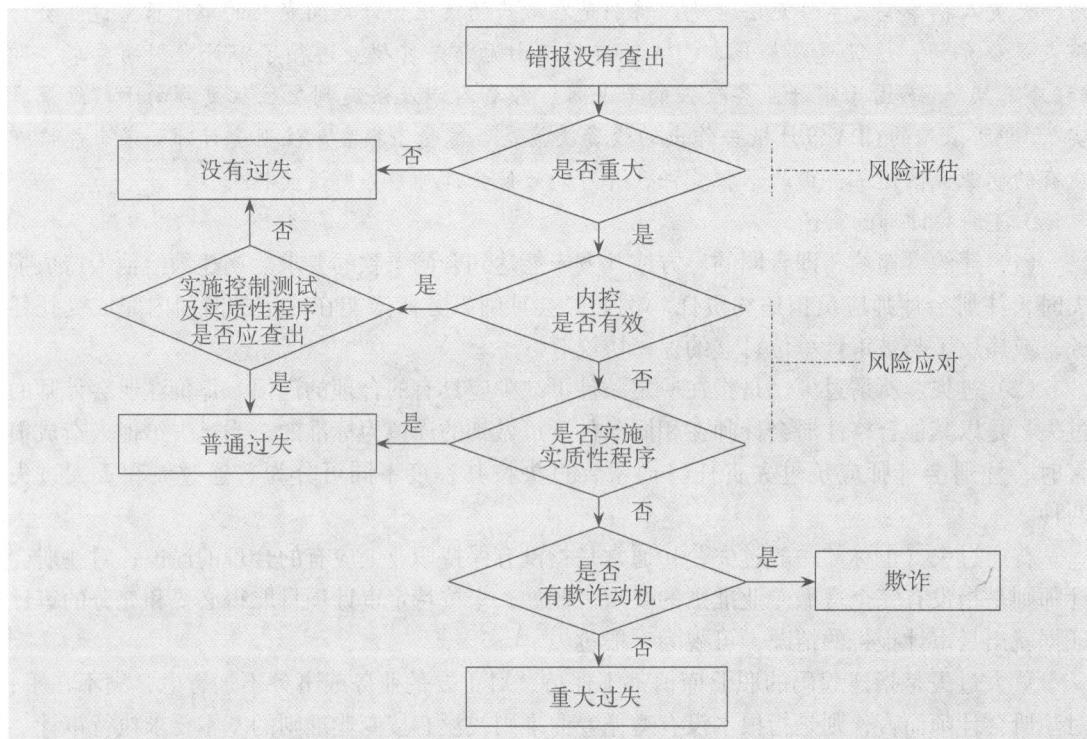

图2-2 CPA责任的界定

横眉冷对千夫指，俯首甘为孺子牛。 ——鲁迅

二、外国注册会计师的法律责任

（一）习惯法下注册会计师的法律责任

1.注册会计师对委托单位的责任

注册会计师（CPA）只要接受委托执行业务，就负有恪尽专业职守、保持职业谨慎的义务。在习惯法下，如果由于CPA的过失（即使是普通过失）给委托单位造成了经济损失，CPA对于委托单位就负有法律责任。CPA对于委托单位的责任最常发生的案例，就是未能查出委托单位职工盗用公款之类的舞弊事件。遭受损失的委托单位往往指控CPA具有过失，从而向法院提起要求CPA赔偿的诉讼。委托单位（即原告）就负有举证责任，即必须向法院证明其已受到损失，以及这种损失是由于注册会计师的过失造成的。

2.注册会计师对第三方的责任

首先，CPA对受益第三方承担责任。受益第三方是指CPA与委托单位签订的业务约定书中所指明的受益人。源于习惯法下有关合同的判例，CPA对由于其过失（包括普通过失）原因而给委托单位造成的损害承担赔偿责任。作为CPA与委托人之间业务合同中所确指的受益第三方，因而也享有与委托单位同等的追索权。例如，被审计单位委托CPA对财务报表进行审计的目的是获取某家银行的贷款，那么这家银行就是受益第三方；如果该银行因此笔贷款而遭受了损失，银行则可以向法院指控CPA具有过失，追讨其遭受的损失。

其次，CPA对于其他第三方的责任。"厄特马斯"案例确立了CPA对未指明第三方的传统归责原则：犯有普通过失的CPA不对未曾指明的第三方负责；如果CPA犯有重大过失或欺诈行为，则应当对未指明的第三方负责。也就是说，CPA对于未指明的第三方是否负有责任，关键在于过失程度的大小。普通过失不负责任，而重大过失和欺诈则应负责任。但自20世纪80年代以来，许多法院扩大了"厄特马斯主义"的含义，判定具有普通过失的CPA对可以合理预测的第三方负有责任。

需要强调的是，习惯法下CPA对于第三方的责任案例中，举证的责任方仍在原告，即当原告（第三方）提起诉讼时，他必须向法院证明：①他本身受到损失；②他依赖了令人误解的已审财务报表；③这种依赖是他受到损失的直接原因；④CPA具有某种程度的过失。作为被告的注册会计师仍处于反驳原告所做指控的地位。

（二）成文法下注册会计师对于第三方的责任

1929年美国股市崩溃以及由此引发的长达四年的全球经济危机，终结了放任自由的资本主义时代。《1933年联邦证券法》《1934年证券交易法》的颁布以及SEC的成立，取代了早期的仅靠道德自律的"梧桐树协议"，也彻底改变了证券市场的"游戏规则"。《1933年联邦证券法》《1934年证券交易法》是美国证券市场的基本法。由于两部法律允许集团诉讼，并要求CPA按照严格的标准行事，因此大多数指控CPA的公开发行公司的股东或债券持有人都是根据联邦成文法提出的。①

《1933年联邦证券法》主要规范证券发行人的信息披露以保护证券原始购买人的权益。

---

① 编者注：集团诉讼被誉为"美国法律天才们最具特色的成就"，通过"诉权默示让与"、律师"胜诉酬劳"等制度创新，将小额单个同类受害人（"羊"）组建成强大的"拟制原告集团"（"狮子"）与大企业集团抗衡，以有效遏制其侵害消费者权益行为。

该法规定：凡是公开发行证券（包括股票和债券）的公司，必须向SEC呈送登记表，其中包括由CPA审计过的财务报表。如果登记表中有重大的误述或遗漏事项，那么呈送登记表的公司和它的CPA对于证券的原始购买人负有责任，CPA仅对登记表中经他审核和报告的误述或遗漏负责。

《1934年证券交易法》主要规范证券发行之后的公司信息披露以及证券买卖交易行为。该法规定：每个在SEC管辖下的公开发行公司（具有100万美元以上的总资产和500位以上的股东），均须向SEC呈送经CPA审计过的年度财务报表。如果这些年报令人误解，呈送公司和它的CPA对于买卖公司证券的任何人负有责任，除非被告能证明他本身行为出于善意，且并不知道财务报表是虚伪不实或令人误解的。

需要说明的是，《1933年联邦证券法》以及《1934年证券交易法》将大部分举证责任转往被告（即辩方举证）：原告仅需证明他遭受了损失以及登记表或年度财务报表是令人误解的，而不需举证它依赖了登记表（财务报表）或者发行公司及CPA具有过失；而被告（发行公司以及CPA）不但应当对他的普通过失（1934年证券交易法放宽到重大过失和欺诈）行为造成的损害负责，而且必须证明他的无辜（自证清白），而非单单反驳原告的非难或指控。

此外，针对安然、世通等财务欺诈事件，美国国会出台了2002年《公众公司会计改革和投资者保护法案》，对美国《1933年联邦证券法》《1934年证券交易法》作了不少修订，在会计职业监管、公司治理、证券市场监管等方面作出了许多新的规定。其中与CPA相关的内容主要包括：①成立独立的公众公司会计监察委员会，监管执行公众公司审计职业；②加强注册会计师的独立性；③加大公司的财务报告责任；④要求强化财务披露义务；⑤加重了违法行为的处罚措施等。

三、中国注册会计师的法律责任

（一）注册会计师法律责任的相关律条

1.《注册会计师法》（2014年修订）的规定

《中华人民共和国注册会计师法》第三十九条："会计师事务所违反本法第二十条、第二十一条规定的，由省级以上人民政府财政部门给予警告，没收违法所得，可以并处违法所得一倍以上五倍以下的罚款；情节严重的，并可以由省级以上人民政府财政部门暂停其经营业务或者予以撤销。

注册会计师违反本法第二十条、第二十一条规定的，由省级以上人民政府财政部门给予警告；情节严重的，可以由省级以上人民政府财政部门暂停其执行业务或者吊销注册会计师证书。

会计师事务所、注册会计师违反本法第二十条、第二十一条的规定，故意出具虚假的审计报告、验资报告，构成犯罪的，依法追究刑事责任。"

《中华人民共和国注册会计师法》第四十二条："会计师事务所违反本法规定，给委托人、其他利害关系人造成损失的，应当依法承担赔偿责任。"

2.《证券法》（2019年12月修订自2020年3月起施行）的规定

《证券法》第一百六十三条规定："证券服务机构为证券的发行、上市、交易等证券业务活动制作、出具审计报告及其他鉴证报告、资产评估报告、财务顾问报告、资信评级报告或者法律意见书等文件，应当勤勉尽责，对所依据的文件资料内容的真实性、准确性、完整性进行核查和验证。其制作、出具的文件有虚假记载、误导性陈述或者重大遗漏，给他人造成损失的，应当与委托人承担连带赔偿责任，但是能够证明自己没有过错的除外。"

《证券法》第一百八十八条规定："证券服务机构及其从业人员，违反本法第四十二条的规定买卖证券的，责令依法处理非法持有的证券，没收违法所得，并处以买卖证券等值以下的罚款。"

《证券法》第二百一十三条规定："证券服务机构违反本法第一百六十三条的规定，未勤勉尽责，所制作、出具的文件有虚假记载、误导性陈述或者重大遗漏的，责令改正，没收业务收入，并处以业务收入一倍以上十倍以下的罚款，没有业务收入或者业务收入不足五十万元的，处以五十万元以上五百万元以下的罚款；情节严重的，并处暂停或者禁止从事证券服务业务。对直接负责的主管人员和其他直接责任人员给予警告，并处以二十万元以上二百万元以下的罚款。"

《证券法》第二百一十四条规定："发行人、证券登记结算机构、证券公司、证券服务机构未按照规定保存有关文件和资料的，责令改正，给予警告，并处以十万元以上一百万元以下的罚款；泄露、隐匿、伪造、篡改或者毁损有关文件和资料的，给予警告，并处以二十万元以上二百万元以下的罚款；情节严重的，处以五十万元以上五百万元以下的罚款，并处暂停、撤销相关业务许可或者禁止从事相关业务。对直接负责的主管人员和其他直接责任人员给予警告，并处以十万元以上一百万元以下的罚款。"

《证券法》第二百一十九条规定："违反本法规定，构成犯罪的，依法追究刑事责任。"

3.《公司法》（2018年修订）的规定

《公司法》第二百零七条规定："承担资产评估、验资或者验证的机构提供虚假材料的，由公司登记机关没收违法所得，处以违法所得一倍以上五倍以下的罚款，并可以由有关主管部门依法责令该机构停业、吊销直接责任人员的资格证书，吊销营业执照。

承担资产评估、验资或者验证的机构因过失提供有重大遗漏的报告的，由公司登记机关责令改正，情节较重的，处以所得收入一倍以上五倍以下的罚款，并可以由有关主管部门依法责令该机构停业、吊销直接责任人员的资格证书，吊销营业执照。

承担资产评估、验资或者验证的机构因其出具的评估结果、验资或者验证证明不实，给公司债权人造成损失的，除能够证明自己没有过错的外，在其评估或者证明不实的金额范围内承担赔偿责任。"

4.《刑法》（2017年修正）的规定

《刑法》第二百二十九条规定："承担资产评估、验资、验证、会计、审计、法律服务等职责的中介组织的人员故意提供虚假证明文件，情节严重的，处五年以下有期徒刑或者拘役，并处罚金。

前款规定的人员，索取他人财物或者非法收受他人财物，犯前款罪的，处五年以上十年以下有期徒刑，并处罚金。

第一款规定的人员，严重不负责任，出具的证明文件有重大失实，造成严重后果的，处三年以下有期徒刑或者拘役，并处或者单处罚金。"

（二）注册会计师避免法律诉讼的措施（见表2-3）

表2-3　　　　　　　　　　注册会计师避免法律诉讼的措施

（一）CPA防止发生执业过错的措施	（二）CPA避免法律诉讼的措施
（1）增强执业的独立性	（1）严格遵循职业道德守则和专业标准的要求
（2）提高并保持专业胜任能力和应有的关注	（2）建立、健全事务所质量控制制度
（3）强化执业质量控制	（3）与委托人签订业务约定书
	（4）审慎选择被审计单位并保持职业怀疑态度
	（5）深入了解被审计单位的业务
	（6）提取风险基金或购买责任保险
	（7）聘请熟悉CPA法律责任的律师
	（8）按规定妥善保管审计工作底稿

☑ CPA法律责任经典案例

　　琼民源案：1998年，琼民源董事长及财务负责人因提供虚假财会报告罪获2~3年徒刑，受牵连的会计师事务所、注册会计师分别被处以撤销或吊销资格证书。

　　银广夏案：2003年，银广夏总裁以及相关责任人等因提供虚假财会报告罪分获3年以下徒刑以及3万~10万元不等的罚金，涉案的会计师事务所被撤销、CPA被判2.5年徒刑并处3万元罚金。

　　科龙电器：2005年年底，证监会对案件的调查结论认定D事务所对科龙审计过程中存在的主要问题包括：审计程序不充分、不适当，未发现科龙现金流量表重大差错等。2006年8月最高法院下发了《关于延长以科龙电器为被告的民商事案件暂缓受理（审理/执行）的通知》，科龙案相关诉讼被搁置（注：2009年6月被告科龙电器公司与原告投资者达成和解）。2008年1月科龙电器董事长因虚报注册资本罪、违规披露和不披露重要信息罪、挪用资金罪等被判12年徒刑以及680万元罚金。另据报道，2007年4月，D事务所同意向加拿大Philip Services公司的投资者支付5 050万美元，以了结投资者对其审计失职的诉讼。

　　山登公司案例：1999年12月，美国新泽西州法官William H.Walls判令山登（Cendant）公司向其股东支付28.3亿美元赔款，负责审计的安永会计师事务所向山登公司的股东支付3.35亿美元的赔款。此项判决同时创下了截至当时证券欺诈和审计失败两项赔偿金额的最高世界纪录。山登（由CUC和HFS两家公司合并而成）的前身CUC公司，利用"高层调整"大肆篡改季度报表、无端转回合并准备虚构当期收益、任意减少折旧和摊销、随意改变收入确认标准等伎俩，在1995—1997年期间，共虚构了15.77亿美元的营收和4.39亿美元的净利（占对外报告净利的56%）。山登舞弊案的三名直接责任人中的两人即前首席财务官和主计长，在加盟CUC之前都是安永的注册会计师。

　　安然公司案例：2001年，安然因舞弊丑闻曝光而破产，长期以来为其提供审计服务的安达信也因此陷入泥潭，安达信（1913年成立）近百年的信誉毁于一旦。公众争议安达信的独立性问题包括：（1）从审计客户获取巨额的咨询服务收入。2000年度安达信向安然公司收取费用高达5 200万美元，其中2 700万美元为咨询服务收入。1997—2000年间，安达

莺花旧管三千首，风月初收二百题。　——邵雍

信向安然提供的咨询服务包括：SPE交易策划及会计处理的咨询、代理记账以及外包的内部审计等。（2）安达信员工受聘于审计客户。安然公司许多高级职员来自于安达信，包括首席财务主管、首席会计主管和公司发展部副总经理在内的约100名雇员曾在安达信就职。此外，安达信居然还设立了政治行动委员会，通过"政治献金"来影响国会议员。

思考与练习

一、单项选择题

1.注册会计师所从事的相关服务业务的范围，不包括（　　）。

　　A.担任某企业的常年会计顾问

　　B.对企业内部控制情况进行审核

　　C.对企业会计政策的选择和运用提供建议

　　D.代企业编制会计报表

2.审计准则的作用不包括（　　）项目。

　　A.是完善审计组织内部管理的基础

　　B.是审计组织与社会进行沟通的媒介

　　C.是确定和解脱审计责任的依据

　　D.是评价被审计单位会计报表是否合法、公允的依据

3.下列关于审计规范的理解中不恰当的是（　　）。

　　A.审计准则是注册会计师在实施审计工作时必须恪守的最高行为准则

　　B.审计准则的实施有利于提高审计工作质量

　　C.社会公众对专业人员道德标准的要求高于一般人员

　　D.审计准则及职业道德对被审计单位的行为具有约束力

4.不与被审计单位发生利益冲突体现了审计职业道德中的（　　）。

　　A.诚信　　　　　　　B.客观　　　　　　　C.保密　　　　　　　D.独立性

5.当注册会计师未遵循诚信原则开展审计服务时有可能面临的诉讼是（　　）。

　　A.欺诈　　　　　　　B.违约　　　　　　　C.过失　　　　　　　D.失职

6.注册会计师职业道德基本原则并不包括（　　）。

　　A.独立　　　　　　　B.细致　　　　　　　C.诚信　　　　　　　D.良好的职业行为

7.注册会计师张峰在执业过程中发现自己无法胜任此项工作，那么张峰应该（　　）。

　　A.聘请相关专家　　　　　　　　　B.终止该项业务约定

　　C.改派其他注册会计师　　　　　　D.出具拒绝表示意见的审计报告

8.会计师事务所对无法胜任或不能按时完成的业务，应（　　）。

　　A.聘请其他专业人员帮助　　　　　B.转包给其他会计师事务所

　　C.减少业务收费　　　　　　　　　D.拒绝接受委托

9.下列行为中符合审计职业道德的是（　　）。

　　A.在审计过程中向被审计单位推荐业务

　　B.接受被审计单位的财物馈赠

C.利用所获知的涉密信息为第三方谋取利益

D.如实报告审计过程中发现的问题

10.下列各项关于注册会计师职业道德的表述不恰当的是（　　）。

A.只有在审计服务中才需要保持诚信原则

B.不能根据已知的商业机密谋取利益

C.在提供代理记账服务时不需要保持独立性

D.应当客观公正地评价被审计事项

11.注册会计师在进行审计活动时保持独立的精神态度和意志属于（　　）。

A.形式独立　　　　B.实质独立　　　　C.机构独立　　　　D.精神独立

12.下列各项关于独立性的表述不恰当的是（　　）。

A.审计与其他经济监督活动相比最大的区别就是独立性

B.注册会计师在执行咨询业务时不需要强调独立性

C.独立性原则是针对审计人员而不是审计组织的

D.审计人员在审计活动中应当保持实质上与形式上的独立

13.下列各项关于注册会计师披露涉密信息是欠妥当的表述是（　　）。

A.法律法规允许披露，并取得客户的授权

B.根据法律法规的要求，为法律诉讼提供证据

C.在法律诉讼中为了维护自身权益而披露涉密信息

D.接受中注协或监管机构的执业质量检查，答复其询问和调查

14.下列不违背注册会计师职业道德相关规定的是（　　）。

A.注册会计师采用或有收费的方式向客户提供鉴证服务

B.某项目经理5年来一直负责对N上市公司年报审计，由于对N公司非常熟悉，会计师事务所计划下一年度仍安排其负责该公司的年报审计工作

C.注册会计师可以聘请会计审计方面的专家协助其工作

D.注册会计师向公众传递信息以及推介自己和工作时，应当客观、真实、得体，不得损害职业形象

15.在下列各项中，属于违反职业道德规范行为的是（　　）。

A.注册会计师按照业务约定和专业准则的要求完成委托业务

B.注册会计师应当对执业活动中获知的涉密信息保密

C.除有关法规允许的情形外，会计师事务所不得以或有收费形式为客户提供各种鉴证服务

D.注册会计师夸大宣传其提供的服务、拥有的资质或获取的经验

16.注册会计师执业准则体系的核心是（　　）。

A.审计准则　　　　　　　　　　B.审阅准则

C.其他鉴证业务准则　　　　　　D.相关服务准则

17.下列各项由审计署制定发布的是（　　）。

A.审计法　　　　　　　　　　　B.国家审计准则

C.注册会计师法　　　　　　　　D.注册会计师审计准则

18.下列各项由财政部制定发布的是（　　）。

A.审计法
C.注册会计师法
B.国家审计准则
D.注册会计师审计准则

19.注册会计师对给他人造成的经济损失应予赔偿，这是注册会计师所要承担的（　　）。

A.行政责任　　　　B.民事责任　　　　C.刑事责任　　　　D.道德责任

20.下列属于基于责任方认定的业务是（　　）。

A.内部控制鉴证　　B.产品质量鉴证　　C.财务报表审计　　D.信息系统鉴证

21.注册会计师在知悉了以下四个账户的情况后，由于各种原因未能作进一步的审查，导致相关的财务报表项目中存在的重大问题未被发现。其中，最有可能被判定为欺诈或推定欺诈的情况是（　　）。

A.营业外支出账户金额不大，与以前3年的金额基本相当

B.应收账款账户余额异乎寻常的高，且审计单位不能加以合理解释

C.累计折旧大幅度降低，但折旧政策前后一致且相关内部控制健全有效

D.实收资本大量增加，但被审计单位已出示了验资报告

22.如果被审计单位的财务报表中存在重大错报，则在下列情况下很可能在诉讼中被判为重大过失的是（　　）。

A.注册会计师运用常规审计程序通常能够发现该错报

B.审计人员确实遵守了审计准则，却提出错误的审计意见

C.注册会计师明知道存在重大错报却虚伪地陈述，出具无保留意见的审计报告

D.注册会计师基本上遵循了审计准则的相关要求

23.下列关于法律责任的界定中不恰当的是（　　）。

A.被审计单位违反业务约定书中的条款应当视为违约

B.注册会计师根本没有遵循专业准则应当视为重大过失

C.注册会计师存在过失行为时可能面临行政处罚

D.注册会计师无须因其过失行为向第三方承担责任

24.以下行为无助于防范注册会计师面临的法律风险的是（　　）。

A.审慎选择审计客户
B.遵循职业道德规范
C.提高重要性水平
D.编制并保存工作底稿

25.下列做法中无助于防范法律风险的是（　　）。

A.消除对注册会计师独立性存在威胁的因素

B.按照审计准则的要求收集充分适当的审计证据

C.根据被审计单位的要求签订业务约定书

D.在审计过程中保持职业怀疑与应有的谨慎

26.下列各项关于审计业务中涉及责任的表述不恰当的是（　　）。

A.如果注册会计师未遵守审计准则而出具了不恰当的审计意见就应当承担法律责任

B.被审计单位的管理层应当合理保证财务报表的合法性和公允性

C.注册会计师需要为被审计单位内部控制的有效性负责

D.注册会计师开展财务报表审计无助于减轻管理层的责任

27.下列各项关于注册会计师法律责任的表述不正确的是（　　）。

A.行政责任的处罚内容包括暂停执业和吊销证书等

B.民事责任是指会计师事务所给他人造成经济损失的应予以警告

C.法律责任的产生主要源于注册会计师的违约、过失与欺诈行为

D.注册会计师的欺诈行为可能面临刑事诉讼

28.下列会计师事务所在报告中注明,能作为免责的事由的是( )。

A.本报告仅供工商登记使用

B.本报告仅供工商年检使用

C.本报告仅供税务局使用

D.除了前段所述事项可能造成的影响外

29.注册会计师在对ABC股份有限公司20×9年度会计报表进行审计时,按照函证具体准则对有关应收账款进行了函证,并实施了其他必要的审计程序,但最终仍有应收账款业务中的错报未能被查出。你认为注册会计师的行为属于( )。

A.没有过失　　　B.普通过失　　　C.重大过失　　　D.欺诈

30.审计人员对被审计单位的应收账款进行了大量的函证,仅发现一封回函声称与被审计单位记录不同:该企业表示,其仅向被审计单位发出过订货单,但随即就收回了订货要求。对此封回函,注册会计师只看了一半,因为接一个电话而没有看完,接完电话后误以为这是一封已看完的回函,便认可了该笔应收账款的存在性。但后来查清,该笔应收账款是被审计单位虚构的。你认为审计人员的这种做法属于( )。

A.欺诈　　　B.普通过失　　　C.重大过失　　　D.没有过失

31.审计人员在审计工作中首先要保持的是( )。

A.独立性　　　B.客观性　　　C.谨慎性　　　D.公正性

32.下列关于审计准则的表述,错误的是( )。

A.审计准则是衡量审计质量的尺度

B.审计准则是评价被审计单位的标准

C.审计准则是确定和解脱审计责任的依据

D.审计准则是审计人员在实施审计过程中必须遵守的行为规范

33.注册会计师将鉴证业务风险降至该业务环境下可接受的低水平指的是( )。

A.无任何保证　　　B.有限保证　　　C.合理保证　　　D.绝对保证

34.下列各项的表述中,不正确的是( )。

A.审计人员不对财务报表中存在的错报负责任

B.只要切实遵守职业道德规定和执业准则进行审计,就可以避免法律诉讼案的发生,即使一旦受到牵连,也可以据此抗诉

C.审计人员可以聘请外部专家,但是不可以将专家意见纳入工作底稿

D.审计人员应定期接受职业培训,才能始终胜任自己的工作

35.下列有关注册会计师执行的业务提供的保证程度的说法中,正确的是( )。

A.财务报表审计提供绝对保证

B.代编财务信息提供合理保证

C.财务报表审阅提供有限保证

D.对财务信息执行商定程序提供低水平保证

二、多项选择题

1.注册会计师应当在所有的执业活动中，保持正直、诚实守信。注册会计师如果认为业务报告、申报资料或其他信息，存在（　　）等，则不得与这些有问题的信息发生牵连。

A.不含有严重虚假或误导性的陈述　　　B.不含有缺少充分依据的陈述或信息

C.含有严重虚假或误导性的陈述　　　　D.含有缺少充分依据的陈述或信息

2.可能对职业道德基本原则产生不利影响的因素包括（　　）。

A.自身利益　　　　B.自我评价　　　　C.过度推介　　　　D.密切关系

3.下列关于鉴证业务的说法中错误的有（　　）。

A.鉴证业务可以提高责任方对于信息的信任程度

B.财务报表审计不属于鉴证业务

C.鉴证业务可以提供绝对保证

D.完成鉴证业务时应当出具书面报告

4.以下关于审计准则的理解中正确的有（　　）。

A.是出于审计自身需要和社会公众的要求而产生的

B.是审计实践的总结

C.是对审计组织和审计人员提出的要求

D.是控制和评价审计工作质量的依据

5.审计准则的作用包括（　　）。

A.为审计人员提供了审计工作规范　　　B.为评价审计工作质量提供了衡量尺度

C.有利于维护公众的正当权益　　　　　D.为审计教育充实了内容

6.制定《中国注册会计师鉴证业务基本准则》的目的在于明确鉴证业务的目标和要素，确定中国注册会计师（　　）适用的鉴证业务类型。

A.审计准则　　　　B.审核准则　　　　C.审查准则　　　　D.审阅准则

7.会计报表审计业务，可以归属于（　　）类型鉴证业务。

A.绝对保证　　　　　　　　　　　　　B.合理保证

C.有限保证　　　　　　　　　　　　　D.基于责任方认定的业务

8.下列可以作为鉴证业务标准的有（　　）。

A.会计准则和相关会计制度

B.内部控制规范或指引

C.注册会计师基于个人经验对鉴证对象进行的评价

D.单位内部制定的行为准则

9.下列有关鉴证业务与相关服务的表述，正确的有（　　）。

A.鉴证业务要求注册会计师保持实质上和形式上的独立，而相关服务不对独立性提出要求

B.鉴证业务涉及注册会计师、责任方和预期使用者三方面关系人，而相关服务一般只涉及注册会计师和责任方两方面关系人

C.注册会计师执行鉴证业务主要遵守鉴证业务准则，而执行相关服务业务则主要遵守职业道德规范

项目二

D.无论是鉴证业务还是相关服务，都要求注册会计师发表鉴证意见

10.注册会计师执业准则体系包括（　　　）。

A.职业道德规范　　　　　　　　　B.鉴证业务准则

C.相关服务准则　　　　　　　　　D.会计师事务所质量控制准则

11.注册会计师鉴证业务准则包括（　　　）。

A.审计准则　　　　　　　　　　　B.审阅准则

C.其他鉴证业务准则　　　　　　　D.相关服务准则

12.下列属于注册会计师侵权责任的法律构成要件的有（　　　）。

A.存在不实报告

B.注册会计师存在过失

C.利害关系人遭受了损失

D.会计师事务所的过失与损害事实之间存在因果关系

13.《中国注册会计师协会会员执业违规行为惩戒办法》规定，对会员违规行为给予惩戒的种类有（　　　）。

A.警告、没收违法所得　　　　　　B.训诫

C.行业内通报批评　　　　　　　　D.公开谴责

14.下列各项属于会计师事务所或注册会计师行政责任的有（　　　）。

A.吊销注册会计师证书　　　　　　B.训诫

C.公开谴责　　　　　　　　　　　D.没收违法所得

15.审计客户可能要求会计师事务所在下列方面提供技术支持，如果会计师事务所不承担审计客户的管理层职责，通常不会对独立性产生不利影响的有（　　　）。

A.为审计客户提供设计财务系统、代理记账以及编制财务报表等服务

B.解决账户调节问题

C.选择和运用恰当的会计政策、编制或更改会计分录

D.将按照某种会计准则编制的财务报表，转换为按照另一种会计准则编制的财务报表

16.国家审计人员滥用职权、徇私舞弊、玩忽职守或者泄露所知悉的国家秘密、商业秘密的，应承担的法律责任包括（　　　）。

A.行政责任　　　　B.刑事责任　　　　C.民事责任　　　　D.政治责任

17.注册会计师因执业不当行为而需承担的法律责任包括（　　　）。

A.行政责任　　　　B.刑事责任　　　　C.民事责任　　　　D.政治责任

18.下列各项会导致因自我评价威胁而可能对注册会计师职业道德基本原则产生不利影响的是（　　　）。

A.会计师事务所为审计客户提供财务系统设计服务

B.会计师事务所的收入过分依赖某一客户

C.在审计客户与第三方发生诉讼时，注册会计师担任该客户的辩护人

D.鉴证业务项目经理担任或最近曾经担任客户的董事

19.注册会计师法律责任的成因包括（　　　）。

A.违约　　　　　　B.过失　　　　　　C.欺诈　　　　　　D.自身利益

20.注册会计师法律责任的类型包括（　　　）。

A.行政责任　　　B.民事责任　　　　C.刑事责任　　　D.公开谴责

21.下列各项属于注册会计师的鉴证业务的有（　　　）。

A.财务报表审计　B.财务报表审阅　　C.内部控制审计　D.代编财务信息

22.注册会计师保持职业怀疑，要求对下列（　　　）引起疑虑的情形保持警觉。

A.相互矛盾的审计证据

B.引起对文件记录、对询问的答复的可靠性产生怀疑的信息

C.表明可能存在舞弊的情况

D.表明需要实施除审计准则规定外的其他审计程序的情形

三、判断题

1.注册会计师不得以或有收费方式提供鉴证服务。　　　　　　　（　　）

2.注册会计师不得为被审计单位提供代编会计报表等专业服务。　（　　）

3.会计师事务所人员在向审计客户提供内部审计服务时，不得承担管理层职责。（　　）

4.是否具有不良动机是区分欺诈与重大过失的重要标志。　　　　（　　）

5.我国《刑法》规定：承担资产评估、验资、验证、会计、审计、法律服务等职责的中介组织的人员故意提供虚假证明文件，情节严重的，处十年以下有期徒刑或者拘役，并处罚金。　　　　　　　　　　　　　　　　　　　　　　　　　　　　　（　　）

6.如果注册会计师存在过失，可能承担会计责任和审计责任。　　（　　）

7.依据"厄特马斯主义"，注册会计师如果因其过失行为而出具不当意见审计报告，则必须对一切可合理预见的第三方承担法律责任。　　　　　　　　　　　（　　）

8.合理保证的鉴证业务的目标是注册会计师将鉴证业务风险降至该业务环境下可接受的水平，以此作为以积极方式提出结论的基础。　　　　　　　　　　　（　　）

9.有限保证的鉴证业务的目标是注册会计师将鉴证业务风险降至该业务环境下可接受的低水平，以此作为以积极方式提出结论的基础。　　　　　　　　　　　（　　）

10.注册会计师在提供税务筹划和其他税务咨询服务时，如果此类服务具有法律依据，或得到税务机关的明确认可，通常不对独立性产生不利影响。　　　　　（　　）

11.如果注册会计师未查出被审计单位财务报表中的错报，则注册会计师应当承担法律责任。　　　　　　　　　　　　　　　　　　　　　　　　　　　　　（　　）

12.注册会计师应当遵循诚信、客观和公正原则，在执行审计和审阅业务以及其他鉴证业务时保持独立性。　　　　　　　　　　　　　　　　　　　　　　　（　　）

13.在运用职业道德概念框架时，对于职业道德守则中明确的禁止性规定，注册会计师可以通过采取防范措施将可能产生的不利影响降低至可接受的水平，从而能够保持该利益或关系，或者提供该服务。　　　　　　　　　　　　　　　　　　　　　　（　　）

四、案例分析

1.2001年，ST科龙全年净亏15.56亿元，安达信认为科龙存在资产价值不确定的情况，出具"拒绝表示意见"的审计报告后离去。G某的格林柯尔2001年年底入主科龙，次年7月科龙正式改聘德勤为其审计机构。

2002年度，在上年年末存在资产不确定的情况下，德勤对净利润不足1亿元的科龙当年

扭亏的年报出具了"保留意见"的审计报告。2003年度，德勤对科龙H股和A股分别出具了"带解释事项段的无保留意见"和"非标准无保留意见"的审计意见。2005年5月，科龙危机爆发，公司公告因涉嫌违反证券法法规被证监会立案调查；同时德勤也在为科龙2004年年报出具了最后的"保留意见"审计报告后辞去了审计师职务。

2005年年底，证监会对案件的调查结论认定德勤对科龙审计过程中存在的主要问题包括：审计程序不充分、不适当，未发现科龙现金流量表重大差错等。

分析讨论：你认为科龙案件中的注册会计师可能承担哪些法律责任？

2.阅读教材中山登公司、安然公司等独立性案例，检索相关背景资料。

分析讨论：你认为注册会计师加盟审计客户、巨额服务收费、与鉴证客户长期保持密切关系等对注册会计师执行鉴证业务有何影响？

3.阅读下段文字，就感兴趣的话题谈谈你对职业道德建设问题的看法。

亚当·斯密的《国富论》把国民财富的起源归结为每个人对私利的追逐，揭示了人的物质属性是利己的；而他的《道德情操论》则指出根植于人们心灵深处同情心之上的公平正义、诚实守信、善恶美丑等高尚道德情操论是人类社会存在的基础。斯密所担心的会像潘多拉魔盒一样被胡乱打开的《国富论》正被世人奉为圭臬，而他钟爱一生的《道德情操论》却鲜有人问津而被束之高阁。尼采哀叹"上帝死了"，理性/自利代替了信仰，成为人们普遍的行为准则。

"这是最好的时代，也是最坏的时代"，英国文学家狄更斯用了这样一句话描述工业革命发生后的世界。习近平主席在世界经济论坛2017年年会开幕式的主旨演讲中引用了这句名言，指出我们也生活在一个矛盾的世界中，让许多人感到困惑，弄不明白世界到底怎么了；因为"一方面，物质财富不断积累，科技进步日新月异，人类文明发展到历史最高水平。另一方面，地区冲突频繁发生，恐怖主义、难民潮等全球性挑战此起彼伏，贫困、失业、收入差距拉大，世界面临的不确定性上升"。

工业革命以来，人类在短短几百年所创造的财富比过去几千年的总和还要多。根据最新报告，全球2018年的饥饿人口已达到8.21亿人，已经连续3年呈现上升趋势。世界目前有九分之一的人挨饿，有约1.49亿儿童因营养不足而出现各种发育不良症状。而"由于现代技术的发展，世界目前生产的食物多于它的需求……但是，这些食物并没有平均分配（斯塔夫里阿诺斯.全球通史——1500年以前的世界［M］.上海：上海社会科学院出版社，1999）"。饥饿、贫困、战争等并未因为当今市场的繁荣和科技的发达而远离人类。

爱因斯坦面对人类如何驾驭原子释放出来的能量，担心"我们将日渐走向空前未有的大灾难"，呼吁"光有知识和技能并不能使人类过上幸福而优裕的生活，人类有充分理由把对高尚的道德准则和价值观念的赞美置于对客观真理的发现之上"。

参考答案

项目三
审计目标与
审计计划

项目三　审计目标与审计计划

◇ **学习目标**

1.明确审计总目标、运用审计目标指导审计业务活动
2.归纳并阐述管理层认定与具体审计目标
3.列举说明审计计划的内容、尝试制定总体审计策略和具体审计计划
4.记识审计重要性的含义、掌握如何确定审计的重要性水平

任务一　明确审计的总目标

一、审计目标的含义及影响因素

审计目标是在一定的历史环境下，人们通过审计实践活动所期望达到的境地或最终结果。审计目标对审计工作发挥着导向作用，是审计工作的出发点和落脚点，它界定了审计人员的责任范围，直接影响计划和实施审计程序的性质、时间和范围，决定了审计人员如何发表审计意见。

就注册会计师审计而言，社会对审计服务的需求是影响审计目标确立的重要因素之一。社会公众对注册会计师的期望值很高，独立审计存在的价值就在于消除会计报表的错误和不确定性，缩小或消除社会公众合理的期望差距（Tom Lee，1993）。而相对于公众期望，审计服务的供给能力则受审计技术、方法和审计理论创新等诸多因素的制约和影响。此外，审计人员的能力是有限的，也是影响审计目标确立的重要因素之一。会计史学家查特菲尔德认为，美国和英国的审计发展受到国家法律、法庭判例和会计职业团体三个方面的重要影响。审计目标的确立同样受到这三个方面的影响。总之，审计目标的确立受公众期望、审计能力、法规环境等诸多因素影响。审计目标及其实现示意图如图3-1所示。

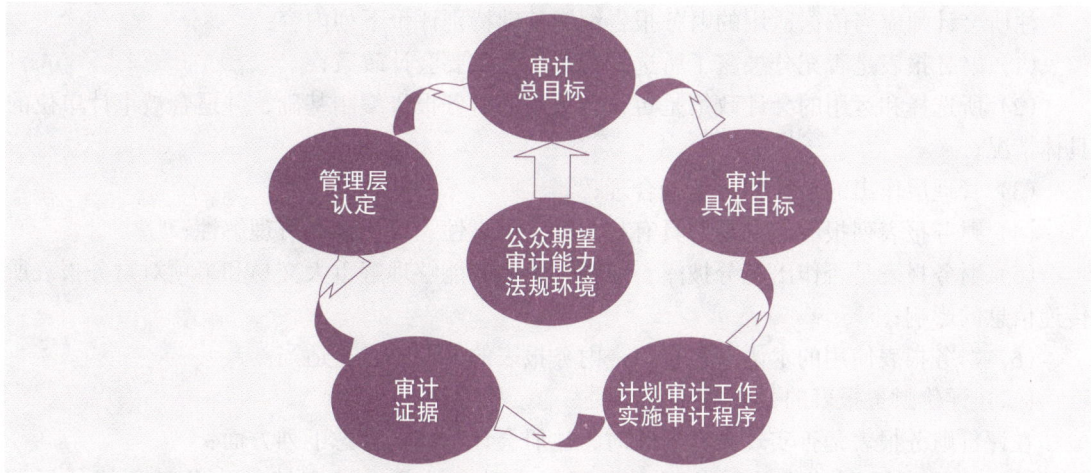

图3-1　审计目标及其实现

从民间审计的发展历程来看，审计主要经历了英式详细审计、美式信用（资产负债表）审计和财务报表审计三个阶段，审计目标相应地也随之有所变化。在详细审计阶段，查错防弊是审计的主要目标。在资产负债表审计阶段，审计目标主要是判断被审计单位的财务状况

和偿债能力，查错防弊目标退而居其次，审计的功能从防护性发展为公证性。在财务报表审计阶段，审计目标演化为判定企业的财务报表是否公允地反映其财务状况、经营成果和现金流量，并在出具审计报告的同时，提出改进经营管理的意见。在此阶段，审计目标不再限于查错防弊和历史财务信息公证，而是向管理领域有所深入和发展。

尽管不同历史阶段审计目标不尽相同，但对被审计单位财务报表进行审计始终是注册会计师的重要职责。财务报表审计是审计相关业务的基础，其他性质的业务从某种意义上讲都是财务报表审计的延伸和发展。

二、财务报表审计总目标

《中国注册会计师审计准则第 1101 号——注册会计师的总体目标和审计工作的基本要求》明确指出，在执行财务报表审计工作时，注册会计师的总体目标是：

（1）对财务报表整体是否不存在由于舞弊或错误导致的重大错报获取合理保证，使得注册会计师能够对财务报表是否在所有重大方面按照适用的财务报告编制基础编制发表审计意见；

（2）按照审计准则的规定，根据审计结果对财务报表出具审计报告，并与管理层和治理层沟通。

上述审计总目标，可以通过注册会计师对财务报表是否在所有重大方面按照适用的财务报告编制基础编制并实现公允反映发表审计意见得以实现。在审计工作的终结阶段，注册会计师根据审计准则的规定，在执行审计工作的基础上，对财务报表的合法性和公允性发表书面审计意见，至此财务报表审计的总体目标得以实现。注册会计师对财务报表的合法性和公允性发表意见，也就是对财务报表是否不存在由于舞弊或错误导致的重大错报获取了合理保证。

（一）评价财务报表的合法性

注册会计师应当依据适用的财务报告编制基础特别评价下列内容：

（1）财务报表是否充分披露了所选择和运用的重要会计政策；

（2）所选择和运用的会计政策是否符合适用的财务报告编制基础，并适合被审计单位的具体情况；

（3）管理层作出的会计估计是否合理；

（4）财务报表列报的信息是否具有相关性、可靠性、可比性和可理解性；

（5）财务报表是否作出充分披露，使预期使用者能够理解重大交易和事项对财务报表所传递信息的影响；

（6）财务报表使用的术语（包括每一财务报表的标题）是否适当。

（二）评价财务报表的公允性

在评价财务报表是否实现公允反映时，注册会计师应当考虑下列方面：

（1）经管理层调整后的财务报表是否与注册会计师对被审计单位及其环境的了解一致；

（2）财务报表的整体列报、结构和内容是否合理；

（3）财务报表（包括相关附注）是否公允地反映了相关交易和事项。

注册会计师应当按照审计准则的规定，对财务报表整体是否不存在由于舞弊或错误导致

怅溪山旧管，风月新收。　——辛弃疾

的重大错报获取合理保证，以作为发表审计意见的基础。由于审计存在固有限制，注册会计师据以得出结论和形成审计意见的大多数审计证据是说服性的而非结论性的，因此，审计只能提供合理保证，不能提供绝对保证。虽然财务报表使用者可以根据财务报表和审计意见对被审计单位未来生存能力或管理层的经营效率、经营效果作出某种判断，但审计意见本身并不是对被审计单位未来生存能力或管理层经营效率、经营效果提供的保证。

需要说明的是，如果不能实现总体目标，注册会计师应当按照审计准则的规定出具非无保留意见的审计报告，或者在法律法规允许的情况下解除业务约定。

微课：审计
总目标

项目三

任务二　理解认定与具体审计目标

一、管理层认定概述

管理层和治理层认可与财务报表相关的责任，是注册会计师执行审计工作的前提，构成注册会计师按照审计准则的规定执行审计工作的基础。管理层认定与审计目标密切相关，注册会计师的基本职责就是确定被审计单位管理层对其财务报表的认定是否恰当。从某种意义上说，财务报表审计的过程就是注册会计师对管理层所认可的财务报表的再次认定与验证的过程。

1.管理层责任

管理层是指对被审计单位经营活动的执行负有经营管理责任的人员。治理层是指对被审计单位战略方向以及管理层履行经营管理责任负有监督责任的人员或组织。治理层的责任包括监督财务报告过程。管理层和治理层（如适用）的责任包括：

（1）按照适用的财务报告编制基础编制财务报表，并使其实现公允反映；（2）设计、执行和维护必要的内部控制，以使财务报表不存在由于舞弊或错误导致的重大错报；（3）向注册会计师提供必要的工作条件，包括允许注册会计师接触与编制财务报表相关的所有信息（如记录、文件和其他事项），向注册会计师提供审计所需的其他信息，允许注册会计师在获取审计证据时不受限制地接触其认为必要的内部人员和其他相关人员。

2.管理层认定

管理层认定，是指管理层在财务报表中作出的明确或隐含的表达。我国会计法第四条规定："单位负责人对本单位的会计工作和会计资料的真实性、完整性负责。"上市公司管理/治理层对外公布的包括财务会计报告在内的所有公告均开宗明义："本公司及董事会全体成员保证本公告内容不存在任何虚假记载、误导性陈述或者重大遗漏，并对其内容的真实性、准确性和完整性承担个别及连带责任。"可见，保证财务会计报告的真实性、准确性、完整性，是管理层确认其责任的明确的表达。

保证财务会计报告在所有重大方面公允反映被审计单位的财务状况和经营成果及现金流量是管理层的责任。当管理层声明财务报表已按照适用的财务报告编制基础编制，在所有重大方面作出公允反映时，就意味着管理层对财务报表各组成部分的确认、计量、列报以及相关的披露作出了认定。管理层对财务报表的认定具体包括：

（1）与所审计期间各类交易和事项相关的认定。管理层对所审计期间的各类交易和事项运用的认定通常分为下列类别：

①发生：记录的交易或事项已发生，且与被审计单位有关。

②完整性：所有应当记录的交易和事项均已记录。

③准确性：与交易和事项有关的金额及其他数据已恰当记录。

④截止：交易和事项已记录于正确的会计期间。

⑤分类：交易和事项已记录于恰当的账户。

（2）与期末账户余额相关的认定。管理层对期末账户余额运用的认定通常分为下列类别：

①存在：记录的资产、负债和所有者权益是存在的。

②权利和义务：记录的资产由被审计单位拥有或控制，记录的负债是被审计单位应当履行的偿还义务。

③完整性：所有应当记录的资产、负债和所有者权益均已记录。

④计价和分摊：资产、负债和所有者权益以恰当的金额包括在财务报表中，与之相关的计价或分摊调整已恰当记录。

（3）与列报和披露相关的认定。管理层对列报和披露运用的认定通常分为下列类别：

①发生以及权利和义务：披露的交易、事项和其他情况已发生，且与被审计单位有关。

②完整性：所有应当包括在财务报表中的披露均已包括。

③分类和可理解性：财务信息已被恰当地列报和描述，且披露内容表述清楚。

④准确性和计价：财务信息和其他信息已公允披露，且金额恰当。

☑ 难点解析：管理层认定业务举例

例如：若报表中虚报"存货"（账存大于实存），管理层则违反了"存在"认定；若被用于抵押的存货未在报表附注中说明，则违背了"分类和可理解性"以及"权利和义务"相关认定；若存货减值准备计提不足，则违反了"准确性和计价"认定。再如：对符合负债确认条件的或有事项所产生的义务，公司若未确认"预计负债"，管理层则违反了"完整性"（少计债务及相关费用）、"权利和义务"（漏计义务）等认定。

☑ 海印股份：强蹭猪瘟"疫苗"，信披违规！

受非洲猪瘟等影响，风口来了，猪价也飞到了天上。这让股价萎靡不振的海印股份看红了眼。2019年6月11日，没有任何医药背景的海印股份发布公告称，公司拟与许启太、今珠公司签署一份合作合同，拉开了此次闹剧的大幕。

公告内容是，一位名叫许启太的教授（实则是一位曾被处以警告处分的"槟榔专家"）及其团队研发的注射剂"今珠多糖注射液"已经"研制成功"并"准备投产"，可以实现对非洲猪瘟不低于92%的有效预防率。海印股份拟斥资9亿元收购今珠公司30%的股权，并先给出1亿元作为履约保证金，为非洲猪瘟防治疫苗的投产做准备。公告还给出预测，预计今珠公司2019年至2021年营收分别不低于5亿元、50亿元、100亿元；净利润分别不低于2亿元、10亿元、20亿元。

几回无酒欲沽君，却畏有司书簿帐。 ——苏轼防治非洲猪瘟疫苗、不低于92%的预防率、两年后的营收不低于100亿元——果然是一个大"金猪"，海印股份的股价应声大涨。然而，公司很快被官方"打脸"。当天下午，海南省农业农村厅就否认非洲猪瘟疫苗研制成功。6月13日晚，农业农村部在官网发布消息称，尚未受理过任何针对非洲猪瘟病毒的预防治疗药物或疫苗，所谓"可以防治非洲猪瘟的今珠多糖注射液"没有申请兽药注册，有关企业更未取得《兽药生产许可证》。

如此明目张胆的误导性陈述，深交所随后给公司下发关注函。海印股份也找来"工作人员"顶缸。海印股份自导自演的这场闹剧，最终以海印股份及其高管领到的一堆罚单，以及被证监会火速立案调查而收场，海印股份最后还是栽倒在猪身上。

（资料来源：朱文彬. 2019年A股十大闹剧：哪些公司害人终害己？［N］. 上海证券报，2019-12-30）

二、具体审计目标

具体审计目标是涉及各类交易、账户余额、列报和披露的审计目标。具体审计目标是审计总目标的具体化，它源于管理层认定，是对管理层认可报表的再认定与验证。注册会计师了解了认定，就很容易确定每个项目的具体审计目标，并以此作为评估重大错报风险以及设计和实施进一步审计程序的基础。

（一）与所审计期间各类交易和事项相关的审计目标

1.发生

由发生认定推导的审计目标是确认已记录的交易是真实的。例如，如果没有发生销售交易，但在销售明细账中记录了一笔销售，则违反了该目标。发生认定所要解决的问题是管理层是否把那些不曾发生的项目列入财务报表，它主要与财务报表组成要素的高估有关。

2.完整性

由完整性认定推导的审计目标是确认已发生的交易确实已经记录。例如，如果发生了销售交易，但没有在销售明细账和总账中记录，则违反了该目标。发生和完整性两者强调的是相反的关注点。发生目标针对潜在的高估，而完整性目标针对漏记交易（低估）。

3.准确性

由准确性认定推导出的审计目标是确认已记录的交易是按正确金额反映的。例如，如果在销售交易中，发出商品的数量与账单上的数量不符，或是开账单时使用了错误的销售价格，或是账单中的乘积或加总有误，或是在销售明细账中记录了错误的金额，则违反了该目标。

准确性与发生、完整性之间存在区别。例如，若已记录的销售交易是不应当记录的（如发出的商品是寄销商品），则即使发票金额是准确计算的，仍违反了发生目标。再如，若已入账的销售交易是对正确发出商品的记录，但金额计算错误，则违反了准确性目标，但没有违反发生目标。在完整性与准确性之间也存在同样的关系。

4.截止

由截止认定推导出的审计目标是确认接近于资产负债表日的交易记录于恰当的期间。例如，如果把本期交易推到下期，或将下期交易提到本期，均违反了截止目标。

5.分类

由分类认定推导出的审计目标是确认被审计单位记录的交易经过适当分类。例如，如果将现销记录为赊销，将出售经营性固定资产所得的收入记录为营业收入，则导致交易分类的错误，违反了分类目标。

（二）与期末账户余额相关的审计目标

1.存在

由存在认定推导的审计目标是确认记录的金额确实存在。例如，如果不存在某顾客的应收账款，在应收账款明细表中却列入了对该顾客的应收账款，则违反了存在目标。

2.权利和义务

由权利和义务认定推导的审计目标是确认资产归属于被审计单位，负债属于被审计单位的义务。例如，将他人寄存商品列入被审计单位的存货中，违反了权利目标；将不属于被审计单位的债务记入账内，违反了义务目标。

3.完整性

由完整性认定推导的审计目标是确认已存在的金额均已记录。例如，如果存在某顾客的应收账款，在应收账款明细表中却没有列入对该顾客的应收账款，则违反了完整性目标。

4.计价和分摊

由计价和分摊认定推导的审计目标是确认资产、负债和所有者权益以恰当的金额包括在财务报表中，与之相关的计价或分摊调整已恰当记录。

（三）与列报和披露相关的审计目标

1.发生以及权利和义务

将没有发生的交易、事项，或与被审计单位无关的交易和事项包括在财务报表中，则违反了该目标。例如，复核董事会会议记录中是否记载了固定资产抵押等事项，询问管理层固定资产是否被抵押，即是对列报的权利认定的运用。如果被审计单位拥有被抵押的固定资产，则需要将其在财务报表中列报，并说明与之相关的权利受到限制。

2.完整性

如果应当披露的事项没有包括在财务报表中，则违反了该目标。例如，检查关联方和关联方交易，以验证其在财务报表中是否得到充分披露，即是对列报的完整性认定的运用。

3.分类和可理解性

财务信息已被恰当地列报和描述，且披露内容表述清楚。例如，检查存货的主要类别是否已披露，是否将一年内到期的非流动负债列为流动负债，即是对列报的分类和可理解性认定的运用。

4.准确性和计价

由准确性和计价认定推导的审计目标是确认财务信息和其他信息已公允披露，且金额恰当。例如，检查财务报表附注是否分别对原材料、在产品和产成品等存货成本核算方法做了恰当说明，即是对列报的准确性和计价认定的运用。

可见，认定是确定具体审计目标的基础，注册会计师通常将认定转化为能够通过审计程序予以实现的审计目标。针对财务报表每一项目所表现出的各项认定，注册会计师相应地确定一项或多项审计目标，然后通过执行一系列审计程序获取充分、适当的审计证据以实现审计目标。认定、审计目标和审计程序之间的关系举例见表3-1。

微课：认定与
具体审计目标

旧管新收几妆镜，流行坎止一虚舟。　　——黄庭坚

表3-1 认定、审计目标和审计程序之间的关系举例

认定	审计目标	审计程序
存在	资产负债表列示的存货存在	实施存货监盘程序
完整性	销售收入包括了所有已发货的交易	检查发货单和销售发票的编号以及销售明细账
准确性	应收账款反映的销售业务基于正确的价格和数量，计算正确	比较价格清单与发票上的价格，发货单与销售订购单上的数量是否一致，重新计算发票上的金额
截止	销售业务记录在恰当的期间	比较上一年度最后几天和下一年度最初几天的发货单日期与记账日期
权利和义务	资产负债表中的固定资产确实为公司拥有	查阅所有权证书、购货合同、结算单和保险单
计价和分摊	以净值记录应收账款	检查应收账款账龄分析表、评估计提的坏账准备是否充足

三、审计基本要求

(一)遵守审计准则

审计准则是衡量注册会计师执行财务报表审计业务的权威性标准，涵盖从接受业务委托到出具审计报告的整个过程，注册会计师在执业过程中应当遵守审计准则的要求。

(二)遵守职业道德守则

注册会计师受到与财务报表审计相关的职业道德要求（包括与独立性相关的要求）约束。相关的职业道德要求通常是指中国注册会计师职业道德守则中与财务报表审计相关的规定。

(三)保持职业怀疑

职业怀疑，是指注册会计师执行审计业务的一种态度，包括采取质疑的思维方式，对可能表明由于舞弊或错误导致错报的情况保持警觉，以及对审计证据审慎评价。职业怀疑是注册会计师综合技能不可或缺的一部分，是保证审计质量的关键要素。保持职业怀疑有助于注册会计师恰当运用职业判断，提高审计程序设计及执行的有效性，降低审计风险。此外，保持职业怀疑对于注册会计师发现舞弊、防止审计失败至关重要。职业怀疑应当从下列方面理解：

1.职业怀疑在本质上要求秉持一种质疑的理念

这种理念促使注册会计师在考虑获取的相关信息和得出结论时采取质疑的思维方式。在这种理念下，注册会计师应当具有批判和质疑的精神，摒弃"存在即合理"的逻辑思维，寻求事物的真实情况。同时，保持独立性可以增强注册会计师在审计中保持客观和公正、职业怀疑的能力。

2.职业怀疑要求对引起疑虑的情形保持警觉

这些情形包括但不限于：相互矛盾的审计证据；引起对文件记录、对询问的答复的可靠性产生怀疑的信息；表明可能存在舞弊的情况；表明需要实施除审计准则规定外的其他审计程序的情形。

3.职业怀疑要求审慎评价审计证据

审计证据包括支持和印证管理层认定的信息，也包括与管理层认定相互矛盾的信息。审

慎评价审计证据是指质疑相互矛盾的审计证据的可靠性。在怀疑信息的可靠性或存在舞弊迹象时（例如，在审计过程中识别出的情况使注册会计师认为文件可能是伪造的或文件中的某些信息已被篡改），注册会计师需要作出进一步审查，并确定需要修改哪些审计程序或实施哪些追加的审计程序。应当指出的是，虽然注册会计师需要在审计成本与信息的可靠性之间进行权衡，但是，审计中的困难、时间或成本等事项本身，不能作为省略不可替代的审计程序或满足于说服力不足的审计证据的理由。

4. 职业怀疑要求客观评价管理层和治理层

由于管理层和治理层为实现预期利润或趋势结果而承受内部或外部压力，即使以前正直、诚信的管理层和治理层也可能发生变化。因此，注册会计师不应依赖以往对管理层和治理层诚信形成的判断。即使注册会计师认为管理层和治理层是正直、诚实的，也不能降低保持职业怀疑的要求，不允许在获取合理保证的过程中满足于说服力不足的审计证据。

（四）合理运用职业判断

职业判断，是指在审计准则、财务报告编制基础和职业道德要求的框架下，注册会计师综合运用相关知识、技能和经验，作出适合审计业务具体情况、有根据的行动决策。职业判断涉及注册会计师执业的各个环节。一方面，职业判断贯穿于注册会计师执业的始终，从决定是否接受业务委托，到出具业务报告，注册会计师都需要作出职业判断；另一方面，职业判断涉及注册会计师执业中的各类决策，包括与具体会计处理相关的决策、与审计程序相关的决策，以及与遵守职业道德要求相关的决策。

职业判断对于作出下列决策尤为重要：（1）确定重要性，识别和评估重大错报风险；（2）为满足审计准则的要求和收集审计证据的需要，确定所需实施的审计程序的性质、时间安排和范围；（3）为实现审计准则规定的目标和注册会计师的总体目标，评价是否已获取充分、适当的审计证据以及是否还需执行更多的工作；（4）评价管理层在运用适用的财务报告编制基础时作出的判断；（5）根据已获取的审计证据得出结论，如评价管理层在编制财务报表时作出的会计估计的合理性；（6）运用职业道德概念框架识别、评估和应对对职业道德基本原则不利的影响。

需要强调的是，注册会计师职业判断需要在相关法律法规、职业标准的框架下作出，并以具体事实和情况为依据。如果有关决策不被该业务的具体事实和情况所支持或者缺乏充分、适当的审计证据，职业判断并不能作为不恰当决策的理由。

四、审计过程与审计目标的实现

注册会计师作为独立的第三方，对财务报表发表审计意见，有利于提高财务报表的可信赖程度。为履行这一职责，注册会计师应当：遵守职业道德规范以及质量控制准则，合理运用职业判断，保持职业怀疑态度；在接受业务委托、计划审计工作、实施风险评估程序、实施控制测试和实质性程序、完成审计工作和编制审计报告等审计过程中，以重大错报风险的识别、评估和应对作为审计工作主线；按照审计准则的规定计划和实施审计工作，获取充分、适当的审计证据，并根据获取的审计证据得出合理的审计结论、发表恰当的审计意见。注册会计师通过签署审计报告确认其责任，为财务报表在所有重大方面按照适用的财务报告编制基础编制并实现公允反映提供合理保证。审计过程与审计目标的实现示意图如图3-2所示。

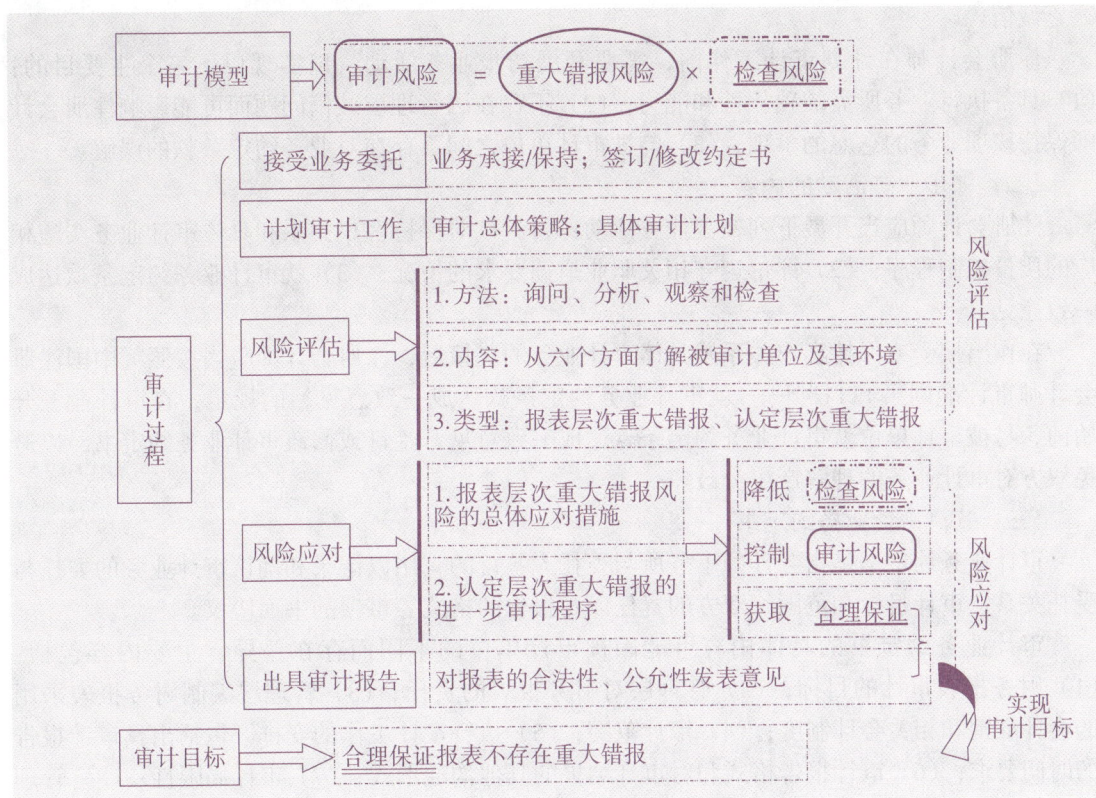

图3-2 审计过程与审计目标的实现

任务三 制定总体审计策略和具体审计计划

凡事预则立、不预则废，审计工作也不例外。合理的审计计划有助于注册会计师关注重点审计领域、及时发现和解决潜在问题及恰当地组织和管理审计工作，以使审计工作更加有效。同时，充分的审计计划还可以帮助注册会计师对项目组成员进行恰当分工和指导监督，并复核其工作，还有助于协调其他注册会计师和专家的工作。计划审计工作对于注册会计师顺利完成审计工作和控制审计风险具有非常重要的意义。在计划审计工作时，注册会计师需要进行初步业务活动、制定总体审计策略和具体审计计划。在此过程中，需要作出很多关键性决策，包括确定可接受的审计风险水平和重要性、配置项目组人员等。

一、初步业务活动

（一）初步业务活动的目的

2019年2月新修订发布的《质量控制准则第5101号——会计师事务所对执行财务报表审计和审阅、其他鉴证和相关服务业务实施的质量控制》明确指出：会计师事务所应当制定有关客户关系和具体业务接受与保持的政策和程序，以合理保证只有在下列情况下，才能接受或保持客户关系和具体业务：（1）能够胜任该项业务，并具有执行该项业务必要的素质、时间和资源；（2）能够遵守相关职业道德要求；（3）已考虑客户的诚信，没有信息表明客户缺乏诚信。

注册会计师在计划审计工作前，需要开展初步业务活动，以实现以下三个主要目的：（1）具备执行业务所需的独立性和能力；（2）不存在因管理层诚信问题而可能影响注册会计师保持该项业务的意愿的事项；（3）与被审计单位之间不存在对业务约定条款的误解。

（二）初步业务活动的内容

注册会计师应当开展下列初步业务活动：（1）针对保持客户关系和具体审计业务实施相应的质量控制程序；（2）评价遵守相关职业道德要求的情况；（3）就审计业务约定条款达成一致意见。

在作出接受或保持客户关系及具体审计业务的决策后，注册会计师应当按照《中国注册会计师审计准则第1111号——就审计业务约定条款达成一致意见》的规定，在审计业务开始前，与被审计单位就审计业务约定条款达成一致意见，签订或修改审计业务约定书，以避免双方对审计业务的理解产生分歧。

（三）签订审计业务约定书

审计业务约定书是指会计师事务所与委托人签订的，用以记录和确认审计业务的委托与受托关系、审计目标和范围、双方的责任以及报告的格式等事项的书面协议。

审计业务约定书的具体内容可能因被审计单位的不同而存在差异，主要内容包括：（1）财务报表审计的目标；（2）管理层对财务报表的责任；（3）管理层编制财务报表采用的会计准则和相关会计制度；（4）审计范围；（5）执行审计工作的安排，包括出具审计报告的时间要求；（6）审计报告格式和对审计结果的其他沟通形式；（7）审计局限性；（8）管理层为注册会计师提供必要的工作条件和协助；（9）注册会计师不受限制地接触任何与审计有关的记录、文件和所需要的其他信息；（10）管理层对其作出的与审计有关的声明予以书面确认；（11）注册会计师对执业过程中获知的信息保密；（12）审计收费；（13）违约责任；（14）解决争议的方法；（15）签约双方法定代表人或其授权代表的签字盖章，以及签约双方加盖的公章。

二、总体审计策略和具体审计计划

审计计划分为总体审计策略和具体审计计划两个层次。注册会计师应当针对总体审计策略中所识别的不同事项，制订具体审计计划，并考虑通过有效利用审计资源以实现审计目标。值得注意的是，虽然制定总体审计策略的过程通常在具体审计计划之前，但是两项计划具有内在紧密联系，对其中一项的决定可能影响甚至改变对另外一项的决定。例如，注册会计师在了解被审计单位及其环境的过程中，注意到被审计单位对主要业务的处理依赖复杂的自动化信息系统，因此计算机信息系统的可靠性及有效性对其经营、管理、决策以及编制可靠的财务报告具有重大影响。对此，注册会计师可能在具体审计计划中制定相应的审计程序，并相应调整总体审计策略的内容，作出利用信息风险管理专家的工作的决定。审计计划工作的两个层次如图3-3所示。

（一）总体审计策略

注册会计师应当为审计工作制定总体审计策略。总体审计策略用以确定审计范围、时间安排和方向，并指导具体审计计划的制订。在制定总体审计策略时，应当考虑以下主要事项：

历览前贤国与家，成由勤俭破由奢。　　——李商隐

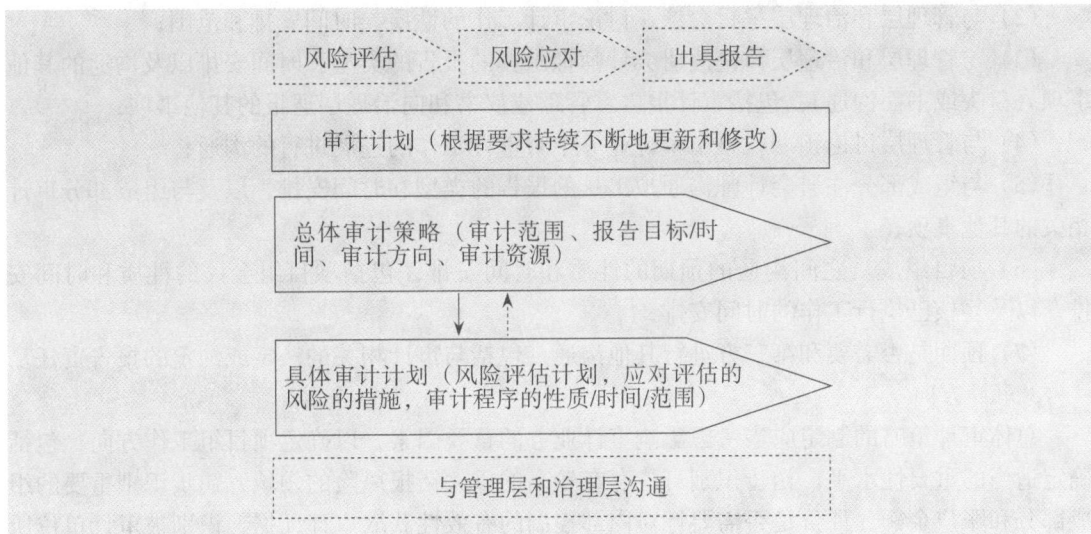

图3-3 审计计划的两个层次

1.审计范围

在确定审计范围时，需要考虑下列具体事项：

（1）编制拟审计的财务信息所依据的财务报告编制基础，包括是否需要将财务信息调整至按照其他财务报告编制基础编制；

（2）特定行业的报告要求，如某些行业监管机构要求提交的报告；

（3）预期审计工作涵盖的范围，包括应涵盖的组成部分的数量及所在地点；

（4）母公司和集团组成部分之间存在的控制关系的性质，以确定如何编制合并财务报表；

（5）由组成部分注册会计师审计组成部分的范围；

（6）拟审计的经营分部的性质，包括是否需要具备专门知识；

（7）外币折算，包括外币交易的会计处理、外币财务报表的折算和相关信息的披露；

（8）除为合并目的执行的审计工作之外，对个别财务报表进行法定审计的需求；

（9）内部审计工作的可获得性及注册会计师拟信赖内部审计工作的程度；

（10）被审计单位使用服务机构的情况，及注册会计师如何取得有关服务机构内部控制设计和运行有效性的证据；

（11）对利用在以前审计工作中获取的审计证据（如获取的与风险评估程序和控制测试相关的审计证据）的预期；

（12）信息技术对审计程序的影响，包括数据的可获得性和对使用计算机辅助审计技术的预期；

（13）协调审计工作与中期财务信息审阅的预期涵盖范围和时间安排，以及中期审阅所获取的信息对审计工作的影响；

（14）与被审计单位人员的时间协调和相关数据的可获得性。

2.报告目标、时间安排及所需沟通的性质

为计划报告目标、时间安排和所需沟通，需要考虑下列事项：

（1）被审计单位对外报告的时间表，包括中间阶段和最终阶段；

（2）与管理层和治理层举行会谈，讨论审计工作的性质、时间安排和范围；

（3）与管理层和治理层讨论注册会计师拟出具的报告的类型和时间安排以及沟通的其他事项（口头或书面沟通），包括审计报告、管理建议书和向治理层通报的其他事项；

（4）与管理层讨论预期就整个审计业务中对审计工作的进展进行的沟通；

（5）与组成部分注册会计师沟通拟出具的报告的类型和时间安排，以及与组成部分审计相关的其他事项；

（6）项目组成员之间沟通的预期的性质和时间安排，包括项目组会议的性质和时间安排，以及复核已执行工作的时间安排；

（7）预期是否需要和第三方进行其他沟通，包括与审计相关的法定或约定的报告责任。

3.审计方向

总体审计策略的制定应当考虑影响审计业务的重要因素，以确定项目组工作方向，包括确定适当的重要性水平，初步识别可能存在较高的重大错报风险的领域，初步识别重要的组成部分和账户余额，评价是否需要针对内部控制的有效性获取审计证据，识别被审计单位所处行业、财务报告要求及其他相关方面最近发生的重大变化等。

在确定审计方向时，注册会计师需要考虑下列事项：

（1）重要性方面。具体包括：①为计划目的确定重要性；②为组成部分确定重要性且与组成部分的注册会计师沟通；③在审计过程中重新考虑重要性；④识别重要的组成部分和账户余额。

微课：审计
方向：高错报
风险领域

（2）重大错报风险较高的审计领域。

（3）评估的财务报表层次的重大错报风险对指导、监督及复核的影响。

（4）项目组人员的选择（在必要时包括项目质量控制复核人员）和工作分工，包括向重大错报风险较高的审计领域分派具备适当经验的人员。

（5）项目预算，包括考虑为重大错报风险可能较高的审计领域分配适当的工作时间。

（6）向项目组成员强调在收集和评价审计证据过程中保持职业怀疑的必要性。

（7）以往审计中对内部控制运行有效性评价的结果，包括所识别的控制缺陷的性质及应对措施。

（8）管理层重视设计和实施健全的内部控制的相关证据，包括这些内部控制得以适当记录的证据。

（9）业务交易量规模，以基于审计效率的考虑确定是否依赖内部控制。

（10）对内部控制重要性的重视程度。

（11）影响审计单位经营的重大发展变化，包括信息技术和业务流程的变化，关键管理人员变化，以及收购、兼并和分立。

（12）重大的行业发展情况，如行业法规变化和新的报告规定。

（13）会计准则及会计制度的变化。

（14）其他重大变化，如影响被审计单位的法律环境的变化。

4.审计资源

注册会计师应当在总体审计策略中清楚地说明审计资源的规划和调配，包括确定执行审计业务所必需的审计资源的性质、时间安排和范围。

（1）向具体审计领域调配的资源，包括向高风险领域分派有适当经验的项目组成员，就

当官之法，惟有三事：曰清、曰慎、曰勤。 ——吕本中

复杂的问题利用专家工作等；

（2）向具体审计领域分配资源的多少，包括分派到重要地点进行存货监盘的项目组成员的人数，在集团审计中复核组成部分注册会计师工作的范围，向高风险领域分配的审计时间预算等；

（3）何时调配这些资源，包括是在期中审计阶段还是在关键的截止日期调配资源等；

（4）如何管理、指导、监督这些资源，包括预期何时召开项目组预备会和总结会，预期项目合伙人和经理如何进行复核，是否需要实施项目质量控制复核等。

（二）具体审计计划

注册会计师应当为审计工作制订具体审计计划。具体审计计划比总体审计策略更加详细，其内容包括为获取充分、适当的审计证据以将审计风险降至可接受的低水平，项目组成员拟实施的审计程序的性质、时间安排和范围。可以说，为获取充分、适当的审计证据，而确定审计程序的性质、时间安排和范围的决策是具体审计计划的核心。具体审计计划应当包括风险评估程序、计划实施的进一步审计程序和其他审计程序。

1.风险评估程序

具体审计计划应当包括按照《中国注册会计师审计准则第1211号——通过了解被审计单位及其环境识别和评估重大错报风险》的规定，为了足够识别和评估财务报表重大错报风险，注册会计师计划实施的风险评估程序的性质、时间安排和范围。

2.计划实施的进一步审计程序

具体审计计划应当包括按照《中国注册会计师审计准则第1231号——针对评估的重大错报风险采取的应对措施》的规定，针对评估的认定层次的重大错报风险，注册会计师计划实施的进一步审计程序的性质、时间安排和范围。进一步审计程序包括控制测试和实质性程序。

需要强调的是，随着审计工作的推进，对审计程序的计划会一步步深入，并贯穿于整个审计过程。例如，计划风险评估程序通常在审计开始阶段进行，计划进一步审计程序则需要依据风险评估程序的结果进行。因此，为达到制订具体审计计划的要求，注册会计师需要依据风险评估程序，识别和评估重大错报风险，并针对评估的认定层次的重大错报风险，计划实施进一步审计程序的性质、时间安排和范围。

通常，注册会计师计划的进一步审计程序可以分为进一步审计程序的总体方案和拟实施的具体审计程序（包括进一步审计程序的具体性质、时间安排和范围）两个层次。进一步审计程序的总体方案主要是指注册会计师针对各类交易、账户余额和披露决定采用的总体方案（包括实质性方案或综合性方案）。具体审计程序则是对进一步审计程序的总体方案的延伸和细化，它通常包括控制测试和实质性程序的性质、时间安排和范围。另外，完整、详细的进一步审计程序的计划包括对各类交易、账户余额和披露实施的具体审计程序的性质、时间安排和范围，包括抽取的样本量等。

3.其他审计程序

具体审计计划应当包括根据审计准则的规定，注册会计师针对审计业务需要实施的其他审计程序。计划的其他审计程序可以包括上述进一步审计程序的计划中没有涵盖的、根据其他审计准则的要求注册会计师应当执行的既定程序。

（三）审计过程中对计划的更改

计划审计工作并非审计业务的一个孤立阶段，而是一个持续的、不断修正的过程，贯穿于整个审计业务的始终。由于未预期事项、条件的变化或在实施审计程序中获取的审计证据等原因，在审计过程中，注册会计师应当在必要时对总体审计策略和具体审计计划作出更新和修改。

审计过程可以分为不同阶段，通常前面阶段的工作结果会对后面阶段的工作计划产生一定的影响，而后面阶段的工作过程中又可能发现需要对已制订的相关计划进行相应的更新和修改。通常来讲，这些更新和修改涉及比较重要的事项。例如，对重要性水平的修改，对某类交易、账户余额和披露的重大错报风险的评估和进一步审计程序（包括总体方案和拟实施的具体审计程序）的更新和修改等。一旦计划被更新和修改，审计工作也就应当进行相应的修正。

例如，如果在制订审计计划时，注册会计师基于对材料采购交易的相关控制的设计和执行获取的审计证据，认为相关控制设计合理并得以执行，因此未将其评价为高风险领域并且计划执行控制测试。但是在执行控制测试时获得的审计证据与审计计划阶段获得的审计证据相矛盾，注册会计师认为该类交易的控制没有得到有效执行，此时，注册会计师可能需要修正对该类交易的风险评估，并基于修正的评估风险修改计划的审计方案，如采用实质性方案。

（四）指导、监督与复核

注册会计师应当制订计划，确定对项目组成员的指导、监督以及对其工作进行复核的性质、时间安排和范围。对项目组成员的指导、监督以及对其工作进行复核的性质、时间安排和范围主要取决于下列因素：（1）被审计单位的规模和复杂程度；（2）审计领域；（3）评估的重大错报风险；（4）执行审计工作的项目组成员的专业素质和胜任能力。

注册会计师应在评估重大错报风险的基础上，计划对项目组成员工作的指导、监督与复核的性质、时间安排和范围。当评估的重大错报风险增加时，注册会计师通常会扩大指导与监督的范围，增强指导与监督的及时性，执行更详细的复核工作。在计划复核的性质、时间安排和范围时，注册会计师还应考虑单个项目组成员的专业素质和胜任能力。

三、审计重要性

（一）重要性的含义

重要性概念可从以下三个方面来理解：（1）如果合理预期错报（包括漏报）单独或汇总起来可能影响财务报表使用者依据财务报表作出的经济决策，则通常认为错报是重大的；（2）对重要性的判断是根据具体环境作出的，并受错报的金额或性质的影响，或受两者共同作用的影响；（3）判断某事项对财务报表使用者是否重大，是在考虑财务报表使用者整体共同的财务信息需求的基础上作出的。

在审计开始时，就必须对重大错报的规模和性质作出一个判断，包括制定财务报表层次的重要性和特定交易类别、账户余额和披露的重要性水平。当错报金额高于整体重要性水平时，就很可能被合理预期将对使用者根据财务报表作出的经济决策产生影响。

注册会计师使用整体重要性水平（将财务报表作为整体）的目的有：（1）决定风险评估程序的性质、时间安排和范围；（2）识别和评估重大错报风险；（3）确定进一步审计程序的性质、时间安排和范围。在整个业务过程中，随着审计工作的进展，注册会计师应当根据所获得的新信息更新重要性。在形成审计结论阶段，要使用整体重要性水平和为了特定交易类别、账户余额和披露而制定的较低金额的重要性水平来评价已识别的错报对财务报表的影响和对审计报告中审计意见的影响。

一心可以兴邦，只在公私之间尔。　　——程颢、程颐

（二）重要性水平的确定

在计划审计工作时，注册会计师应当确定一个可接受的重要性水平，以发现在金额上重大的错报。注册会计师在确定计划的重要性水平时，需要考虑对被审计单位及其环境的了解、审计的目标、财务报表各项目的性质及其相互关系、财务报表项目的金额及其波动幅度。同时，还应当从性质和数量两个方面合理确定重要性水平。

微课：审计
重要性

1.财务报表整体的重要性

由于财务报表审计的目标是注册会计师通过执行审计工作对财务报表发表审计意见，因此，注册会计师应当考虑财务报表层次的重要性。只有这样，才能得出财务报表是否公允反映的结论。注册会计师在制定总体审计策略时，应当确定财务报表整体的重要性。

确定多大错报会影响到财务报表使用者所做决策，是注册会计师运用职业判断的结果。很多注册会计师根据所在会计师事务所的惯例及自己的经验，考虑重要性。通常先选定一个基准，再乘以某一个百分比作为财务报表整体的重要性。适当的基准取决于被审计单位的具体情况，为选定的基准确定百分比需要运用职业判断。

在选择基准时，需要考虑的因素包括：（1）财务报表要素（如资产、负债、所有者权益、收入和费用）；（2）是否存在特定会计主体的财务报表使用者特别关注的项目（如为了评价财务业绩，使用者可能更关注利润、收入或净资产）；（3）被审计单位的性质、所处的生命周期阶段以及所处行业和经济环境；（4）被审计单位的所有权结构和融资方式（例如，如果被审计单位仅通过债务而非权益进行融资，财务报表使用者可能更关注资产及资产的索偿权，而非被审计单位的收益）；（5）基准的相对波动性。

财务报表整体重要性的确定，例如：（1）以营利为目的的制造行业实体，按经常性业务的税前利润（如有意外波动，可按最近3~5年的平均数）的5%；（2）非营利性组织，按总收入或费用总额的1%；（3）一般企业按总资产或总收入的0.5%~1%，或净利润/净资产的5%~10%；（4）选用与基准规模反向的变动比率，比如，总资产或总收入在3 000亿美元以上的大公司按0.015%，总资产或总收入在3万美元以下的小企业按5.9%等。百分比无论是高一些还是低一些，只要符合被审计单位的具体情况，都是适当的。

☑ 难点解析：如何从性质方面评估重要性？

在某些情况下，金额相对较少的错报也可能对财务报表产生重大影响，应从性质方面考虑错报的重要性，例如：❶由于舞弊导致的错报；❷可能的违法行为、违约和利益冲突等错报；❸管理层是否有动机将收益最大化或者最小化；❹影响债务契约、合同约定、法规条款、法定报告要求等的错报；❺影响获利能力趋势的错报；❻影响计算管理层报酬依据的错报；❼重大或有负债；❽关联方交易；❾可能包含了高度主观性的估计、分配或不确定性；❿通过一个账户处理大量的、复杂的和相同性质的个别交易等。

2.特定类别交易、账户余额或披露的重要性水平

根据被审计单位的特定情况，下列因素可能表明存在一个或多个特定类别的交易、账户余额或披露，其发生的错报金额虽然低于财务报表整体的重要性，但合理预期将影响财务报表使用者依据财务报表作出的经济决策：

（1）法律法规或适用的财务报告编制基础是否影响财务报表使用者对特定项目（如关联

方交易、管理层和治理层的薪酬）计量或披露的预期；

（2）与被审计单位所处行业相关的关键性披露（如制药企业的研究与开发成本）；

（3）财务报表使用者是否特别关注财务报表中单独披露的业务的特定方面（如新收购的业务）。

在根据被审计单位的特定情况考虑是否存在上述交易、账户余额或披露时，了解治理层和管理层的看法和预期通常是有用的。

3.实际执行的重要性

实际执行的重要性，是指注册会计师确定的低于财务报表整体重要性的一个或多个金额，旨在将未更正和未发现错报的汇总数超过财务报表整体的重要性的可能性降至适当的低水平。如果适用，实际执行的重要性还指注册会计师确定的低于特定类别的交易、账户余额或披露的重要性水平的一个或多个金额。

确定实际执行的重要性并非简单机械的计算，需要注册会计师运用职业判断，并考虑下列因素的影响：（1）对被审计单位的了解（这些了解在实施风险评估程序的过程中得到更新）；（2）在前期审计工作中识别出的错报的性质和范围；（3）根据前期识别出的错报对本期错报作出的预期。

实际执行的重要性通常为财务报表整体重要性的50%~75%。如果存在下列情况，注册会计师可能考虑选择较低的百分比来确定实际执行的重要性：（1）首次接受委托的审计项目；（2）连续审计项目，以前年度审计调整较多；（3）项目总体风险较高，例如处于高风险行业、管理层能力欠缺、面临较大市场竞争压力或业绩压力等；（4）存在或预期存在值得关注的内部控制缺陷。

如果存在下列情况，注册会计师可能考虑选择较高的百分比来确定实际执行的重要性：（1）连续审计项目，以前年度审计调整较少；（2）项目总体风险为低到中等，例如处于非高风险行业、管理层有足够能力、面临较低的市场竞争压力和业绩压力等；（3）以前期间的审计经验表明内部控制运行有效。

审计准则要求注册会计师确定低于财务报表整体重要性的一个或多个金额作为实际执行的重要性，注册会计师无须通过将财务报表整体的重要性平均分配或按比例分配至各个报表项目的方法来确定实际执行的重要性，而是根据对报表项目的风险评估结果，确定如何确定一个或多个实际执行的重要性。例如，根据以前期间的审计经验和本期审计计划阶段的风险评估结果，注册会计师认为可以以财务报表整体重要性的75%作为大多数报表项目的实际执行的重要性；与营业收入项目相关的内部控制存在控制缺陷，而且以前年度审计中存在审计调整，因此考虑以财务报表整体重要性的50%作为营业收入项目的实际执行的重要性，从而有针对性地对高风险领域执行更多的审计工作。

4.在审计过程中修改重要性

由于存在下列原因，注册会计师可能需要修改财务报表整体的重要性和特定类别的交易、账户余额或披露的重要性水平（如适用）：（1）审计过程中情况发生重大变化（如决定处置被审计单位的一个重要组成部分）。（2）获取新信息。（3）通过实施进一步审计程序，注册会计师对被审计单位及其经营的了解发生变化。例如，注册会计师在审计过程中发现，实际财务成果与最初确定财务报表整体的重要性时使用的预期本期财务成果相比存在很大差异，则需要修改重要性。

千锤万凿出深山，烈火焚烧若等闲。粉骨碎身浑不怕，要留清白在人间。 ——于谦

5.在审计中运用实际执行的重要性

实际执行的重要性在审计中的作用主要体现在以下几个方面：

（1）注册会计师在计划审计工作时可以根据实际执行的重要性确定需要对哪些类型的交易、账户余额和披露实施进一步审计程序，即通常选取金额超过实际执行的重要性的财务报表项目，因为这些财务报表项目有可能导致财务报表出现重大错报。但是，这不代表注册会计师可以对所有金额低于实际执行的重要性的财务报表项目不实施进一步审计程序，这主要出于以下考虑：

①单个金额低于实际执行的重要性的财务报表项目汇总起来可能金额重大（可能远远超过财务报表整体的重要性），注册会计师需要考虑汇总后的潜在错报风险；

②对于存在低估风险的财务报表项目，不能仅仅因为其金额低于实际执行的重要性而不实施进一步审计程序；

③对于识别出存在舞弊风险的财务报表项目，不能因为其金额低于实际执行的重要性而不实施进一步审计程序。

（2）运用实际执行的重要性确定进一步审计程序的性质、时间安排和范围。例如，在实施实质性分析程序时，注册会计师确定的已记录金额与预期值之间的可接受差异额通常不超过实际执行的重要性；在运用审计抽样实施细节测试时，注册会计师可以将可容忍错报的金额设定为等于或低于实际执行的重要性。

思考与练习

一、单项选择题

1.下列各项因素不会影响审计目标确定的是（　　）。
A.审计对象　　　　　　　　　B.审计职能
C.审计成本　　　　　　　　　D.审计授权/委托者的期望

2.下列各项关于审计目标的表述、正确的是（　　）。
A.资产负债表审计阶段的总体目标是查错防弊
B.详细审计阶段的审计目标是提供信用证明
C.财务报表审计阶段的目标是公允性与合法性
D.审计目标的发展变化说明审计目标不具有稳定性

3.我国国家审计的总目标可以概括为（　　）。
A.经济性、效率性、效果性
B.真实性、合法性、效益性
C.促进组织完善治理、增加价值和实现目标
D.合法性、公允性

4.内部审计的总目标可以概括为（　　）。
A.经济性、效率性、效果性
B.真实性、合法性、效益性
C.促进组织完善治理、增加价值和实现目标

D.合法性、公允性

5.注册会计师的总目标可以概括为（　　）。

　　A.经济性、效率性、效果性

　　B.真实性、合法性、效益性

　　C.促进组织完善治理、增加价值和实现目标

　　D.合法性、公允性

6.下列主要对公司、企业的财务报表的合法性、公允性发表鉴证意见的是（　　）。

　　A.国家审计　　　　　B.注册会计师审计　　　C.内部审计　　　　D.外部审计

7.注册会计师评价财务报表的合法性时，不应考虑（　　）。

　　A.是否充分披露了所选择和运用的重要会计政策

　　B.管理层作出的会计估计是否合理、报表披露是否充分

　　C.报表列报的信息是否具有相关性、可靠性、可比性和可理解性

　　D.报表是否与注册会计师对被审计单位及其环境的了解一致

8.注册会计师评价财务报表的公允性时，不应考虑（　　）。

　　A.报表列报的信息是否具有相关性、可靠性、可比性和可理解性

　　B.报表是否公允地反映了相关交易和事项

　　C.报表是否与注册会计师对被审计单位及其环境的了解一致

　　D.报表的整体列报、结构和内容是否合理

9.被审计单位管理层的责任不包括（　　）。

　　A.按照适用的财务报告编制基础编制财务报表并使其实现公允反映

　　B.设计、执行和维护必要的内部控制

　　C.向注册会计师提供必要的工作条件

　　D.对财务报表整体是否不存在重大错报获取合理保证

10.甲公司将其应计入2019年度的主营业务收入列入2020年度的会计报表，则其2020年度会计报表存在错误的认定是（　　）。

　　A.总体合理性　　　B.估价或分摊　　　C.存在或发生　　　D.完整性

11.审计人员发现被审计单位当年已经达到预定可使用状态的在建工程并未转入固定资产。在此情况下，被审计单位对于固定资产项目违反了（　　）认定。

　　A.存在　　　　　　B.完整性　　　　　C.权利和义务　　　　D.计价与分摊

12."如果合理预期错报（包括漏报）单独或汇总起来可能影响财务报表使用者依据财务报表作出的经济决策，则通常认为错报是重大的。"这是注册会计师理解和运用（　　）概念时的一条基本判断标准。

　　A.审计目标　　　　B.审计计划　　　　　C.审计报告　　　　D.重要性

13.下列情形中，最有可能导致注册会计师不能执行财务报表审计的是（　　）。

　　A.被审计单位管理层没有清晰区分内部控制要素

　　B.被审计单位管理层没有根据变化的情况修改相关的内部控制

　　C.被审计单位管理层凌驾于内部控制之上

　　D.注册会计师对被审计单位管理层的诚信存在严重疑虑

14.企业处于微利或微亏状态时，注册会计师最不适宜选作重要性基准的是（　　）。

　　A.总资产　　　　　　　　　　　B.营业收入

　　C.本年经常性业务的税前利润　　D.过去3~5年经常性业务的平均税前利润

　　15.注册会计师首次接受委托审计甲公司2020年度财务报表，经与前任注册会计师沟通，了解到甲公司以前年度内部控制运行良好、审计调整较少。该注册会计师将实际执行的重要性确定为财务报表整体重要性的（　　　）是适当的。

　　A.50%　　　　　　B.75%　　　　　　C.100%　　　　　　D.150%

　　16.在制定财务报表整体重要性水平时，需要确定适当的百分比，以下关于确定的百分比的说法中，错误的是（　　　）。

　　A.当财务报表含有高度不确定性的大额估计时，注册会计师需要考虑制定一个较低的重要性水平

　　B.在确定百分比时需要考虑财务报表使用者对基准数据的敏感程度

　　C.如果被审计单位为公众利益实体，应制定较低的百分比

　　D.当被审计单位由集团内部关联方提供融资时，通常会选择一个比较低的百分比

　　17.下列关于审计过程中对计划的更改的说法中，错误的是（　　　）。

　　A.在审计过程中，如果注册会计师修改了重要性水平，那么仅需记录修改后的结果

　　B.计划审计工作是一个持续的、不断修正的过程

　　C.注册会计师应当在必要时对总体审计策略和具体审计计划作出更新和修改

　　D.一旦计划被更新和修改，审计工作也就应当进行相应的修正

二、多项选择题

1.注册会计师审计的基本要求包括（　　　）。

　　A.遵守审计准则　　　　　　　　B.遵守职业道德守则

　　C.保持职业怀疑　　　　　　　　D.合理运用职业判断

2.注册会计师出具审计报告，对上市公司会计报表的（　　　）发表审计意见。

　　A.经济性　　　　B.真实性　　　　C.合法性　　　　D.公允性

3.被审计单位管理层的责任包括（　　　）。

　　A.按照适用的财务报告编制基础编制财务报表并使其实现公允反映

　　B.设计、执行和维护必要的内部控制

　　C.向注册会计师提供必要的工作条件

　　D.对财务报表整体是否不存在重大错报获取合理保证

4.注册会计师在评价财务报表的合法性时，应考虑（　　　）。

　　A.是否充分披露了所选择和运用的重要会计政策

　　B.管理层作出的会计估计是否合理

　　C.报表列报的信息是否具有相关性、可靠性、可比性和可理解性

　　D.报表是否作出充分披露

5.注册会计师在评价财务报表的公允性时，应考虑（　　　）。

　　A.报表列报的信息是否具有相关性、可靠性、可比性和可理解性

　　B.报表的整体列报、结构和内容是否合理

　　C.报表是否与注册会计师对被审计单位及其环境的了解一致

D.报表是否公允地反映了相关交易和事项

6.下列审计目标中，与完整性认定无关的有（　　）。

A.采购交易的入账时间是否恰当

B.已经发生的销售交易是否登记入账

C.已经记录的采购交易是否实际发生

D.存放在仓库的物资是否归被审计单位所有

7.注册会计师应为审计工作制定的总体审计策略的内容包括（　　）。

A.审计范围　　　　　B.时间安排　　　　　C.审计方向　　　　　D.审计资源

8.注册会计师应当为审计工作制订具体审计计划，具体审计计划应当包括（　　）。

A.审计范围、报告目标　　　　　　　B.风险评估程序

C.计划实施的进一步审计程序　　　　D.其他审计程序

9.下列项目注册会计师可能考虑选择较低的百分比来确定实际执行的重要性的有（　　）。

A.首次接受委托的审计项目　　　　　B.以前年度审计调整较多

C.项目处于高风险行业　　　　　　　D.管理层能力欠缺

10.下列项目注册会计师可能考虑选择较高的百分比来确定实际执行的重要性的有（　　）。

A.以前年度审计调整较少　　　　　　B.项目总体风险为低

C.管理层有足够能力　　　　　　　　D.面临较低的市场竞争压力和业绩压力

11.下列项目注册会计师可能考虑选择较低的百分比来确定实际执行的重要性的有（　　）。

A.首次接受委托的审计项目　　　　　B.以前年度审计调整较多

C.以前年度审计调整较少　　　　　　D.项目处于高风险行业

12.下列项目注册会计师可能考虑选择较高的百分比来确定实际执行的重要性的有（　　）。

A.首次接受委托的审计项目　　　　　B.以前年度审计调整较多

C.以前年度审计调整较少　　　　　　D.预期内部控制运行有效

13.编制和公允列报财务报表是被审计单位管理层的责任，这种责任包括（　　）。

A.按照企业会计准则的规定编制财务报表，并使其实现公允反映

B.设计、执行和维护必要的内部控制，以使财务报表不存在由于舞弊或错误导致的重大错报

C.在执行审计工作的基础上对财务报表发表审计意见

D.向注册会计师提供必要的工作条件

14.在实施审计过程中，注册会计师发现甲公司财务经理张某贪污5万元。对该事项，注册会计师应当采取的措施有（　　）。

A.重新评估舞弊导致的重大错报风险，并考虑重新评估的结果对审计程序的性质、时间安排和范围的影响

B.及时向公众投资者和监管机构报告

C.尽早向甲公司治理层报告

D.重新考虑此前获取的审计证据的可靠性

三、判断题

1.注册会计师应当对其利用的专家工作结果负责，但专家应对其选用的假设和方法

负责。　　　　　　　　　　　　　　　　　　　　　　　　　　　　　　　（　　）

2.注册会计师对会计报表的审计并非专为发现错误或舞弊，但注册会计师应当实施适当的审计程序，以合理确信能够发现导致会计报表严重失实的错误与舞弊。（　　）

3.注册会计师执行鉴证业务的目的是改善信息的质量或内涵，以增强除责任方之外的预期使用者对鉴证对象信息的信任程度，而不涉及为如何利用信息提供建议。（　　）

4.如果不能实现总体目标，注册会计师应当按照审计准则的规定出具无法表示意见的审计报告，或者在法律法规允许的情况下解除业务约定。（　　）

5.由于审计存在固有限制，注册会计师据以得出结论和形成审计意见的大多数审计证据是说服性而非结论性的，因此审计只能提供合理保证，不能提供绝对保证。（　　）

6.注册会计师通常可能将在审计中的困难、时间或成本等因素，作为省略不可替代的审计程序或满足于说服力不足的审计证据的理由。（　　）

7.在计划审计工作时确定的重要性（即确定的某一金额），并不必然表明单独或汇总起来低于该金额的未更正错报一定被评价为不重大。即使某些错报低于重要性，与这些错报相关的具体情形可能使注册会计师将其评价为重大。（　　）

8.注册会计师在评价未更正错报对财务报表的影响时，主要应考虑未更正错报金额的大小。（　　）

9.实际执行的重要性，是指注册会计师确定的高于财务报表整体重要性的一个或多个金额，旨在将未更正和未发现错报的汇总数超过财务报表整体的重要性的可能性降至适当的低水平。（　　）

10.在实施实质性分析程序时，注册会计师确定的已记录金额与预期值之间的可接受差异额通常不超过实际执行的重要性。（　　）

11.　发生目标针对漏记交易，而完整性目标针对潜在的高估。（　　）

12.对于存在低估风险的财务报表项目，不能仅仅因为其金额低于实际执行的重要性而不实施进一步审计程序。（　　）

13.被审计单位是医药行业上市公司，针对药品研发需要特别披露。注册会计师将研发成本评估为关键性披露事项，确定了与财务报表整体重要性相同金额的重要性水平。（　　）

14.在运用审计抽样实施细节测试时，注册会计师可以将可容忍错报的金额设定为等于或低于实际执行的重要性。（　　）

参考答案

项目四
审计证据与
审计工作底稿

项目四　审计证据与审计工作底稿

◇ 学习目标

1. 阐述审计证据的含义、分类及特征
2. 学会并掌握审计取证的基本方法
3. 熟悉抽样审计的含义、适用范围及基本应用
4. 记识审计工作底稿的编制目的、编制要求
5. 归纳审计工作底稿的基本要素和归档要求

☑ 引导案例：如何合理运用审计方法收集有效审计证据？

　　獐子岛是一家被称为 A 股"水产第一股"的海洋水产企业，公司的虾夷扇贝产品在国内水产市场较为常见，公司曾经以业绩连年高增长而备受推崇，巅峰时期的企业市值近 246 亿元。近年来，獐子岛的名字却成为 A 股市场一大笑话：2014 年声称爆发冷水团事件，导致扇贝跑掉而造成业绩巨亏，公司对其底播虾夷扇贝存货放弃本轮采捕，进行核销处理，并计提底播虾夷扇贝存货跌价准备等，合计影响净利润 7.63 亿元，全部计入 2014 年第三季度；2017 年再次声称扇贝饿死了，导致公司业绩巨亏；在 2019 年 11 月 11 日晚，獐子岛突然宣布，经过抽测，发现公司在獐子岛的底播虾夷扇贝在近期出现大比例死亡，其中部分海域死亡贝壳比例约占 80%，公司初步判断这已构成重大底播虾夷扇贝存货减值风险，这也意味着獐子岛已经为接下来的 2019 年业绩巨亏提前找到理由了（前三季度獐子岛亏损 0.34 亿元，本次事件之后可以预见公司的亏损额将大幅增加）。作为一家频繁遭遇市场质疑的上市公司，因其所处的行业具有一定的特殊性，且容易受到自然灾害及人为因素的影响，因此很可能存在对扇贝等品种难以抽查的问题。因此，站在监管的角度思考，对于这一类行业的上市公司，即使市场舆论质疑声音不少，但仍然很难进行实地考察与抽查，甚至难以在短时间内找到合理充分的调查依据。（资料来源：新浪财经）

　　案例思考：生物资产是指有生命的动物和植物，主要类别包括：按照生物学特性分为动物类资产和植物类资产；按是否成熟分为成熟性生物资产和未成熟性生物资产；按生长周期分为一年生生物资产和多年生生物资产；会计准则按照生产目的分为消耗性生物资产（相当于存货）、生产性生物资产和公益性生物资产（相当于固定资产）。生物资产不仅具有一般资产的特征，还包括：自然再生产和经济再生产相互融合；生物转化性、自然增值性和生长周期性；地域的差异性和不可分割性；未来经济利益的不确定性。

　　农业上市公司财务造假案件频发主要应归因于农业企业自身的特点。水产养殖业生物资产具有生长周期多样化，受自然风险因素影响大，水下存货数量难以准确估算、质量难以检测，会计计量以及核算具有特殊性等特点。案例公司涉嫌利用水产养殖业生物资产相关因素来达到增减资产和调节利润的目的。针对水产养殖业生物资产的审计方法策略的思考与讨论：（1）如何收集有效的审计证据；（2）审计人员如何合理运用审计方法；（3）如何做好在审计实施过程中的工作底稿记录与资料整理。

任务一　理解审计证据的含义及特征

一、审计证据的含义

法国思想家罗曼·罗兰曾经说过"问题在于用事实证明有理，没事实，有理也不值一文"。在审计过程中，审计人员应该坚持以客观存在的事实为依据，以法律法规为标准，以科学的审计程序和方法求取事实并得出合理结论，才能让被审计单位"口服心服"，才能取信于审计委托人。

我国《审计法》第39条规定：审计人员通过审查会计凭证、会计账簿、财务会计报告，查阅与审计事项有关的文件、资料，检查现金、实物、有价证券，向有关单位和个人调查等方式进行审计，并取得证明材料。《中国注册会计师审计准则第1301号——审计证据》第4条规定：审计证据，是指注册会计师为了得出审计结论和形成审计意见而使用的信息。

审计证据，是证明被审计单位财政收支、财务收支及其有关经济活动真相的凭证，是指审计组织和审计人员形成审计结论基础的证明材料。注册会计师的目标是：通过恰当的方式设计和实施审计程序，获取充分、适当的审计证据，以得出合理的结论，作为形成审计意见的基础。审计证据包括构成财务报表基础的会计记录所含有的信息和从其他来源获取的信息。

（一）会计记录中含有的信息

依据会计记录编制财务报表是被审计单位管理层的责任，注册会计师应当测试会计记录以获取审计证据。会计记录，是指由初始会计凭证形成的记录和支持性记录。例如，支票、电子资金转账凭证、发票和合同；总分类账、明细分类账、会计分录以及对财务报表予以调整但未在账簿中反映的其他分录；支持成本分配、计算、调节和披露的手工计算表和电子数据表。

会计记录的内容取决于相关交易的性质，它既包括被审计单位内部生成的手工或电子形式的凭证，也包括从与被审计单位进行交易的其他企业收到的凭证。除此之外，会计记录还可能包括：①销售发运单和销售发票、顾客对账单以及顾客的汇款通知单；②附有验货单的订购单、购货发票和对账单；③考勤卡和其他工时记录、工薪单、个别支付记录和人事档案；④支票存根、电子转移支付凭证、银行存款单和银行对账单；⑤合同记录，例如，租赁合同和分期付款销售协议；⑥记账凭证；⑦分类账账户调节表。

（二）其他信息

会计记录中含有的信息本身并不足以提供充分的审计证据作为对财务报表发表审计意见的基础，注册会计师还应当获取用作审计证据的其他信息。可用作审计证据的其他信息包括注册会计师从被审计单位内部或外部获取的会计记录以外的信息，如被审计单位会议记录、内部控制手册、询证函的回函、分析师的报告、与竞争者的比较数据等；通过询问、观察和检查等审计程序获取的信息，如通过检查存货获取存货存在的证据等；以及自身编制或获取的可以通过合理推断得出结论的信息，如注册会计师编制的各种计算表、分析表等。

财务报表依据的会计记录中包含的信息和其他信息共同构成了审计证据，两者缺一不可。如果没有前者，审计工作将无法进行；如果没有后者，可能无法识别重大错报风险。只

人事有代谢，往来成古今。　——孟浩然

有将两者结合在一起，才能将审计风险降至可接受的低水平，为注册会计师发表审计意见提供合理基础。

二、审计证据的分类

（一）按证据表现形式分类

审计证据按其表现形式，可分为实物证据、书面证据、口头证据和环境证据四大类。

1. 实物证据

实物证据是指在审计对象以实物或物质形态存在的情况下，审计人员通过对人员、财产或事项进行直接检查或观察而取得的证据。这类证据可以以备忘录、照片、图片、图表、地图或实物样本的形式加以记录。通常，实物证据被认为是最可靠的证据，具有很强的证明力。实物证据可以有效地证实资产、实物的状态、数量、特征、质量等，但不能证明资产或实物的所有权、计价及分类等。

例如，库存现金、各种存货和固定资产等可以通过监盘或实地观察来证明其是否确实存在。但实物资产的存在并不完全能证实被审计单位对其拥有所有权。例如，年终盘点的存货可能包括其他企业寄售或委托加工的部分，或者已经销售而等待发运的商品。

2. 书面证据

书面证据亦称文件证据，是指审计人员在审计过程中所获取的各种以书面文件形式存在的证据。在审计过程中，审计人员往往需要大量地获取和利用这些书面证据。书面证据是审计证据的主要组成部分，也可以称为基本证据。书面证据的种类很多，主要包括：①有关审计事项的各种经济业务的行政会议记录、报告、批准文件、指示、决议、合同等；②有关审计事项的各种经济、财务收支来往的书信、电报；③会计记录文件，包括有关审计事项的各种会计记录及所有支持会计记录所记载的交易和事项的文件。

书面证据的可靠性主要取决于两个因素：①书面证据本身是否容易被涂改或伪造。对于容易被涂改或伪造的书面证据，可靠性差。②书面证据的来源。通常情况下，来自企业外部的书面证据比来自企业内部的书面证据的可靠程度高。

3. 口头证据

口头证据，也称言词证据，是由被审计单位职员或其他人员对审计人员的提问作出口头答复所形成的审计证据。如在审计过程中，审计人员通常会向被审计单位的有关人员询问会计记录、文件的存放地点，采用特别会计政策和方法的理由，收回逾期应收账款的可能性等，对这些问题的口头答复就构成了口头证据。

言词证据所反映的情况存在于人的大脑之中，通过人的陈述表达出来，容易受到各种主客观因素的影响而出现失实的情况。一般而言，口头证据本身并不足以说明事情的真相，但审计人员往往可以通过口头证据发掘出一些其他重要的线索，从而有利于对某些需审核的情况做进一步的调查，以搜集到更为可靠的证据。

在审计过程中，审计人员应把各种重要的口头证据尽快做成笔录，并要求被询问者签名确认，也可以以录音、录像的方式记录成电子视听证据加以固定。相对而言，不同人员对同一问题所做的口头陈述相同时，口头证据的可靠程度较高。

4. 环境证据

环境证据也称状态证据，指对被审计单位产生影响的各种环境事实。具体而言，包括以下几种。

（1）内部控制情况。一般来说，内部控制制度越健全，所需的其他各类审计证据就越少；否则，审计人员就要进行大量的取证。

（2）管理人员的素质。被审计单位人员素质越高，其所提供的证据差错率越小，可靠程度就越大。如果一个单位的会计人员素质高，其会计记录中的差错会减少，舞弊的可能性也会比较小，其提供的财务会计信息可靠程度也会增加。

（3）管理条件和管理水平。被审计单位管理条件越好、管理水平越高，其所提供的证据可靠程度也就越高；否则，被审计单位所提供的证据就很难予以信赖。

必须指出，环境证据一般不属于基本证据，但它可以帮助审计人员了解被审计单位及其经济活动所处的环境，是审计人员进行审计判断时必须掌握的资料。

（二）按证据的来源分类

审计证据按其来源分类，可以分为外部证据和内部证据。

1.外部证据

外部证据是由被审计单位以外的机构或人士编制的书面证据，一般具有较强的证明力。

外部证据包括三类：①由被审计单位以外的机构或人士编制并由其直接递交给审计人员的书面证据，如应收账款函证回函及保险公司、证券经纪人的证明等。此类证据因未经被审计单位有关职员之手，排除了伪造、更改凭证的可能性，因而证明力是最强的。②由被审计单位以外的机构或人士编制，但由被审计单位持有并提交给审计人员的书面证据，如顾客订单、购货发票、银行对账单等。由于此类证据已经被审计单位职员之手，在评价其可靠性时，审计人员应考虑其被涂改、伪造的可能性。虽然这类外部证据的可靠性不如第一类外部证据高，但相对内部证据而言，它仍具有较高的可靠性。③审计人员现场观察以及自己动手编制的各种计算表、分析表等亲历证据。此类证据可信程度高，具有很强的证明力。

2.内部证据

内部证据是由被审计单位的内部机构或人员编制和提供的书面证据，包括被审计单位的会计记录、被审计单位管理层声明书和其他各种由被审计单位编制和提供的有关书面文件。

一般而言，内部证据不如外部证据可靠。审计人员在确认内部证据的可靠性时，应考虑两方面因素的影响：①内部证据是否经过外部流转，并获得其他单位或个人的承认。如销售发票、付款支票等，经过外部流转，获得其他单位的承认，则具有较高的可靠性。②被审计单位内部控制制度的好坏。若被审计单位内部控制制度健全有效，则内部证据的可靠程度高；反之可靠程度低。如收料单与领料单经过了被审计单位不同部门的审核、签章，并且所有凭据预先连续编号并按序号依次做了处理，则这些内部证据的可靠程度较高。

（三）按证据证明力的大小分类

审计证据按其证明力的大小，可分为基本证据和辅助证据两大类。

1.基本证据

基本证据指能够直接证实被审计事项的重要证据。它具有较强的证明力，是审计证据的主要部分，因此也称主证。如实物证据、书面证据，都属于基本证据。

2.辅助证据

辅助证据指对基本证据起辅助证明作用的证据。它是用来从旁证明被审计事项的真实性和可靠性的证据，也称旁证或佐证。

☑ 机智过人：如何保证审计证据的法律效力？

❶对支撑审计结论的证据应以复印、拍照、电子截图等方式留存，重要证据由提供者签字或盖章，包括电子签名和电子签章；❷被审计单位无法及时提供相关资料或证据的，需出具经盖章的书面说明，写明相关情况和原因；❸审计对象拒不签字的，可由两名以上审计人员签字并配有相关资料作为证明；❹从有关信息系统获取的电子资料，必须有相应的系统日志、数字签名、数字标识作为佐证。

三、审计证据的特征

（一）审计证据的充分性

审计证据的充分性，是对审计证据数量的衡量，是指审计证据在数量上足以支持审计人员所发表的审计意见。审计人员获取的审计证据应当充分，应足以将与每个重要认定相关的审计风险限制在可接受的水平。

审计人员需要获取的审计证据的数量受其对重大错报风险评估的影响，并受审计证据质量的影响。审计人员在判断审计证据是否充分时，应当主要考虑下列因素：

1.审计风险

错报风险越大，需要的审计证据越多。具体来说，在可接受的审计风险一定的情况下，重大错报风险越大，注册会计师就应实施越多的测试工作，将检查风险降至可接受水平，以将审计风险控制在可接受的低水平范围内。

2.具体审计项目的重要性

审计项目越重要，审计人员就越需要获取充分的审计证据以支持其审计结论或意见。对于不太重要的审计项目，即使审计人员出现判断上的偏差，也不至于引发整体判断失误，因而可减少审计证据的数量。

☑ 机智过人：聚焦主要矛盾和重大风险调查取证

审计调查取证应围绕被审计单位/部门的功能定位、主体业务和关键绩效指标完成情况进行，聚焦主要矛盾，揭示重大风险，发现重要问题，切忌眉毛胡子一把抓。

3.审计人员的经验

经验丰富的审计人员，往往可以从较少的审计证据中判断出被审计事项是否存在错误或舞弊行为，从而可以减少对审计证据数量的依赖程度。

4.审计过程中是否发现错误或舞弊

一旦审计过程中发现被审计事项存在错误或舞弊行为，则被审计单位整体财务报表存在问题的可能性就增大，因此需要增加审计证据的数量，以确保能作出合理的审计结论，形成恰当的审计意见。

5.审计证据的类型与获取途径

如果审计人员获取的大多数是外部证据，则审计证据的质量较高，故可适当减少证据的数量；反之，审计证据数量就应相应增加。

（二）审计证据的适当性

审计证据的适当性，是对审计证据质量的衡量，即审计证据在支持审计意见所依据的结论方面具有的相关性和可靠性。

1.审计证据的相关性

相关性，是指用作审计证据的信息与审计程序的目的和所考虑的相关认定之间的逻辑联系。风险评估程序的目标，是通过了解被审计单位及其环境，识别和评估财务报表层次和认定层次的重大错报风险；控制测试旨在评价内部控制在防止或发现并纠正认定层次重大错报方面的运行有效性；实质性程序则旨在发现认定层次的重大错报。在设计风险评估、控制测试和细节测试时，审计人员应当确定选取测试项目的方法，以有效实现审计程序的目的。

用作审计证据的信息的相关性可能受测试方向的影响。例如，如果某审计程序的目的是测试应付账款的多计错报，则测试已记录的应付账款可能是相关的审计程序。如果某审计程序的目的是测试应付账款的漏记错报，则测试已记录的应付账款很可能不是相关的审计程序，相关的审计程序可能是测试期后支出、未支付发票、供应商结算单以及发票未到的收货报告单等。

特定的审计程序可能只为某些认定提供相关的审计证据，而与其他认定无关。例如，检查期后应收账款收回的记录和文件可以提供有关存在和计价的审计证据，但未必提供与截止测试相关的审计证据。类似地，有关某一特定认定（如存货的存在认定）的审计证据，不能替代与其他认定（如该存货的计价认定）相关的审计证据。但另一方面，不同来源或不同性质的审计证据可能与同一认定相关。

2.审计证据的可靠性

审计证据的可靠性是指证据的可信程度。审计证据的可靠性受其来源和性质的影响，并取决于获取审计证据的具体环境。判断审计证据可靠性的一般原则包括：

（1）从外部独立来源获取的审计证据比从其他来源获取的审计证据更可靠；

（2）相关控制有效时内部生成的审计证据比控制薄弱时内部生成的审计证据更可靠；

（3）直接获取的审计证据比间接获取或推论得出的审计证据更可靠；

（4）以文件记录形式（包括纸质、电子或其他介质）存在的审计证据比口头形式的审计证据更可靠；

（5）从原件获取的审计证据比从复印、传真或通过拍摄、数字化或其他方式转化成电子形式的文件获取的审计证据更可靠；

（6）越及时、越客观的证据越可靠；

（7）不同来源或不同性质的审计证据相互印证时，审计证据更为可靠。

需要强调的是，审计人员在按照上述原则评价审计证据的可靠性时，还应当注意可能出现的重要例外情况。例如，审计证据虽然是从独立的外部来源获得的，但如果该证据是由不知情者或不具备资格者提供的，审计证据也可能是不可靠的。同样，如果审计人员不具备评价证据的专业能力，那么即使是直接获取的证据，也可能不可靠。

微课：证据的可靠性

☑ 重难点·思考与分析：

审计人员收集到的下列五组证据，请分别比较说明各组中哪一证据更可靠？原因及理由？❶购货发票与材料入库单；❷审计人员的存货监盘记录与客户自编的盘点存货表；❸审计人员收回的应收账款函证回函与询问客户应收账款负责人的记录；❹被审计单位管理层声明书与律师声明书；❺销货发票副本与销售明细账。

3.充分性和适当性之间的关系

充分性和适当性是审计证据的两个重要特征，两者缺一不可，只有充分且适当的审计证据才是有证明力的。

审计证据质量越高，需要的审计证据数量可能越少，即审计证据的适当性会影响审计证据的充分性。例如，被审计单位内部控制健全时生成的审计证据更可靠，审计人员只需获取适量的审计证据，就可以为发表审计意见提供合理的基础。

但如果审计证据的质量存在缺陷，那么审计人员仅靠获取更多的审计证据可能无法弥补其质量上的缺陷。例如，审计人员应当获取与销售收入完整性相关的证据，实际获取到的却是有关销售收入真实性的证据，审计证据与完整性目标不相关，即使获取的证据再多，也证明不了收入的完整性。同样，如果审计人员获取的证据不可靠，那么证据数量再多也难以起到证明作用。

☑ 业务指导：评价审计证据时的特殊考虑：

❶对文件记录可靠性的考虑：审计通常不涉及鉴定记录的真伪，审计人员不是鉴定记录真伪的专家，但应考虑用作审计证据的信息的可靠性以及相关控制的有效性。如果认为文件记录可能是伪造的，审计人员应当作出进一步调查，包括直接向第三方询证，或考虑利用专家的工作以评价文件记录的真伪。

❷使用被审计单位生成信息时的考虑：审计人员为获取可靠的审计证据，审计时使用的被审计单位生成的信息需要足够完整和准确。例如，通过用标准价格乘以销售量来对收入进行审计时，其有效性受到价格信息准确性和销售量数据完整性、准确性的影响。类似地，如果审计人员打算测试付款业务的授权审批的内控运行是否有效，如果选取测试项目的总体不完整，则测试结果可能不太可靠。

❸证据相互矛盾时的考虑：如果获取的不同来源或不同性质的审计证据不一致，表明某项审计证据可能不可靠，审计人员应当追加必要的审计程序。

❹获取审计证据时对成本的考虑：审计人员可以考虑获取审计证据的成本与所获取信息的有用性之间的关系，但不应以获取审计证据的困难和成本为由减少不可替代的审计程序。例如，在某些情况下，存货监盘是证实存货存在认定的不可替代的审计程序，审计人员在审计中不得以检查成本高和难以实施为由而不执行该程序。

任务二　掌握审计基本方法

审计方法，是指审计人员为了行使审计职能、完成审计任务、达到审计目标所采取的方式、手段和技术的总称。审计方法不是一成不变的，它随着科学技术的进步、社会经济的发展以及审计事业的发展，由简单到复杂、由低级到高级、由单一到系统，不断进步，不断完善，最终形成科学的审计方法体系。

一、审查书面资料的方法

(一) 按审查书面资料的技术分类

1.审阅法

审阅法指审计人员对被审计单位的会计资料和其他资料进行详细阅读和审查的一种审计方法。审阅法侧重于审查书面资料的真实性、合法性。审阅法在财政、财务审计中的使用最为广泛，主要是审阅原始凭证、记账凭证、账簿、会计报表及其他相关资料。

2.核对法

核对法指审计人员对被审计单位的凭证、账簿和报表等书面资料之间的有关数据，按照其内在联系进行相互对照检查，以获取审计证据的方法。核对法侧重审查各种相关资料的一致性，包括证证核对、账证核对、账账核对、账表核对及表表核对。

3.验算法

验算法指审计人员对被审计单位书面资料的有关数据进行重新计算，以验证原计算结果是否正确的一种方法。例如，对凭证、账簿、报表中有关项目的积数、小计、合计数和累计数的验算；对企业固定资产折旧额、职工教育经费的计提、有关税金计算的验算；对有关成本、费用归集和分配的结果进行验算；对相关比率指标的验算等。

4.分析法

分析法指审计人员对被审计单位重要的比率或趋势进行的分析，包括调查异常变动及这些重要比率或趋势与预期数额和相关信息的差异。分析法通常包括比较分析法和比率分析法。比较分析法，是通过对被审计单位某一具体项目与相关标准进行比较，寻找差异，发现问题，以获取审计证据的一种技术方法。比较分析法可比较绝对数，也可比较相对数。比率分析法指通过对两个性质不同、但又相关的指标所构成的比率进行分析，从中发现疑点进一步查明原因的一种技术方法。例如，利用资产负债率、流动比率、速动比率可以分析被审计单位负债水平和偿债能力。再如，以被审计单位的实际销售利润率，与计划销售利润率、行业平均销售利润率相对比，就可以评价该被审计单位的盈利能力和盈利水平。

(二) 按审查书面资料的顺序分类

1.顺查法

顺查法指按照审计核算的处理顺序，依次对证、账、表各个环节进行审查的方法。具体操作是：首先审查原始凭证是否真实正确、合理合法，并核对记账凭证；然后以记账凭证核对账簿，审查账证是否一致，总分类账余额同所属明细分类账余额的合计是否一致；最后以账簿核对会计报表，验证账表是否一致。

顺查法的优点是审查全面、不易发生遗漏、方法简单、易于核对、结果精确；缺点是面面俱到，容易忽视重大问题，费时费力，工作量大。因此，顺查法主要适用于规模较小、业务量少、内部控制制度不健全的被审计单位，以及重要的审计事项和贪污舞弊的专案审计。

2.逆查法

逆查法指按照与会计核算相反的处理顺序，依次对表、账、证各个环节进行审查的方法。具体做法是：根据审计人员所掌握的线索，先从审阅、分析会计报表入手，然后根据分析发现的问题，有重点地和有关总账、明细账核对，进而审查记账凭证，直至审查原始凭证。

微课：顺查和逆查

逆查法的优点是易于把握重点和抓住问题的实质关键，可以节省人力和时间，提高工作效率；缺点是不能全面地审查问题，容易有遗漏。因此，逆查法主要适用于规模大、业务量多、内部控制制度健全有效、会计核算质量高的单位。

（三）按审查书面资料的数量分类

1.详查法

详查法是对被审计单位审计期内被审计事项的所有凭证、账簿、报表进行详细审查的一种审计方法。详查法的特点是：对被审计期间的全部会计资料和其反映的经济活动进行全面、详细的审查，以查找其中的错弊为重要目标。

详查法的优点是能全面查清被审计单位所存在的问题，特别是对弄虚作假、营私舞弊等违反财经法纪行为，一般不容易疏漏，可保证审计质量。其缺点是工作量太大，费时费力，审计成本高，难以普遍采用。因此，详查法一般适用于规模较小的单位或有重大错弊或违法行为的单位。

2.抽查法

抽查法指对被审计单位被审计期内的审计对象总体的具体情况、审计目的和要求选取具有代表性的样本，然后根据抽取样本的审查结果来推断总体的正确性，或推断其余未抽查部分有无错弊的一种审计方法。

抽查法的优点是高效率、低费用，节约时间和人力，能够收到事半功倍的效果；缺点是如果样本抽查不当，不能代表总体特征，就可能得出错误结论。这种方法仅适用于内部控制制度健全、会计基础较好的单位。

二、证实客观事物的方法

（一）盘存法

盘存法指对被审计单位各项财产、物资进行实地盘点，以确定其数量、品种，规格及其金额实际情况，借以证实有关实物账户余额是否真实、正确，从中收集实物证据的一种方法。盘存法按照方式不同分为直接盘存和监督盘存两种形式。

1.直接盘存

直接盘存指审计人员亲自到现场盘点实物，并要求被审计单位有关人员协同执行，以证实书面资料同有关财产物资是否相符的方法。这种方法在实际中应用较少，常用于数量较小但容易出现舞弊行为的贵重财产物资，如贵重文物、珠宝及贵重材料等的盘点。

2.监督盘存

监督盘存指审计人员现场监督被审计单位各种实物资产及现金、有价证券等的盘点，并进行适当的抽查。一般而言，实物资产的盘点是被审计单位管理层的责任，应由被审计单位进行计划、组织和实施，审计人员只进行现场监督并适当抽查复点。审计人员抽点部分如发现差异，除应督促被审计单位更正外，还应扩大抽查范围，如发现差错过大，则应要求被审计单位重新盘点。

盘存法一般对实物资产是否确实存在提供了有力的审计证据，但较难验证实物资产的所有权和计价情况。因此，审计人员在盘点之外，还应采取其他方法验证实物资产的所有权和计价情况。

（二）查询法及函证法

1.查询法

查询是审计人员对有关人员进行书面或口头询问以获取审计证据的方法。采用这种方法时，审计人员需要注意以下事项：①明确查询内容，事先拟出询问提纲；②确定查询对象，要向知情人询问；③在查询过程中，应采用恰当的查询方式，应对查询内容做好记录；④如果作为重要证据使用，应当请被查询人签字；⑤查询法获得的证据只能作为辅助证据，为进一步审计指明方向。

2.函证法

函证指审计人员为印证被审计单位会计记录所载事项而向第三方发函询证的一种方法。函证有以下两种方式。

（1）积极式函证。积极式函证要求收函单位对询问的事项无论与事实是否相符必须给予回函答复。积极式函证适用于被审计单位内部控制差、会计核算质量差、金额大、疑点多的情况。

（2）消极式函证。消极式函证要求收函单位对询问的事项有异议时，才在限定的时间内给予复函。消极式函证一般适用于被审计单位内部控制好、会计核算质量高、金额小、疑点少的情况。消极式函证不如积极式函证获取证据的可靠性高。

应当注意的是，询证函收发均应由审计人员控制，不能委托被审计单位代办，以保证审计证据的可靠性。询证函内容应简明扼要，便于对方答复。对无法进行函证的重要事项应采用替代程序，以取得必要的审计证据。

（三）观察法

观察法指审计人员实地观察被审计单位的经营场所、实物资产、有关业务活动、内部控制的执行情况等，以获取审计证据的方法。这种方法适用面广，灵活性强，易发现疑问，但通常只能获得一些片面的感性资料，不足以独立形成审计判断，需要和其他方法结合使用。

（四）调节法

调节法指在审查某个项目时，由于被审计单位结账日数据和审计日数据不一致，通过对有关数据进行增减调节，用来证实结账日数据账实是否一致的审计方法。调节法常用于以下两方面。

1.对未达账项的调节

通过编制银行存款余额调节表，对被审计单位与开户银行双方发生的未达账项进行增减调节，以验证银行存款账户的余额是否正确。

2.对财产物资的调节

当财产物资的盘存日同书面资料结账日不同时，结合实物盘存，以盘存日有关财产、物资的盘存数为基础，调整还原盘存日与结账日之间新发生的出、入库数量（相关明细账记录），以验证或推算结账日有关财产、物资的应结存数，并与结账日账存数核对。其计算公式为：

结账日数量=盘存日盘点数量＋结账日至盘存日发出数量－结账日至盘存日收入数量

（五）鉴定法

鉴定法指当对书面资料、实物和经济活动等的分析、鉴别超过审计人员的能力和知识水平时，聘请有关专业部门或人员运用专门技术进行确定和识别以获取审计证据的方法。鉴定

苟利国家生死以，岂因祸福避趋之。 ——林则徐

法主要用于对书面资料真伪的鉴定，对实物性能、质量、价值的鉴定，以及对经济活动的合法性和有效性的鉴定等。应用鉴定法时，鉴定人员必须提供鉴定结论，鉴定结论必须客观和准确，并作为一种独立的审计证据详细地记入审计工作底稿。

☑ 法规提示：审计责任并不因利用专家的工作而减轻！

《中国注册会计师审计准则第1421号——利用专家的工作》相关规定如下：

第3条：注册会计师对发表的审计意见独立承担责任，这种责任并不因利用专家的工作而减轻。

第4条：专家是指在会计或审计以外的某一领域具有专长的个人或组织，并且其工作被注册会计师利用，以协助注册会计师获取充分、适当的审计证据。专家既可能是会计师事务所内部专家，也可能是会计师事务所外部专家。

第10条：注册会计师应当评价专家是否具有实现审计目的所必需的胜任能力、专业素质和客观性。

第15条：注册会计师不应在无保留意见的审计报告中提及专家的工作，除非法律法规另有规定。

三、审计程序的种类

审计程序是指注册会计师在审计过程中的某个时间，对将要获取的某类审计证据如何进行收集的详细指令。在审计过程中，注册会计师可根据需要单独或综合运用以下审计程序，以获取充分、适当的审计证据。

1. 检查

检查是指注册会计师对被审计单位内部或外部生成的，以纸质、电子或其他介质形式存在的记录和文件进行审查，或对资产进行实物审查。

检查记录或文件可以提供可靠程度不同的审计证据，审计证据的可靠性取决于记录或文件的性质和来源。在检查内部记录或文件时，其可靠性则取决于生成该记录或文件的内部控制的有效性。

检查有形资产可为其存在提供可靠的审计证据，但不一定能够为权利和义务或计价等认定提供可靠的审计证据。

2. 观察

观察是指注册会计师查看相关人员正在从事的活动或实施的程序。例如，注册会计师对被审计单位人员执行的存货盘点或控制活动进行观察。观察可以提供执行有关过程或程序的审计证据，但观察所提供的审计证据仅限于观察发生的时点，而且被观察人员的行为可能因被观察而受到影响，这也会使观察提供的审计证据受到限制。

3. 询问

询问是指注册会计师以书面或口头方式，向被审计单位内部或外部的知情人员获取财务信息和非财务信息，并对答复进行评价的过程。作为其他审计程序的补充，询问广泛应用于整个审计过程中。

4. 函证

函证是指注册会计师直接从第三方（被询证者）获取书面答复以作为审计证据的过程，

书面答复可以采用纸质、电子或其他介质等形式。当针对的是与特定账户余额及其项目相关的认定时，函证常常是相关的程序。

5.重新计算

重新计算是指注册会计师对记录或文件中的数据计算的准确性进行核对。重新计算可通过手工方式或电子方式进行。

6.重新执行

重新执行是指注册会计师独立执行原本作为被审计单位内部控制组成部分的程序或控制。

7.分析程序

分析程序是指注册会计师通过分析不同财务数据之间以及财务数据与非财务数据之间的内在关系，对财务信息作出评价。分析程序还包括在必要时对识别出的、与其他相关信息不一致或与预期值差异重大的波动或关系进行调查。分析程序在不同审计阶段的运用比较见表4-1。

微课：分析程序

表4-1　　　　　　　　　　　　　　分析程序在不同审计阶段的运用比较

项目\阶段	风险评估	实质性程序	结束时对报表的总体复核
必要性	必须运用	可以选用	必须运用
目的	识别报表中的异常变化，评估重大错报风险	使审计工作更有效率和效果	确定报表整体是否与其对被审计单位的了解一致
特点	所使用的数据汇总性较强，其对象主要是财务报表中账户余额及其相互之间的关系；所使用的分析程序通常包括对账户余额变化的分析，并辅之以趋势分析和比率分析；分析调查不足以提供很高的保证水平	相对于细节测试，分析程序的精确度可能受到种种限制，证据在很大程度上是证明力较弱的间接证据	并非为了对特定账户余额和披露提供实质性的保证水平，因此并不如实质性分析程序那样详细和具体，而往往集中在财务报表层次
具体运用	（1）可将分析程序与询问、检查和观察程序结合运用，但不需要在了解风险评估环节的每一方面时都实施分析程序，例如在对内控的了解中，一般不会运用分析程序。（2）重点关注关键的账户余额、趋势和财务比率关系等方面，对其形成一个合理的预期，并与被审计单位记录的金额、依据记录金额计算的比率或趋势相比较	（1）在某些审计领域，如果重大错报风险较低且数据之间具有稳定的预期关系，审计人员可以单独使用实质性分析程序获取充分、适当的审计证据；从审计过程整体来看，审计人员不能仅依赖实质性分析程序，而忽略对细节测试的运用。（2）无论单独或与细节测试结合使用该程序，审计人员都应当：①确定分析程序对特定认定的适用性；②评价分析所使用数据的可靠性；③评价预期值的准确程度；④确定可接受的差异额	（1）主要在于强调并解释财务报表项目发生的重大变化，以证实报表的所有信息与其对被审计单位及其环境的了解一致，与所取得的审计证据一致。（2）再评价报表重大错报风险未被发现的可能性，考虑是否追加审计程序。（3）在已收集的证据的基础上，对报表整体合理性作最终把关，以便为发表审计意见提供合理基础

位卑未敢忘忧国，事定犹须待阖棺。　　——陆游

上述审计程序基于审计的不同阶段和目的单独或组合起来，可用作风险评估程序、控制测试和实质性程序。

☑ 业务指导：分析程序具体应用举例

分析程序主要是基于行业、业务、财务的关系，多角度深挖，关注业务信息与财务信息相互印证、财务信息之间的勾稽关系，例如：❶关注主要原材料的耗用量与产品产量、销量、收入之间是否匹配（如产量与耗电量反向变动的问题）；❷关注固定资产与产能的匹配关系；❸关注采购价格的变动与市场价格变动是否匹配；❹关注产品或服务的规模与客户的业务需求和资金实力等是否匹配；❺关注营业收入与相关指标的匹配性：营收与固定资产原值变动，营收与公司员工数量变动情况，营收与相关成本费用归集，收入结构与存货是否匹配；❻关注经营活动现金流量净额与净利润的匹配性，大额现金流量变动项目的内容及发生额是否与实际业务相符；❼关注毛利率、期间费用率、税负率、人均薪酬、应收账款周转率、存货周转率等财务指标与往年以及同行业公司相比是否有较大差异。

任务三　熟悉审计抽样方法

一、审计抽样的含义及适用范围

（一）审计抽样的含义

审计抽样指审计人员在实施审计程序时，从审计对象总体中选取一定数量的样本进行测试，并根据测试结果推断总体特征的一种方法。审计抽样的基本目标是在有限的审计资源条件下，收集充分适当的审计证据，形成和支持审计结论。审计抽样的应用，提高了审计工作的效率，降低了审计费用。

审计抽样的基本特征包括：（1）对具有审计相关性的总体中低于百分之百的项目实施审计程序；（2）所有抽样单元都有被选取的机会；（3）可以根据样本项目的测试结果推断出有关抽样总体的结论。

（二）审计抽样的适用范围

审计抽样并非在所有审计程序中都可使用。审计人员拟实施的审计程序将对运用审计抽样产生重要影响。在风险评估程序、控制测试和实质性程序中，有些审计程序可以使用审计抽样，有些审计程序则不宜使用审计抽样。

（1）风险评估程序：通常不涉及使用审计抽样。其主要原因是：一方面，审计人员实施风险评估程序的目的是了解被审计单位及其环境，识别和评估重大错报风险，而不需要对总体取得结论性证据；另一方面，风险评估程序实施的范围较为广泛，且需要根据所获取的信息进行判断，具有较强的主观色彩，因此通常不涉及使用审计抽样方法。

（2）控制测试程序：①控制运行留下轨迹的，审计人员可以使用审计抽样实施控制测试；②控制运行未留下轨迹的，则通常实施询问、观察等程序调查取证，不宜使用审计抽样；③测试信息技术一般控制，不需使用审计抽样。

（3）实质性程序：①在实施细节测试时，审计人员可以使用审计抽样获取审计证据；②如果审计人员将某类交易或账户余额的重大错报风险评估为可接受的低水平，也可不实施细节测试，则不需使用审计抽样；③实施实质性分析程序时，不宜使用审计抽样。

二、抽样风险和非抽样风险

在使用审计抽样时，审计风险既可能受到抽样风险的影响，又可能受到非抽样风险的影响。抽样风险和非抽样风险通过影响重大错报风险的评估和检查风险的确定而影响审计风险。

（一）抽样风险

抽样风险是指审计人员根据样本得出的结论，可能不同于如果对整个总体实施与样本相同的审计程序得出的结论的风险。抽样风险是由抽样引起的，与样本规模和抽样方法相关。

1.控制测试中的信赖过度风险和信赖不足风险

信赖过度风险，指抽样结果使审计人员对内部控制的信赖超过了其实际上应予信赖的可能性。信赖不足风险，指抽样结果使审计人员没有充分信赖实际上应予信赖的内部控制的可能性。

2.细节测试中的误受风险和误拒风险

误受风险，指抽样结果表明账户余额不存在重大错报，而实际上存在重大错报的可能性。误拒风险，指抽样结果表明账户余额存在重大错报，而实际上不存在重大错报的可能性。

上述抽样风险可以分为两种类型：一类是影响审计效果的抽样风险，包括控制测试中的信赖过度风险和细节测试中的误受风险；另一类是影响审计效率的抽样风险，包括控制测试中的信赖不足风险和细节测试中的误拒风险。信赖过度风险和误受风险对审计人员来说是最危险的风险，因为它使审计工作无法达到预期的效果；信赖不足风险和误拒风险属于保守型风险，一般会导致审计人员执行额外的审计程序，降低审计效率。

只要使用了审计抽样，抽样风险总会存在。抽样风险与样本规模反方向变动：样本规模越小，抽样风险越大；样本规模越大，抽样风险越小。无论是控制测试还是细节测试，审计人员都可以通过扩大样本规模降低抽样风险。如果对总体中的所有项目都实施检查，就不存在抽样风险，此时审计风险完全由非抽样风险产生。

（二）非抽样风险

非抽样风险是指审计人员由于任何与抽样风险无关的原因而得出错误结论的风险。审计人员即使对某类交易或账户余额的所有项目实施审计程序，也可能仍未能发现重大错报或控制失效。在审计过程中，可能导致非抽样风险的原因主要包括下列情况：

（1）审计程序不适合于实现特定的审计目标。例如，审计人员依赖应收账款函证来揭露未入账的应收账款。

（2）选择的总体不适合于测试目标。例如，审计人员在测试销售收入完整性认定时将主营业务收入明细账界定为总体。

（3）未能适当地定义误差（包括控制偏差或错报）。例如，审计人员在测试现金支付授权控制的有效性时，未将签字人未得到适当授权的情况界定为控制偏差。

（4）未能适当地评价审计发现的情况。例如，审计人员错误解读审计证据可能导致没有发现误差。审计人员对所发现误差的重要性的判断有误，从而忽略了性质十分重要的误差，也可能导致得出不恰当的结论。

男儿何不带吴钩，收取关山五十州。　　——李贺非抽样风险是由人为因素造成的，虽然难以量化非抽样风险，但通过采取适当的质量控制政策和程序，对审计工作进行适当的指导、监督和复核，仔细设计审计程序，以及对审计实务的适当改进，审计人员可以将非抽样风险降至可接受的水平。

三、统计抽样和非统计抽样

所有的审计抽样都需要审计人员运用职业判断，计划并实施抽样程序，评价样本结果。审计抽样时，审计人员既可以使用统计抽样方法，也可以使用非统计抽样方法。

（一）统计抽样

统计抽样是指同时具备下列特征的抽样方法：①随机选取样本项目；②运用概率论评价样本结果，包括计量抽样风险。如果审计人员严格按照随机原则选取样本，却没有对样本结果进行统计评估，或者基于非随机选样进行统计评估，都不能认为使用了统计抽样。

统计抽样有助于审计人员高效地设计样本，计量所获取证据的充分性，以及定量评价样本结果。但统计抽样又可能发生额外的成本。首先，统计抽样需要特殊的专业技能，因此使用统计抽样需要增加额外的支出对审计人员进行培训。其次，统计抽样要求单个样本项目符合统计要求，这些也可能需要支出额外的费用。实际工作中，使用审计抽样软件能够适当降低统计抽样的成本。

（二）非统计抽样

不同时具备统计抽样两个基本特征的抽样方法为非统计抽样。统计抽样能够客观地计量抽样风险，并通过调整样本规模精确地控制风险，这是与非统计抽样最重要的区别。不允许计量抽样风险的抽样方法都是非统计抽样，即便审计人员按照随机原则选取样本项目，或使用统计抽样的表格确定样本规模，如果没有对样本结果进行统计评估，仍然是非统计抽样。审计人员使用非统计抽样时，也必须考虑抽样风险并将其降至可接受水平，但无法精确地测定抽样风险。

审计人员在统计抽样与非统计抽样方法之间进行选择时主要考虑成本效益。不管统计抽样还是非统计抽样，两种方法都要求审计人员在设计、选取和评价样本时运用职业判断。如果设计适当，非统计抽样也能提供与统计抽样方法同样有效的结果。另外，对选取的样本项目实施的审计程序通常与使用的抽样方法无关。

四、属性抽样和变量抽样

（一）属性抽样

属性抽样是一种用来对总体中某一事件发生率得出结论的统计抽样方法。属性抽样在审计中最常见的用途是测试某一设定控制的偏差率，以支持审计人员评估的控制风险水平。无论交易的规模如何，针对某类交易的设定控制预期将以同样的方式运行。因此，在属性抽样中，设定控制的每一次发生或偏离都被赋予同样的权重，而不管交易的金额大小。

（二）变量抽样

变量抽样是一种用来对总体金额得出结论的统计抽样方法。变量抽样通常要回答下列问题：金额是多少？账户是否存在重大错报？变量抽样在审计中的主要用途是进行细节测试，以确定记录金额是否合理。

一般而言，属性抽样得出的结论与总体发生率有关，而变量抽样得出的结论与总体的金额有关。但有一个例外，即变量抽样中的货币单元抽样，它运用属性抽样的原理得出以金额表示的结论。

五、审计抽样在控制测试中的应用

在控制测试中使用审计抽样可以分为样本设计、选取样本和评价样本结果三个阶段，通常需要考虑下列问题：①测试目标和相关认定是什么？②如何定义偏差？③如何定义总体？总体是否完整？从中选取样本的总体与根据样本结果推断特征的总体是否相同？④如何从总体中抽样？包括确定抽样计划、抽样单元和抽样方法。⑤样本规模是多少？⑥如何评价并解释抽样结果？

（一）样本设计阶段

1.确定测试目标

审计人员实施控制测试的目标是提供关于控制运行有效性的审计证据，以支持计划的重大错报风险评估水平。因此，控制测试主要关注：①控制在所审计期间的相关时点是如何运行的；②控制是否得到一贯执行；③控制由谁或以何种方式执行。

审计人员应当首先针对某项认定详细了解控制目标和内部控制政策与程序之后，方可确定从哪些方面获取关于控制是否有效运行的审计证据。

2.定义总体

总体，是指审计人员从中选取样本并期望据此得出结论的整个数据集合。审计人员在界定总体时，应当确保总体的适当性和完整性。

（1）适当性。总体应适合于特定的审计目标，包括适合于测试的方向。例如，要测试用以保证所有发运商品都已开单的控制是否有效运行，审计人员从已开单的项目中抽取样本不能发现误差，因为该总体不包含那些已发运但未开单的项目，为发现这种误差，将所有已发运的项目作为总体通常比较适当。

（2）完整性。审计人员应当从总体项目内容和涉及时间等方面确定总体的完整性。例如，如果审计人员从档案中选取付款证明，除非确信所有的付款证明都已归档，否则审计人员不能对该期间的所有付款证明得出结论。

此外，在控制测试中，审计人员还必须考虑总体的同质性。同质性是指总体中的所有项目应该具有同样的特征。例如，如果被审计单位的出口和内销业务的处理方式不同，审计人员应分别评价两种不同的控制情况，因而出现两个独立的总体。

3.定义抽样单元

审计人员定义的抽样单元应与审计测试目标相适应。抽样单元通常是能够提供控制运行证据的一份文件资料、一个记录或其中一行，每个抽样单元构成了总体中的一个项目。在控制测试中，审计人员应根据被测试的控制定义抽样单元。例如，如果测试目标是确定付款是否得到授权，且设定的控制要求付款之前授权人在付款单据上签字，抽样单元可能被定义为每一张付款单据。

4.定义偏差构成条件

在控制测试中，偏差是指偏离对设定控制的预期执行。在评估控制运行的有效性时，审计人员应当考虑其认为必要的所有环节。例如，设定的控制要求每笔支付都应附有发票、收据、验收报告和订购单等证明文件，且均盖上"已付"戳记。审计人员认为盖上"已付"戳记的发票和验收报告足以显示控制的适当运行。在这种情况下，偏差可能被定义为缺乏盖有"已付"戳记的发票和验收报告等证明文件的款项支付。

5.定义测试期间

审计人员通常在期中实施控制测试。由于期中测试获取的证据只与控制截至期中测试时点的运行有关，审计人员需要确定如何获取关于剩余期间的证据。审计人员通常有两种做法：①将测试扩展至在剩余期间发生的交易，以获取额外的证据。在这种情况下，总体由整个被审计期间的所有交易组成。②不将测试扩展至在剩余期间发生的交易。在这种情况下，总体只包括从年初到期中测试日为止的交易，测试结果也只能针对这个期间进行推断，审计人员可以使用替代方法测试剩余期间的控制有效性。如果控制在剩余期间发生了重大变化，审计人员应修正其对内部控制的了解，并考虑对变化后的控制进行测试；或者，审计人员也可以考虑对剩余期间实施实质性分析程序或细节测试。

（二）选取样本阶段

1.确定抽样方法

选取样本时，只有从抽样总体中选出具有代表性的样本项目，审计人员才能根据样本的测试结果推断有关总体的结论。因此，不管使用统计抽样还是非统计抽样，在选取样本项目时，审计人员应当使总体中的每个抽样单元都有被选取的机会。选取样本的基本方法包括简单随机选样、系统选样、随意选样和整群选样。

（1）简单随机选样。简单随机选样在统计抽样和非统计抽样中均适用。使用这种方法，相同数量的抽样单元组成的每种组合被选取的概率都相等。审计人员可以使用计算机或随机数表获得所需的随机数，选取匹配的随机样本。

（2）系统选样。系统选样可以在非统计抽样中使用，在总体随机分布时也可适用于统计抽样。使用这种方法，审计人员需要确定选样间隔，即用总体中抽样单元的总数量除以样本规模，得到样本间隔，然后在第一个间隔中确定一个随机起点，从这个随机起点开始，按照选样间隔，从总体中按顺序选取样本。例如，如果销售发票的总体范围是0652~3151，设定的样本量是125，那么选样间距为20（（3 152－652）÷125）。审计人员从第一个间隔（0652~0671）中随机选取一个样本项目，作为抽样起点。如果随机起点是661，那么其余的124个项目是681（661+20），701（681+20）……依此类推，直至第3141号。

使用系统选样方法，总体中的每一个抽样单元被选取的机会都相等，当从总体中人工选取样本时，这种方法尤为方便。但是，使用系统选样方法要求总体必须是随机排列的，如果抽样单元在总体内的分布具有某种规律性，则样本的代表性就可能较差，容易发生较大的偏差。为克服系统选样法的这一缺点，可采用两种办法：一是增加随机起点的个数；二是在确定选样方法之前对总体特征的分布进行观察。如发现总体特征的分布呈随机分布，则采用系统选样法；否则，可考虑使用其他选样方法。

（3）随意选样。使用这种方法并不意味着审计人员可以漫不经心地选择样本，审计人员要避免任何有意识的偏向或可预见性（如回避难以找到的项目，或总是选择或回避每页的第一个或最后一个项目），从而保证总体中的所有项目都有被选中的机会，使选择的样本具有代表性。

随意选样仅适用于非统计抽样。在使用统计抽样时，运用随意选样是不恰当的，因为审计人员无法量化选取样本的概率。

（4）整群选样。使用这种方法，审计人员从总体中选取一群（或多群）连续的项目。例如，总体为20×1年的所有付款单据，从中选取2月3日、5月17日和7月9日这三天的所有付款单据作为样本。整群选样通常不能在审计抽样中使用，因为大部分总体的结构都使连续的项目之间可能具有相同的特征，但与总体中其他项目的特征不同。虽然在有些情况下审计人员检查一群项目可能是适当的审计程序，但当审计人员希望根据样本作出有关整个总体的有效推断时，极少将整群选样作为适当的选样方法。

2.确定样本规模

样本规模是指从总体中选取样本项目的数量。在审计抽样中，如果样本规模过小，其审计结论的可靠性就会大打折扣；如果样本规模过大，则会降低审计效率，就会失去审计抽样的意义。因此，审计人员应当确定足够的样本规模，以将抽样风险降至可接受的低水平。

（1）影响样本规模的因素。在控制测试中影响样本规模的因素包括：

①可接受的信赖过度风险。可接受的信赖过度风险与样本规模反向变动。审计人员愿意接受的信赖过度风险越低，样本规模通常越大。反之，愿意接受的信赖过度风险越高，样本规模越小。影响审计人员可以接受的信赖过度风险的因素包括：a.该控制所针对的风险的重要性；b.控制环境的评估结果；c.针对风险的控制程序的重要性；d.证明该控制能够防止、发现并纠正认定层次重大错报的审计证据的相关性和可靠性；e.在与某认定有关的其他控制的测试中获取的证据的范围；f.控制的叠加程度；g.对控制的观察和询问所获得的答复可能不能准确反映该控制得以持续适当运行的风险。

☑ 业务指导：如何确定可接受的信赖过度风险水平？

由于控制测试是控制是否有效运行的主要证据来源，因此，可接受的信赖过度风险通常应确定在5%~10%相对较低的水平上。审计人员一般将信赖过度风险确定为10%，特别重要的测试则可以将信赖过度风险确定为5%。在实务中，审计人员通常对所有控制测试确定一个统一的可接受信赖过度风险水平，然后对每一测试根据计划的重大错报风险评估水平和控制有效性分别确定其可容忍偏差率。

②可容忍偏差率。在控制测试中，可容忍偏差率是指审计人员设定的偏离规定的内部控制的比率，审计人员试图对总体中的实际偏差率不超过该比率获取适当水平的保证。换言之，可容忍偏差率是审计人员能够接受的最大偏差数量，如果偏差超过这一数量则减少或取消对内部控制的信赖。

可容忍偏差率与样本规模反向变动。在确定可容忍偏差率时，审计人员应考虑计划评估的控制有效性。计划评估的控制有效性越低，审计人员确定的可容忍偏差率通常越高，所需的样本规模就越小。一个很高的可容忍偏差率通常意味着，控制的运行不会大大降低相关实质性程序的程度。在这种情况下，由于审计人员预期控制运行的有效性很低，特定的控制测试可能不需要进行。反之，如果审计人员在评估认定层次重大错报风险时预期控制的运行是有效的，则必须实施控制测试。换言之，审计人员在风险评估时越依赖控制运行的有效性，确定的可容忍偏差率越低，进行控制测试的范围越大；因而

愿得此身长报国，何须生入玉门关。　　——戴叔伦

样本规模增加。

　　偏离规定的内部控制将增加重大错报风险，但不是所有的偏离都一定导致财务报表出现重大错报。因此，与细节测试中设定的可容忍错报相比，审计人员通常为控制测试设定相对较高的可容忍偏差率。在实务中，审计人员通常认为，当偏差率为3%~7%时，控制有效性的估计水平较高；可容忍偏差率最高为20%，偏差率超过20%时，由于估计控制运行无效，审计人员不需进行控制测试。当估计控制运行有效时，如果审计人员确定的可容忍偏差率较高就被认为不恰当。可容忍偏差率与计划评估的控制有效性之间的关系见表4-2。

表4-2　　　　　　　　　　可容忍偏差率和计划评估的控制有效性之间的关系

计划评估的控制有效性	可容忍偏差率（近似值，%）
高	3~7
中	6~12
低	11~20
最低	不进行控制测试

　　③预计总体偏差率。对于控制测试，审计人员在考虑总体特征时，需要根据对相关控制的了解或对总体中少量项目的检查来评估预计总体偏差率。审计人员可以根据上年测试结果、内部控制的设计和控制环境等因素对预计总体偏差率进行评估。在考虑上年测试结果时，应考虑被审计单位内部控制和人员的变化。在实务中，如果以前年度的审计结果无法取得或认为不可靠，审计人员可以在抽样总体中选取一个较小的初始样本，以初始样本的偏差率作为预计总体偏差率的估计值。

　　预计总体偏差率与样本规模同向变动。在既定的可容忍偏差率下，预计总体偏差率越大，所需的样本规模越大。预计总体偏差率不应超过可容忍偏差率，如果预期总体偏差率高得无法接受，意味着控制有效性很低，审计人员通常决定不实施控制测试，而实施更多的实质性程序。

　　④总体规模。除非总体非常小，一般而言，总体规模对样本规模的影响几乎为零。审计人员通常将抽样单元超过2 000个的总体视为大规模总体。对大规模总体而言，总体的实际容量对样本规模几乎没有影响。对小规模总体而言，审计抽样比其他选择测试项目的方法的效率低。

　　⑤其他因素。控制运行的相关期间越长（年或季度），需要测试的样本越多，因为审计人员需要对整个拟信赖期间控制的有效性获取证据。控制程序越复杂，测试的样本越多。样本规模还取决于所测试的控制的类型，通常对人工控制实施的测试要多过自动化控制，因为人工控制更容易发生错误和偶然的失败，而针对计算机系统的信息技术一般控制只要有效发挥作用，曾经测试过的自动化控制一般都能保持可靠运行。在确定被审计单位自动控制的测试范围时，如果支持其运行的信息技术一般控制有效，审计人员测试一次应用程序控制便可能足以获得对控制有效运行的较高的保证水平。如果所测试的控制包含人工监督和参与（如偏差报告、分析、评估、数据输入、信息匹配等），则通常比自动控制需要测试更多的样本。

控制测试中影响样本规模的因素见表4-3。表中列示了控制测试中影响样本规模的主要因素，并分别说明了这些影响因素在控制测试中的表现形式。

表4-3　　　　　　　　　　　控制测试中影响样本规模的因素

影响因素	与样本规模的关系
可接受的信赖过度风险	反向变动
可容忍偏差率	反向变动
预计总体偏差率	同向变动
控制运行期间的长短	同向变动
控制程序的复杂程度	同向变动
总体规模	影响很小

☑ 业务指导：对运行频率较低的内部控制的考虑

某些重要的内部控制并不经常运行，例如，银行存款余额调节表的编制可能是按月执行的，针对年末结账流程的内部控制则是一年执行一次。审计人员可以根据表4-4确定所需的样本规模。一般情况下，样本规模接近表4-4中样本数量区间的下限是适当的。如果控制发生变化，或曾经发现控制缺陷，样本规模更可能接近甚至超过表4-4中样本数量区间的上限。如果拟测试的控制是针对相关认定的唯一控制，审计人员往往可能需要测试比表中所列更多的样本。

表4-4　　　　　　　　　　　测试运行频率较低的内部控制的有效性

控制运行频率和总体的规模	测试的样本数量
1次/季度（4）	2
1次/月度（12）	2~5
1次/半月（24）	3~8
1次/周（52）	5~15

（2）确定样本量。实施控制测试时，审计人员可能使用统计抽样，也可能使用非统计抽样。在非统计抽样中，审计人员可以只对影响样本规模的因素进行定性的估计，并运用职业判断确定样本规模。使用统计抽样方法时，审计人员必须对影响样本规模的因素进行量化，并利用根据统计公式开发的专门的计算机程序或专门的样本量表来确定样本规模。

表4-5提供了在控制测试中确定的可接受信赖过度风险为10%时所使用的样本量。如果审计人员需要其他信赖过度风险水平的抽样规模，必须使用统计抽样参考资料中的其他表格或计算机程序。

审计人员根据可接受的信赖过度风险选择相应的抽样规模表，然后读取预计总体偏差率栏找到适当的比率，再确定与可容忍偏差率对应的列。可容忍偏差率所在列与预计总体偏差率所在行的交点就是所需要的样本规模。例如，审计人员确定的可接受信赖过度风险为10%，可容忍偏差率为5%，预计总体偏差率为0，根据表4-5，确定的样本规模为45。

人不犯我，我不犯人；人若犯我，我必犯人。　　——毛泽东

表 4-5　　　　　　　　　控制测试统计抽样样本规模——信赖过度风险为10%

预计总体偏差率（%）	可容忍偏差率										
	2%	3%	4%	5%	6%	7%	8%	9%	10%	15%	20%
0.00	114 (0)	76 (0)	57 (0)	45 (0)	38 (0)	32 (0)	28 (0)	25 (0)	22 (0)	15 (0)	11 (0)
0.25	194 (1)	129 (1)	96 (1)	77 (1)	64 (1)	55 (1)	48 (1)	42 (1)	38 (1)	25 (1)	18 (1)
0.50	194 (1)	129 (1)	96 (1)	77 (1)	64 (1)	55 (1)	48 (1)	42 (1)	38 (1)	25 (1)	18 (1)
0.75	265 (2)	129 (1)	96 (1)	77 (1)	64 (1)	55 (1)	48 (1)	42 (1)	38 (1)	25 (1)	18 (1)
1.00	*	176 (2)	96 (1)	77 (1)	64 (1)	55 (1)	48 (1)	42 (1)	38 (1)	25 (1)	18 (1)
1.25	*	221 (3)	132 (2)	77 (1)	64 (1)	55 (1)	48 (1)	42 (1)	38 (1)	25 (1)	18 (1)
1.50	*	*	132 (2)	105 (2)	64 (1)	55 (1)	48 (1)	42 (1)	38 (1)	25 (1)	18 (1)
1.75	*	*	166 (3)	105 (2)	88 (2)	55 (1)	48 (1)	42 (1)	38 (1)	25 (1)	18 (1)
2.00	*	*	198 (4)	132 (3)	88 (2)	75 (2)	48 (1)	42 (1)	38 (1)	25 (1)	18 (1)
2.25	*	*	*	132 (3)	88 (2)	75 (2)	65 (2)	42 (2)	38 (2)	25 (1)	18 (1)
2.50	*	*	*	158 (4)	110 (3)	75 (2)	65 (2)	58 (2)	38 (2)	25 (1)	18 (1)
2.75	*	*	*	209 (6)	132 (4)	94 (3)	65 (2)	58 (2)	52 (2)	25 (1)	18 (1)
3.00	*	*	*	*	132 (4)	94 (3)	65 (2)	58 (2)	52 (2)	25 (1)	18 (1)
3.25	*	*	*	*	153 (5)	113 (4)	82 (3)	58 (2)	52 (2)	25 (1)	18 (1)
3.50	*	*	*	*	194 (7)	113 (4)	82 (3)	73 (3)	52 (2)	25 (1)	18 (1)
3.75	*	*	*	*	*	131 (5)	98 (4)	73 (3)	52 (2)	25 (1)	18 (1)
4.00	*	*	*	*	*	149 (6)	98 (4)	73 (3)	65 (3)	25 (1)	18 (1)
5.00	*	*	*	*	*	*	160 (8)	115 (6)	78 (4)	34 (2)	18 (1)
6.00	*	*	*	*	*	*	*	182 (11)	116 (7)	43 (3)	25 (2)
7.00	*	*	*	*	*	*	*	*	199 (14)	52 (4)	25 (2)

注：①括号内是可接受的偏差数；②*表示样本规模太大，因而在大多数情况下不符合成本效益原则；③本表假设总体足够大。

3.选取样本并对其实施审计程序

使用统计抽样或非统计抽样时，审计人员可以根据具体情况，从简单随机选样、系统选样或随意选样中挑选适当的选样方法选取样本。审计人员应当针对选取的样本项目，实施适当的审计程序，以发现并记录样本中存在的控制偏差。

（三）评价样本结果阶段

在完成对样本的测试并汇总控制偏差之后，审计人员应当评价样本结果，对总体得出结论，即样本结果是否支持计划评估的控制有效性，从而支持计划的重大错报风险评估水平。在此过程中，无论使用统计抽样还是非统计抽样方法，审计人员都需要运用职业判断。

1.计算偏差率

将样本中发现的偏差数量除以样本规模，就可以计算出样本偏差率。样本偏差率就是审计人员对总体偏差率的最佳估计，因而在控制测试中无须另外推断总体偏差率，但审计人员还必须考虑抽样风险。

实务中，多数样本可能不会出现控制偏差。因为审计人员实施控制测试，通常意味着准备信赖内部控制，预期控制有效运行。如果在样本中发现偏差，审计人员需要根据偏差率和偏差发生的原因，考虑控制偏差对审计工作的影响。

2.考虑抽样风险

如前文所述，抽样风险是指审计人员根据样本得出的结论，可能不同于如果对整个总体实施与样本相同的审计程序得出的结论的风险。在控制测试中评价样本结果时，审计人员应当考虑抽样风险。也就是说，如果总体偏差率（即样本偏差率）低于可容忍偏差率，审计人员还要考虑实际的总体偏差率仍有可能大于可容忍偏差率的风险。

（1）审计人员在统计抽样中，通常使用公式、表格或计算机程序直接计算在确定的信赖过度风险水平下可能发生的偏差率上限。

①使用统计公式评价样本结果。

$$总体偏差率上限 = 风险系数（R）\div 样本量（n）$$

表4-6列示了在控制测试中常用的风险系数。

表4-6　　　　　　　　　　　　　控制测试中常用的风险系数

样本中发现偏差的数量	信赖过度风险	
	5%	10%
0	3.0	2.3
1	4.8	3.9
2	6.3	5.3
3	7.8	6.7
4	9.2	8.0
5	10.5	9.3
6	11.9	10.6
7	13.2	11.8

②使用样本结果评价表。审计人员也可以使用样本结果评价表评价统计抽样的结果。表4-7列示了可接受的信赖过度风险为10%时的总体偏差率上限。

一寸丹心图报国，两行清泪为思亲。　　——于谦

表4-7 控制测试中统计抽样结果评价——信赖过度风险为10%时的偏差率上限

样本规模	实际发现的偏差数										
	0	1	2	3	4	5	6	7	8	9	10
20	10.9	18.1	*	*	*	*	*	*	*	*	*
25	8.8	14.7	19.9	*	*	*	*	*	*	*	*
30	7.4	12.4	16.8	*	*	*	*	*	*	*	*
35	6.4	10.7	14.5	18.1	*	*	*	*	*	*	*
40	5.6	9.4	12.8	16.0	19.0	*	*	*	*	*	*
45	5.0	8.4	11.4	14.3	17.0	19.7	*	*	*	*	*
50	4.6	7.6	1.03	12.9	15.4	17.8	*	*	*	*	*
55	4.1	6.9	9.4	11.8	14.1	16.3	18.4	*	*	*	*
60	3.8	6.4	8.7	10.8	12.9	15.0	16.9	18.9	*	*	*
70	3.3	5.5	7.5	9.3	11.1	12.9	14.6	16.3	17.9	19.6	*
80	2.9	4.8	6.6	8.2	9.8	11.3	12.8	14.3	15.8	17.2	18.6
90	2.6	4.3	5.9	7.3	8.7	10.1	11.5	12.8	14.1	15.4	16.6
100	2.3	3.9	5.3	6.6	7.9	9.1	10.3	11.5	12.7	13.9	15.0
120	2.0	3.3	4.4	5.5	6.6	7.6	8.7	9.7	10.7	11.6	12.6
160	1.5	2.5	3.3	4.2	5.0	5.8	6.5	7.3	8.0	8.8	9.5
200	1.2	2.0	2.7	3.4	4.0	4.6	5.3	5.9	6.5	7.1	7.6

如果总体偏差率上限大于或等于可容忍偏差率，则总体不能接受。此时审计人员对总体得出结论：样本结果不支持计划评估的控制有效性，从而不支持计划的重大错报风险评估水平。此时审计人员应当修正重大错报风险的评估水平，并增加实质性程序的数量。审计人员也可以对影响重大错报风险评估水平的其他控制进行测试，以支持计划的重大错报风险评估水平。

如果总体偏差率上限低于但接近可容忍偏差率，审计人员应当结合其他审计程序的结果，考虑是否接受总体，并考虑是否需要扩大测试范围，以进一步证实计划评估的控制有效性和重大错报风险水平。

如果总体偏差率上限低于可容忍偏差率，则总体可以接受。此时审计人员对总体得出结论，样本结果支持计划评估的控制有效性，从而支持计划的重大错报风险评估水平。

【案例】审计人员在实施属性统计抽样时确定的可接受信赖过度风险为10%，可容忍偏差率为7%，预计总体偏差率为1.75%。

要求：（1）查表4-5确定样本规模；（2）分别运用公式法和查表法确定总体最大偏差率；（3）确定可接受的偏差数。

解析：（1）在表4-5中，信赖过度风险为10%时，7%可容忍偏差率与1.75%预计总体偏差率的交叉处为55，即所需的样本规模为n=55。

（2）公式法：据表4-6，与样本中发现的偏差数0、1、2对应的风险系数分别为2.3、3.9、5.3。根据公式"总体偏差率上限＝风险系数÷样本规模"，计算得到与偏差数0、1、2对应的总体最大偏差率分别为2.3÷55×100%=4.18%、3.9÷55×100%=7.09%、5.3÷55×100%=9.64%。

查表法：查表4-7，样本规模为55、实际发现偏差分别为0、1、2时对应的总体偏差率上限分别是4.1%、6.9%、9.4%。（注：用公式法和查表法确定的总体最大偏差率可能有差异）

（3）确定可接受的偏差数：当偏差数为0时，总体最大偏差率4.18%低于且不接近可容忍偏差率7%，总体可以接受。当偏差数为1或2时，总体最大偏差率（7.09%/9.64%）大于可容忍偏差率（7%），总体不能接受。因此，可接受的偏差数为0。

（2）在非统计抽样中，抽样风险无法直接计量。审计人员通常将估计的总体偏差率（即样本偏差率）与可容忍偏差率相比较，运用职业判断确定总体是否可以接受。

如果总体偏差率大于可容忍偏差率，则总体不能接受。

如果总体偏差率大大低于可容忍偏差率，则通常认为总体可以接受。

如果总体偏差率虽然低于可容忍偏差率，但两者很接近，审计人员通常认为实际的总体偏差率高于可容忍偏差率的抽样风险很高，因而总体不可接受；或者审计人员考虑扩大样本规模或实施其他测试，以进一步收集证据。

3.考虑偏差的性质和原因

除了关注偏差率和抽样风险之外，审计人员还应当调查识别出的所有偏差的性质和原因，并评价其对审计程序的目的和审计的其他方面可能产生的影响。无论是统计抽样还是非统计抽样，对样本结果的定性评估和定量评估一样重要。即使样本的评价结果在可接受的范围内，审计人员也应对样本中的所有控制偏差进行定性分析。审计人员对偏差的性质和原因的分析包括：是有意的还是无意的？是误解了规定还是粗心大意？是经常发生还是偶然发生？是系统的还是随机的？

如果审计人员发现许多偏差具有相同的特征，如交易类型、地点、生产线或时期等，则应考虑该特征是不是引起偏差的原因，是否存在其他尚未发现的具有相同特征的偏差。此时，审计人员应将具有该共同特征的全部项目划分为一层，并对层中的所有项目实施审计程序，以发现潜在的系统偏差。如果对偏差的分析表明是故意违背了既定的内部控制政策或程序，审计人员应考虑存在重大舞弊的可能性。

一般情况下，如果在样本中发现了控制偏差，审计人员有两种处理办法：一是扩大样本规模，以进一步收集证据。二是认为控制未有效运行，样本结果不支持计划的控制运行有效性和重大错报风险的评估水平，因而提高重大错报风险评估水平，增加对相关账户的实质性程序。例如，初始样本量为45个，如果发现了1个偏差，可以扩大样本量，再测试45个样本项目，如果在追加测试的样本项目中没有再发现偏差，可以得出结论，样本结果支持计划评估的控制有效性，从而支持计划的重大错报风险评估水平。不过将追加测试的样本量确定为至少与初始样本量相同，这种做法只是简单的"经验法则"。使用统计抽样方法时，审计人员可以对需要追加的样本量进行更为精确的计算。如果在预期不存在偏差的初始样本中发现两个或更多偏差，追加测试的样本量通常会大大超过初始样本量。此时，审计人员也可能认为采取第二种处理方法更有效，即不是大量追加测试样本量，而是选择不再信赖内部控制。但是，如果确定控制偏差是系统偏差或是舞弊导致的，扩大样本规模通常无效，审计人员需要直接采用第二种处理方法。

分析偏差的性质和原因时，审计人员还要考虑已识别的偏差对财务报表的直接影响。控制偏差虽然增加了金额错报的风险，但并不一定导致财务报表中的金额错报。如果某项控制偏差更容易导致金额错报，该项控制偏差就更加重要。例如，与被审计单位没有定期对信用限额进行检查相比，如果被审计单位的销售发票出现错误，则审计人员对后者的容忍度较低。这是因为，被审计单位即使没有对客户的信用限额进行定期检查，其销售收入和应收账款的账面金额也不一定发生错报。但如果销售发票出现错误，通常会导致被审计单位确认的销售收入和其他相关账户金额出现错报。

4.得出总体结论

在计算偏差率，考虑抽样风险，分析偏差的性质和原因之后，审计人员需要运用职业判断得出总体结论。如果样本结果及其他相关审计证据支持计划评估的控制有效性，从而支持计划的重大错报风险评估水平，审计人员可能不需要修改计划的实质性程序。如果样本结果不支持计划的控制运行有效性和重大错报风险的评估水平，审计人员通常有两种选择：①进一步测试其他控制（如补偿性控制），以支持计划的控制运行有效性和重大错报风险的评估水平；②提高重大错报风险评估水平，并相应修改计划的实质性程序的性质、时间安排和范围。

5.记录抽样程序

审计人员应当记录所实施的审计程序，以形成审计工作底稿。在控制测试中使用审计抽样时，审计人员通常记录下列内容：①对所测试的设定控制的描述；②与抽样相关的控制目标，包括相关认定；③对总体和抽样单元的定义，包括审计人员如何考虑总体的完整性；④对偏差的构成条件的定义；⑤可接受的信赖过度风险，可容忍偏差率，以及在抽样中使用的预计总体偏差率；⑥确定样本规模的方法；⑦选样方法；⑧选取的样本项目；⑨对如何实施抽样程序的描述；⑩对样本的评价及总体结论摘要。

六、审计抽样在细节测试中的应用

（一）样本设计阶段

1.确定测试目标

细节测试的目的是识别财务报表中各类交易、账户余额和披露中存在的重大错报。在细节测试中，审计抽样通常用来测试有关财务报表金额的一项或多项认定的合理性。如果该金额是合理正确的，审计人员将接受与之相关的认定，认为财务报表金额不存在重大错报。

2.定义总体

在实施审计抽样之前，审计人员必须仔细定义总体，确定抽样总体的范围，确保总体的适当性和完整性。

（1）适当性。审计人员应确信抽样总体适合于特定的审计目标。例如，审计人员如果对已记录的项目进行抽样，就无法发现由于某些项目被隐瞒而导致的金额低估。为发现这类低估错报，审计人员应从包含被隐瞒项目的来源中选取样本。例如，审计人员可能对期后的现金支付进行抽样，以测试由隐瞒采购所导致的应付账款低估，或者对装运单据进行抽样，以发现由已装运但未确认为销售的交易所导致的销售收入低估问题。

（2）完整性。总体的完整性包括代表总体的实物的完整性。例如，如果审计人员将总体定义为特定时期的所有现金支付，代表总体的实物就是该时期的所有现金支付单据。由于审计人员实际上是从该实物中选取样本，所有根据样本得出的结论只与该实物有关。如果代表总体的实物和总体不一致，审计人员可能对总体得出错误的结论。因此，审计人员必须详细了解代表总体的实物，确定代表总体的实物是否包括在整个总体内。

3.定义抽样单元

在细节测试中，审计人员应根据审计目标和所实施审计程序的性质定义抽样单元。抽样单元可能是一个账户余额、一笔交易或交易中的一个记录（如销售发票中的单个项目），甚至是每个货币单元。例如，如果抽样的目标是测试应收账款是否存在，审计人员可能选择各应收账款明细账余额、发票或发票上的单个项目作为抽样单元。选择的标准是，如何定义抽样单元能使审计抽样实现最佳的效率和效果。

4.界定错报

在细节测试中，审计人员应根据审计目标界定错报。例如，在对应收账款存在的细节测试中（如函证），客户在函证信息针对的截止日之前已支付而被审计单位在该日之后才收到的款项不构成错报。而且，被审计单位在不同客户之间误登明细账也不影响应收账款总账余额。即使在不同客户之间误登明细账可能对审计的其他方面（如对舞弊的可能性或坏账准备的适当性的评估）产生重要影响，审计人员在评价应收账款函证程序的样本结果时也不宜将其判定为错报。审计人员还可以将被审计单位自己发现并已在适当期间予以更正的错报排除在外。

（二）选取样本阶段

1.确定抽样方法

在细节测试中进行审计抽样，可能使用统计抽样，也可能使用非统计抽样。审计人员在细节测试中常用的统计抽样方法包括货币单元抽样和传统变量抽样。

（1）货币单元抽样。货币单元抽样是一种运用属性抽样原理对货币金额而不是对发生率得出结论的统计抽样方法，它是概率比例规模抽样方法的分支，有时也被称为金额单元抽样、累计货币金额抽样以及综合属性变量抽样等。货币单元抽样以货币单元作为抽样单元，例如，总体包含100个应收账款明细账账户，共有余额200 000元。若采用货币单元抽样，则认为总体含有200 000个抽样单元，而不是100个。总体中的每个货币单元被选中的机会相同，所以总体中某一项目被选中的概率等于该项目的金额与总体金额的比率，项目金额越大，被选中的概率就越大，这样有助于审计人员将审计重点放在较大的账户余额或交易上。但实际上，审计人员并不是对总体中的货币单元实施检查，而是对包含被选取货币单元的账户余额或交易实施检查。审计人员检查的账户余额或交易被称为逻辑单元。

（2）传统变量抽样。传统变量抽样运用正态分布理论，根据样本结果推断总体的特征。传统变量抽样涉及难度较大、较为复杂的数学计算，审计人员通常使用计算机程序确定样本规模，一般不需要懂得这些方法所运用的数学公式。在细节测试中运用传统变量抽样时，常见的方法有以下三种：

①均值法。使用这种方法时，审计人员先计算样本中所有项目审定金额的平均值，然后

用这个样本平均值乘以总体规模，得出总体金额的估计值。估计总体的金额和总体账面金额之间的差额就是推断的总体错报。均值法的计算公式如下：

$$样本审定金额的平均值 = 样本审定金额 \div 样本规模$$
$$估计的总体金额 = 样本审定金额的平均值 \times 总体规模$$
$$推断的总体错报 = 总体账面金额 - 估计的总体金额$$

例如，审计人员从总体规模为 1 000 个、账面金额为 1 000 000 元的存货项目中随机选择了 200 个项目作为样本。在确定了正确的采购价格并重新计算了价格与数量的乘积之后，审计人员将 200 个样本项目的审定金额加总后除以 200，确定样本项目审定金额的平均值为 980 元。然后计算估计的总体金额为 980 000 元（980× 1 000）。推断的总体错报就是 20 000 元（1 000 000-980 000）。

②差额法。使用这种方法时，审计人员先计算样本审定金额与账面金额之间的平均差额，再以这个平均差额乘以总体规模，从而求出总体的审定金额与账面金额的差额（即总体错报）。差额法的计算公式如下：

$$样本平均错报 = （样本账面金额 - 样本审定金额）\div 样本规模$$
$$推断的总体错报 = 样本平均错报 \times 总体规模$$
$$估计的总体金额 = 总体账面金额 - 推断的总体错报$$

例如，审计人员从总体规模为 1 000 个、账面金额为 1 040 000 元的存货项目中选取了 200 个项目进行检查。审计人员逐一比较 200 个样本项目的审定金额和账面金额，并将账面金额（208 000 元）和审定金额（196 000 元）之间的差异加总，得出差异总额为 12 000 元，再用这个差额除以样本项目个数 200，得到样本平均错报 60 元（12 000÷200）。然后审计人员用这个平均错报乘以总体规模，计算出总体错报为 60 000 元（60 ×1 000），因为样本的账面金额大于审定金额，估计的总体金额为 980 000 元（1 040 000-60 000）。

③比率法。使用这种方法时，审计人员先计算样本的审定金额与账面金额之间的比率，再以这个比率去乘总体的账面金额，从而求出估计的总体金额。比率法的计算公式如下：

$$比率 = 样本审定金额 \div 样本账面金额$$
$$估计的总体金额 = 总体账面金额 \times 比率$$
$$推断的总体错报 = 总体账面金额 - 估计的总体金额$$

沿用上述差额法举例中用到的数据，如果审计人员使用比率法，样本审定金额与样本账面金额的比率为 0.94（196 000 ÷ 208 000）。审计人员用总体的账面金额乘以该比率，得到估计的总体金额为 977 600 元（1 040 000 × 0.94），推断的总体错报则为 62 400 元（1 040 000 - 977 600）。

如果未对总体进行分层，审计人员通常不使用均值法，因为此时所需的样本规模可能太大，不符合成本效益原则。比率法和差额法都要求样本项目存在错报，如果样本项目的审定金额和账面金额之间没有差异，这两种方法使用的公式所隐含的机理就会导致错误的结论（即不存在抽样风险，从而使审计人员在评价样本结果时得出错误结论）。审计人员在评价样本结果时常常用到比率法和差额法，如果发现错报金额与项目的金额紧密相关，审计人员通常会选择比率法；如果发现错报金额与项目的数量紧密相关，审计人员通常会选择差额法。不过，如果审计人员决定使用统计抽样，且预计没有差异或只有少量差异，就不应使用比率法和差额法，而考虑使用其他的替代方法，如均值法或货币单元抽样。

2.确定样本规模

（1）影响样本规模的因素。在细节测试中影响样本规模的因素如下：

①可接受的误受风险。细节测试中的抽样风险包括误受风险和误拒风险。

误受风险是指审计人员推断某一重大错报不存在而实际上存在的风险，它与审计的效果有关，审计人员通常更为关注。在确定可接受的误受风险水平时，审计人员需要考虑下列因素：a.愿意接受的审计风险水平；b.评估的重大错报风险水平；c.针对同一审计目标或财务报表认定的其他实质性程序（包括分析程序和不涉及审计抽样的细节测试）的检查风险。误受风险与样本规模反向变动。在实务中，审计人员愿意承担的审计风险通常为5%~10%。当审计风险既定时，如果审计人员将重大错报风险评估为低水平，或者更为依赖针对同一审计目标或财务报表认定的其他实质性程序，就可以在计划的细节测试中接受较高的误受风险，从而降低所需的样本规模。相反，如果审计人员将重大错报风险水平评估为高水平，而且不执行针对同一审计目标或财务报表认定的其他实质性程序，可接受的误受风险将降低，所需的样本规模随之增加。

误拒风险是指审计人员推断某一重大错报存在而实际上不存在的风险，它与审计的效率有关。与控制测试中对信赖不足风险的关注相比，审计人员在细节测试中对误拒风险的关注程度通常更高。如果控制测试中的样本结果不支持计划的重大错报风险评估水平，审计人员可以实施其他的控制测试以支持计划的重大错报风险评估水平，或根据测试结果提高重大错报风险评估水平。由于替代审计程序比较容易实施，因此，对控制信赖不足给审计人员和被审计单位造成的不便通常相对较小。但是，如果在某类交易或账户余额的账面金额可能不存在重大错报时却根据样本结果得出存在重大错报的结论，审计人员采用替代方法可能花费的成本大得多。通常，审计人员需要与被审计单位的人员进一步讨论，并实施额外的审计程序。这些工作将大幅增加审计成本，而且时间上也可能不现实，例如，无法重返遥远的经营场所，或者实施额外程序将延迟财务报告的发布。误拒风险与样本规模反向变动。在实务中，如果审计人员降低可接受的误拒风险，所需的样本规模将增加，以审计效率为代价换取对审计效果的保证程度。如果总体中的预期错报非常小，拟从样本获取的保证程度也较低，且被审计单位拟更正事实错报，这种情况下，误拒风险的影响降低，审计人员不必过多关注误拒风险。

②可容忍错报。可容忍错报，是指审计人员设定的货币金额，审计人员试图对总体中的实际错报不超过该货币金额获取适当水平的保证。在细节测试中，某账户余额、交易类型或披露的可容忍错报是审计人员能够接受的最大金额的错报。

可容忍错报可以看作实际执行的重要性这个概念在抽样程序中的运用。可容忍错报可能等于或低于实际执行的重要性，这取决于审计人员考虑下列因素后作出的职业判断：a.事实错报和推断错报的预期金额（基于以往的经验和对其他交易类型、账户余额或披露的测试）；b.被审计单位对建议的调整所持的态度；c.某审计领域中，金额需要估计或无法准确确定的账户的数量；d.经营场所、分支机构或某账户中样本组合的数量。审计人员分别测试这些经营场所、分支机构或样本组合，但需要将测试结果累积起来得出审计结论；e.测试项目占账户全部项目的比例。例如，如果审计人员预期存在大量错报，或管理层拒绝接受建议的调整，或大量账户的金额需要估计，或分支机构的数量非常多，或测试项目占账户全部项目的比例很小，审计人员很可能设定可容忍错报低于实际执行的重要性。反之，可以设定可容忍错报等于实际执行的重要性。

可容忍错报与样本规模反向变动。当误受风险一定时，如果审计人员确定的可容忍错报降低，为实现审计目标所需的样本规模就增加。

③预计总体错报。在确定细节测试所需的样本规模时，审计人员还需要考虑预计在账户余额或交易类别中存在的错报金额和频率。预计总体错报不应超过可容忍错报。在既定的可容忍错报下，预计总体错报的金额和频率越小，所需的样本规模也越小。相反，预计总体错报的金额和频率越大，所需的样本规模也越大。如果预期错报很高，审计人员在实施细节测试时对总体进行100%检查或使用较大的样本规模可能较为适当。

审计人员在运用职业判断确定预计错报时，应当考虑被审计单位的经营状况和经营风险，以前年度对账户余额或交易类型进行测试的结果，初始样本的测试结果，相关实质性程序的结果，以及相关控制测试的结果或控制在会计期间的变化等因素。

④总体规模。总体中的项目数量在细节测试中对样本规模的影响很小。因此，按总体的固定百分比确定样本规模通常缺乏效率。

⑤总体的变异性。总体变异性是指总体的某一特征（如金额）在各项目之间的差异程度。在细节测试中，审计人员确定适当的样本规模时要考虑特征的变异性。衡量这种变异或分散程度的指标是标准差。如果使用非统计抽样，审计人员不需量化期望的总体标准差，但要用"大"或"小"等定性指标来估计总体的变异性。总体项目的变异性越大，通常样本规模越大。

如果总体项目存在重大的变异性，审计人员可以考虑将总体分层。分层是指将总体划分为多个子总体的过程，每个子总体由一组具有相同特征的抽样单元组成。审计人员应当仔细界定子总体，以使每一抽样单元只能属于一个层。分层可以降低每一层中项目的变异性，从而在抽样风险没有成比例增加的前提下减小样本规模，提高审计效率。

在细节测试中，分层的依据可能包括项目的账面金额，与项目处理有关的控制的性质或与特定项目（如更可能包含错报的那部分总体项目）有关的特殊考虑等。审计人员通常根据金额对总体进行分层，这使审计人员能够将更多审计资源投向金额较大的项目，而这些项目最有可能包含高估错报。例如，为了函证应收账款，审计人员可以将应收账款账户按其金额大小分为三层，即账户金额在100 000元以上的；账户金额为5 000~100 000元的；账户金额在5 000元以下的。然后，根据各层的重要性分别采取不同的处理方法。对于金额在100 000元以上的应收账款账户，应进行全部函证；对于金额在5 000~100 000元以及5 000元以下的应收账款账户，则可采用适当的选样方法选取进行函证的样本。

分层后的每一组子总体被称为一层，每层分别独立选取样本。对某一层中的样本项目实施审计程序的结果，只能用于推断构成该层的项目。如果审计人员将某类交易或账户余额分成不同的层，需要对每层分别推断错报。在考虑错报对该类别的所有交易或账户余额的可能影响时，审计人员需要综合考虑每层的推断错报。

表4-8列示了细节测试中影响样本规模的因素，并分别说明了这些影响因素在细节测试中的表现形式。

表4-8   细节测试中影响样本规模的因素

影响因素	与样本规模的关系
可接受的误受风险	反向变动
可容忍错报	反向变动
预计总体错报	同向变动
总体规模	影响很小
总体的变异性	同向变动

（2）确定样本量。实施细节测试时，无论使用统计抽样还是非统计抽样方法，审计人员都应当综合考虑上文所述的影响因素，运用职业判断和经验确定样本规模。在情形类似时，审计人员考虑的因素相同，使用统计抽样和非统计抽样确定的样本规模通常是可比的。必要时，可以进一步调整非统计抽样计划，例如，增加样本量或改变选样方法，使非统计抽样也能提供与统计抽样方法同样有效的结果。即便使用非统计抽样，审计人员熟悉统计理论，对于其运用职业判断和经验考虑各因素对样本规模的影响也是非常有益的。

3.选取样本并对其实施审计程序

审计人员应当仔细选取样本，以使样本能够代表抽样总体的特征。审计人员可以根据具体情况，从简单随机选样、系统选样或随意选样中挑选适当的选样方法选取样本，也可以使用计算机辅助审计技术提高选样的效果。

审计人员应对选取的每一个样本实施适合于具体审计目标的审计程序。无法对选取的项目实施检查时，审计人员应当考虑这些未检查项目对样本评价结果的影响。如果未检查项目中可能存在的错报不会改变审计人员对样本的评价结果，审计人员无须检查这些项目；反之，审计人员应当实施替代程序，获取形成结论所需的审计证据。审计人员还要考虑无法实施检查的原因是否影响计划的重大错报风险评估水平或舞弊风险的评估水平。

（三）评价样本结果阶段

1.推断总体的错报

审计人员应当根据样本结果推断总体的错报。如果在期中实施细节测试时用到审计抽样，审计人员只能根据样本结果推断从中选取样本的总体的错报金额。审计人员需要实施进一步审计程序，以确定能否将期中测试得出的结论合理延伸至期末。值得注意的是，未回函的消极函证不能证明被询证者已收到询证函并验证其中包含的信息是正确的，因此审计人员不能根据未回函的消极函证推断总体的错报。

根据样本中发现的错报金额估计总体的错报金额时，审计人员可以使用比率法、差额法及货币单元抽样法等。如果审计人员在设计样本时将进行抽样的项目分为几层，则要在每层分别推断错报，然后将各层推断的金额加总，计算估计的总体错报。审计人员还要将在进行百分之百检查的个别重大项目中发现的所有错报与推断的错报金额汇总。

2.考虑抽样风险

在细节测试中，推断的错报是审计人员对总体错报作出的最佳估计。当推断的错报接近或超过可容忍错报时，总体中的实际错报金额很可能超过了可容忍错报。因此，审计人员要将各交易类别或账户余额的错报总额与该类交易或账户余额的可容忍错报相比较，并适当考虑抽样风险，以评价样本结果。如果推断的错报总额低于可容忍错报，审计人员还要考虑总体的实际错报金额仍有可能超过可容忍错报的风险。

3.考虑错报的性质和原因

除了评价错报的金额和频率以及抽样风险之外，审计人员还应当考虑：①错报的性质和原因，是原则还是应用方面的差异？是错误还是舞弊导致？是误解指令还是粗心大意所致？②错报与审计工作其他阶段之间可能存在的关系。

4.得出总体结论

在推断总体的错报，考虑抽样风险，分析错报的性质和原因之后，审计人员需要运用职业判断得出总体结论。如果样本结果不支持总体账面金额，且审计人员认为账面金额可能存在错报，审计人员通常会建议被审计单位对错报进行调查，并在必要时调整账面记录。依据被审计单位已更正的错报对推断的总体错报额进行调整后，审计人员应当将该类交易或账户余额中剩余的推断错报与其他交易或账户余额中的错报总额累计起来，以评价财务报表整体是否存在重大错报。无论样本结果是否表明错报总额超过了可容忍错报，审计人员都应当要求被审计单位的管理层记录已发现的事实错报（除非明显微小）。

如果样本结果表明审计人员作出抽样计划时依据的假设有误，审计人员应当采取适当的行动。例如，如果细节测试中发现的错报的金额或频率大于依据重大错报风险的评估水平作出的预期，审计人员需要考虑重大错报风险的评估水平是否仍然适当。审计人员也可能决定修改对重大错报风险评估水平低于最高水平的其他账户拟实施的审计程序。

5.记录抽样程序

在细节测试中使用审计抽样时，审计人员通常在审计工作底稿中记录下列内容：a.测试的目标，受到影响的账户和认定；b.对总体和抽样单元的定义，包括审计人员如何考虑总体的完整性；c.对错报的定义；d.可接受的误受风险；e.可接受的误拒风险（如涉及）；f.估计的错报及可容忍错报；g.使用的审计抽样方法；h.确定样本规模的方法；i.选样方法；j.选取的样本项目；k.对如何实施抽样程序的描述，以及在样本中发现的错报的清单；l.对样本的评价；m.总体结论概要；n.进行样本评估和作出职业判断时，认为重要的性质因素。

任务四　编制审计工作底稿

一、审计工作底稿的含义、编制目的及要求

（一）审计工作底稿的含义

审计工作底稿，是指注册会计师对制订的审计计划、实施的审计程序、获取的相关审计证据，以及得出的审计结论作出的记录。审计工作底稿是审计证据的载体，是注册会计师在审计过程中形成的审计工作记录和获取的资料。它形成于审计过程，也反映整个审计过程。

（二）审计工作底稿的编制目的

审计工作底稿在计划和执行审计工作中发挥着关键作用。它提供了审计工作实际执行情况的记录，并形成审计报告的基础。审计工作底稿也可用于质量控制复核、监督会计师事务所对审计准则的遵循情况以及第三方的检查等。会计师事务所因执业质量而涉及诉讼或有关监管机构进行执业质量检查时，审计工作底稿能够提供证据，证明会计师事务所是否按照中

国注册会计师审计准则的规定执行了审计工作。因此，注册会计师应当及时编制审计工作底稿，以实现下列目的：

（1）提供充分、适当的记录，作为出具审计报告的基础；

（2）提供证据，证明注册会计师已按照审计准则和相关法律法规的规定计划和执行了审计工作。

除上述目的外，编制审计工作底稿还可以实现下列目的：①有助于项目组计划和执行审计工作；②有助于负责督导的项目组成员按照审计准则的相关规定，履行指导、监督与复核审计工作的责任；③便于项目组说明其执行审计工作的情况；④保留对未来审计工作持续产生重大影响的事项的记录；⑤便于会计师事务所按照质量控制准则的规定，实施质量控制复核与检查；⑥便于监管机构和中注协根据相关法律法规或其他相关要求，对会计师事务所实施执业质量检查。

（三）审计工作底稿的编制要求

注册会计师编制的审计工作底稿，应当使得未曾接触该项审计工作的有经验的专业人士清楚了解：①按照审计准则和相关法律法规的规定实施的审计程序的性质、时间安排和范围；②实施审计程序的结果和获取的审计证据；③审计中遇到的重大事项和得出的结论，以及在得出结论时作出的重大职业判断。

有经验的专业人士，是指会计师事务所内部或外部的具有审计实务经验，并且对下列方面有合理了解的人士：①审计过程；②审计准则和相关法律法规的规定；③被审计单位所处的经营环境；④与被审计单位所处行业相关的会计和审计问题。

（四）审计工作底稿的性质

1.审计工作底稿的存在形式

审计工作底稿可以以纸质、电子或其他介质形式存在。

随着信息技术的广泛运用，审计工作底稿的形式从传统的纸质形式扩展到电子或其他介质形式。但无论审计工作底稿以哪种形式存在，会计师事务所都应当针对审计工作底稿设计和实施适当的控制，以实现下列目的：

（1）使审计工作底稿清晰地显示其生成、修改及复核的时间和人员；

（2）在审计业务的所有阶段，尤其是在项目组成员共享信息或通过互联网将信息传递给其他人员时，保护信息的完整性和安全性；

（3）防止未经授权改动审计工作底稿；

（4）允许项目组和其他经授权的人员为适当履行职责而接触审计工作底稿。

为便于会计师事务所内部进行质量控制和外部执业质量检查或调查，以电子或其他介质形式存在的审计工作底稿，应与其他纸质形式的审计工作底稿一并归档，并应能通过打印等方式，转换成纸质形式的审计工作底稿。

2.审计工作底稿包括的内容

审计工作底稿通常包括总体审计策略、具体审计计划、分析表、问题备忘录、重大事项概要、询证函回函和声明、核对表、有关重大事项的往来函件（包括电子邮件），注册会计师还可以将被审计单位文件记录的摘要或复印件（如重大的或特定的合同和协议）作为审计工作底稿的一部分。

此外，审计工作底稿通常还包括业务约定书、管理建议书、项目组内部或项目组与被审计单位举行的会议记录、与其他人士（如其他注册会计师、律师、专家等）的沟通文件及错报汇总表等。但是，审计工作底稿并不能代替被审计单位的会计记录。

审计工作底稿通常不包括已被取代的审计工作底稿的草稿或财务报表的草稿、反映不全面或初步思考的记录、存在印刷错误或其他错误而作废的文本，以及重复的文件记录等。由于这些草稿、错误的文本或重复的文件记录不直接构成审计结论和审计意见的支持性证据，因此，注册会计师通常无须保留这些记录。

二、审计工作底稿的要素

通常，审计工作底稿包括下列全部或部分要素：①审计工作底稿的标题；②审计过程记录；③审计结论；④审计标识及其说明；⑤索引号及编号；⑥编制者姓名及编制日期；⑦复核者姓名及复核日期；⑧其他应说明事项。

1. 审计工作底稿的标题

每张底稿都应当包括被审计单位的名称、审计项目的名称以及资产负债表日或底稿覆盖的会计期间（如果与交易相关）。

2. 审计过程记录

在记录审计过程时，应当特别注意以下几个重点方面：

（1）具体项目或事项的识别特征。在记录实施审计程序的性质、时间安排和范围时，注册会计师应当记录测试的具体项目或事项的识别特征。记录具体项目或事项的识别特征可以实现多种目的，例如，既能反映项目组履行职责的情况，也便于对例外事项或不符事项进行调查，以及对测试的项目或事项进行复核。

为帮助理解，以下列举部分审计程序中所测试的样本的识别特征：

如在对被审计单位生成的订购单进行细节测试时，注册会计师可以以订购单的日期和其唯一编号作为测试订购单的识别特征。

对于需要选取或复核既定总体内一定金额以上的所有项目的审计程序，注册会计师可以记录实施程序的范围并指明该总体。例如，银行存款日记账中一定金额以上的所有会计分录。

对于需要系统化抽样的审计程序，注册会计师可能通过记录样本的来源、抽样的起点及抽样间隔来识别已选取的样本。

对于需要询问被审计单位中特定人员的审计程序，注册会计师可能以询问的时间、被询问人的姓名及职位作为识别特征。

对于观察程序，注册会计师可以以观察的对象或观察过程、相关被观察人员及其各自的责任、观察的地点和时间作为识别特征。

（2）重大事项及相关重大职业判断。注册会计师应当根据具体情况判断某一事项是否属于重大事项。重大事项通常包括：①引起特别风险的事项；②实施审计程序的结果，该结果表明财务信息可能存在重大错报，或需要修正以前对重大错报风险的评估和针对这些风险拟采取的应对措施；③导致注册会计师难以实施必要审计程序的情形；④导致出具非标准审计报告的事项。

注册会计师应当记录与管理层、治理层和其他人员对重大事项的讨论，包括所讨论的重大事项的性质以及讨论的时间、地点和参加人员。

编制重大事项概要。有关重大事项的记录可能分散在审计工作底稿的不同部分。将这些分散在审计工作底稿中的有关重大事项的记录汇总在重大事项概要中，不仅可以帮助注册会计师集中考虑重大事项对审计工作的影响，还便于审计工作的复核人员全面、快速地了解重大事项，从而提高复核工作的效率。对于大型、复杂的审计项目，重大事项概要的作用尤为重要。因此，注册会计师编制重大事项概要有利于有效地复核和检查审计工作底稿，并评价重大事项的影响。重大事项概要包括审计过程中识别的重大事项及其如何得到解决，或对其他支持性审计工作底稿的交叉索引。

（3）针对重大事项如何处理不一致的情况。如果识别出的信息与针对某重大事项得出的最终结论不一致，注册会计师应当记录如何处理不一致的情况。

上述情况包括但不限于注册会计师针对该信息执行的审计程序、项目组成员对某事项的职业判断不同而向专业技术部门的咨询情况，以及项目组成员和被咨询人员不同意见（如项目组与专业技术部门的不同意见）的解决情况。

记录如何处理识别出的信息与针对重大事项得出的结论不一致的情况是非常必要的，它有助于注册会计师关注这些不一致，并对此执行必要的审计程序以恰当地解决这些不一致。

3.审计结论

审计工作的每一部分都应包含与已实施审计程序的结果及其是否实现既定审计目标相关的结论，还应包含审计程序识别出的例外情况和重大事项如何得到解决的结论。注册会计师需要根据所实施的审计程序及获取的审计证据得出结论，并以此作为对财务报表发表审计意见的基础。在记录审计结论时需注意，在审计工作底稿中记录的审计程序和审计证据是否足以支持所得出的审计结论。

4.审计标识及其说明

审计标识被用于与已实施审计程序相关的底稿。每张底稿都应包含对已实施程序的性质和范围所作的解释，以支持每一个标识的含义。审计工作底稿中可使用各种审计标识，但应说明其含义，并保持前后一致。

5.索引号及编号

通常，审计工作底稿需要注明索引号及顺序编号，相关审计工作底稿之间需要保持清晰的勾稽关系。为了汇总及便于交叉索引和复核，每个事务所都会制定特定的审计工作底稿归档流程。在实务中，注册会计师可以按照所记录的审计工作的内容层次进行编号。

6.编制人员和复核人员及执行日期

为了明确责任，在各自完成与特定工作底稿相关的任务之后，编制者和复核者都应在工作底稿上签名并注明编制日期和复核日期。在需要项目质量控制复核的情况下，还需要注明项目质量控制复核人员及复核的日期。

三、审计工作底稿的归档

（一）审计工作底稿归档工作的性质

在出具审计报告前，注册会计师应完成所有必要的审计程序，取得充分、适当的审计证据并得出适当的审计结论。由此，在审计报告日后将审计工作底稿归整为最终审计档案是一项事务性的工作，不涉及实施新的审计程序或得出新的结论。

如果在归档期间对审计工作底稿作出的变动属于事务性的，注册会计师可以作出变动，主要包括：①删除或废弃被取代的审计工作底稿；②对审计工作底稿进行分类、整理和交叉索引；③对审计档案归整工作的完成核对表签字认可；④记录在审计报告日前获取的、与项目组相关成员进行讨论并达成一致意见的审计证据。

（二）审计档案的结构

对每项具体审计业务，注册会计师应当将审计工作底稿归整为审计档案。以下是典型的审计档案结构：

1.沟通和报告相关工作底稿

其包括：①审计报告和经审计的财务报表；②与主审注册会计师的沟通和报告；③与治理层的沟通和报告；④与管理层的沟通和报告；⑤管理建议书。

2.审计完成阶段工作底稿

其包括：①审计工作完成情况核对表；②管理层声明书原件；③重大事项概要；④错报汇总表；⑤被审计单位的财务报表和试算平衡表；⑥有关列报的工作底稿（如现金流量表、对关联方和关联方交易的披露等）；⑦财务报表所属期间的董事会会议纪要；⑧总结会会议纪要。

3.审计计划阶段工作底稿

其包括：①总体审计策略和具体审计计划；②对内部审计职能的评价；③对外部专家的评价；④对服务机构的评价；⑤被审计单位提交的资料清单；⑥主审注册会计师的指示；⑦前期审计报告和经审计的财务报表；⑧预备会会议纪要。

4.特定项目审计程序表

其包括：①舞弊；②持续经营；③对法律法规的考虑；④关联方。

5.进一步审计程序工作底稿

其包括：①有关控制测试的工作底稿；②有关实质性程序的工作底稿（包括实质性分析程序和细节测试）。

（三）审计工作底稿归档的期限

审计工作底稿的归档期限为审计报告日后60天内。如果注册会计师未能完成审计业务，审计工作底稿的归档期限为审计业务中止后的60天内。

如果针对客户的同一财务信息执行不同的委托业务，出具两个或多个不同的报告，会计师事务所应当将其视为不同的业务，根据会计师事务所内部制定的政策和程序，在规定的归档期限内分别将审计工作底稿归整为最终审计档案。

（四）审计工作底稿归档后的变动

在完成最终审计档案的归整工作后，注册会计师不应在规定的保存期限届满前删除或废弃任何性质的审计工作底稿。

1.需要变动审计工作底稿的情形

注册会计师发现有必要修改现有审计工作底稿或增加新的审计工作底稿的情形主要有以下两种：

（1）注册会计师实施了必要的审计程序，取得了充分、适当的审计证据并得出了恰当的审计结论，但审计工作底稿的记录不够充分。

（2）审计报告日后，发现例外情况，要求注册会计师实施新的或追加审计程序，或导致注册会计师得出新的结论。

2.变动审计工作底稿时的记录要求

在完成最终审计档案的归整工作后，如果发现有必要修改现有审计工作底稿或增加新的审计工作底稿，无论修改或增加的性质如何，注册会计师均应当记录下列事项：

(1) 修改或增加审计工作底稿的理由；

(2) 修改或增加审计工作底稿的时间和人员，以及复核的时间和人员。

(五) 审计工作底稿的保存期限

会计师事务所应当自审计报告日起，对审计工作底稿至少保存10年。如果注册会计师未能完成审计业务，会计师事务所应当自审计业务中止日起，对审计工作底稿至少保存10年。

在完成最终审计档案的归整工作后，注册会计师不应在规定的保存期届满前删除或废弃任何性质的审计工作底稿。

思考与练习

一、单项选择题

1.审计证据的相关性是指审计证据应与（　　）相关。

    A.审计目标　　　　B.审计范围　　　　　　C.审计事实　　　　　　D.会计报表

2.下列证据中，属于外部证据的是（　　）。

    A.被审计单位管理层声明书　　　　　　B.被审计单位的会计记录

    C.被审计单位提供的购货发票　　　　　D.被审计单位提供的销货发票

3.审计证据的载体是（　　）。

    A.财务报表　　　　B.审计工作底稿　　　C.审计计划　　　　　　D.审计报告

4.下列由审计人员到被审计单位现场盘点实物，以证实书面资料同有关的财产物资相符的方法是（　　）。

    A.盘存法　　　　　B.鉴定法　　　　　　C.观察法　　　　　　　D.调节法

5.按照会计核算的处理顺序，依次对证、账、表各个环节进行审查的方法属于（　　）。

    A.顺查法　　　　　B.逆查法　　　　　　C.详查法　　　　　　　D.抽查法

6.从被审计单位全部会计资料中选取部分资料进行审查，根据审查结果推断全部资料有无错弊的一种审计方法属于（　　）。

    A.顺查法　　　　　B.逆查法　　　　　　C.详查法　　　　　　　D.抽查法

7.审计证据的数量能足以支持审计意见指的是审计证据的（　　）。

    A.客观性　　　　　B.相关性　　　　　　C.充分性　　　　　　　D.可靠性

8.以下关于顺查法的说法中正确的是（　　）。

    A.先审阅记账凭证再核对后附的原始凭证属于顺查法

    B.先审阅明细账再核对可疑记录的相关凭证属于顺查法

    C.顺查法的成本比逆查法更高

    D.顺查法适用于规模较大的被审计单位

9.以下关于文件检查的应用中不恰当的是（　　）。

　　A.评价被审计单位的内部控制　　　　　B.了解被审计单位的业务活动

　　C.验证实物资产的存在　　　　　　　　D.验证实物资产的权属

10.从证据来源看，下列审计证据中最可靠的是（　　　）。

　　A.从税务机关直接获取的纳税证明

　　B.被审计单位提供的银行贷款合同副本

　　C.被审计单位提供的对未决诉讼预期判决结果的分析

　　D.审计人员利用客户提供的数据亲自计算的财务比率

11.下列审计证据中，属于亲历证据的是（　　　）。

　　A.审计人员函证应收账款时收到的回函

　　B.审计人员取得的应收账款账龄分析表

　　C.审计人员取得的银行对账单

　　D.审计人员对存货实施监盘程序后填制的存货监盘记录表

12.下列有关审计证据的适当性的说法中，错误的是（　　　）。

　　A.审计证据的适当性不受审计证据的充分性的影响

　　B.审计证据的适当性包括相关性和可靠性

　　C.审计证据的适当性影响审计证据的充分性

　　D.审计证据的适当性是对审计证据质量和数量的衡量

13.下列关于逆查法的描述中，正确的是（　　　）。

　　A.逆查法是指审计取证的顺序与反映经济业务的会计资料形成过程相一致的方法

　　B.逆查法的优点是审计过程全面，一般不易遗漏事项，审计质量较高

　　C.逆查法是指审计取证的顺序与反映经济业务的会计资料形成过程相反的方法

　　D.逆查法主要适用于业务规模较小，会计资料较少，存在问题较多的被审计单位

14.下列审计程序选择中恰当的是（　　　）。

　　A.通过实物检查验证有形资产的权属　　B.通过观察验证交易金额的准确性

　　C.通过分析程序验证错报　　　　　　　D.通过文件检查验证内部控制的有效性

15.下列关于审计方法的理解中不恰当的是（　　　）。

　　A.抽样技术的应用使得审计服务只能提供合理保证

　　B.观察与询问方法一般需要配合其他审计证据作为佐证

　　C.选用恰当的审计方法可以降低审计成本

　　D.审计方法的具体选择不会影响最终的审计风险

16.下列交易实质性测试的程序设计中不恰当的是（　　　）。

　　A.通过检查仓库发货记录验证销售交易的"发生"

　　B.从发货单追踪至发票副本及销售日记账以验证销售交易的"完整性"

　　C.通过重新计算发票金额验证销售交易的"分类"

　　D.通过核对日记账、明细账及总账记录验证销售交易的"过账与汇总"

17.下列有关实质性分析程序的适用性说法中，错误的是（　　　）。

　　A.实质性分析程序通常更适用于在一段时间内存在预期关系的大量交易

　　B.审计人员无须在所有审计业务中运用实质性分析程序

　　C.实质性分析程序不适用于识别出特别风险的认定

D.对特定实质性分析程序适用性的确定，受到认定的性质和审计人员对重大错报风险评估的影响

18.下列各项中，为获取审计证据，所实施的审计程序与审计目标无关的是（　　）。

A.抽查应收款明细账，并追查至有关原始凭证，以确定应收账款的完整性

B.对应收账款进行函证以确定应收账款是否存在

C.复核银行存款余额调节表以确定银行存款余额正确

D.检查外购固定资产的采购发票和采购合同以确定固定资产的所有权

19.审计结论的可靠程度与所需样本量之间的关系是（　　）。

A.正向　　　　　　B.反向　　　　　　C.不确定　　　　　　D.无关

20.（　　）是指抽样结果使审计人员对内部控制的信赖超过了其实际上应予信赖的可能性。

A.信赖不足风险　　B.信赖过度风险　　C.误受风险　　　　　D.误拒风险

21.从8 000张现金支出凭证中抽取400张进行审计，采用系统选样法，则抽样间隔为（　　）。

A.10　　　　　　　B.20　　　　　　　C.30　　　　　　　D.40

22.被审计单位应收账款年末余额为2 000万元，审计人员抽查10%样本，发现金额有100万元的高估，高估部分为账面金额的20%，据此注册会计师确定推断误差是（　　）万元。

A.100　　　　　　B.200　　　　　　C.300　　　　　　D.400

23.审计人员拟采用随机数表法从连续编号为1 000～5 000的销售发票中抽取50张进行审查，样本编号与下列随机数表中（见表4-9）后4位数对应，确定的随机起点为第1列第1行，逐列自上而下查找，路线为第1列、第2列、第3列……按照上述确定的选样方法，审计人员选出的第3个样本发票编号为（　　）。

A.7039　　　　　　B.5145　　　　　　C.4088　　　　　　D.4834

表4-9　　　　　　　　　　　　随机数表（部分）

列 \ 行	1	2	4	5	6
1	37039	90547	64673	31546	99341
2	25145	84834	23009	51584	66754
3	93403	68548	81545	82933	76918
4	85263	63285	21300	82412	33452
5	34088	24622	50472	06464	82499
6	69064	84088	49739	04197	87668
7	26533	94923	56241	38942	57255
8	39380	15570	39289	74903	81072

24.下列有关细节测试的样本规模的说法中，错误的是（　　）。

A.总体的变异性与样本规模同向变动　　B.可容忍错报与样本规模反向变动

C.总体规模对样本规模的影响很小　　　D.可接受的误受风险与样本规模同向变动

25.下列有关非抽样风险的说法中，错误的是（　　）。

A.非抽样风险不能量化

B.非抽样风险影响审计风险

C.注册会计师可以通过扩大样本规模降低非抽样风险

D.注册会计师可以通过采取适当的质量控制政策和程序降低抽样风险

26.下列各项关于属性抽样与变量抽样的表述中，不正确的是（　　）。

A.属性抽样是一种用来对总体中某一事件发生率得出结论的统计抽样方法

B.变量抽样是一种用来对总体金额得出结论的统计抽样方法

C.属性抽样依据非统计抽样，而变量抽样依据的是统计抽样

D.属性抽样用以测试某一设定控制的偏差率，变量抽样用于细节测试以确定记录金额是否合理

27.注册会计师运用分层抽样方法的主要目的是（　　）。

A.减少样本的非抽样风险

B.决定审计对象总体特征的正确发生率

C.审计可能有较大错误的项目，并减少样本量

D.无偏见地选取样本项目

28.在实务中，审计人员通常认为，当偏差率为（　　）时，控制有效性的估计水平较高。

A.1%~4%　　　　　　B.3%~7%　　　　　　C.6%~12%　　　　　　D.11%~20%

29.在实务中，审计人员通常认为，可容忍偏差率超过（　　）时，由于估计控制运行无效，审计人员不需进行控制测试。

A.10%　　　　　　B.15%　　　　　　C.20%　　　　　　D.25%

30.在控制测试中，对样本规模的影响几乎为零的是（　　）。

A.总体规模　　　　　　　　　　B.可接受的信赖过度风险

C.可容忍偏差　　　　　　　　　　D.预计总体偏差率

31.（　　）可以使用审计抽样获取审计证据。

A.风险评估程序　　　　　　　　B.测试信息技术一般控制

C.细节测试　　　　　　　　　　D.实施实质性分析程序

32.审计工作底稿的归档期限为审计报告日后的（　　）天内。

A.30　　　　　　B.60　　　　　　C.90　　　　　　D.180

33.以下关于审计工作底稿的存在形式，表述正确的是（　　）。

A.只能以纸质形式存在

B.只能以纸质或电子形式存在

C.可以以纸质、电子或其他介质形式存在

D.一份工作底稿，只能以同一种形式存在

34.注册会计师在记录审计过程时需要记录特定事项或项目的识别特征，下列关于识别特征的表述中不恰当的是（　　）。

A.在对应收账款计价测试时，需要将应收账款的账龄作为识别特征

B.在系统抽样时，需要以记录样本的来源、抽样起点和抽样间隔作为识别特征

C.在询问被审计单位特定人员时，应以询问的时间、询问人的姓名及职位作为识别特征

D.在对被审计单位生成的订单进行细节测试时，需将订单的数量、单价和金额作为识别特征

二、多项选择题

1.下列各项属于基本审计证据的有（　　　）。

  A.实物证据　　　　　B.口头证据　　　　　C.书面证据　　　　　D.函证回函

2.下列各项属于辅助审计证据的有（　　　）。

  A.实物证据　　　　　B.书面证据　　　　　C.口头证据　　　　　D.环境证据

3.下列各项属于环境证据的有（　　　）。

  A.企业内部控制情况　　　　　　　　　B.被审计单位管理人员的素质

  C.被审计单位各种管理条件和管理水平　D.被审计单位管理层声明书

4.下列各项属于内部证据的有（　　　）。

  A.被审计单位管理层声明书　　　　　　B.被审计单位会计记录

  C.被审计单位的销售发票　　　　　　　D.被审计单位的购货发票

5.下列各项有关审计证据的表述中，正确的有（　　　）。

  A.工程质量的鉴定证明属于书面证据

  B.口头证据需要得到其他相应证据的支持

  C.被审计单位管理人员的素质属于环境证据

  D.不同来源或不同形式的审计证据可以与同一审计目标相关

6.下列关于审计证据的充分性和适当性之间的关系的说法，正确的有（　　　）。

  A.审计证据的相关性越强，所需审计证据的数量可以减少

  B.审计证据的充分性较高，就可以相对降低审计证据的质量

  C.审计证据的适当性会影响到审计证据的充分性

  D.审计证据的质量越高，可以适当减少审计证据的数量

7.为获取审计证据，审计人员所实施的审计程序与审计目标有关的有（　　　）。

  A.对应收账款进行函证以确定应收账款是否存在

  B.复核银行存款余额调节表以确定银行存款余额正确

  C.检查外购固定资产的采购发票和采购合同以确定资产所有权

  D.抽查营业收入明细账，并追查至有关原始凭证，以确定营业收入是否实际发生

8.下列有关审计取证方法的表述中，错误的有（　　　）。

  A.分析方法可以运用于审计计划、审计实施以及审计终结的全过程

  B.检查有形资产可为其计价认定提供可靠的审计证据

  C.重新计算是指对有关业务程序或者控制活动独立进行重新验证

  D.函证回函来自独立第三方，审计人员无须对函证过程进行控制

9.下列描述中，属于逆查法特点的有（　　　）。

  A.不容易遗漏错弊事项　　　　　　　　B.可能遗漏重要错弊事项

  C.主要用于验证真实性认定　　　　　　D.突出重点、工作量小、审计效率高

10.以下关于函证法的说法中正确的有（　　　）。

A.函证的对象是外部的独立第三方

B.对重要事项的函证应当注意保密

C.消极式函证要求被询证者只需在存有异议时才回复

D.由被审计单位寄收函件可以提高审计效率

11.选择审计方法的时候应当考虑（ ）。

A.审计目标的具体情况 B.被审计单位的实际情况

C.对审计成本的考量 D.审计类型与审计方式的选用

12.下列可以使用审计抽样的是（ ）。

A.风险评估程序 B.分析程序

C.细节测试程序 D.控制运行留有轨迹的控制测试

13.（ ）不宜使用审计抽样。

A.风险评估程序 B.控制运行留有轨迹的控制测试

C.分析程序 D.控制运行未留有轨迹的控制测试

14.（ ）不宜使用审计抽样获取审计证据。

A.风险评估程序 B.测试信息技术一般控制

C.实质性分析程序 D.执行穿行测试以证实对相关控制的了解

15.下列各项不适合运用审计抽样的有（ ）。

A.有特殊风险或需要特别关注的事项

B.被审计事项总体规模较大、抽样单位多、可接受检查风险高

C.总体中的每笔业务金额均超过重要性水平

D.抽样单位较少或者使用审计抽样不符合成本效益原则

16.下列各项中，审计人员在运用属性抽样进行内部控制测试时可以定义为误差的有（ ）。

A.职责分离不充分

B.销货发票上单价与数量的乘积计算错误

C.没有进行有效的独立复核

D.没有授权签字或签字人员在该领域没有权限

17.在控制测试的审计抽样中选取样本的基本方法包括（ ）。

A.简单随机选样 B.系统选样 C.随意选样 D.变量抽样

18.（ ）属于保守型风险，一般会导致审计人员执行额外的审计程序，降低审计效率。

A.信赖不足风险 B.信赖过度风险 C.误拒风险 D.误受风险

19.下列各项对抽样方法的理解中正确的有（ ）。

A.统计抽样可以排除主观判断所造成的抽样风险

B.任意抽样不能减少审计工作量

C.判断抽样中运用了审计人员的经验

D.抽查法的运用可以降低审计成本

20.在控制测试中，与样本规模反向变动的有（ ）。

A.可接受的信赖过度风险 B.可容忍偏差率

C.计划评估的控制有效性　　　　　　D.预计总体偏差率

21.在控制测试中，与样本规模同向变动的有（　　　）。

A.计划评估的控制有效性　　　　　　B.预计总体偏差率

C.控制运行的相关期间的长短　　　　D.控制程序的复杂程度

22.细节测试中推断总体金额的方法包括（　　　）。

A.均值估计抽样法　　　　　　　　　B.差额估计抽样法

C.比率估计抽样法　　　　　　　　　D.固定样本量抽样法

23.注册会计师编制的审计工作底稿应当使得未曾接触该项审计工作的有经验的专业人士清楚了解的内容包括（　　　）。

A.按照审计准则的规定实施的审计程序的性质、时间安排和范围

B.实施审计程序的结果和获取的审计证据

C.审计证据是否客观和公正

D.审计中遇到的重大事项和得出的结论

24.按照审计准则对审计工作底稿概念的描述，审计工作底稿是指注册会计师对（　　　）作出的记录。

A.制订的审计计划　　　　　　　　　B.实施的审计程序

C.获取的审计证据　　　　　　　　　D.得出的审计结论

三、判断题

1.实物证据不能完全证实实物资产归属被审计单位，也不能完全证实实物资产价值的正确性。　　　　　　　　　　　　　　　　　　　　　　　　　　　　　　　　（　　　）

2.审计证据的充分性，是对审计证据质量的衡量，即审计证据在支持审计意见所依据的结论方面具有的相关性和可靠性。　　　　　　　　　　　　　　　　　　　　　（　　　）

3.通过函证等方式从独立来源获取的相互印证的信息，可以提高审计人员从会计记录或管理层书面声明中获取的审计证据的保证水平。　　　　　　　　　　　　　　　（　　　）

4.注册会计师可以考虑获取审计证据的成本与所获取信息的有用性之间的关系，但不应以获取审计证据的困难和成本为由减少不可替代的审计程序。　　　　　　　　　（　　　）

5.可容忍误差越大，所需选取的样本量越大。　　　　　　　　　　　　　　（　　　）

6.抽查法适用于审查规模小、业务少的单位。　　　　　　　　　　　　　　（　　　）

7.在既定的可容忍误差下，预期总体误差越大，所需的样本量就越多；相反，所需的样本量就越少。　　　　　　　　　　　　　　　　　　　　　　　　　　　　　（　　　）

8.信赖过度风险一般会导致审计人员执行额外的审计程序，降低审计效率。　（　　　）

9.信赖不足风险和误拒风险对审计人员来说是最危险的风险。　　　　　　　（　　　）

10.某项存货，审计人员亲临现场监盘过，也未必能确定该存货属于被审计单位所有。（　　　）

11.在运用审计抽样实施细节测试时，注册会计师可以将可容忍错报的金额设定为等于或低于实际执行的重要性。　　　　　　　　　　　　　　　　　　　　　　　　（　　　）

12.分析程序通常更适用于在一段时间内存在预期关系的大量交易，并不适用于所有的财务报表认定。　　　　　　　　　　　　　　　　　　　　　　　　　　　　　（　　　）

13.在某些审计领域，如果重大错报风险较低且数据之间具有稳定的预期关系，可单独

使用分析程序获取证据；但从审计过程整体来看，审计人员不能仅依赖分析程序，而忽略对细节测试的运用。（　　）

14.不管使用统计抽样还是非统计抽样，在选取样本项目时，审计人员应当使总体中的每个抽样单元都有被选取的机会。（　　）

15.与细节测试中设定的可容忍错报相比，审计人员通常为控制测试设定相对较低的可容忍偏差率。（　　）

16.统计抽样有助于审计人员高效地设计样本，计量所获取证据的适当性，以及定量评价样本结果。（　　）

17.统计抽样能够客观地计量抽样风险，并通过调整样本规模精确地控制风险。（　　）

18.审计人员使用非统计抽样时，也必须考虑抽样风险并将其降至可接受水平，但无法精确地测定抽样风险。（　　）

19.审计人员挑选几笔交易，追查其在被审计单位会计系统中的运行轨迹，以获取对被审计单位内部控制的总体了解，这也是审计抽样。（　　）

四、案例分析

1.注册会计师审计黄河通用机械有限公司2019年度主营业务收入时，从总体规模为4 000个的主营业务收入项目中选择了10个项目作为样本检查。样本的审定金额为1 000 300元，样本的账面金额为1 000 000元，该公司2019年度主营业务收入的账面金额为180 000 000元。

要求：用差额估计抽样法推断黄河通用机械有限公司2019年度主营业务收入的审定总金额。

2.A注册会计师负责对甲公司2019年度财务报表进行审计。在编制审计工作底稿时，A注册会计师的相关做法如下。

（1）在归整审计档案时，A注册会计师删除了关于存货减值准备审计工作底稿的初稿。

（2）为了明确责任，审计工作底稿的编制者和复核者都应在工作底稿上签名并注明日期。A注册会计师认为，如果审计工作底稿的数量特别大、性质多，编制者和复核者可以仅在审计工作底稿的第一页上签名并注明日期。

（3）如果针对甲公司在2019年度承接了财务报表审计业务，同时承接了甲公司的内部控制审计业务，两项业务报告日不同，应于较晚的业务报告日起至少保存十年。

（4）A注册会计师认为审计工作底稿除了包括总体审计策略和具体审计计划等之外，还应包括管理建议书和业务约定书等，但审计工作底稿不能代替甲公司的会计记录。

要求：针对上述第（1）至（4）项，逐项指出A注册会计师的做法是否恰当。如不恰当，请简要说明理由。

参考答案

项目五
风险评估与
风险应对

项目五　风险评估与风险应对

◇ 学习目标

1. 归纳阐述审计风险模型及其含义
2. 说明风险导向审计流程、掌握重大错报风险评估的基本方法
3. 复述并记识内部控制的含义、要素、目标
4. 制定针对报表层次重大错报风险的总体应对措施
5. 实施针对认定层次重大错报风险的进一步审计程序

任务一　熟悉审计风险模型

审计风险，是指财务报表存在重大错报时，注册会计师发表不恰当审计意见的可能性。审计风险是一个与审计过程相关的技术术语，并不是指注册会计师执行业务后的法律后果，如因诉讼、负面宣传或其他与财务报表审计相关的事项而导致损失的可能性。审计风险取决于重大错报风险和检查风险。

一、重大错报风险

重大错报风险是指财务报表在审计前存在重大错报的可能性。重大错报风险与被审计单位的风险相关，且独立存在于财务报表的审计中。在设计审计程序以确定财务报表整体是否存在重大错报时，注册会计师应当从财务报表层次和各类交易、账户余额和披露认定层次考虑重大错报风险。

（一）两个层次的重大错报风险

财务报表层次重大错报风险与财务报表整体存在广泛联系，可能影响多项认定。此类风险通常与控制环境有关，如管理层缺乏诚信、治理层形同虚设而不能对管理层进行有效监督等；但也可能与其他因素有关，如经济萧条、企业所处行业处于衰退期。此类风险难以界定于某类交易、账户余额、列报和披露的具体认定；相反，此类风险增大了认定层次发生重大错报的可能性，与注册会计师考虑由舞弊引起的风险尤其相关。

注册会计师同时考虑各类交易、账户余额和披露认定层次的重大错报风险，考虑的结果直接有助于注册会计师确定认定层次上实施的进一步审计程序的性质、时间安排和范围。注册会计师在各类交易、账户余额和披露认定层次获取审计证据，以便能够在审计工作完成时，以可接受的低审计风险水平对财务报表整体发表审计意见。

（二）固有风险和控制风险

认定层次的重大错报风险又可以进一步细分为固有风险和控制风险。

固有风险是指在考虑相关的内部控制之前，某类交易、账户余额和披露的某一认定易于发生错报（该错报单独或连同其他错报可能是重大的）的可能性。

某些类别的交易、账户余额和披露及其认定，固有风险较高。例如，复杂的计算比简单计算更可能出错；受重大计量不确定性影响的会计估计发生错报的可能性较大。产生经营风险的外部因素也可能影响固有风险，比如，技术进步可能导致某项产品陈旧，进而导致存货易于发生高估错报（计价认定）。被审计单位及其环境中的某些因素还可能与多个甚至所有类别的交易、账户余额和披露有关，进而影响多个认定的固有风险。这些因素包括维持经营

的流动资金匮乏、被审计单位处于夕阳行业等。

控制风险是指某类交易、账户余额或披露的某一认定发生错报，该错报单独或连同其他错报是重大的，但没有被内部控制及时防止或发现并纠正的可能性。控制风险取决于与财务报表编制有关的内部控制的设计和运行的有效性。由于控制的固有局限性，某种程度的控制风险始终存在。

需要特别说明的是，由于固有风险和控制风险不可分割地交织在一起，有时无法单独进行评估，通常不单独提及固有风险和控制风险，而将这两者合并称为"重大错报风险"。注册会计师既可以对两者进行单独评估，也可以对两者进行合并评估。具体采用的评估方法取决于会计师事务所偏好的审计技术和方法及实务上的考虑。

二、检查风险

检查风险是指如果存在某一错报，该错报单独或连同其他错报可能是重大的，注册会计师为将审计风险降至可接受的低水平而实施程序后没有发现这种错报的风险。检查风险取决于审计程序设计的合理性和执行的有效性。由于注册会计师通常并不对所有的交易、账户余额和披露进行检查，以及其他原因，检查风险不可能降低为零。其他原因包括注册会计师可能选择了不恰当的审计程序、审计过程执行不当，或者错误解读了审计结论。这些其他因素可以通过适当计划，在项目组成员之间进行恰当的职责分配，保持职业怀疑态度以及监督、指导和复核助理人员所执行的审计工作得以解决。

三、检查风险与重大错报风险呈反向关系

在既定的审计风险水平下，可接受的检查风险水平与认定层次重大错报风险的评估结果呈反向关系。评估的重大错报风险越高，可接受的检查风险越低；评估的重大错报风险越低，可接受的检查风险越高。

检查风险与重大错报风险的反向关系用数学模型表示如下：

$$审计风险=重大错报风险×检查风险$$

这个模型也就是审计风险模型。假设针对某一认定，注册会计师将可接受的审计风险水平设定为5%，注册会计师实施风险评估程序后将重大错报风险评估为25%，则根据这一模型，可接受的检查风险为20%。当然，实务中，注册会计师不一定用绝对数量表达这些风险水平，而是选用"高""中""低"等文字描述。

微课：审计风险模型

注册会计师应当合理设计审计程序的性质、时间安排和范围，并有效执行审计程序，以控制检查风险。上例中，注册会计师根据确定的可接受检查风险（20%），设计审计程序的性质、时间安排和范围。审计计划在很大程度上围绕确定审计程序的性质、时间安排和范围而展开。

可接受的审计风险的确定，需要考虑会计师事务所对审计风险的态度、审计失败对会计师事务所可能造成损失的大小等因素。但必须注意，审计业务是一种高水平保证的鉴证业务，注册会计师应当获取充分、适当的审计证据将审计风险降至可接受的低水平，以此为所审计的财务报表不含有重大错报提供合理保证。审计风险与审计目标如图5-1所示。

但愿苍生俱饱暖，不辞辛苦出山林。 ——于谦

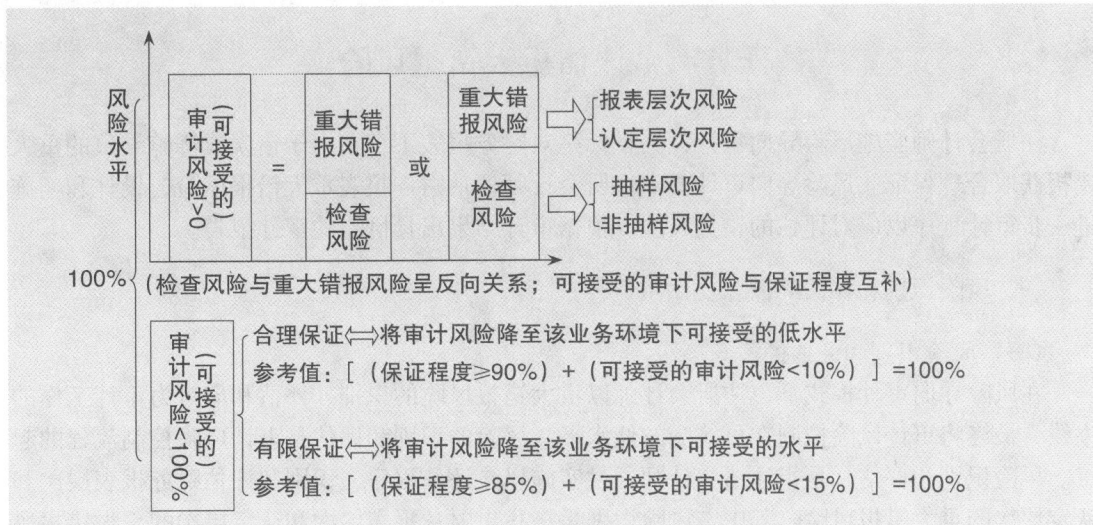

图 5-1 审计风险与审计目标

☑ 业务技能：重要性和审计风险的关系

重要性与审计风险之间存在反向关系。重要性越高，审计风险越低；反之，审计风险越高。重要性水平是指金额的大小。通常，50 000 元的重要性水平比 20 000 元的重要性水平高。20 000 元的重要性水平，即 20 000 元以上的错报就会影响报表使用者的决策，此时，注册会计师需要执行相关审计程序合理保证发现金额在 20 000 元以上的错报。显然，CPA 审计不出 20 000 元的重大错报的可能性即审计风险，要比重要性水平为 50 000 元时的审计风险高。

表 5-1 列示了重要性与审计风险、审计证据、可接受审计风险及检查风险的关系。

表 5-1   重要性与相关项目的关系

对比项目	正向关系	反向关系
重要性与审计风险		√
重要性与审计证据		√
重要性与可接受审计风险	√	
重要性与检查风险		√

此外，重要性和审计证据之间也是反向变动关系。CPA 为财务报表不存在 20 000 元错报提供合理保证所需的审计证据数量，显然要比为财务报表不存在 50 000 元错报提供合理保证的审计证据数量要多。

需要强调的是，注册会计师不能通过不合理地人为调高重要性水平来降低审计风险。因为，重要性是依据重要性概念中所描述的判断标准确定的，而不是由主观期望的审计风险水平决定的。

任务二　评估重大错报风险

注册会计师实施风险导向审计，其目标是对财务报表不存在由于错误或舞弊导致的重大错报获取合理保证。风险导向审计要求注册会计师评估财务报表重大错报风险，设计和实施进一步审计程序以应对评估的错报风险，根据审计结果出具恰当的审计报告。

一、风险识别和评估的概念及作用

（一）风险识别和评估的概念

在风险导向审计模式下，注册会计师以重大错报风险的识别、评估和应对为审计工作的主线，最终将审计风险控制在可接受的低水平。风险的识别和评估是审计风险控制流程的起点。风险识别和评估，是指注册会计师通过实施风险评估程序，识别和评估财务报表层次和认定层次的重大错报风险。其中，风险识别是指找出财务报表层次和认定层次的重大错报风险；风险评估是指对重大错报发生的可能性和后果严重程度进行评估。

（二）风险识别和评估的作用

了解被审计单位及其环境是必要程序，特别是为注册会计师在下列关键环节作出职业判断提供重要基础：

（1）确定重要性水平，并随着审计工作的进程评估对重要性水平的判断是否仍然适当；

（2）考虑会计政策的选择和运用是否恰当，以及财务报表的列报是否适当；

（3）识别需要特别考虑的领域，包括关联方交易、管理层运用持续经营假设的合理性，或交易是否具有合理的商业目的等；

（4）确定在实施分析程序时所使用的预期值；

（5）设计和实施进一步审计程序，以将审计风险降至可接受的低水平；

（6）评价所获取审计证据的充分性和适当性。

了解被审计单位及其环境是一个连续和动态地收集、更新与分析信息的过程，贯穿于整个审计过程的始终。注册会计师应当运用职业判断确定需要了解被审计单位及其环境的程度。

评价对被审计单位及其环境了解的程度是否恰当，关键是看注册会计师对被审计单位及其环境的了解是否足以识别和评估财务报表的重大错报风险。如果了解被审计单位及其环境获得的信息足以识别和评估财务报表的重大错报风险，设计和实施进一步审计程序，那么，了解的程度就是恰当的。当然，要求注册会计师对被审计单位及其环境了解的程度，要低于管理层为经营管理企业时对被审计单位及其环境需要了解的程度。

二、风险评估程序

风险评估程序，是指注册会计师为了解被审计单位及其环境（包括内部控制），以识别和评估财务报表层次和认定层次的重大错报风险（无论该错报由于舞弊或错误导致）而实施的审计程序。注册会计师应当实施下列风险评估程序，以了解被审计单位及其环境：①询问管理层和被审计单位内部其他人员；②分析程序；③观察和检查。

富贵不能淫，贫贱不能移，威武不能屈，此之谓大丈夫。　——孟子

（一）询问管理层和被审计单位内部其他人员

询问管理层和被审计单位内部其他人员是注册会计师了解被审计单位及其环境的一个重要信息来源。注册会计师可以考虑向管理层和财务负责人询问下列事项：

（1）管理层所关注的主要问题，如新的竞争对手、主要客户和供应商的流失、新的税收法规的实施以及经营目标或战略的变化等。

（2）被审计单位最近的财务状况、经营成果和现金流量。

（3）可能影响财务报告的交易和事项，或者目前发生的重大会计处理问题，如重大的购并事宜等。

（4）被审计单位发生的其他重要变化，如所有权结构、组织结构的变化，以及内部控制的变化等。

注册会计师通过询问获取的大部分信息来自于管理层和负责财务报告的人员。注册会计师也可以通过询问被审计单位内部的其他不同层级的人员获取信息，或为识别重大错报风险提供不同的视角。例如：

（1）直接询问治理层，可能有助于注册会计师了解编制财务报表的环境。

（2）直接询问内部审计人员，可能有助于注册会计师了解本年度针对被审计单位内部控制设计和运行有效性而实施的内部审计程序，以及管理层是否根据实施这些程序的结果采取了适当的应对措施。

（3）询问参与生成、处理或记录复杂或异常交易的员工，可能有助于注册会计师评价被审计单位选择和运用某项会计政策的恰当性。

（4）直接询问内部法律顾问，可能有助于注册会计师了解有关信息，如诉讼、遵守法律法规的情况、影响被审计单位的舞弊或舞弊嫌疑、产品保证、售后责任、与业务合作伙伴的安排（如合营企业）和合同条款的含义等。

（5）直接询问营销或销售人员，可能有助于注册会计师了解被审计单位营销策略的变化、销售趋势或与客户的合同安排。

（二）实施分析程序

分析程序既可用于风险评估程序和实质性程序，也可用于对财务报表的总体复核。注册会计师实施分析程序有助于识别异常的交易或事项，以及对财务报表和审计产生影响的金额、比率和趋势。在实施分析程序时，注册会计师应当预期可能存在的合理关系，并与被审计单位记录的金额、依据记录金额计算的比率或趋势相比较；如果发现未预期到的关系，注册会计师应当在识别重大错报风险时考虑这些比较结果。

如果使用了高度汇总的数据，实施分析程序的结果可能仅初步显示财务报表存在重大错报，将分析程序的结果与识别重大风险时获取的其他信息一并考虑，可以帮助注册会计师了解并评价分析程序的结果。例如，被审计单位存在很多产品系列，各个产品系列的毛利率存在一定差异。对总体毛利率实施分析程序的结果可能仅初步显示销售成本存在重大错报，注册会计师需要实施更为详细的分析程序。比如，对每一产品系列进行毛利率分析，或者将总体毛利率分析的结果连同其他信息一并考虑。

☑ 难点解析·用作风险评估程序的分析程序

（1）目的：注册会计师在实施风险评估程序时，应当运用分析程序，其目的是了解被审计单位及其环境并评估重大错报风险。

（2）要求：①将分析程序与询问、检查和观察程序结合运用；②注册会计师应重点关注关键的账户余额、趋势和财务比率关系等方面，对其形成一个合理的预期，并与被审计单位记录的金额、依据记录金额计算的比率或趋势相比较；③通过发现异常来识别重大错报。

如果分析程序的结果显示的比率、比例或趋势与注册会计师对被审计单位及其环境的了解不一致，并且被审计单位管理层无法提供合理的解释，或者无法取得相关的支持性文件证据，注册会计师应当考虑其是否表明被审计单位的财务报表存在重大错报风险。

（3）特点：①所使用的数据汇总性比较强，其对象主要是财务报表中账户余额及其相互之间的关系；②所使用的分析程序通常包括对账户余额变化的分析，并辅之以趋势分析和比率分析；③在风险评估过程中使用的分析程序所进行比较的性质、预期值的精确程度，以及所进行的分析和调查的范围都并不足以提供很高的保证水平。

☑ 难点解析·风险评估的分析与总体复核的分析两者比较

❶相同点：所进行的比较和使用的手段基本相同，常用比率分析、趋势分析等手段；两者所收集的审计证据，一般不如细节测试那样详细和具体，均不足以提供很高的保证水平。

❷区别：a.实施时间不同：前者在审计的风险评估阶段，后者在审计的结束报告阶段；b.重点和目的不同：前者在于识别、发现和评估重大错报风险，后者在于复核报表的内容、结构在总体上（大概）是否不存在重大错报；c.两者所取得的数据的数量和质量也不尽相同。

（三）观察和检查

观察和检查程序可以支持对管理层和其他相关人员的询问结果，并可以提供有关被审计单位及其环境的信息，注册会计师应当实施下列观察和检查程序：

（1）观察被审计单位的经营活动。例如，观察被审计单位人员正在从事的生产活动和内部控制活动，增加注册会计师对被审计单位人员如何进行生产经营活动及实施内部控制的了解。

（2）检查文件、记录和内部控制手册。例如，检查被审计单位的经营计划、策略、章程，与其他单位签订的合同、协议，各业务流程操作指引和内部控制手册等，了解被审计单位组织结构和内部控制制度的建立健全情况。

（3）阅读由管理层和治理层编制的报告。例如，阅读被审计单位年度和中期财务报告，股东大会、董事会会议、高级管理层会议的会议记录或纪要，管理层的讨论和分析资料，对重要经营环节和外部因素的评价，被审计单位内部管理报告以及其他特殊目的的报告（如新投资项目的可行性分析报告）等，了解自上一期审计结束至本期审计期间被审计单位发生的重大事项。

（4）实地察看被审计单位的生产经营场所和厂房设备。通过现场访问和实地察看被审计单位的生产经营场所和厂房设备，可以帮助注册会计师了解被审计单位的性质及其经营活动。在实地察看被审计单位的厂房和办公场所的过程中，注册会计师有机会与被审计单位管理层和担任不同职责的员工进行交流，可以增强注册会计师对被审计单位的经营活动及其重大影响因素的了解。

咬定青山不放松，立根原在破岩中。千磨万击还坚劲，任尔东西南北风。 ——郑燮

（5）追踪交易在财务报告信息系统中的处理过程（穿行测试）。这是注册会计师了解被审计单位业务流程及其相关控制时经常使用的审计程序。通过追踪某笔或某几笔交易在业务流程中如何生成、记录、处理和报告，以及相关控制如何执行，注册会计师可以确定被审计单位的交易流程和相关控制是否与之前通过其他程序所获得的了解一致，并确定相关控制是否得到执行。

三、了解被审计单位及其环境

注册会计师应当从下列方面了解被审计单位及其环境：①相关行业状况、法律环境与监管环境及其他外部因素；②被审计单位的性质；③被审计单位对会计政策的选择和运用；④被审计单位的目标、战略以及可能导致重大错报风险的相关经营风险；⑤对被审计单位财务业绩的衡量和评价；⑥被审计单位的内部控制。

（一）行业状况、法律环境与监管环境及其他外部因素

1.行业状况

了解行业状况有助于注册会计师识别与被审计单位所处行业有关的重大错报风险。注册会计师应当了解被审计单位的行业状况，主要包括：①所处行业的市场与竞争，包括市场需求、生产能力和价格竞争；②生产经营的季节性和周期性；③与被审计单位产品相关的生产技术；④能源供应与成本；⑤行业的关键指标和统计数据。

☑ 业务指导：了解被审计单位的经营环境

重点关注：❶所处行业受国家政策限制或国际贸易条件影响存在重大不利变化风险；❷所处行业出现周期性衰退、产能过剩、市场容量骤减、增长停滞等情况；❸所处行业准入门槛低、竞争激烈，在技术、资金、规模效应等方面不具有明显优势；❹所处行业上下游供求关系发生重大变化，导致原材料采购价格或产品售价出现重大不利变化。

☑ 业务案例·餐饮业行业特征分析

❶投资回报周期短、专业门槛低。据"企查查"发布的数据显示，全国约有各类餐饮经营主体1 000多万家。大到全国连锁的五星级饭店，中到独树一帜的特色餐饮酒楼，小到政府支持的"早餐车工程"，只要你兜里有钱，租个门脸儿把证办齐了就能开业，餐饮业属于低门槛的完全竞争市场。但餐饮业入行容易，上道难。饭都会做，人家凭什么要花几倍的钱吃你做的饭？做饭本身就"众口难调"，要把每个"上帝"都伺候好就更不容易了。餐饮从业时间越久，菜品和服务做得越深、越细、越新，越能持久地吸引顾客。

❷初始投资大，轻资产负债经营。顾客给餐馆的是现款，餐馆支付的食材原料、房租、工资也都是现款，除了前期的基础投资，后期运营不用借钱，几乎没有负债（大部分餐饮企业资产负债率低于20%，而2019年房地产主板上市公司的资产负债率则在90%以上）。餐饮业的初始投资数额较大，其成本一般会均摊到各个经营周期。进入正常经营后，通常有三大主要成本，分别是：原料（包括食材、调味品等，约占40%）、房租（包括经营场所和员工宿舍、仓库等，约占13%）和人工（约占25%），占总成本75%以上。

❸现金流动快、毛利率高。餐饮业素来有"现金王"的美誉。餐饮业现金流动快、毛利率高，几乎没有赊欠。对老板而言，要想快速收回投资、支付每天的原料款、每月的房租和工资并产生一定的盈余，唯一的方法就是让现金快速地流动起来，让资金流动更快。让毛利

增加的办法主要是抓客流，客流就是现金流。餐饮业都会使尽浑身解数拉人头、抢订单、快翻台、拉长营业时间。餐饮机构不怕忙、不怕脏、不怕累，甚至不怕顾客投诉，最怕的就一个字：闲。哪怕闲一天都难受。所以餐饮业甚至经常有"开一天赚一天，关一天赔三天"的说法。

2.法律环境与监管环境

注册会计师应当了解被审计单位所处的法律环境与监管环境，主要包括：①会计原则和行业特定惯例；②受管制行业的法规框架；③对被审计单位经营活动产生重大影响的法律法规，包括直接的监管活动；④税收政策（关于企业所得税和其他税种的政策）；⑤目前对被审计单位开展经营活动产生影响的政府政策，如货币政策（包括外汇管制）、财政政策、财政刺激措施（如政府援助项目）、关税或贸易限制政策等；⑥影响行业和被审计单位经营活动的环保要求。

3.其他外部因素

注册会计师应当了解影响被审计单位经营活动的其他外部因素，主要包括总体经济情况、利率、融资的可获得性、通货膨胀水平或币值变动等。

4.了解的重点和程度

注册会计师对行业状况、法律环境与监管环境以及其他外部因素了解的范围和程度会因被审计单位所处行业、规模以及其他因素（如在市场中的地位）的不同而不同。例如，对从事计算机硬件制造的被审计单位，注册会计师可能更关心市场和竞争以及技术进步的情况；对金融机构，注册会计师可能更关心宏观经济走势以及货币、财政等方面的宏观经济政策；对化工等产生污染的行业，注册会计师可能更关心相关环保法规。注册会计师应当考虑将了解的重点放在对被审计单位的经营活动可能产生重要影响的关键外部因素以及与前期相比发生的重大变化上。

注册会计师应当考虑被审计单位所在行业的业务性质或监管程度是否可能导致特定的重大错报风险，考虑项目组是否配备了具有相关知识和经验的成员。例如，建筑行业长期合同涉及收入和成本的重大估计，可能导致重大错报风险；银行监管机构对商业银行的资本充足率有专门规定，不能满足这一监管要求的商业银行可能有操纵财务报表的动机和压力。

（二）被审计单位的性质

1.所有权结构

对被审计单位所有权结构的了解有助于注册会计师识别关联方关系并了解被审计单位的决策过程。注册会计师应当了解所有权结构以及所有者与其他人员或实体之间的关系，考虑关联方关系是否已经得到识别，以及关联方交易是否得到恰当核算。例如，注册会计师应当了解被审计单位是属于国有企业、外商投资企业、民营企业，还是属于其他类型的企业，还应当了解其直接控股母公司、间接控股母公司、最终控股母公司和其他股东的构成，以及所有者与其他人员或实体（如控股母公司控制的其他企业）之间的关系。

同时，注册会计师可能需要对其控股母公司（股东）的情况作进一步的了解，包括控股母公司的所有权性质、管理风格及其对被审计单位经营活动及财务报表可能产生的影响；控股母公司与被审计单位在资产、业务、人员、机构、财务等方面是否分开，是否存在占用资金等情况；控股母公司是否施加压力，要求被审计单位达到其设定的财务业绩目标。

见善如不及，见不善如探汤。 ——孔子

2.治理结构

良好的治理结构可以对被审计单位的经营和财务运作实施有效的监督，从而降低财务报表发生重大错报的风险。注册会计师应当了解被审计单位的治理结构。例如，董事会的构成情况、董事会内部是否有独立董事；治理结构中是否设有审计委员会或监事会及其运作情况。注册会计师应当考虑治理层是否能够在独立于管理层的情况下对被审计单位事务（包括财务报告）作出客观判断。

微课：股权结构

3.组织结构

复杂的组织结构可能导致某些特定的重大错报风险。注册会计师应当了解被审计单位的组织结构，考虑复杂的组织结构可能导致的重大错报风险，包括财务报表合并、商誉减值以及长期股权投资核算等问题。

例如，对于在多个地区拥有子公司、合营企业、联营企业或其他成员机构，或者存在多个业务分部和地区分部的被审计单位，不仅编制合并财务报表的难度增加，还存在其他可能导致重大错报风险的复杂事项，包括：对于子公司、合营企业、联营企业和其他股权投资类别的判断及其会计处理；商誉在不同业务分部间的减值等。

4.经营活动

了解被审计单位经营活动有助于注册会计师识别预期在财务报表中反映的主要交易类别、重要账户余额和列报。注册会计师应当了解被审计单位的经营活动，主要包括：①主营业务的性质；②与生产产品或提供劳务相关的市场信息；③业务的开展情况；④联营、合营与外包情况；⑤从事电子商务的情况；⑥地区分布与行业细分；⑦生产设施、仓库和办公室的地理位置，存货存放地点和数量；⑧关键客户和重要供应商；⑨劳动用工安排；⑩研究与开发活动及其支出；⑪关联方交易。

5.投资活动

了解被审计单位投资活动有助于注册会计师关注被审计单位在经营策略和方向上的重大变化。注册会计师应当了解被审计单位的投资活动，主要包括：①近期拟实施或已实施的并购、重组与资产处置情况；②证券投资、委托贷款的发生与处置；③资本性投资活动；④不纳入合并范围的投资。

6.筹资活动

了解被审计单位筹资活动有助于注册会计师评估被审计单位在融资方面的压力，并进一步考虑被审计单位在可预见未来的持续经营能力。注册会计师应当了解被审计单位的筹资活动，主要包括：①债务结构和相关条款，包括资产负债表表外融资和租赁安排；②主要子公司和联营企业（无论是否处于合并范围内）；③实际受益方及关联方；④衍生金融工具的使用。

7.财务报告

了解影响财务报告的重要政策、交易或事项，例如：①会计政策和行业特定惯例，包括特定行业的重要活动（如银行业的贷款和投资、医药行业的研究与开发活动）；②收入确认惯例；③公允价值会计核算；④外币资产、负债与交易；⑤异常或复杂交易（包括在有争议的或新兴领域的交易）的会计处理（如对股份支付的会计处理）。

（三）被审计单位对会计政策的选择和运用

1.重大和异常交易的会计处理方法

例如，本期发生的企业合并的会计处理方法。某些被审计单位可能存在与其所处行业相

关的重大交易。例如，银行向客户发放贷款、证券公司对外投资、医药企业的研究与开发活动等，注册会计师应当考虑被审计单位对重大的和不经常发生的交易的会计处理方法是否适当。

2. 在缺乏权威性标准或共识、有争议的或新兴领域采用重要会计政策产生的影响

在缺乏权威性标准或共识的领域，注册会计师应当关注被审计单位选用了哪些会计政策、为什么选用这些会计政策以及选用这些会计政策产生的影响。

3. 会计政策的变更

如果被审计单位变更了重要的会计政策，注册会计师应当考虑变更的原因及其适当性，即考虑：①会计政策变更是否是法律、行政法规或者适用的会计准则和相关会计制度要求的变更；②会计政策变更是否能够提供更可靠、更相关的会计信息。除此之外，注册会计师还应当关注会计政策的变更是否得到充分披露。

4. 新颁布的财务报告准则、法律法规，以及被审计单位何时采用、如何采用这些规定

例如，当新的企业会计准则颁布施行时，注册会计师应考虑被审计单位是否已按照新会计准则的要求做好衔接调整工作，并收集执行新会计准则需要的信息资料。

除上述与会计政策的选择和运用相关的事项外，注册会计师还应对被审计单位下列与会计政策运用相关的情况予以关注：①是否采用激进的会计政策、方法、估计和判断；②财会人员是否拥有足够的运用会计准则的知识、经验和能力；③是否拥有足够的资源支持会计政策的运用，如人力资源及培训、信息技术的采用、数据和信息的采集等。

注册会计师应当考虑，被审计单位是否按照适用的会计准则和相关会计制度的规定恰当地进行了列报，并披露了重要事项。

☑ 业务指导：了解被审计单位的会计政策

报告期内被审计单位会计政策和会计估计应保持一致性，不得随意变更；如无充分、合理的证据表明会计政策或会计估计变更的合理性，或者未经批准擅自变更会计政策或会计估计的，或者连续、反复地自行变更会计政策或会计估计的，视为滥用会计政策或会计估计。了解被审计单位会计政策时应重点关注：❶具体会计政策，例如收入确认、坏账准备计提、研发费用资本化等是否符合规范；❷会计政策披露是否详细、有针对性和具体化；❸会计政策与同行业的可比性；❹会计政策是否严格执行；❺会计政策变更的合理性。

（四）被审计单位的目标、战略以及相关经营风险

1. 目标、战略与经营风险

目标是企业经营活动的指针。企业管理层或治理层一般会根据企业经营面临的外部环境和内部各种因素，制定合理可行的经营目标。战略是管理层为实现经营目标采用的方法。为了实现某一既定的经营目标，企业可能有多个可行战略。例如，如果目标是在某一特定期间内进入一个新的市场，那么可行的战略可能包括收购该市场内的现有企业、与该市场内的其他企业合资经营或自行开发进入该市场。随着外部环境的变化，企业应对目标和战略作出相应的调整。

经营风险是指可能对被审计单位实现目标和实施战略的能力产生不利影响的重要状况、事项、情况、作为（或不作为）而导致的风险，或由于制定不恰当的目标和战略而导致的风险。不同的企业可能面临不同的经营风险，这取决于企业经营的性质、所处行业、外部监管

穷则独善其身，达则兼善天下。 ——孟子

环境、企业的规模和复杂程度。管理层有责任识别和应对这些风险。

注册会计师应当了解被审计单位是否存在与下列方面有关的目标和战略，并考虑相应的经营风险：①行业发展（例如，被审计单位不具备足以应对行业变化的人力资源和业务专长）；②开发新产品或提供新服务（例如，被审计单位产品责任增加）；③业务扩张（例如，对市场需求的估计不准确）；④新的会计要求（例如，不当执行相关会计要求，或会计处理成本增加）；⑤监管要求（例如，法律责任增加）；⑥本期及未来的融资条件（例如，由于无法满足融资条件而失去融资机会）；⑦信息技术的运用（例如，信息系统与业务流程难以融合）；⑧实施战略的影响，特别是由此产生的需要运用新的会计要求的影响。

2.经营风险对重大错报风险的影响

多数经营风险最终都会产生财务后果，从而影响财务报表，但并非所有的经营风险都会导致重大错报风险。经营风险可能对各类交易、账户余额和披露的认定层次或财务报表层次产生直接影响。例如，企业合并导致银行客户群减少，使银行信贷风险集中，由此产生的经营风险可能增加与贷款计价认定有关的重大错报风险。同样的风险，在经济紧缩时，可能具有更为长期的后果，注册会计师在评估持续经营假设的适当性时需要考虑这一问题。注册会计师应当根据被审计单位的具体情况考虑经营风险是否可能导致财务报表发生重大错报。

（五）对被审计单位财务业绩的衡量和评价

被审计单位管理层经常会衡量和评价关键业绩指标（财务和非财务的），预算及差异分析，分部信息与分部、部门或其他不同层次的业绩报告以及与竞争对手的业绩比较。此外，外部机构也会衡量和评价被审计单位的财务业绩，如分析师的报告和信用评级机构的报告。

1.了解的主要方面

在了解被审计单位财务业绩衡量和评价情况时，注册会计师应当关注下列信息：①关键业绩指标（财务或非财务的）、关键比率、趋势和经营统计数据；②同期财务业绩比较分析；③预算、预测、差异分析，分部信息与分部、部门或其他不同层次的业绩报告；④员工业绩考核与激励性报酬政策；⑤被审计单位与竞争对手的业绩比较。

2.关注内部财务业绩衡量的结果

内部财务业绩衡量可能显示未预期的结果或趋势。在这种情况下，管理层通常会进行调查并采取纠正措施。与内部财务业绩衡量相关的信息可能显示财务报表存在错报风险，例如，内部财务业绩衡量可能显示被审计单位与同行业其他单位相比具有异常高的增长率或盈利水平，此类信息如果与业绩奖金或激励性报酬等因素结合起来考虑，可能显示管理层在编制财务报表时存在某种倾向的错报风险。因此，注册会计师应当关注被审计单位内部财务业绩衡量所显示的未预期到的结果或趋势，管理层的调查结果和纠正措施，以及相关信息是否显示财务报表可能存在重大错报。

3.考虑财务业绩衡量指标的可靠性

如果拟利用被审计单位内部信息系统生成的财务业绩衡量指标，注册会计师应当考虑相关信息是否可靠，以及利用这些信息是否足以实现审计目标。

4.考虑管理层是否面临业绩指标的压力

需要强调的是，注册会计师了解被审计单位财务业绩的衡量与评价，是为了考虑管理层是否面临实现某些关键财务业绩指标的压力。这些压力既可能源于需要达到市场分析师或股东的预期，也可能产生于达到获得股票期权或管理层和员工奖金的目标。受压力影响的人员可能是高级管理人员（包括董事会），也可能是可以操纵财务报表的其他经理人员，如子公司或分支机构管理人员可能为达到奖金目标而操纵财务报表。

在评价管理层是否存在歪曲财务报表的动机和压力时，注册会计师还应当考虑可能存在的其他情形。例如，企业或企业的一个主要组成部分是否可能被出售；管理层是否希望维持或增加企业的股价或盈利趋势而热衷于采用过度激进的会计方法；基于纳税的考虑，股东或管理层是否有意采取不适当的方法使盈利最小化；企业是否持续增长和接近财务资源的最大限度；企业的业绩是否急剧下降，可能存在终止上市的风险；企业是否具备足够的可分配利润或现金流量以维持目前的利润分配水平；如果公布欠佳的财务业绩，对重大未决交易（如企业合并或新业务合同的签订）是否可能产生不利影响；企业是否过度信赖银行借款，而财务业绩又可能达不到借款合同对财务指标的要求。这些情况都显示管理层在面临重大压力时可能粉饰财务业绩，发生舞弊风险。

☑ 业务案例·调查报告显示两成美企财报"造假"

美国埃默里大学和杜克大学的教授们发布的一份最新报告，揭示了美国这个最成熟市场的上市公司财报也并不那么可信。报告披露，2011年对美国若干上市公司CFO进行的匿名调查显示，至少有20%的受访公司称，有过"操控"盈利或是利用激进的会计处理手法来"合法改变"财报结果的经历。令人称奇的是，这些受访CFO用来"操控"盈利数字的会计处理手法，从程序上看是完全合法的。

报告的作者格雷厄姆教授指出，在20%承认操控盈利数据的上市公司中，让人匪夷所思的是，有多达40%的"造假"公司是把盈利数据做低而非做高，主要是为了在未来造成业绩大幅提升的假象，进而为最终发布的业绩创造"超预期"的可能。以2012年第二季度为例，美国上市的公司二季报有高达65%超预期。格雷厄姆指出：投资人应该看淡单个季报期间的业绩数字，转而更多地关注企业长期的业绩表现；相比盈利数据，现金流是衡量企业表现的最好指标。

（资料来源：朱周良. 调查报告显示两成美企财报"造假"［N］. 上海证券报，2012-10-11）

总而言之，注册会计师针对上述六个方面（内部控制在下节阐述）实施的风险评估程序的性质、时间安排和范围取决于审计业务的具体情况，如被审计单位的规模和复杂程度，以及注册会计师的相关审计经验，包括以前对被审计单位提供审计和相关服务的经验以及对类似行业、类似企业的审计经验。此外，识别被审计单位及其环境在上述各方面与以前期间相比发生的重大变化，对于充分了解被审计单位及其环境、识别和评估重大错报风险尤为重要。

四、了解被审计单位的内部控制

（一）内部控制的含义、目标、原则

1.内部控制的含义

内部控制是被审计单位为了合理保证财务报告的可靠性、经营的效率和效果以及对法律法规的遵守，由治理层、管理层和其他人员设计与执行的政策及程序。我国《企业内部控制基本规范》称内部控制，是由企业董事会、监事会、经理层和全体员工实施的、旨在实现控制目标的过程。

祸莫大于不知足，咎莫大于欲得。 ——老子

2. 内部控制的目标

内部控制的目标是合理保证：①企业经营管理合法合规——内控的底线；②资产安全——内控的警戒线；③财务报告及相关信息真实完整——内控的主线；④提高经营效率和效果——内控的生命线；⑤促进企业实现发展战略——内控的愿景线。

☑ **小企业内控目标：**

财政部财会〔2017〕21号文发布的《小企业内部控制规范（试行）》第四条：小企业内部控制的目标是合理保证小企业经营管理合法合规、资金资产安全和财务报告信息真实完整可靠。

3. 内部控制的原则

企业建立与实施内部控制，应当遵循下列原则：①全面性原则。内部控制应当贯穿于决策、执行和监督全过程，覆盖企业及其所属单位的各种业务和事项。②重要性原则。内部控制应当在全面控制的基础上，关注重要业务事项和高风险领域。③制衡性原则。内部控制应当在治理结构、机构设置及权责分配、业务流程等方面相互制约、相互监督，同时兼顾运营效率。④适应性原则。内部控制应当与企业经营规模、业务范围、竞争状况和风险水平等相适应，并随着情况的变化及时加以调整。⑤成本效益原则。内部控制应当权衡实施成本与预期效益，以适当的成本实现有效控制。

（二）内部控制的局限性

内部控制只能为被审计单位实现财务报告目标提供合理保证。内部控制实现目标的可能性受其固有限制的影响，包括：①在决策时人为判断可能出现错误和因人为失误而导致内部控制失效；②控制可能由于两个或更多的人员串通或管理层不当地凌驾于内部控制之上而被规避。此外，如果被审计单位内部行使控制职能的人员素质不适应岗位要求，也会影响内部控制功能的正常发挥。被审计单位实施内部控制的成本效益问题也会影响其效能，当实施某项控制成本大于控制效果而发生损失时，就没有必要设置控制环节或控制措施。内部控制一般都是针对经常而重复发生的业务设置的，如果出现不经常发生或未预计到的业务，原有控制就可能不适用。

（三）对内部控制了解的深度

注册会计师需要了解和评价的内部控制只是与财务报表审计相关的内部控制，并非被审计单位所有的内部控制。了解内部控制，包括评价控制的设计，并确定其是否得到执行，但不包括对控制是否得到一贯执行的测试。

1. 评价控制的设计

注册会计师在了解内部控制时，应当评价控制的设计，并确定其是否得到执行。评价控制的设计，涉及考虑该控制单独或连同其他控制是否能够有效防止或发现并纠正重大错报。控制得到执行是指某项控制存在且被审计单位正在使用。设计不当的控制可能表明存在值得关注的内部控制缺陷。

2. 获取控制设计和执行的审计证据

注册会计师通常实施下列风险评估程序，以获取有关控制设计和执行的审计证据：①询问被审计单位人员；②观察特定控制的运用；③检查文件和报告；④追踪交易在财务报告信息系统中的处理过程（穿行测试）。需要注意的是，询问本身并不足以评价控制的设计以及确定其是否得到执行，注册会计师应当将询问与其他风险评估程序结合使用。

3.了解内部控制与测试控制运行有效性的关系

除非存在某些可以使控制得到一贯运行的自动化控制，否则注册会计师对控制的了解并不足以测试控制运行的有效性。例如，获取某一人工控制在某一时点得到执行的审计证据，并不能证明该控制在所审计期间内的其他时点也有效运行。但是，信息技术可以使被审计单位持续一贯地对大量数据进行处理，提高了被审计单位监督控制活动运行情况的能力，信息技术还可以通过对应用软件、数据库、操作系统设置安全控制来实现有效的职责划分。由于信息技术处理流程的内在一贯性，实施审计程序确定某项自动控制是否得到执行，也可能实现对控制运行有效性测试的目标，这取决于注册会计师对控制（如针对程序变更的控制）的评估和测试。

（四）内部控制的要素

企业建立与实施有效的内部控制，应当包括控制环境、风险评估、控制活动、信息系统与沟通、对控制的监督等要素。

1.控制环境

控制环境是企业内部控制的重要基础。它设定了被审计单位的内部控制基调，影响员工对内部控制的意识。在评价控制环境的设计和实施情况时，注册会计师应当了解管理层在治理层的监督下，是否营造并保持了诚实守信和合乎道德的文化，以及是否建立了防止或发现并纠正舞弊和错误的恰当控制。控制环境一般包括治理结构、机构设置及权责分配、内部审计、人力资源政策、企业文化等。

企业应当根据国家有关法律法规和企业章程，建立规范的公司治理结构和议事规则，明确决策、执行、监督等方面的职责权限，形成科学有效的职责分工和制衡机制。

企业应当结合业务特点和内部控制要求设置内部机构，明确职责权限，将权利与责任落实到各责任单位。企业应当通过编制内部管理手册，使全体员工掌握内部机构设置、岗位职责、业务流程等情况，明确权责分配，正确行使职权。

企业应当加强内部审计工作，保证内部审计机构设置、人员配备和工作的独立性。

企业应当制定和实施有利于企业可持续发展的人力资源政策，应当将职业道德修养和专业胜任能力作为选拔和聘用员工的重要标准，切实加强员工培训和继续教育，不断提升员工素质。

企业应当加强文化建设，培育积极向上的价值观和社会责任感，倡导诚实守信、爱岗敬业、开拓创新和团队协作精神，树立现代管理理念，强化风险意识。

2.风险评估

风险评估是企业内部控制的重要环节，是指企业应及时识别、系统分析经营活动中与实现内部控制目标相关的风险，合理确定风险应对策略。

企业应当准确识别与实现控制目标相关的内部风险和外部风险，确定相应的风险承受度。企业识别内部风险，应当关注下列因素：①董事、监事、经理及其他高级管理人员的职业操守、员工专业胜任能力等人力资源因素；②组织机构、经营方式、资产管理、业务流程等管理因素；③研究开发、技术投入、信息技术运用等自主创新因素；④财务状况、经营成果、现金流量等财务因素；⑤营运安全、员工健康、环境保护等安全环保因素；⑥其他有关内部风险因素。

企业识别外部风险，应当关注下列因素：①经济形势、产业政策、融资环境、市场竞争、资源供给等经济因素；②法律法规、监管要求等法律因素；③安全稳定、文化传统、社会信用、教育水平、消费者行为等社会因素；④技术进步、工艺改进等科学技术因素；⑤自然灾害、环境状况等自然环境因素；⑥其他有关外部风险因素。

企业应当采用定性与定量相结合的方法，按照风险发生的可能性及其影响程度等，对识别的风险进行分析和排序，确定关注重点和优先控制的风险。

企业应当根据风险分析的结果，结合风险承受度，权衡风险与收益，综合运用风险规避、风险降低、风险分担和风险承受等风险应对策略，实现对风险的有效控制。

3.控制活动

控制活动是企业内部控制的重要手段。企业应当结合风险评估结果，通过手工控制与自动控制、预防性控制与发现性控制相结合的方法，运用相应的控制措施，将风险控制在可承受度之内。控制措施一般包括：

（1）不相容职务分离控制：要求企业全面系统地分析、梳理业务流程中所涉及的不相容职务，实施相应的分离措施，形成各司其职、各负其责、相互制约的工作机制。

（2）授权审批控制：要求企业根据常规授权和特别授权的规定，明确各岗位办理业务和事项的权限范围、审批程序和相应责任。企业应当编制常规授权的权限指引，规范特别授权的范围、权限、程序和责任，严格控制特别授权。常规授权是指企业在日常经营管理活动中按照既定的职责和程序进行的授权。特别授权是指企业在特殊情况、特定条件下进行的授权。

企业各级管理人员应当在授权范围内行使职权和承担责任。企业对于重大的业务和事项，应当实行集体决策审批或者联签制度，任何个人不得单独进行决策或者擅自改变集体决策。

（3）会计系统控制：要求企业严格执行国家统一的会计准则制度，加强会计基础工作，明确会计凭证、会计账簿和财务会计报告的处理程序，保证会计资料真实完整。企业应当依法设置会计机构，配备会计从业人员。

（4）财产保护控制：要求企业建立财产日常管理制度和定期清查制度，采取财产记录、实物保管、定期盘点、账实核对等措施，确保财产安全。企业应当严格限制未经授权的人员接触和处置财产。

（5）预算控制：要求企业实施全面预算管理制度，明确各责任单位在预算管理中的职责权限，规范预算的编制、审定、下达和执行程序，强化预算约束。

（6）运营分析控制：要求企业建立运营情况分析制度，经理层应当综合运用生产、购销、投资、筹资、财务等方面的信息，通过因素分析、对比分析、趋势分析等方法，定期开展运营情况分析，发现存在的问题，及时查明原因并加以改进。

（7）绩效考评控制：要求企业建立和实施绩效考评制度，科学设置考核指标体系，对企业内部各责任单位和全体员工的业绩进行定期考核和客观评价，将考评结果作为确定员工薪酬以及职务晋升、评优、降级、调岗、辞退等的依据。

企业应当根据内部控制目标，结合风险应对策略，综合运用控制措施，对各种业务和事项实施有效控制。同时，企业应当建立重大风险预警机制和突发事件应急处理机制，明确风险预警标准，对可能发生的重大风险或突发事件，制订应急预案、明确责任人员、规范处置程序，确保突发事件得到及时妥善处理。

4.信息系统与沟通

信息系统与沟通是企业内部控制的重要条件。与财务报告相关的信息系统，包括可以生成、记录、处理和报告交易、事项和情况，对相关资产、负债和所有者权益履行经营管理责任的程序和记录。与财务报告相关的信息系统应当与业务流程相适应。业务流程是指被审计单位开发、采购、生产、销售、发送产品和提供服务、保证遵守法律法规、记录信息等一系列活动。与财务报告相关的信息系统所生成信息的质量，对管理层能否作出恰当的经营管理决策以及编制可靠的财务报告具有重大影响。注册会计师应当从下列方面了解与财务报告相关的信息系统（包括相关业务流程）：

①在被审计单位经营过程中，对财务报表具有重大影响的各类交易；

②在信息技术和人工系统中，被审计单位的交易生成、记录、处理、必要的更正、结转至总账以及在财务报表中报告的程序；

③用以生成、记录、处理和报告（包括纠正不正确的信息以及信息如何结转至总账）交易的会计记录、支持性信息和财务报表中的特定账户；

④被审计单位的信息系统如何获取除交易以外的对财务报表重大的事项和情况；

⑤用于编制被审计单位财务报表（包括作出的重大会计估计和披露）的财务报告过程；

⑥与会计分录相关的控制，这些分录包括用以记录非经常性的、异常的交易或调整的非标准会计分录。

自动化程序和控制可能降低了发生无意错误的风险，但是并没有消除个人凌驾于控制之上的风险，如某些高级管理人员可能篡改自动过入总分类账和财务报告系统的数据金额。当被审计单位运用信息技术进行数据的传递时，发生篡改可能不会留下痕迹或证据。

5.对控制的监督

对控制的监督是企业内部控制的重要保证，是指被审计单位评价内部控制在一段时间内运行有效性的过程。对控制的监督涉及及时评估控制的有效性并采取必要的补救措施。

通常，管理层通过持续的监督活动、单独的评价活动或两者相结合实现对控制的监督。被审计单位可能使用内部审计人员或具有类似职能的人员对内部控制的设计和执行进行专门的评价，以找出内部控制的优点和不足，并提出改进建议。

注册会计师在对被审计单位整体层面的监督进行了解和评估时，考虑的主要因素可能包括：①被审计单位是否定期评价内部控制；②被审计单位人员在履行正常职责时，能够在多大程度上获得内部控制是否有效运行的证据；③与外部的沟通能够在多大程度上证实内部产生的信息或者指出存在的问题；④管理层是否采纳内部审计人员和注册会计师有关内部控制的建议；⑤管理层是否及时纠正控制运行中的偏差；⑥管理层根据监管机构的报告及建议是否及时采取纠正措施；⑦是否存在协助管理层监督内部控制的职能部门（如内部审计部门）。

（五）在整体层面和业务流程层面了解内部控制

在了解内部控制的各构成要素时，注册会计师应当对被审计单位整体层面的内部控制的设计进行评价，并确定其是否得到执行。对于连续审计，注册会计师可以重点关注整体层面内部控制的变化情况，包括由于被审计单位及其环境的变化而导致内部控制发生的变化以及采取的对策。注册会计师还需要特别考虑因舞弊而导致重大错报的可能性及其影响。

内部控制的某些要素（如控制环境）更多地对被审计单位整体层面产生影响，而其他要素（如信息系统与沟通、控制活动）则可能更多地与特定业务流程相关。在实务中，注册会计师应当从被审计单位整体层面和业务流程层面分别了解和评价被审计单位的内部控制。整体层面的控制（包括对管理层凌驾于内部控制之上的控制）和信息技术一般控制通常在所有业务活动中普遍存在。业务流程层面的控制主要是对工薪、销售和采购等交易的控制。整体层面的控制对内部控制在所有业务流程中得到严格的设计和执行具有重要影响。整体层面的控制较差甚至可能使最好的业务流程层面控制失效。例如，被审计单位可能有一个有效的采购系统，但如果会计人员不胜任，仍然会发生大量错误，且其中一些错误可能导致财务报表存在重大错报。而且，管理层凌驾于内部控制之上（它们经常在企业整体层面出现）也是不好的公司行为中的普遍问题。

1.确定重要业务流程和重要交易类别

在实务中，将被审计单位的整个经营活动划分为几个重要的业务循环，有助于注册会计师更有效地了解和评估重要业务流程及相关控制。通常，制造业企业可以划分为销售与收款循环、采购与付款循环、生产与存货循环、人力资源与工薪循环、投资与筹资循环等。经营活动的性质不同，所划分的业务循环也不同。例如，银行就没有生产与存货循环，而有发放贷款循环、吸收存款循环。

2.了解重要交易流程，并进行记录

在确定重要的业务流程和交易类别后，注册会计师便可着手了解每一类重要交易在信息技术或人工系统中生成、记录、处理及在财务报表中报告的程序，即重要交易流程。这是确定在哪个环节或哪些环节可能发生错报的基础。

交易流程通常包括一系列工作：输入数据的核准与修订，数据的分类与合并，进行计算、更新账簿资料和客户信息记录，生成新的交易，归集数据，列报数据。而与注册会计师了解重要交易相关的流程通常包括生成、记录、处理和报告交易等活动。例如，在销售循环中，这些活动包括输入销售订购单、编制货运单据和发票、更新应收账款信息记录等。相关的处理程序包括通过编制调整分录，修改并再次处理以前被拒绝的交易，以及修改被错误记录的交易。

注册会计师要注意记录以下信息：①输入信息的来源；②所使用的重要数据档案，如客户清单及价格信息记录；③重要的处理程序，包括在线输入和更新处理；④重要的输出文件、报告和记录；⑤基本的职责划分，即列示各部门所负责的处理程序。

注册会计师通常只是针对每一年的变化修改记录流程的工作底稿，除非被审计单位的交易流程发生重大改变。然而，无论业务流程与以前年度相比是否有变化，注册会计师每年都需要考虑上述注意事项，以确定对被审计单位的了解是最新的，并已包括被审计单位交易流程中相关的变化。

3.确定可能发生错报的环节

注册会计师需要确认和了解被审计单位应在哪些环节设置控制，以防止或发现并纠正各重要业务流程可能发生的错报。注册会计师所关注的控制，是那些能通过防止错报的发生，或者通过发现和纠正已有错报，从而确保每个流程中业务活动的具体流程（从交易的发生到

记录于账目）能够顺利运转的人工或自动化控制程序。

4.识别和了解相关控制

通过对被审计单位的了解，包括在被审计单位整体层面对内部控制各要素的了解，以及在上述程序中对重要业务流程的了解，注册会计师可以确定是否有必要进一步了解在业务流程层面的控制。如果注册会计师计划对业务流程层面的有关控制进行进一步的了解和评价，那么针对业务流程中容易发生错报的环节，注册会计师应当确定：①被审计单位是否建立了有效的控制，以防止或发现并纠正这些错报；②被审计单位是否遗漏了必要的控制；③是否识别了可以最有效测试的控制。

识别和了解控制采用的主要方法是，询问被审计单位各级别的负责人员。业务流程越复杂，注册会计师越有必要询问信息系统人员，以辨别有关的控制。通常，应首先询问那些级别较高的人员，再询问级别较低的人员，以确定他们认为应该运行哪些控制，以及哪些控制是重要的。这种"从高到低"的询问方法使注册会计师能迅速地辨别被审计单位重要的控制，特别是检查性控制。如果注册会计师打算信赖控制，就需要实施控制测试。

在询问过程中，注册会计师还应当了解各层次监督和管理人员如何确认预定的预防性控制和检查性控制正在按计划运行。注册会计师应当重点关注被审计单位相关控制的运行情况，包括预防性控制和检查性控制的运行情况。

5.执行穿行测试，证实对交易流程和相关控制的了解

为了解各类重要交易在业务流程中发生、处理和记录的过程，注册会计师通常会每年执行穿行测试。执行穿行测试可获得下列方面的证据：①确认对业务流程的了解；②确认对重要交易的了解是完整的，即在交易流程中所有与财务报表认定相关的可能发生错报的环节都已识别；③确认所获取的有关流程中的预防性控制和检查性控制信息的准确性；④评估控制设计的有效性；⑤确认控制是否得到执行；⑥确认之前所做的书面记录的准确性。

需要注意的是，如果不打算信赖控制，注册会计师仍需要执行穿行测试以确认以前业务流程及可能发生错报环节了解的准确性和完整性。注册会计师应将对业务流程和相关控制的穿行测试情况，记录于工作底稿。记录的内容包括穿行测试中查阅的文件、穿行测试的程序以及注册会计师的发现和结论。

6.初步评价和风险评估

（1）对控制的初步评价。在识别和了解控制后，根据执行上述程序及获取的审计证据，注册会计师对控制的评价结论可能是：①所设计的控制单独或连同其他控制能够防止或发现并纠正重大错报，并得到执行；②控制本身的设计是合理的，但没有得到执行；③控制本身的设计就是无效的或缺乏必要的控制。

（2）风险评估需考虑因素。注册会计师对控制进行初步评价，进而对重大错报风险进行评估，需考虑以下因素：①账户特征及已识别的重大错报风险。如果已识别的重大错报风险水平为高（例如，复杂的发票计算或计价过程增加了开票错报的风险；经营的季节性特征增加了在旺季发生错报的风险），相关的控制应有较高的敏感度，即在错报率较低的情况下也能防止、发现并纠正错报。②对被审计单位整体层面控制的评价。注册会计师应将对整体层面获得的了解和结论，同在业务流程层面获得的有关重大交易流程及其控制的证据结合起来考虑。

合抱之木，生于毫末；九层之台，起于累土；千里之行，始于足下。 ——老子

除非存在某些可以使控制得到一贯运行的自动化控制，注册会计师对控制的了解和评价并不能够代替对控制运行有效性的测试。例如，注册会计师获得了某一人工控制在某一时点得到执行的审计证据，但这并不能证明该控制在被审计期间内的其他时点也得到有效执行。

注册会计师应将认定层次的控制因素和其他因素相结合，评估认定层次的重大错报风险，以确定进一步审计程序的性质、时间安排和范围。

7. 对财务报告流程的了解

注册会计师还需要进一步了解有关信息从具体交易的业务流程过入总账、财务报表以及相关列报的流程，即财务报告流程及其控制。这一流程和控制与财务报表的列报认定直接相关。注册会计师对该流程以及该流程如何与其他重要流程相连接的了解，有助于其识别和评估与财务报表重大错报风险相关的控制。

财务报告流程包括：①将业务数据汇总记入总账的程序，即如何将重要业务流程的信息与总账和财务报告系统相连接；②在总账中生成、记录和处理会计分录的程序；③记录对财务报表常规和非常规调整的程序，如合并调整、重分类等；④草拟财务报表和相关披露的程序。

被审计单位的财务报告流程包括相关的控制程序，以确保按照适用的会计准则和相关会计制度的规定收集、记录、处理、汇总所需的信息，并在财务报告中予以充分披露。

在了解财务报告流程的过程中，注册会计师应当考虑对以下方面作出评估：①主要的输入信息，执行的程序，主要的输出信息；②每一财务报告流程要素中涉及信息技术的程度；③管理层的哪些人员参与其中；④记账分录的主要类型，如标准分录、非标准分录等；⑤适当人员（包括管理层和治理层）对流程实施监督的性质和范围。

☑ **业务技能·内控可能存在重大缺陷的迹象**

❶内部控制缺陷按其成因分为设计缺陷和运行缺陷，按其影响程度分为重大缺陷、重要缺陷和一般缺陷。注册会计师应当评价其识别的各项内部控制缺陷的严重程度，以确定这些缺陷单独或组合起来，是否构成重大缺陷。

❷表明内部控制可能存在重大缺陷的迹象主要包括：注册会计师发现董事、监事和高级管理人员舞弊；企业更正已经公布的财务报表；注册会计师发现当期财务报表存在重大错报，而内部控制在运行过程中未能发现该错报；企业审计委员会和内部审计机构对内部控制的监督无效。

五、评估重大错报风险

评估重大错报风险是风险评估阶段的最后一个步骤。获取的关于风险因素和抵消控制风险的信息（通过实施风险评估程序），将全部用于对财务报表层次以及各类交易、账户余额和披露认定层次评估重大错报风险。评估将作为确定进一步审计程序的性质、范围和时间的基础，以应对识别的风险。

（一）评估财务报表层次和认定层次的重大错报风险

1. 评估重大错报风险时考虑的因素

表5-2列示了风险评估时考虑的部分风险因素。

表5-2 风险评估时考虑的部分风险因素

(1) 已识别的风险是什么？	
财务报表层次	①源于薄弱的被审计单位层次内部控制或信息技术一般控制；②特别风险；③与管理层凌驾和舞弊相关的风险因素；④管理层愿意接受的风险，例如小企业因缺乏职责分离导致的风险
认定层次	①与完整性、准确性、存在或计价相关的特定风险：a.收入、费用和其他交易；b.账户余额；c.财务报表披露。②可能产生多重错报的风险
相关内部控制程序	①特别风险；②用于预防、发现或减轻已识别风险的恰当设计并执行的内部控制程序；③仅通过执行控制测试应对的风险
(2) 错报（金额影响）可能发生的规模有多大？	
财务报表层次	①什么事项可能导致财务报表重大错报？②考虑管理层凌驾、舞弊、未预期事件和以往经验
认定层次	①交易、账户余额或披露的固有性质；②日常和例外事件；③以往经验
(3) 事件（风险）发生的可能性多大？	
财务报表层次	①来自高层的基调；②管理层风险管理的方法；③采用的政策和程序设计；④以往经验
认定层次	①相关的内部控制活动；②以往经验
相关内部控制程序	识别对于降低事件发生可能性非常关键的管理层风险应对要素

2.评估重大错报风险的审计程序

在评估重大错报风险时，注册会计师应当实施下列审计程序：

（1）在了解被审计单位及其环境（包括与风险相关的控制）的整个过程中，结合对财务报表中各类交易、账户余额和披露的考虑，识别风险。例如，被审计单位因相关环境法规的实施需要更新设备，可能面临原有设备闲置或贬值的风险；宏观经济的低迷可能预示应收账款的回收存在问题；竞争者开发的新产品上市，可能导致被审计单位的主要产品在短期内过时，预示将出现存货跌价和长期资产（如固定资产等）的减值。

（2）结合对拟测试的相关控制的考虑，将识别出的风险与认定层次可能发生错报的领域相联系。例如，销售困难使产品的市场价格下降，可能导致年末存货成本高于其可变现净值而需要计提存货跌价准备，这显示存货的计价认定可能发生错报。

（3）评估识别出的风险，并评价其是否更广泛地与财务报表整体相关，进而潜在地影响多项认定。

（4）考虑发生错报的可能性（包括发生多项错报的可能性），以及潜在错报的重大程度是否足以导致重大错报。

注册会计师应当利用实施风险评估程序获取的信息，包括在评价控制设计和确定其是否得到执行时获取的审计证据，作为支持风险评估结果的审计证据。注册会计师应当根据风险评估结果，确定实施进一步审计程序的性质、时间安排和范围。

不经一番寒彻骨，怎得梅花扑鼻香。　——黄檗禅师

3.识别两个层次的重大错报风险

在对重大错报风险进行识别和评估后，注册会计师应当确定，识别的重大错报风险是与特定的某类交易、账户余额和披露的认定相关，还是与财务报表整体广泛相关，进而影响多项认定。

某些重大错报风险可能与特定的某类交易、账户余额和披露的认定相关。例如，被审计单位存在复杂的联营或合资，这一事项表明长期股权投资账户的认定可能存在重大错报风险。又如，被审计单位存在重大的关联方交易，该事项表明关联方及关联方交易的披露认定可能存在重大错报风险。

某些重大错报风险可能与财务报表整体广泛相关，进而影响多项认定。例如，在经济不稳定的国家和地区开展业务、资产的流动性出现问题、重要客户流失、融资能力受到限制等，可能导致注册会计师对被审计单位的持续经营能力产生重大疑虑。又如，管理层缺乏诚信或承受异常的压力可能引发舞弊风险，这些风险与财务报表整体相关。

4.控制环境对评估财务报表层次重大错报风险的影响

财务报表层次的重大错报风险很可能源于薄弱的控制环境。薄弱的控制环境带来的风险可能对财务报表产生广泛影响，难以限于某类交易、账户余额和披露，注册会计师应当采取总体应对措施。

例如，被审计单位治理层、管理层对内部控制的重要性缺乏认识，没有建立必要的制度和程序；或管理层经营理念偏于激进，又缺乏实现激进目标的人力资源等，这些缺陷源于薄弱的控制环境，可能对财务报表产生广泛影响，需要注册会计师采取总体应对措施。

5.控制对评估认定层次重大错报风险的影响

在评估重大错报风险时，注册会计师应当将所了解的控制与特定认定相联系，这是由于控制有助于防止或发现并纠正认定层次的重大错报。在评估重大错报发生的可能性时，除了考虑可能的风险外，还要考虑控制对风险的抵消和遏制作用。有效的控制会减少错报发生的可能性，而控制不当或缺乏控制，错报就会由可能变成现实。

控制可能与某一认定直接相关，也可能与某一认定间接相关。关系越间接，控制在防止或发现并纠正认定中错报的作用越小。例如，销售经理对分地区的销售网点的销售情况进行复核，与销售收入完整性的认定只是间接相关。相应地，该项控制在降低销售收入完整性认定中的错报风险方面的效果，要比与该认定直接相关的控制（例如，将发货单与开具的销售发票相核对）的效果差。

注册会计师可能识别出有助于防止或发现并纠正特定认定发生重大错报的控制。在确定这些控制是否能够实现上述目标时，注册会计师应当将控制活动和其他要素综合考虑。如将销售和收款的控制置于其所在的流程和系统中考虑，以确定其能否实现控制目标。因为单个的控制活动（如将发货单与销售发票相核对）本身并不足以控制重大错报风险，只有多种控制活动和内部控制的其他要素综合作用才足以控制重大错报风险。

当然，也有某些控制活动可能专门针对某类交易或账户余额的个别认定。例如，被审计单位建立的、以确保盘点工作人员能够正确地盘点和记录存货的控制活动，直接与存货账户余额的存在和完整性认定相关。注册会计师只需要对盘点过程和程序进行了解，就可以确定控制是否能够实现目标。

注册会计师应当考虑对识别的各类交易、账户余额和披露认定层次的重大错报风险予以汇总和评估，以确定进一步审计程序的性质、时间安排和范围。表5-3给出了评估认定层次重大错报风险汇总示例。

表5-3　　　　　　　　　　评估认定层次的重大错报风险汇总表

重大账户	认定	识别的重大错报风险	风险评估结果
列示重大账户。例如，应收账款	列示相关的认定。例如，存在、完整性、计价或分摊等	汇总实施审计程序识别出的与该重大账户的某项认定相关的重大的错报风险	评估该项认定的重大错报风险水平（应考虑控制设计是否合理、是否得到执行）

注：注册会计师也可以在该表中记录针对评估的认定层次重大错报风险而相应制订的审计方案。

6.考虑财务报表的可审计性

注册会计师在了解被审计单位内部控制后，可能对被审计单位财务报表的可审计性产生怀疑。例如，对被审计单位会计记录的可靠性和状况的担心可能使注册会计师认为很难获取充分、适当的审计证据，以支持对财务报表发表意见。再如，管理层严重缺乏诚信，注册会计师认为管理层在财务报表中作出虚假陈述的风险高到无法进行审计的程度。因此，如果通过对内部控制的了解发现下列情况，并对财务报表局部或整体的可审计性产生疑问，注册会计师应当考虑出具保留意见或无法表示意见的审计报告：（1）被审计单位会计记录的状况和可靠性存在重大问题，不能获取充分、适当的审计证据以发表无保留意见；（2）对管理层的诚信存在严重疑虑。必要时，注册会计师应当考虑解除业务约定。

（二）需要特别考虑的重大错报风险

1.特别风险的含义

特别风险，是指注册会计师识别和评估的、根据判断认为需要特别考虑的重大错报风险。

2.确定特别风险时应考虑的事项

在确定哪些风险是特别风险时，注册会计师应当在考虑识别出的控制对相关风险的抵消效果前，根据风险的性质、潜在错报的重要程度（包括该风险是否可能导致多项错报）和发生的可能性，判断风险是否属于特别风险。

在确定风险的性质时，注册会计师应当考虑下列事项：①风险是否属于舞弊风险；②风险是否与近期经济环境、会计处理方法或其他方面的重大变化相关，因而需要特别关注；③交易的复杂程度；④风险是否涉及重大的关联方交易；⑤财务信息计量的主观程度，特别是计量结果是否具有高度不确定性；⑥风险是否涉及异常或超出正常经营过程的重大交易。

微课：特别风险

众里寻他千百度，蓦然回首，那人却在，灯火阑珊处。　——辛弃疾

3.非常规交易和判断事项导致的特别风险

日常的、不复杂的、经正规处理的交易不太可能产生特别风险。特别风险通常与重大的非常规交易和判断事项有关。

非常规交易是指由于金额或性质异常而不经常发生的交易。例如，企业并购、债务重组、重大或有事项等。由于非常规交易具有下列特征，与重大非常规交易相关的特别风险可能导致更高的重大错报风险：①管理层更多地干预会计处理；②数据收集和处理受到更多的人工干预；③复杂的计算或会计处理方法；④非常规交易的性质可能使被审计单位难以对由此产生的特别风险实施有效控制。

判断事项通常包括作出的会计估计（具有计量的重大不确定性），如资产减值准备金额的估计、需要运用复杂估值技术确定的公允价值计量等。由于下列原因，与重大判断事项相关的特别风险可能导致更高的重大错报风险：①对涉及会计估计、收入确认等方面的会计原则存在不同的理解；②所要求的判断可能是主观和复杂的，或需要对未来事项作出假设。

4.考虑与特别风险相关的控制

了解与特别风险相关的控制，有助于注册会计师制订有效的审计方案予以应对。对特别风险，注册会计师应当评价相关控制的设计情况，并确定其是否已经得到执行。由于与重大非常规交易或判断事项相关的风险很少受到日常控制的约束，注册会计师应当了解被审计单位是否针对该特别风险设计和实施了控制。

例如，作出会计估计所依据的假设是否由管理层或专家进行复核，是否建立作出会计估计的正规程序，重大会计估计结果是否由治理层批准等。再如，管理层在收到重大诉讼事项的通知时采取的措施，包括这类事项是否提交适当的专家（如内部或外部的法律顾问）处理、是否对该事项的潜在影响作出评估、是否确定该事项在财务报表中的披露问题以及如何确定等。

如果管理层未能实施控制以恰当应对特别风险，注册会计师应当认为内部控制存在重大缺陷，并考虑其对风险评估的影响。在此情况下，注册会计师应当就此类事项与治理层沟通。

（三）仅通过实质性程序无法应对的重大错报风险

作为风险评估的一部分，如果认为仅通过实质性程序获取的审计证据无法将认定层次的重大错报风险降至可接受的低水平，注册会计师应当评价被审计单位针对这些风险设计的控制，并确定其执行情况。

在被审计单位对日常交易采用高度自动化处理的情况下，审计证据可能仅以电子形式存在，其充分性和适当性通常取决于自动化信息系统相关控制的有效性，注册会计师应当考虑仅通过实施实质性程序不能获取充分、适当审计证据的可能性。

例如，某企业通过高度自动化的系统确定采购品种和数量，生成采购订购单，并通过系统中设定的收货确认和付款条件进行付款。除了系统中的相关信息以外，该企业没有其他有关订购单和收货的记录。在这种情况下，如果认为仅通过实施实质性程序不能获取充分、适当的审计证据，注册会计师应当考虑依赖的相关控制的有效性，并对其进行了解、评估和测试。

在实务中，注册会计师可以用表5-4汇总识别的重大错报风险。

表5-4 识别的重大错报风险汇总

识别的重大错报风险	对财务报表的影响	相关的各类交易、账户余额和披露认定	是否与财务报表整体广泛相关	是否属于特别风险	是否属于仅通过实质性程序无法应对的重大错报风险
记录识别的重大错报风险	描述对财务报表的影响和导致财务报表发生重大错报的可能性	列示相关的各类交易、账户余额和披露及其认定	考虑是否属于财务报表层次的重大错报风险	考虑是否属于特别风险	考虑是否属于仅通过实质性程序无法应对的重大错报风险

（四）对风险评估的修正

注册会计师对认定层次重大错报风险的评估，可能随着审计过程中不断获取审计证据而作出相应的变化。

例如，注册会计师对重大错报风险的评估可能基于预期控制运行有效这一判断，即相关控制可以防止或发现并纠正认定层次的重大错报。但在测试控制运行的有效性时，注册会计师获取的证据可能表明相关控制在被审计期间并未有效运行。同样，在实施实质性程序后，注册会计师可能发现错报的金额和频率比在风险评估时预计的金额和频率要高。因此，如果通过实施进一步审计程序获取的审计证据与初始评估获取的审计证据相矛盾，注册会计师应当修正风险评估结果，并相应修改原计划实施的进一步审计程序。

因此，评估重大错报风险与了解被审计单位及其环境一样，也是一个连续和动态的收集、更新与分析信息的过程，贯穿于整个审计过程的始终。

任务三　应对重大错报风险

一、财务报表层次重大错报风险的总体应对措施

在财务报表重大错报风险的评估过程中，注册会计师应当确定，识别的重大错报风险是与特定的某类交易、账户余额和披露的认定相关，还是与财务报表整体广泛相关，进而影响多项认定。如果是后者，则属于财务报表层次的重大错报风险。

注册会计师应当针对评估的财务报表层次重大错报风险确定下列总体应对措施：

1.向项目组强调保持职业怀疑的必要性

2.指派更有经验或具有特殊技能的审计人员，或利用专家的工作

由于各行业在经营业务、经营风险、财务报告、法规要求等方面都具有特殊性，审计人员的专业分工细化成为一种趋势。审计项目组成员中应有一定比例的人员曾经参与过被审计单位以前年度的审计，或具有被审计单位所处特定行业的相关审计经验。必要时，要考虑利用信息技术、税务、评估、精算等方面的专家的工作。

3.提供更多的指导

对于财务报表层次重大错报风险较高的审计项目，审计项目组的高级别成员，如项目合

知之者不如好之者，好之者不如乐之者。　　——孔子

伙人、项目经理等经验较丰富的人员，要对其他成员提供更详细、更经常、更及时的指导和监督并加强项目质量复核。

4.增加审计程序的不可预见性

被审计单位人员，尤其是管理层，如果熟悉注册会计师的审计套路，就可能采取种种规避手段，掩盖财务报告中的舞弊行为。因此，在设计拟实施审计程序的性质、时间安排和范围时，为了避免既定思维对审计方案的限制，避免对审计效果的人为干涉，从而使得针对重大错报风险的进一步审计程序更加有效，注册会计师要考虑使某些程序不被被审计单位管理层预见或事先了解。在实务中，注册会计师可以通过以下方式提高审计程序的不可预见性：

（1）对某些以前未测试过的低于设定的重要性水平或风险较小的账户余额和认定实施实质性程序。

（2）调整实施审计程序的时间，使被审计单位不可预期。例如，如果注册会计师在以前年度的大多数审计工作都围绕着12月或在年底前后进行，那么被审计单位就会了解注册会计师这一审计习惯，因此可能把一些不适当的会计调整放在年度的9月、10月或11月等，以避免引起注册会计师的注意。因此，注册会计师可以考虑调整实施审计程序时测试项目的时间，从测试12月的项目调整到测试9月、10月或11月的项目。

（3）采取不同的审计抽样方法，使当期抽取的测试样本与以前有所不同。

（4）选取不同的地点实施审计程序，或预先不告知被审计单位所选定的测试地点。例如，在存货监盘程序中，注册会计师可以到未事先通知被审计单位的盘点现场进行监盘，使被审计单位没有机会事先清理现场，隐藏一些不想让注册会计师知道的情况。

增加审计程序不可预见性的实施要点：①注册会计师需要与被审计单位的高层管理人员事先沟通，要求实施具有不可预见性的审计程序，但不能告知其具体内容。注册会计师可以在签订审计业务约定书时明确提出这一要求。②虽然对于不可预见性程度没有量化的规定，但审计项目组可根据对舞弊风险的评估等确定具有不可预见性的审计程序。③项目合伙人需要安排项目组成员有效地实施具有不可预见性的审计程序，但同时要避免使项目组成员处于困难境地。增加审计程序不可预见性的示例见表5-5。

表5-5　　　　　　　　　　　　　审计程序的不可预见性示例

审计领域	一些可能适用的具有不可预见性的审计程序
存货	向以前审计过程中接触不多的被审计单位员工询问，例如采购、销售、生产人员等
	在不事先通知被审计单位的情况下，选择一些以前未曾到过的盘点地点进行存货监盘
销售和应收账款	向以前审计过程中接触不多或未曾接触过的被审计单位员工询问，例如负责处理大客户账户的销售部人员
	改变实施实质性分析程序的对象，例如对收入按细类进行分析
	针对销售和销售退回延长截止测试期间
	实施以前未曾考虑过的审计程序，例如：①函证确认销售条款或者选定销售额较不重要、以前未曾关注的销售交易，如对出口销售实施实质性程序。②实施更细致的分析程序，如使用计算机辅助审计技术复核销售及客户账户。③测试以前未曾函证过的账户余额，如金额为负或是零的账户，或者余额低于以前设定的重要性水平的账户。④改变函证日期，即把所函证账户的截止日期提前或者推迟。⑤对关联公司销售和相关账户余额，除了进行函证外，再实施其他审计程序进行验证

续表

审计领域	一些可能适用的具有不可预见性的审计程序
采购和应付账款	如果以前未曾对应付账款余额普遍进行函证，可考虑直接向供应商函证确认余额。如果经常采用函证方式，可考虑改变函证的范围或者时间
	对以前由于低于设定的重要性水平而未曾测试过的采购项目，进行细节测试
	使用计算机辅助审计技术审阅采购和付款账户，以发现一些特殊项目，例如是否有不同的供应商使用相同的银行账户
现金和银行存款	多选几个月的银行存款余额调节表进行测试
	对有大量银行账户的，考虑改变抽样方法
固定资产	对以前由于低于重要性水平而未曾测试过的固定资产进行测试，例如考虑实地盘查一些价值较低的固定资产，如汽车和其他设备等
集团审计项目	修改组成部分审计工作的范围或者区域，例如增加某些不重要组成部分的审计工作量，或实地去组成部分开展审计工作

5.对拟实施审计程序的性质、时间安排或范围作总体修改

财务报表层次的重大错报风险很可能源于薄弱的控制环境。薄弱的控制环境带来的风险可能对财务报表产生广泛影响，难以限于某类交易、账户余额和披露，注册会计师应当采取总体应对措施。相应地，注册会计师对控制环境的了解也影响其对财务报表层次重大错报风险的评估。有效的控制环境可以使注册会计师增强对内部控制和被审计单位内部产生的证据的信赖程度。如果控制环境存在缺陷，注册会计师在对拟实施审计程序的性质、时间安排和范围作出总体修改时应当考虑：

（1）在期末而非期中实施更多的审计程序。控制环境的缺陷通常会削弱期中获得的审计证据的可信赖程度。

（2）通过实施实质性程序获取更广泛的审计证据。良好的控制环境是其他控制要素发挥作用的基础。控制环境存在缺陷通常会削弱其他控制要素的作用，导致注册会计师可能无法信赖内部控制，而主要依赖实施实质性程序获取审计证据。

（3）增加拟纳入审计范围的经营地点的数量。

6.总体应对措施对拟实施进一步审计程序的总体审计方案的影响

财务报表层次重大错报风险难以限于某类交易、账户余额和披露的特点，意味着此类风险可能对财务报表的多项认定产生广泛影响，并相应增加注册会计师对认定层次重大错报风险的评估难度。因此，注册会计师评估的财务报表层次重大错报风险以及采取的总体应对措施，对拟实施进一步审计程序的总体审计方案具有重大影响。

拟实施进一步审计程序的总体审计方案包括实质性方案和综合性方案。其中，实质性方案是指注册会计师实施的进一步审计程序以实质性程序为主；综合性方案是指注册会计师在实施进一步审计程序时，将控制测试与实质性程序结合使用。当评估的财务报表层次重大错报风险属于高风险水平（并相应采取更强调审计程序不可预见性以及重视调整审计程序的性质、时间安排和范围等总体应对措施）时，拟实施进一步审计程序的总体方案往往更倾向于实质性方案。

学习的敌人是自己的满足，要认真学习一点东西，必须从不自满开始！　——毛泽东

二、认定层次重大错报风险的进一步审计程序

（一）进一步审计程序的含义和要求

1.进一步审计程序的含义

进一步审计程序相对于风险评估程序而言，是指注册会计师针对评估的各类交易、账户余额和披露认定层次重大错报风险实施的审计程序，包括控制测试和实质性程序。

注册会计师应当针对评估的认定层次重大错报风险设计和实施进一步审计程序，包括审计程序的性质、时间安排和范围。注册会计师设计和实施的进一步审计程序的性质、时间安排和范围，应当与评估的认定层次重大错报风险具备明确的对应关系。注册会计师实施的审计程序应具有目的性和针对性，有的放矢地配置审计资源，有利于提高审计效率和效果。

需要说明的是，尽管在应对评估的认定层次重大错报风险时，拟实施的进一步审计程序的性质、时间安排和范围都应当确保其具有针对性，但其中进一步审计程序的性质是最重要的。例如，注册会计师评估的重大错报风险越高，实施进一步审计程序的范围通常越大；但是只有首先确保进一步审计程序的性质与特定风险相关时，扩大审计程序的范围才是有效的。

2.设计进一步审计程序时的考虑因素

在设计进一步审计程序时，注册会计师应当考虑下列因素：

（1）风险的重要性。风险的重要性是指风险造成的后果的严重程度。风险的后果越严重，就越需要注册会计师关注和重视，越需要精心设计有针对性的进一步审计程序。

（2）重大错报发生的可能性。重大错报发生的可能性越大，同样越需要注册会计师精心设计进一步审计程序。

（3）涉及的各类交易、账户余额和披露的特征。不同的交易、账户余额和披露，产生的认定层次的重大错报风险也会存在差异，适用的审计程序也有差别，需要注册会计师区别对待，并设计有针对性的进一步审计程序予以应对。

（4）被审计单位采用的特定控制的性质。不同性质的控制（无论是人工控制还是自动化控制）对注册会计师设计进一步审计程序具有重要影响。

（5）注册会计师是否拟获取审计证据，以确定内部控制在防止或发现并纠正重大错报方面的有效性。如果注册会计师在风险评估时预期内部控制运行有效，随后拟实施的进一步审计程序就必须包括控制测试，且实质性程序自然会受到之前控制测试结果的影响。

综合上述几方面因素，注册会计师对认定层次重大错报风险的评估为确定进一步审计程序的总体审计方案奠定了基础。因此，注册会计师应当根据对认定层次重大错报风险的评估结果，恰当选用实质性方案或综合性方案。通常情况下，注册会计师出于成本效益的考虑可以采用综合性方案设计进一步审计程序，即将测试控制运行的有效性与实质性程序结合使用。但在某些情况下（如仅通过实质性程序无法应对重大错报风险），注册会计师必须通过实施控制测试，才可能有效应对评估出的某一认定的重大错报风险；而在另一些情况下（如注册会计师的风险评估程序未能识别出与认定相关的任何控制，或注册会计师认为控制测试很可能不符合成本效益原则），注册会计师可能认为仅实施实质性程序就是适当的。

小型被审计单位可能不存在能够被注册会计师识别的控制活动，注册会计师实施的进一

步审计程序可能主要是实质性程序。但是，注册会计师始终应当考虑在缺乏控制的情况下，仅通过实施实质性程序是否能够获取充分、适当的审计证据。

还需要特别说明的是，注册会计师对重大错报风险的评估毕竟是一种主观判断，可能无法充分识别所有的重大错报风险，同时内部控制存在固有局限性（特别是存在管理层凌驾于内部控制之上的可能性），因此，无论选择何种方案，注册会计师都应当对所有重大的各类交易、账户余额和披露设计和实施实质性程序。

（二）进一步审计程序的性质

1.进一步审计程序的性质的含义

进一步审计程序的性质是指进一步审计程序的目的和类型。其中，进一步审计程序的目的包括通过实施控制测试以确定内部控制运行的有效性，通过实施实质性程序以发现认定层次的重大错报；进一步审计程序的类型包括检查、观察、询问、函证、重新计算、重新执行和分析程序。

如前所述，在应对评估的风险时，合理确定审计程序的性质是最重要的。这是因为不同的审计程序应对特定认定错报风险的效力不同。例如，对于与收入完整性认定相关的重大错报风险，控制测试通常更能有效应对；对于与收入发生认定相关的重大错报风险，实质性程序通常更能有效应对。再如，实施应收账款的函证程序可以为应收账款在某一时点存在的认定提供审计证据，但通常不能为应收账款的计价认定提供审计证据。对应收账款的计价认定，注册会计师通常需要实施其他更为有效的审计程序，如审查应收账款账龄和期后收款情况、了解欠款客户的信用情况等。

2.进一步审计程序的性质的选择

在确定进一步审计程序的性质时，注册会计师首先需要考虑的是认定层次重大错报风险的评估结果。因此，注册会计师应当根据认定层次重大错报风险的评估结果选择审计程序。评估的认定层次重大错报风险越高，对通过实质性程序获取的审计证据的相关性和可靠性的要求越高，从而可能影响进一步审计程序的类型及其综合运用。例如，当注册会计师判断某类交易协议的完整性存在更高的重大错报风险时，除了检查文件以外，注册会计师还可能决定向第三方询问或函证协议条款的完整性。

除了从总体上把握认定层次重大错报风险的评估结果对选择进一步审计程序的影响外，在确定拟实施的审计程序时，注册会计师还应当考虑评估的认定层次重大错报风险产生的原因，包括考虑各类交易、账户余额和披露的具体特征以及内部控制。例如，注册会计师可能判断某特定类别的交易即使在不存在相关控制的情况下发生重大错报的风险仍较低，此时注册会计师可能认为仅实施实质性程序就可以获取充分、适当的审计证据。再如，对于经由被审计单位信息系统日常处理和控制的某类交易，如果注册会计师预期此类交易在内部控制运行有效的情况下发生重大错报的风险较低，且拟在控制运行有效的基础上设计实质性程序，注册会计师就会决定先实施控制测试。

（三）进一步审计程序的时间

1.进一步审计程序的时间的含义

进一步审计程序的时间是指注册会计师何时实施进一步审计程序，或审计证据适用的期间或时点。因此，当提及进一步审计程序的时间时，在某些情况下指的是审计程序的实施时间，在另一些情况下是指需要获取的审计证据适用的期间或时点。

高山仰止，景行行止。 ——先秦

2.进一步审计程序的时间的选择

有关进一步审计程序的时间的选择问题，第一个层面是注册会计师选择在何时实施进一步审计程序的问题；第二个层面是选择获取什么期间或时点的审计证据的问题。第一个层面的选择问题主要集中在如何权衡期中与期末实施审计程序的关系；第二个层面的选择问题分别集中在如何权衡期中审计证据与期末审计证据的关系、如何权衡以前审计获取的审计证据与本期审计获取的审计证据的关系。这两个层面的最终落脚点都是如何确保获取审计证据的效率和效果。

当评估的重大错报风险较高时，注册会计师应当考虑在期末或接近期末实施实质性程序，或采用不通知的方式，或在管理层不能预见的时间实施审计程序。

注册会计师在确定何时实施审计程序时应当考虑的几项重要因素包括：

（1）控制环境。良好的控制环境可以抵消在期中实施进一步审计程序的局限性，使注册会计师在确定实施进一步审计程序的时间时有更大的灵活度。

（2）何时能得到相关信息。例如，某些控制活动可能仅在期中（或期中以前）发生，而之后可能难以再被观察到。再如，某些电子化的交易和账户文档如未能及时取得，可能被覆盖。在这些情况下，注册会计师如果希望获取相关信息，则需要考虑能够获取相关信息的时间。

（3）错报风险的性质。例如，被审计单位可能为了保证盈利目标的实现，而在会计期末以后伪造销售合同以虚增收入，此时注册会计师需要考虑在期末（即资产负债表日）这个特定时点获取被审计单位截至期末所能提供的所有销售合同及相关资料，以防范被审计单位在资产负债表日后伪造销售合同虚增收入的做法。

（4）审计证据适用的期间或时点。注册会计师应当根据需要获取的特定审计证据确定何时实施进一步审计程序。例如，为了获取资产负债表日的存货余额证据，显然不宜在与资产负债表日间隔过长的期中时点或期末以后时点实施存货监盘等相关审计程序。

需要说明的是，虽然注册会计师在很多情况下可以根据具体情况选择实施进一步审计程序的时间，但也存在着一些限制选择的情况。某些审计程序只能在期末或期末以后实施，包括将财务报表与会计记录相核对，检查财务报表编制过程中所作的会计调整等。如果被审计单位在期末或接近期末发生了重大交易，或重大交易在期末尚未完成，注册会计师应当考虑交易的发生或截止等认定可能存在的重大错报风险，并在期末或期末以后检查此类交易。

（四）进一步审计程序的范围

1.进一步审计程序的范围的含义

进一步审计程序的范围是指实施进一步审计程序的数量，包括抽取的样本量、对某项控制活动的观察次数等。

2.确定进一步审计程序的范围时应考虑的因素

在确定进一步审计程序的范围时，注册会计师应当考虑下列因素：

（1）确定的重要性水平。确定的重要性水平越低，注册会计师实施进一步审计程序的范围越广。

（2）评估的重大错报风险。评估的重大错报风险越高，对拟获取审计证据的相关性、可靠性的要求越高，因此，注册会计师实施的进一步审计程序的范围也越广。

（3）计划获取的保证程度。计划获取的保证程度，是指注册会计师计划通过所实施的审

项
目
五

计程序对测试结果可靠性所获取的信心。计划获取的保证程度越高，对测试结果可靠性要求越高，注册会计师实施的进一步审计程序的范围越广。例如，注册会计师对财务报表是否不存在重大错报的信心可能来自控制测试和实质性程序。如果注册会计师计划从控制测试中获取更高的保证程度，则控制测试的范围更广。

需要说明的是，随着重大错报风险的增加，注册会计师应当考虑扩大审计程序的范围。但是，只有当审计程序本身与特定风险相关时，扩大审计程序的范围才是有效的。

在考虑确定进一步审计程序的范围时，使用计算机辅助审计技术具有积极的作用。注册会计师可以使用计算机辅助审计技术对电子化的交易和账户文档进行更广泛的测试，包括从主要电子文档中选取交易样本，或按照某一特征对交易进行分类，或对总体而非样本进行测试。

鉴于进一步审计程序的范围往往是通过一定的抽样方法加以确定的，因此，注册会计师需要慎重考虑抽样过程对审计程序范围的影响是否能够有效实现审计目的。注册会计师使用恰当的抽样方法通常可以得出有效结论。但如果存在下列情形，注册会计师依据样本得出的结论可能与对总体实施同样的审计程序得出的结论不同，出现不可接受的风险：①从总体中选择的样本量过小；②选择的抽样方法对实现特定目标不适当；③未对发现的例外事项进行恰当的追查。

此外，注册会计师在综合运用不同审计程序时，除了面临各类审计程序的性质选择问题外，还面临如何权衡各类程序的范围问题。因此，注册会计师在综合运用不同审计程序时，不仅应当考虑各类审计程序的性质，还应当考虑测试的范围是否恰当。

三、控制测试

控制测试是为了获取关于控制防止或发现并纠正认定层次重大错报的有效性而实施的测试。注册会计师应当选择为相关认定提供证据的控制进行测试。

（一）控制测试的含义和要求

1.控制测试的含义

控制测试是指用于评价内部控制在防止或发现并纠正认定层次重大错报方面的运行有效性的审计程序，这一概念需要与"了解内部控制"进行区分。"了解内部控制"包含两层含义：一是评价控制的设计；二是确定控制是否得到执行。测试控制运行的有效性与确定控制是否得到执行所需获取的审计证据是不同的。

在实施风险评估程序以获取控制是否得到执行的审计证据时，注册会计师应当确定某项控制是否存在，被审计单位是否正在使用。

在测试控制运行的有效性时，注册会计师应当从下列方面获取关于控制是否有效运行的审计证据：①控制在所审计期间的相关时点是如何运行的；②控制是否得到一贯执行；③控制由谁或以何种方式执行。

微课：了解内控与控制测试

从这三个方面来看，控制运行有效性强调的是控制能够在各个不同时点按照既定设计得以一贯执行。因此，在了解控制是否得到执行时，注册会计师只需抽取少量的交易进行检查或观察某几个时点。但在测试控制运行的有效性时，注册会计师需要抽取足够数量的交易进行检查或对多个不同时点进行观察。

测试控制运行的有效性与确定控制是否得到执行所需获取的审计证据虽然存在差异，但

两者也有联系。为评价控制设计和确定控制是否得到执行而实施的某些风险评估程序并非专为控制测试而设计，有可能提供有关控制运行有效性的审计证据，注册会计师可以考虑在评价控制设计和获取其得到执行的审计证据的同时测试控制运行有效性，以提高审计效率；同时注册会计师应当考虑这些审计证据是否足以实现控制测试的目的。

例如，被审计单位可能采用预算管理制度，以防止或发现并纠正与费用有关的重大错报风险。通过询问管理层是否编制预算，观察管理层对月度预算费用与实际发生费用的比较，并检查预算金额与实际金额之间的差异报告，注册会计师可能获取有关被审计单位费用预算管理制度的设计及其是否得到执行的审计证据，同时也可能获取相关制度运行有效性的审计证据。当然，注册会计师需要考虑所实施的风险评估程序获取的审计证据是否能够充分、适当地反映被审计单位费用预算管理制度在各个不同时点按照既定设计得以一贯执行。

2.控制测试的要求

作为进一步审计程序的类型之一，控制测试并非在任何情况下都需要实施。当存在下列情形之一时，注册会计师应当实施控制测试：

（1）在评估认定层次重大错报风险时，预期控制的运行是有效的；

（2）仅实施实质性程序并不能够提供认定层次充分、适当的审计证据。

如果在评估认定层次重大错报风险时预期控制的运行是有效的，注册会计师应当实施控制测试，就控制在相关期间或时点的运行有效性获取充分、适当的审计证据。

注册会计师通过实施风险评估程序，可能发现某项控制的设计是存在的，也是合理的，同时得到了执行。在这种情况下，出于成本效益的考虑，注册会计师可能预期，如果相关控制在不同时点都得到了一贯执行，与该项控制有关的财务报表认定发生重大错报的可能性就不会很大，也就不需要实施很多的实质性程序。为此，注册会计师可能认为值得对相关控制在不同时点是否得到一贯执行进行测试，即实施控制测试。这种测试主要是出于成本效益的考虑，其前提是注册会计师通过了解内部控制以后认为某项控制存在着被信赖和利用的可能。因此，只有认为控制设计合理、能够防止或发现并纠正认定层次的重大错报，注册会计师才有必要对控制运行的有效性实施测试。

如果认为仅实施实质性程序获取的审计证据无法将认定层次重大错报风险降至可接受的低水平，注册会计师应当实施相关的控制测试，以获取控制运行有效性的审计证据。

有时，对有些重大错报风险，注册会计师仅通过实施实质性程序无法予以应对。例如，在被审计单位对日常交易或与财务报表相关的其他数据（包括信息的生成、记录、处理、报告）采用高度自动化处理的情况下，审计证据可能仅以电子形式存在，此时审计证据是否充分和适当通常取决于自动化信息系统相关控制的有效性。如果信息的生成、记录、处理和报告均通过电子格式进行而没有适当有效的控制，则生成不正确信息或信息被不恰当修改的可能性就会大大增加。在认为仅通过实施实质性程序不能获取充分、适当的审计证据的情况下，注册会计师必须实施控制测试，且这种测试已经不再是单纯出于成本效益的考虑，而是必须获取的一类审计证据的必要程序。

此外，需要说明的是，被审计单位在所审计期间内可能由于技术更新或组织管理变更而更换了信息系统，从而导致在不同时期使用了不同的控制。如果被审计单位在所审计期间内的不同时期使用了不同的控制，注册会计师应当考虑不同时期控制运行的有效性。

（二）控制测试的性质

1.控制测试的性质的含义

控制测试的性质是指控制测试所使用的审计程序的类型及其组合。

计划从控制测试中获取的保证水平是决定控制测试性质的主要因素之一。注册会计师应当选择适当类型的审计程序以获取有关控制运行有效性的保证。在计划和实施控制测试时，对控制有效性的信赖程度越高，注册会计师应当获取越有说服力的审计证据。当拟实施的进一步审计程序主要以控制测试为主，尤其是仅实施实质性程序无法或不能获取充分、适当的审计证据时，注册会计师应当获取有关控制运行有效性的更高的保证水平。

控制测试常用的审计程序有询问、观察、检查和重新执行。

（1）询问。注册会计师可以向被审计单位适当员工询问，获取与内部控制运行情况相关的信息。例如，询问信息系统管理人员有无未经授权接触计算机硬件和软件，向负责复核银行存款余额调节表的人员询问如何进行复核，包括复核的要点是什么、发现不符事项如何处理等。然而，仅仅通过询问不能为控制运行的有效性提供充分的证据，注册会计师通常需要印证被询问者的答复，如向其他人员询问和检查执行控制时所使用的报告、手册或其他文件等。因此，虽然询问是一种有用的手段，但它必须和其他测试手段结合使用才能发挥作用。在询问过程中，注册会计师应当保持职业怀疑。

（2）观察。观察是测试不留下书面记录的控制（如职责分离）的运行情况的有效方法。例如，观察存货盘点控制的执行情况。观察也可用于实物控制，如查看仓库门是否锁好，或空白支票是否妥善保管。通常情况下，注册会计师通过观察直接获取的证据比间接获取的证据更可靠。但是，注册会计师还要考虑其所观察到的控制在注册会计师不在场时可能未被执行的可能性。

（3）检查。对运行情况留有书面证据的控制，检查非常适用。书面说明、复核时留下的记号，或其他记录在偏差报告中的标志，都可以被当作控制运行情况的证据。例如，检查销售发票是否有复核人员签字，检查销售发票是否附有客户订购单和出库单等。

（4）重新执行。通常只有当询问、观察和检查程序结合在一起仍无法获得充分的证据时，注册会计师才考虑通过重新执行来证实控制是否有效运行。例如，为了合理保证计价认定的准确性，被审计单位的一项控制是由复核人员核对销售发票上的价格与统一价格单上的价格是否一致。但是，要检查复核人员有没有认真执行核对，仅仅检查复核人员是否在相关文件上签字是不够的，注册会计师还需要自己选取一部分销售发票进行核对，这就是重新执行程序。如果需要进行大量的重新执行，注册会计师就要考虑通过实施控制测试以缩小实质性程序的范围是否有效率。

询问本身并不足以测试控制运行的有效性。因此，注册会计师需要将询问与其他审计程序结合使用。而观察提供的证据仅限于观察发生的时点，因此，将询问与检查或重新执行结合使用，可能比仅实施询问或观察获取更高水平的保证。

2.确定控制测试的性质时的要求

（1）考虑特定控制的性质。注册会计师应当根据特定控制的性质选择所需实施审计程序的类型。例如，某些控制可能存在反映控制运行有效性的文件记录，在这种情况下，注册会计师可以检查这些文件记录以获取控制运行有效的审计证据；某些控制可能不存在文件记录（如一项自动化的控制活动），或文件记录与能否证实控制运行有效性不相关，注册会计师应

流光容易把人抛，红了樱桃，绿了芭蕉。 ——蒋捷

当考虑实施检查以外的其他审计程序（如询问或观察）或借助计算机辅助审计技术，以获取有关控制运行有效性的审计证据。

（2）考虑测试与认定直接相关和间接相关的控制。在设计控制测试时，注册会计师不仅应当考虑与认定直接相关的控制，还应当考虑这些控制所依赖的与认定间接相关的控制，以获取支持控制运行有效性的审计证据。例如，被审计单位可能针对超出信用额度的例外赊销交易设置报告和审核制度，在测试该项制度的运行有效性时，注册会计师不仅应当考虑审核的有效性（与认定直接相关的控制），还应当考虑与例外赊销报告中信息准确性有关的控制（与认定间接相关的控制）是否有效运行。

（3）如何对一项自动化的应用控制实施控制测试。对于一项自动化的应用控制，由于信息技术处理过程的内在一贯性，注册会计师可以利用该项控制得以执行的审计证据和信息技术一般控制（特别是对系统变动的控制）运行有效性的审计证据，作为支持该项控制在相关期间运行有效性的重要审计证据。

3.实施控制测试时对双重目的的实现

控制测试的目的是评价控制是否有效运行；细节测试的目的是发现认定层次的重大错报。尽管两者目的不同，但注册会计师可以考虑针对同一交易同时实施控制测试和细节测试，以实现双重目的，例如，注册会计师通过检查某笔交易的发票可以确定其是否经过适当的授权，也可以获取关于该交易的金额、发生时间等细节证据。当然，如果拟实施双重目的测试，注册会计师应当仔细设计和评价测试程序。

4.实施实质性程序的结果对控制测试结果的影响

如果通过实施实质性程序未发现某项认定存在错报，这本身并不能说明与该认定有关的控制是有效运行的；但如果通过实施实质性程序发现某项认定存在错报，注册会计师应当在评价相关控制的运行有效性时予以考虑。因此，注册会计师应当考虑实施实质性程序发现的错报对评价相关控制运行有效性的影响（如降低对相关控制的信赖程度、调整实质性程序的性质、扩大实质性程序的范围等）。如果实施实质性程序发现被审计单位没有识别出的重大错报，通常表明内部控制存在重大缺陷，注册会计师应当就这些缺陷与管理层和治理层进行沟通。

（三）控制测试的时间

1.控制测试的时间的含义

如前所述，控制测试的时间包含两层含义：一是何时实施控制测试；二是测试所针对的控制适用的时点或期间。一个基本的原理是，如果测试特定时点的控制，注册会计师仅得到该时点控制运行有效性的审计证据；如果测试某一期间的控制，注册会计师可获取控制在该期间有效运行的审计证据。因此，注册会计师应当根据控制测试的目的确定控制测试的时间，并确定拟信赖的相关控制的时点或期间。

关于根据控制测试的目的确定控制测试的时间，如果仅需要测试控制在特定时点的运行有效性（如对被审计单位期末存货盘点进行控制测试），注册会计师只需要获取该时点的审计证据。如果需要获取控制在某一期间有效运行的审计证据，仅获取与时点相关的审计证据是不充分的，注册会计师应当辅以其他控制测试，包括测试被审计单位对控制的监督。换言之，关于控制在多个不同时点的运行有效性的审计证据的简单累加并不能构成控制在某期间的运行有效性的充分、适当的审计证据；而所谓的"其他控制测试"应当具备的功能是，能提供相关控制在所有相关时点都运行有效的审计证据；被审计单位对控制的监督起到的就是一种检验相关控制在所有相关时点是否都有效运行的作用，因此，注册会计师测试这类活动能够强化控制在某期间运行有效性的审计证据效力。

2.如何考虑期中审计证据

前已述及，注册会计师可能在期中实施进一步审计程序。对于控制测试，注册会计师在期中实施此类程序具有更积极的作用。但需要说明的是，即使注册会计师已获取有关控制在期中运行有效性的审计证据，仍然需要考虑如何能够将控制在期中运行有效性的审计证据合理延伸至期末，一个基本的考虑是针对期中至期末这段剩余时间获取充分、适当的审计证据。因此，如果已获取有关控制在期中运行有效性的审计证据，并拟利用该证据，注册会计师应当实施下列审计程序：（1）获取这些控制在剩余期间发生重大变化的审计证据；（2）确定针对剩余期间还需获取的补充审计证据。

上述两项审计程序中，第一项是针对期中已获取审计证据的控制，考察这些控制在剩余期间的变化情况（包括是否发生了变化以及如何变化）：如果这些控制在剩余期间没有发生变化，注册会计师可能决定信赖期中获取的审计证据；如果这些控制在剩余期间发生了变化（如信息系统、业务流程或人事管理等方面发生变动），注册会计师需要了解并测试控制的变化对期中审计证据的影响。

上述两项审计程序中，第二项是针对期中证据以外的、剩余期间的补充证据。在执行该项规定时，注册会计师应当考虑下列因素：

①评估的认定层次重大错报风险的重要程度。评估的重大错报风险对财务报表的影响越大，注册会计师需要获取的剩余期间的补充证据越多。

②在期中测试的特定控制，以及自期中测试后发生的重大变动。例如，对自动化运行的控制，注册会计师更可能测试信息系统一般控制的运行有效性，以获取控制在剩余期间运行有效性的审计证据。

③在期中对有关控制运行有效性获取的审计证据的程度。如果注册会计师在期中对有关控制运行有效性获取的审计证据比较充分，可以考虑适当减少需要获取的剩余期间的补充证据。

④剩余期间的长度。剩余期间越长，注册会计师需要获取的剩余期间的补充证据越多。

⑤在信赖控制的基础上拟缩小实质性程序的范围。注册会计师对相关控制的信赖程度越高，通常在信赖控制的基础上拟减少进一步实质性程序的范围就越大。在这种情况下，注册会计师需要获取的剩余期间的补充证据越多。

⑥控制环境。在注册会计师总体上拟信赖控制环境的前提下，控制环境越薄弱（或把握程度越低），注册会计师需要获取的剩余期间的补充证据越多。

除了上述测试剩余期间控制的运行有效性的方法外，测试被审计单位对控制的监督也能够作为一项有益的补充证据，以便更有把握地将控制在期中运行有效性的审计证据延伸至期末。

3.如何考虑以前审计获取的审计证据

注册会计师考虑以前审计获取的有关控制运行有效性的审计证据，其意义在于：一方面，内部控制中的诸多要素对于被审计单位往往是相对稳定的（相对于具体的交易、账户余

劝君莫惜金缕衣，劝君惜取少年时。　——杜秋娘

额和披露），因此，注册会计师在本期审计时还可以适当考虑利用以前审计获取的有关控制运行有效性的审计证据；另一方面，内部控制在不同期间可能发生重大变化，注册会计师在利用以前审计获取的有关控制运行有效性的审计证据时需要格外慎重，应充分考虑各种因素。

关于如何考虑以前审计获取的有关控制运行有效性的审计证据，基本思路是考虑拟信赖的以前审计中测试的控制在本期是否发生变化，因为考虑与控制变化有关的审计证据有助于注册会计师决定合理调整拟在本期获取的有关控制运行有效性的审计证据。

（1）当控制在本期发生变化时注册会计师的做法。如果控制在本期发生变化，注册会计师应当考虑以前审计获取的有关控制运行有效性的审计证据是否与本期审计相关。例如，如果系统的变化仅仅使被审计单位从中获取新的报告，这种变化通常不影响以前审计所获取证据的相关性；如果系统的变化引起数据累积或计算发生改变，这种变化可能影响以前审计所获取证据的相关性。如果拟信赖的控制自上次测试后已发生变化，注册会计师应当在本期审计中测试这些控制的运行有效性。

（2）当控制在本期未发生变化时注册会计师的做法。如果拟信赖的控制自上次测试后未发生变化，且不属于旨在减轻特别风险的控制，注册会计师应当运用职业判断确定是否在本期审计中测试其运行有效性，以及本次测试与上次测试的时间间隔，但每三年至少对控制测试一次。

（3）不得依赖以前审计所获取证据的情形。鉴于特别风险的特殊性，对于旨在减轻特别风险的控制，不论该控制在本期是否发生变化，注册会计师都不应依赖以前审计获取的证据。因此，如果确定评估的认定层次重大错报风险是特别风险，并拟信赖旨在减轻特别风险的控制，注册会计师不应依赖以前审计获取的审计证据，而应在本期审计中测试这些控制的运行有效性。也就是说，如果注册会计师拟信赖针对特别风险的控制，那么，所有关于该控制运行有效性的审计证据必须来自当年的控制测试。相应地，注册会计师应当在每次审计中都测试这类控制。

（4）利用以前审计获取证据应当考虑的因素或情况。在确定利用以前审计获取的有关控制运行有效性的审计证据是否适当以及再次测试控制的时间间隔时，注册会计师应当考虑的因素或情况包括：

①内部控制其他要素的有效性，包括控制环境、对控制的监督以及被审计单位的风险评估过程。例如，当被审计单位控制环境薄弱或对控制的监督薄弱时，注册会计师应当缩短再次测试控制的时间间隔或完全不信赖以前审计获取的审计证据。

②控制特征（无论是人工控制还是自动化控制）产生的风险。当相关控制中人工控制的成分较大时，考虑到人工控制一般稳定性较差，注册会计师可能决定在本期审计中继续测试该控制的运行有效性。

③信息技术一般控制的有效性。当信息技术一般控制薄弱时，注册会计师可能更少地依赖以前审计获取的审计证据。

④影响内部控制的重大人事变动。例如，当所审计期间发生了对控制运行产生重大影响的人事变动时，注册会计师可能决定在本期审计中不依赖以前审计获取的审计证据。

⑤由于环境发生变化而特定控制缺乏相应变化导致的风险。当环境的变化表明需要对控制作出相应的变动，但控制却没有作出相应变动时，注册会计师应当充分意识到控制不再有

效，从而导致本期财务报表发生重大错报的可能，此时不应再依赖以前审计获取的有关控制运行有效性的审计证据。

⑥重大错报风险和对控制的信赖程度。如果重大错报风险较大或对控制的信赖程度较高，注册会计师应当缩短再次测试控制的时间间隔或完全不信赖以前审计获取的审计证据。

图5-2概括了注册会计师是否需要在本期测试某项控制的决策过程。

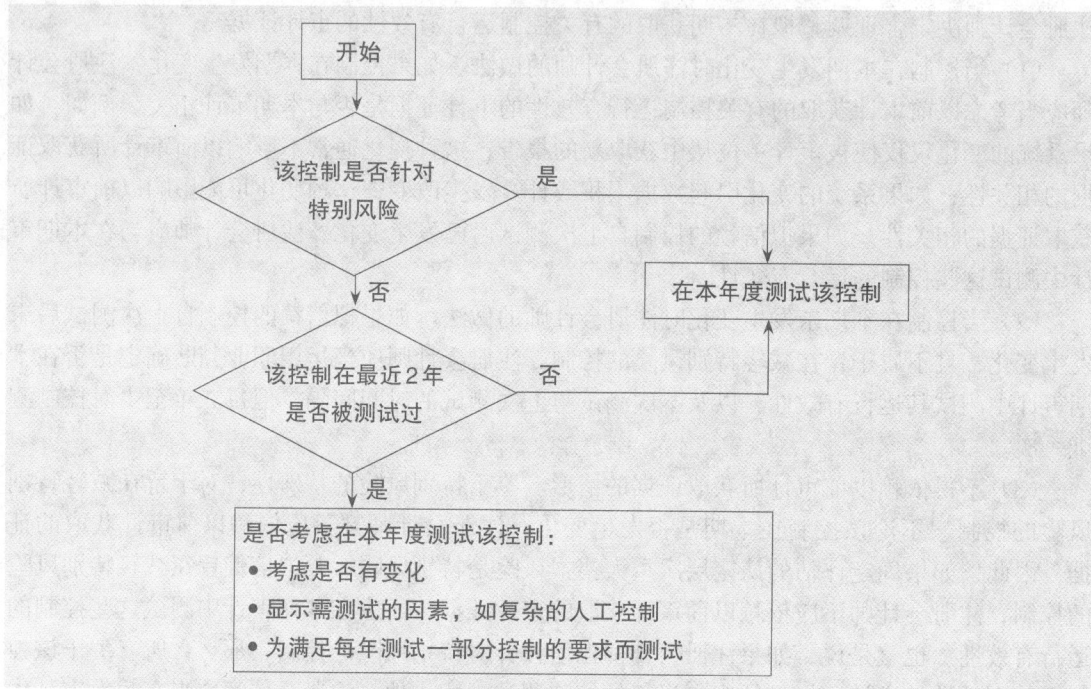

图5-2　本审计期间测试某项控制的决策

（四）控制测试的范围

对于控制测试的范围，其含义主要是指某项控制活动的测试次数。注册会计师应当设计控制测试，以获取控制在整个拟信赖的期间有效运行的充分、适当的审计证据。

1.确定控制测试范围的考虑因素

当针对控制运行的有效性需要获取更具说服力的审计证据时，可能需要扩大控制测试的范围。在确定控制测试的范围时，除考虑对控制的信赖程度外，注册会计师还可能考虑以下因素：

（1）在拟信赖期间，被审计单位执行控制的频率。控制执行的频率越高，控制测试的范围越大。

（2）在所审计期间，注册会计师拟信赖控制运行有效性的时间长度。拟信赖控制运行有效性的时间长度不同，在该时间长度内发生的控制活动次数也不同。注册会计师需要根据拟信赖控制的时间长度确定控制测试的范围。拟信赖期间越长，控制测试的范围越大。

（3）控制的预期偏差。预期偏差可以用控制未得到执行的预期次数占控制应当得到执行次数的比率加以衡量（也可称为预期偏差率）。控制的预期偏差率越高，需要实施控制

读书不觉已春深，一寸光阴一寸金。　——王贞白

测试的范围越大。如果控制的预期偏差率过高，注册会计师应当考虑控制可能不足以将认定层次的重大错报风险降至可接受的低水平，从而针对某一认定实施的控制测试可能是无效的。

(4) 通过测试与认定相关的其他控制获取的审计证据的范围。针对同一认定，可能存在不同的控制。当针对其他控制获取审计证据的充分性和适当性较高时，测试该控制的范围可适当缩小。

(5) 拟获取的有关认定层次控制运行有效性的审计证据的相关性和可靠性。在控制测试中，对样本规模的影响因素及方向，详见项目四审计抽样相关内容。

2.对自动化控制的测试范围的特别考虑

除非系统（包括系统使用的表格、文档或其他永久性数据）发生变动，注册会计师通常不需要增加自动化控制的测试范围。

信息技术处理具有内在一贯性，除非系统发生变动，一项自动化应用控制应当一贯运行。对于一项自动化应用控制，一旦确定被审计单位正在执行该控制，注册会计师通常无须扩大控制测试的范围，但需要考虑执行下列测试以确定该控制持续有效运行：

(1) 测试与该应用控制有关的一般控制的运行有效性；

(2) 确定系统是否发生变动，如果发生变动，是否存在适当的系统变动控制；

(3) 确定对交易的处理是否使用授权批准的软件版本。

例如，注册会计师可以检查信息系统安全控制记录，以确定是否存在未经授权的接触系统硬件和软件，以及系统是否发生变动。

3.测试两个层次控制时应注意的问题

控制测试可用于被审计单位每个层次的内部控制。整体层次控制测试通常更加主观（如管理层对胜任能力的重视）。对整体层次控制进行测试，通常比业务流程层次控制（如检查付款是否得到授权）更难以记录。因此，整体层次控制和信息技术一般控制的评价通常记录的是文件备忘录和支持性证据。注册会计师最好在审计的早期测试整体层次控制，原因在于对这些控制测试的结果会影响其他计划审计程序的性质和范围。

四、实质性程序

(一) 实质性程序的含义和要求

1.实质性程序的含义

实质性程序是指用于发现认定层次重大错报的审计程序，包括对各类交易、账户余额和披露的细节测试以及实质性分析程序。

注册会计师实施的实质性程序应当包括下列与财务报表编制完成阶段相关的审计程序：

(1) 将财务报表与其所依据的会计记录进行核对或调节。

(2) 检查财务报表编制过程中作出的重大会计分录和其他调整。注册会计师对会计分录和其他会计调整检查的性质和范围，取决于被审计单位财务报告过程的性质和复杂程度以及由此产生的重大错报风险。

由于注册会计师对重大错报风险的评估是一种判断，可能无法充分识别所有的重大错报风险，并且由于内部控制存在固有局限性，无论评估的重大错报风险结果如何，注册会计师都应当针对所有重大的各类交易、账户余额和披露实施实质性程序。

2.针对特别风险实施的实质性程序

如果认为评估的认定层次重大错报风险是特别风险，注册会计师应当专门针对该风险实施实质性程序。例如，如果认为管理层面临实现盈利指标的压力而可能提前确认收入，注册会计师在设计询证函时不仅应当考虑函证应收账款的账户余额，还应当考虑询证销售协议的细节条款（如交货、结算及退货条款）；注册会计师还可考虑在实施函证的基础上针对销售协议及其变动情况询问被审计单位的非财务人员。如果针对特别风险实施的程序仅为实质性程序，这些程序应当包括细节测试，或将细节测试和实质性分析程序结合使用，以获取充分、适当的审计证据。为应对特别风险需要获取具有高度相关性和可靠性的审计证据，仅实施实质性分析程序不足以获取有关特别风险的充分、适当的审计证据。

（二）实质性程序的性质

1.实质性程序性质的含义

实质性程序的性质，是指实质性程序的类型及其组合。实质性程序的两种基本类型包括细节测试和实质性分析程序。

细节测试是对各类交易、账户余额和披露的具体细节进行测试，目的在于直接识别财务报表认定是否存在错报。细节测试被用于获取与某些认定相关的审计证据，如存在、准确性、计价等。

实质性分析程序从技术特征上讲仍然是分析程序，主要是通过研究数据间关系评价信息，只是将该技术方法用做实质性程序，即用以识别各类交易、账户余额和披露及相关认定是否存在错报。实质性分析程序通常更适用于在一段时间内存在可预期关系的大量交易。

2.细节测试和实质性分析程序的适用性

由于细节测试和实质性分析程序的目的和技术手段存在一定差异，因此，各自有不同的适用领域。注册会计师应当根据各类交易、账户余额和披露的性质选择实质性程序的类型。细节测试适用于对各类交易、账户余额和披露认定的测试，尤其是对存在或发生、计价认定的测试；对在一段时间内存在可预期关系的大量交易，注册会计师可以考虑实施实质性分析程序。

3.细节测试的方向

对于细节测试，注册会计师应当针对评估的风险设计细节测试，获取充分、适当的审计证据，以达到认定层次所计划的保证水平。该规定的含义是，注册会计师需要根据不同的认定层次的重大错报风险设计有针对性的细节测试。例如，在针对存在或发生认定设计细节测试时，注册会计师应当选择包含在财务报表金额中的项目，并获取相关审计证据；又如，在针对完整性认定设计细节测试时，注册会计师应当选择有证据表明应包含在财务报表金额中的项目，并调查这些项目是否确实包括在内。如为应对被审计单位漏记本期应付账款的风险，注册会计师可以检查其后付款记录。

4.设计实质性分析程序时应考虑的因素

注册会计师在设计实质性分析程序时应当考虑的因素包括：①对特定认定使用实质性分析程序的适当性；②对已记录的金额或比率作出预期时，所依据的内部或外部数据的可靠性；③作出预期的准确程度是否足以在计划的保证水平上识别重大错报；④已记录金额与预期值之间可接受的差异额。考虑到数据及分析的可靠性，当实施实质性分析程序时，如果使用被审计单位编制的信息，注册会计师应当考虑测试与信息编制相关的控制，以及这些信息是否在本期或前期经过审计。

（三）实质性程序的时间

实质性程序的时间选择与控制测试的时间选择有共同点，也有很大差异。共同点在于，两类程序都面临着对期中审计证据和对以前审计获取的审计证据的考虑。两者的差异在于：①在控制测试中，期中实施控制测试并获取期中关于控制运行有效性审计证据的做法更具有一种"常态"；而由于实质性程序的目的在于更直接地发现重大错报，在期中实施实质性程序时更需要对成本效益进行权衡。②在本期控制测试中拟信赖以前审计获取的有关控制运行有效性的审计证据，已经受到了很大的限制；而对于以前审计中通过实质性程序获取的审计证据，则采取了更加慎重的态度和更严格的限制。

1.如何考虑是否在期中实施实质性程序

注册会计师在考虑是否在期中实施实质性程序时应当考虑以下因素：

（1）控制环境和其他相关的控制。控制环境和其他相关的控制越薄弱，注册会计师越不宜在期中实施实质性程序。

（2）实施审计程序所需信息在期中之后的可获得性。如果实施实质性程序所需信息在期中之后可能难以获取（如系统变动导致某类交易记录难以获取），注册会计师应考虑在期中实施实质性程序；但如果实施实质性程序所需信息在期中之后的获取并不存在明显困难，该因素不应成为注册会计师在期中实施实质性程序的重要影响因素。

（3）实质性程序的目的。如果针对某项认定实施实质性程序的目的就包括获取该认定的期中审计证据（从而与期末比较），注册会计师应在期中实施实质性程序。

（4）评估的重大错报风险。注册会计师评估的某项认定的重大错报风险越高，针对该认定所需获取的审计证据的相关性和可靠性要求也就越高，注册会计师越应当考虑将实质性程序集中于期末（或接近期末）实施。

（5）特定类别交易或账户余额以及相关认定的性质。例如，某些交易或账户余额以及相关认定的特殊性质（如收入截止认定、未决诉讼）决定了注册会计师必须在期末（或接近期末）实施实质性程序。

（6）针对剩余期间，能否通过实施实质性程序或将实质性程序与控制测试相结合，降低期末存在错报而未被发现的风险。如果针对剩余期间注册会计师可以通过实施实质性程序或将实质性程序与控制测试相结合，较有把握地降低期末存在错报而未被发现的风险（如注册会计师在10月份实施预审时考虑是否使用一定的审计资源实施实质性程序，从而形成的剩余期间不是很长），注册会计师可以考虑在期中实施实质性程序；但如果针对剩余期间注册会计师认为还需要消耗大量审计资源才有可能降低期末存在错报而未被发现的风险，甚至没有把握通过适当的进一步审计程序降低期末存在错报而未被发现的风险（如被审计单位于8月份发生管理层变更，注册会计师接受后任管理层邀请实施预审时，考虑是否使用一定的审计资源实施实质性程序），注册会计师就不宜在期中实施实质性程序。

2.如何考虑期中审计证据

如果在期中实施了实质性程序，注册会计师应当针对剩余期间实施进一步的实质性程序，或将实质性程序和控制测试结合使用，以将期中测试得出的结论合理延伸至期末。在将期中实施的实质性程序得出的结论合理延伸至期末时，注册会计师有两种选择：其一是针对剩余期间实施进一步的实质性程序；其二是将实质性程序和控制测试结合使用。

如果拟将期中测试得出的结论延伸至期末，注册会计师应当考虑针对剩余期间仅实施实质性程序是否足够。如果认为实施实质性程序本身不充分，注册会计师还应测试剩余期间相关控制运行的有效性或针对期末实施实质性程序。

对于舞弊导致的重大错报风险（作为一类重要的特别风险），被审计单位存在故意错报或操纵的可能性，那么注册会计师更应慎重考虑能否将期中测试得出的结论延伸至期末。因此，如果已识别出由于舞弊导致的重大错报风险，为将期中得出的结论延伸至期末而实施的审计程序通常是无效的，注册会计师应当考虑在期末或者接近期末实施实质性程序。

3.如何考虑以前审计获取的审计证据

在以前审计中实施实质性程序获取的审计证据，通常对本期只有很弱的证据效力或没有证据效力，不足以应对本期的重大错报风险。只有当以前获取的审计证据及其相关事项未发生重大变动时（例如，以前审计通过实质性程序测试过的某项诉讼在本期没有任何实质性进展），以前获取的审计证据才可能用做本期的有效审计证据。但即便如此，如果拟利用以前审计中实施实质性程序获取的审计证据，注册会计师应当在本期实施审计程序，以确定这些审计证据是否具有持续相关性。

（四）实质性程序的范围

在确定实质性程序的范围时，注册会计师应当考虑评估的认定层次重大错报风险和实施控制测试的结果。注册会计师评估的认定层次的重大错报风险越高，需要实施实质性程序的范围越广。如果对控制测试结果不满意，注册会计师应当考虑扩大实质性程序的范围。

在设计细节测试时，注册会计师除了从样本量的角度考虑测试范围外，还要考虑选样方法的有效性等因素。例如，从总体中选取大额或异常项目，而不是进行代表性抽样或分层抽样。

实质性分析程序的范围有两层含义：第一层含义是对什么层次上的数据进行分析，注册会计师可以选择在高度汇总的财务数据层次进行分析，也可以根据重大错报风险的性质和水平调整分析层次再进行分析。例如，按照不同产品线、不同季节或月份、不同经营地点或存货存放地点等实施实质性分析程序。第二层含义是需要对什么幅度或性质的偏差展开进一步调查。实施分析程序可能发现偏差，但并非所有的偏差都值得展开进一步调查。可容忍或可接受的偏差越大，作为实质性分析程序一部分的进一步调查的范围就越小。因此，在设计实质性分析程序时，注册会计师应当确定已记录金额与预期值之间可接受的差异额。在确定该差异额时，注册会计师应当主要考虑各类交易、账户余额和披露及相关认定的重要性和计划的保证水平。

风险评估与风险应对的简要框架如图5-3所示。

盛年不重来，一日难再晨。及时当勉励，岁月不待人。 ——陶渊明

		审计抽样（适用：留有轨迹的控制测试；细节测试。不适用：风险评估程序；控制未留轨迹；信息技术一般控制；实质性分析程序）		
		抽样风险类型		风险应对
100% ⎰合理保证 ⎱审计目标	降低检查风险，控制审计风险，获取合理保证。	抽样风险	抽样引起的与样本规模和抽样方法相关	重点防范影响审计效果的风险
			控制测试：信赖过度风险；信赖不足风险	
			细节测试：误受风险；误拒风险	
		非抽样风险	是指审计人员由于任何与抽样风险无关的原因而得出错误结论的风险	专业胜任；督导、质控

审计风险	=	重大错报风险	×	检查风险（重大错报风险与检查风险呈反向关系）
CPA发表不当审计意见的可能性	报表审计前存在重大错报的可能性			CPA实施审计程序后没有发现重大错报的可能性
	风险评估： 1.程序：询问、分析、观察和检查 2.内容：从六个方面了解被审计单位及其环境（了解内控：穿行测试） 3.类型： （1）财务报表层次重大错报风险 （2）认定层次的重大错报风险（固有风险/控制风险） （3）特别风险			风险应对： 1.财务报表层次重大错报风险：总体应对措施 2.认定层次重大错报风险：进一步审计程序 （1）进一步审计程序的总体方案：综合性方案；实质性方案 （2）进一步审计程序目的类型： ⎰a.控制测试（询问，观察，检查，重新执行） ⎱b.实质性程序：细节测试/分析程序 3.特别风险应对： ⎰a.控制测试 ⎱b.细节测试/将细节测试和分析程序结合使用

图5-3　风险评估与风险应对简要框架图

思考与练习

一、单项选择题

1.现代风险导向审计的模型是（　　　）。

　A.审计风险 = 固有风险 + 控制风险　　　　B.审计风险 = 重大错报风险 + 检查风险

　C.审计风险 = 固有风险 × 控制风险　　　　D.审计风险 = 重大错报风险 × 检查风险

2.在特定的审计风险水平下，检查风险与重大错报风险之间的关系是（　　　）。

　A.同向变动关系　　　　　　　　　　　B.反向变动关系

　C.有时同向变动，有时反向变动　　　　D.关系不确定

3.下列有关审计风险的表述中，正确的是（　　　）。

　A.重大错报风险是指审计人员未能发现重大错报的可能性

B.认定层次的重大错报风险可进一步分为固有风险和检查风险

C.控制风险是指被审计单位的内部控制没有及时预防、发现和纠正重大错报的可能性

D.在既定审计风险水平下，可接受的检查风险水平与重大错报风险的评估结果呈正向关系

4.注册会计师应当在（　　）两个层次识别和评估重大错报风险，为设计和实施进一步审计程序提供基础。

　　A.外部环境和内部环境　　　　　　　B.控制测试和实质性程序

　　C.总分类账层次和明细分类账层次　　D.财务报表层次和认定层次

5.某一管理层财务报表认定存在错报，该错报单独或连同其他错报是重大的，但审计人员通过实施的审计程序未能发现认定中存在重大错报的可能性，这种风险是（　　）。

　　A.固有风险　　　　B.控制风险　　　　C.检查风险　　　　D.重大错报风险

6.下面有关内部控制的说法中错误的是（　　）。

　　A.内部控制的思想是以风险为导向的控制

　　B.内部控制是控制的一个过程，这个过程需要全员的参与，包括董事会、管理层、监事会，但不包括员工

　　C.内部控制是一种管理，是对风险的管理

　　D.内部控制是一种合理保证

7.注册会计师实施控制测试的目的是（　　）。

　　A.记录相关的内部控制　　　　　　　B.评价控制的设计是否合理

　　C.确定控制是否得到执行　　　　　　D.确定控制运行的有效性

8.下列属于认定层次重大错报风险的是（　　）。

　　A.源于薄弱的被审计单位层次内部控制或信息技术一般控制

　　B.特别风险

　　C.与管理层凌驾于内部控制之上和舞弊相关的风险因素

　　D.与完整性、准确性、存在或计价相关的特定风险

9.如果实施实质性程序发现被审计单位没有识别出的重大错报，通常表明（　　）。

　　A.内部控制存在重大缺陷　　　　　　B.内部控制存在信赖不足风险

　　C.细节测试存在误拒风险　　　　　　D.存在非抽样风险

10.如果拟信赖的控制自上次测试后未发生变化，且不属于旨在减轻特别风险的控制，注册会计师应当运用职业判断确定是否在本期审计中测试其运行有效性，以及本次测试与上次测试的时间间隔，但每（　　）至少对控制测试一次。

　　A.一年　　　　　　B.二年　　　　　　C.三年　　　　　　D.四年

11.对于旨在减轻（　　）的控制，不论该控制在本期是否发生变化，注册会计师都不应依赖以前审计获取的证据。

　　A.重大错报风险　　B.检查风险　　　　C.控制风险　　　　D.特别风险

12.注册会计师（　　）可以考虑实施实质性分析程序。

　　A.对各类交易认定的测试

　　B.对账户余额认定的测试

　　C.对存在或发生、计价认定的测试

D.对在一段时间内存在可预期关系的大量交易的测试

13.对于审计程序来说，不是必不可少的阶段是（　　　）。

　　A.编制审计方案　　　　　　　　　B.发出审计通知书，提出书面承诺要求

　　C.对内部控制实施内部控制测试　　D.对财务报表项目进行实质性测试

14.它是审计工作的中心环节，它既是审计人员收集、鉴定和综合审计证据的过程，也是审计机关出具审计意见书和作出审计决定的基础。上述表述指的是（　　　）。

　　A.实质性测试

　　B.实施分析性复核程序

　　C.测试内部控制和评价相关信息系统

　　D.了解被审计单位的基本情况

15.下列各项中，不属于财务报告舞弊风险信号的有（　　　）。

　　A.应收账款回收天数略低于往年以及行业平均水平

　　B.季末或年末销售收入大幅度增长

　　C.资产负债表日后几天内销售退回大幅度增加

　　D.销售收入和盈利能力很高，但经营活动的现金流量较低

16.下列有关用作风险评估程序的分析程序的说法中，错误的是（　　　）。

　　A.此类分析程序所使用数据的汇总性较强

　　B.此类分析程序的主要目的在于识别可能表明财务报表存在重大错报风险的异常变化

　　C.此类分析程序通常不需要确定预期值

　　D.此类分析程序通常包括账户余额变化的分析，并辅之以趋势分析和比率分析

17.下列关于总体复核和风险评估中使用分析程序的比较中，不正确的是（　　　）。

　　A.风险评估阶段的分析程序主要强调并解释财务报表项目发生的变化与注册会计师取得的证据一致

　　B.两者的目的不同

　　C.两者所进行的比较和使用的手段基本相同

　　D.实施分析程序的时间和重点不同是两者的主要差别之一

二、多项选择题

1.下列有关风险评估的说法中正确的有（　　　）。

　　A.管理层缺乏诚信可能引发的舞弊风险，与财务报表整体相关

　　B.如果认为仅通过实质性程序获取的审计证据无法将认定层次的重大错报风险降至可接受的低水平，注册会计师应当评价被审计单位针对这些风险设计的控制，并确定其执行情况

　　C.注册会计师可以使用重新执行程序以了解被审计单位的内部控制

　　D.注册会计师了解被审计单位及其环境，目的就是识别和评估财务报表重大错报风险

2.注册会计师在了解被审计单位及其环境时对内部控制了解的目的包括（　　　）。

　　A.评价控制的设计是否合理　　　　B.确定控制是否得到执行

　　C.确定内部控制是否存在重大弱点　D.确定控制是否得到一贯执行

3.企业内部控制，是由（　　　）实施的、旨在实现控制目标的过程。

　　A.企业董事会　　　　B.监事会　　　　　　C.经理层　　　　　　D.全体员工

4.注册会计师了解内部控制实施的程序包括（　　　）。

　　A.询问　　　　　　　B.观察和检查　　　　C.穿行测试　　　　　D.重新执行

5.注册会计师实施控制测试的程序包括（　　　）。

　　A.询问　　　　　　　B.观察和检查　　　　C.函证　　　　　　　D.重新执行

6.了解内部控制的步骤包括（　　　）。

　　A.识别需要降低哪些风险以预防财务报表中发生重大错报

　　B.记录相关的内部控制

　　C.评估内部控制的设计

　　D.评估控制的执行

7.审计人员实施控制测试主要关注（　　　）。

　　A.控制的设计

　　B.控制在所审计期间的相关时点是如何运行的

　　C.控制是否得到一贯执行

　　D.控制由谁或以何种方式执行

8.下列关于内部控制局限性的表述，正确的有（　　　）。

　　A.内部控制可能因经营环境的改变而失效

　　B.内部控制一般仅针对特殊业务活动而设置

　　C.内部控制可能因人员疏忽而失效

　　D.内部控制的设置和运行需遵循成本效益原则

9.为实现对风险的有效控制，企业综合运用的风险应对策略有（　　　）。

　　A.风险规避　　　　　B.风险降低　　　　　C.风险分担　　　　　D.风险承受

10.企业应当将下列作为反舞弊工作重点的包括（　　　）。

　　A.未经授权或者采取其他不法方式侵占、挪用企业资产，牟取不当利益

　　B.在财务报告和信息披露等方面存在虚假记载、误导性陈述或者重大遗漏等

　　C.董事、监事、经理及其他高级管理人员滥用职权

　　D.相关机构或人员串通舞弊

11.注册会计师应当在（　　　）识别和评估重大错报风险，为设计和实施进一步审计程序提供基础。

　　A.财务报表层次　　　　　　　　　　　B.各类交易、账户余额和披露的认定层次

　　C.总分类账层次　　　　　　　　　　　D.明细分类账层次

12.下列属于财务报表层次重大错报风险的有（　　　）。

　　A.源于薄弱的被审计单位内部控制或信息技术一般控制

　　B.特别风险

　　C.与管理层凌驾于内部控制之上和舞弊相关的风险因素

　　D.管理层愿意接受的风险，例如小企业因缺乏职责分离导致的风险

13.下列与特定的某类交易、账户余额和披露的认定相关的重大错报风险包括（　　　）。

　　A.存在复杂的联营或合资　　　　　　　B.存在重大的关联方交易

C.资产的流动性出现问题　　　　　　D.重要客户流失

14.下列与财务报表整体广泛相关的重大错报风险包括（　　）。

A.管理层缺乏诚信或承受异常的压力　B.资产的流动性出现问题

C.重要客户流失　　　　　　　　　　D.融资能力受到限制

15.当评估的财务报表层次重大错报风险属于高风险水平时，注册会计师应采取的应对措施包括（　　）。

A.向项目组强调保持职业怀疑的必要性

B.指派更有经验或具有特殊技能的审计人员

C.向项目组提供更多的指导，考虑增加审计程序的不可预见性

D.拟实施进一步审计程序的总体方案倾向于综合性方案

16.在确定进一步审计程序的范围时，注册会计师应当考虑的因素包括（　　）。

A.确定的重要性水平　　　　　　　　B.评估的重大错报风险

C.计划获取的保证程度　　　　　　　D.是否签发无保留意见审计报告

17.注册会计师应当实施控制测试的情形包括（　　）。

A.在评估认定层次重大错报风险时，预期控制的运行是有效的

B.在评估认定层次重大错报风险时，预期控制的运行是无效的

C.仅实施实质性程序并不能够提供认定层次充分、适当的审计证据

D.仅实施实质性程序能够提供认定层次充分、适当的审计证据

18.审计人员对被审计单位的内部控制进行初步调查后，应当实施控制测试的情形有（　　）。

A.内部控制存在重大缺陷　　　　　　B.初步评估的控制风险为高水平

C.初步评估的控制风险为低水平　　　D.开展内部控制测试的成本较低

19.注册会计师对下列可以考虑实施细节测试程序的有（　　）。

A.对各类交易认定的测试

B.对账户余额认定的测试

C.对披露认定的测试

D.对存在或发生、计价认定的测试

20.下列各项，注册会计师在确定某项重大错报风险是否为特别风险时，通常需考虑的有（　　）。

A.是否属于舞弊风险　　　　　　　　B.是否与会计处理方法的重大变化相关

C.财务人员的胜任能力　　　　　　　D.交易的复杂程度

21.下列各项，注册会计师在确定某项重大错报风险是否为特别风险时，通常需考虑的是（　　）。

A.是否涉及重大的关联方交易　　　　B.计量结果是否具有高度不确定性

C.是否涉及异常的重大交易　　　　　D.是否属于舞弊风险

三、判断题

1.固有风险是指财务报表在审计前存在重大错报的可能性。（　　）

2.控制风险是指在考虑相关的内部控制之前，某类交易、账户余额或披露的某一认定易

于发生错报（该错报单独或连同其他错报可能是重大的）的可能性。　　　　（　　）

3.重大错报风险是指某类交易、账户余额或披露的某一认定发生错报，该错报单独或连同其他错报是重大的，但没有被内部控制及时防止或发现并纠正的可能性。　　（　　）

4.审计风险是指如果存在某一错报，该错报单独或连同其他错报可能是重大的，注册会计师为将审计风险降至可接受的低水平而实施审计程序后没有发现这种错报的风险。　（　　）

5.在被审计单位对日常交易采用高度自动化处理的情况下，注册会计师仅通过实施实质性程序能获取充分、适当的审计证据。　　　　　　　　　　　　　　　　（　　）

6.确定的重要性水平越高，注册会计师实施进一步审计程序的范围越广。　　（　　）

7.评估的重大错报风险越高，对拟获取审计证据的相关性、可靠性的要求越高，因此，注册会计师实施的进一步审计程序的范围也越广。　　　　　　　　　　　　　（　　）

8.当评估的财务报表层次重大错报风险属于高风险水平时，拟实施进一步审计程序的总体方案往往更倾向于综合性方案。　　　　　　　　　　　　　　　　　　　（　　）

9.注册会计师可以使用计算机辅助审计技术对总体而非样本进行测试。　　（　　）

10.对在一段时间内存在可预期关系的大量交易，尤其是对存在或发生、计价认定的测试，注册会计师可以考虑实施实质性分析程序。　　　　　　　　　　　　　　　（　　）

四、案例分析

ABC会计师事务所接受委托，负责审计上市公司甲公司2019年度财务报表，并委派A注册会计师担任审计项目合伙人。在执行审计工作时，A注册会计师对计划审计工作有以下考虑：

（1）确定风险评估程序、进一步审计程序和其他审计程序的性质、时间安排和范围应当是具体审计计划的核心。

（2）计划风险评估程序和计划进一步审计程序应当同时进行，然后实施相应的风险评估程序和进一步审计程序。

（3）完整、详细的进一步审计程序的计划包括对各类交易、账户余额和披露实施的具体审计程序的性质、时间安排和范围，但不应包括抽取的样本量。

（4）在计划实施的进一步审计程序中，应当在对所有交易、账户余额和披露作出计划后，再实施相应的进一步审计程序，而不能先作计划的先实施程序，后作计划的后实施程序。

（5）在审计计划阶段，还需要针对特定项目执行相应的审计程序。例如针对舞弊、持续经营和被审计单位遵守法律法规的情况等实施相应的审计程序。

（6）如果在审计工作中对总体审计策略或具体审计计划作出了重大修改，注册会计师应当在审计工作底稿中记录作出的重大修改，但不必说明修改原因。

要求：针对上述第（1）至（6）项，逐项指出A注册会计师的考虑是否恰当。如不恰当，简要说明理由。

参考答案

项目五

项目六
销售与收款
循环审计

项目六　销售与收款循环审计

◇ **学习目标**

1.阐述销售与收款循环的业务活动及相关内部控制
2.识别、评估销售与收款循环重大错报风险
3.测试销售与收款循环的内部控制
4.完成销售与收款循环的实质性程序

　　财务报表审计的组织方式大致有两种：一是账户审计法，即对财务报表的每个账户余额单独进行审计；二是循环审计法，即将财务报表分成几个循环进行审计，把紧密联系的交易种类和账户余额归入同一循环中，按业务循环组织实施审计。账户审计法具有操作方便的优点，但容易造成整个审计工作的脱节和重复，不利于审计效率的提高。而循环审计法则更符合被审计单位的业务流程和内部控制设计的实际情况，增强了审计人员分工的合理性，有助于提高审计工作的效率与效果。

　　一般而言，在财务报表审计中可将被审计单位的所有交易和账户余额划分为销售与收款循环、采购与付款循环、生产与存货循环、货币资金循环等多个业务循环。由于控制测试通常按循环法实施，为有利于实质性程序与控制测试的衔接，项目六至项目九的审计实务部分按照循环审计法讲述。

任务一　熟悉销售与收款循环的业务活动和相关内部控制

一、不同行业类型的收入来源

　　企业确认收入的方式应当反映其向客户转让商品或提供服务的模式，收入的金额应当反映企业因转让商品或提供服务而预期有权收取的对价金额。企业的收入主要来自出售商品、提供服务等，由于所处行业以及销售模式不同，企业具体的收入来源有所不同。审计人员只有对被审计单位的相关行业活动和经营性质有比较全面的了解，才能胜任被审计单位收入、支出的审计工作。表6-1列示了一些常见的行业的主要收入来源，供参考。

表6-1　　　　　　　　　　不同行业类别的主要收入来源

行业类别	收入来源
贸易业	作为零售商向普通大众（最终消费者）零售商品；作为批发商向零售商供应商品
一般制造业	通过采购原材料并将其用于生产流程制造产品卖给客户取得收入
专业服务业	律师、会计师、商业咨询等主要通过提供专业服务取得服务费收入；医疗服务机构通过提供医疗服务取得收入，包括给住院病人提供病房和医护设备，为病人提供精细护理、手术和药品等取得收入
金融服务业	向客户提供金融服务取得手续费；向客户发放贷款取得利息收入；通过协助客户对其资金进行投资取得相关理财费用
建筑业	通过提供建筑服务完成建筑合同取得收入

二、主要凭证与会计记录

在内控比较健全的企业，处理销售与收款业务通常需要使用很多凭证与会计记录。典型的销售与收款循环所涉及的主要单据与会计记录有以下几种（不同被审计单位的单据名称可能不同）：

（一）客户订购单

客户订购单即客户提出的书面购货要求。企业可以通过销售人员或其他途径，如采用电话、信函和向现有的及潜在的客户发送订购单等方式接受订货，取得客户订购单。

（二）销售单

销售单是列示客户所订商品的名称、规格、数量以及其他客户订购单有关信息的凭证，作为销售方内部处理客户订购单的凭证。

（三）发运凭证

发运凭证即在发运货物时编制的，用以反映发出商品的规格、数量和其他有关内容的凭据。发运凭证的一联寄送给客户，其余联（一联或数联）由企业保留，通常其中有一联由客户在收到商品时签署并返还给销售方，用作销售方确认收入及向客户收取货款的依据。

（四）销售发票

销售发票通常包含已销售商品的名称、规格、数量、价格、销售金额等内容。以增值税专用发票为例，销售发票的两联（抵扣联和发票联）寄送给客户，一联由企业保留。销售发票也是在会计账簿中登记销售交易的基本凭据之一。

（五）商品价目表

商品价目表是列示已经授权批准的、可供销售的各种商品的价格清单。

（六）贷项通知单

贷项通知单是一种用来表示由于销售退回或经批准的折让而导致应收货款减少的单据，其格式通常与销售发票的格式类似。

（七）应收账款账龄分析表

通常，应收账款账龄分析表按月编制，反映月末应收账款总额的账龄区间，并详细反映每个客户月末的应收账款金额和账龄。它也是常见的计提应收账款坏账准备的重要依据之一。

（八）应收账款明细账

应收账款明细账是用来记录每个客户各项赊销、还款、销售退回及折让的明细账。

（九）主营业务收入明细账

主营业务收入明细账是一种用来记录销售交易的明细账。它通常记载和反映不同类别商品或服务的营业收入的明细发生情况和总额。

（十）折扣与折让明细账

折扣与折让明细账是一种用来核算企业销售商品时，按销售合同的规定为了及早收回货款而给予客户的销售折扣和因商品品种、质量等原因而给予客户的销售折让情况的明细账。企业也可以不设置折扣与折让明细账，而将该类业务直接记录于主营业务收入明细账。

（十一）汇款通知书

汇款通知书是一种与销售发票一起寄给客户，由客户在付款时再寄回销售单位的凭证。

这种凭证注明了客户的姓名、销售发票号码、销售单位开户银行账号以及金额等内容。

（十二）库存现金日记账和银行存款日记账

库存现金日记账和银行存款日记账是用来记录应收账款的收回或现销收入以及其他各种现金、银行存款收入和支出的日记账。

（十三）坏账核销审批表

坏账核销审批表是一种用来批准将无法收回的应收款项作为坏账予以核销的单据。

（十四）客户对账单

客户对账单是一种定期寄送给客户的用于购销双方核对账目的文件。客户对账单上通常注明应收账款的期初余额、本期销售交易的金额、本期已收到的货款、贷项通知单的金额以及期末余额等内容。对账单可能是月度、季度或年度的，取决于企业的经营管理需要。

（十五）转账凭证

转账凭证是指记录转账业务的记账凭证，它是根据有关转账业务（即不涉及现金、银行存款收付的各项业务）的原始凭证编制的。

（十六）现金和银行凭证

现金和银行凭证是指分别用来记录现金和银行存款收入业务和支付业务的记账凭证。

三、销售与收款循环的业务活动

对于大多数企业而言，销售与收款循环通常是重大的业务循环，审计人员需要在审计计划阶段了解该循环涉及的业务活动及相关的内部控制。审计人员通常通过实施下列程序，了解销售和收款循环的业务活动和相关内部控制：①询问参与销售与收款流程各业务活动的被审计单位人员，一般包括销售部门、仓储部门和财务部门的员工和管理人员。②获取并阅读企业的相关业务流程图或内部控制手册等资料。③观察销售与收款流程中特定控制的运用，例如观察仓储部门人员是否以及如何将装运的商品与销售单上的信息进行核对。④检查文件资料，例如检查销售单、发运凭证、客户对账单等。⑤实施穿行测试，即追踪销售交易从发生到最终被反映在财务报表中的整个处理过程。例如：选取一笔已收的销售交易，追踪该笔交易从接受客户订购单直至收回货款的整个过程。审计人员了解其他业务循环相关内部控制的程序与此类似，后文不再赘述。

表6-2以一般制造业企业为例，分别针对销售与收款循环中的两个重要交易类别简要列示了它们通常包含的相关财务报表项目、涉及的主要业务活动及常见的主要凭证和会计记录。

四、销售与收款循环的相关内部控制

（一）业务处理的内部控制

1.接受客户订购单

客户提出订货要求是整个销售与收款循环的起点，是购买某种货物或接受某种劳务的一项申请。

客户订购单只有在符合企业管理层的授权标准时才能被接受。例如，管理层一般设有已批准销售的客户名单。销售单管理部门在决定是否同意接受某客户的订购单时，需要追查该客户是否被列入这张名单。如果该客户未被列入，则通常需要由销售单管理部门的主管来决定是否同意销售。

表6-2　　　　　　销售与收款循环涉及的交易类别、报表项目、主要活动及凭证记录

交易类别	相关报表项目	主要业务活动	主要凭证和会计记录
销售	营业收入 应收账款	接受客户订购单 批准赊销信用 根据销售单编制发运凭证并发货 按销售单装运货物 向客户开具发票 记录销售（赊销、现金销售等） 办理和记录销售退回、销售折扣与折让	客户订购单 销售单 发运凭证 销售发票 商品价目表 客户月末对账单 营业收入明细账 转账凭证 贷项通知单 折扣与折让明细账
收款	货币资金 应收账款（含原值及坏账准备） 资产减值损失	办理和记录现金、银行存款收入 提取坏账准备 坏账核销	应收账款账龄分析表 应收账款明细账 汇款通知书 库存现金日记账和银行存款日记账 客户月末对账单 收款凭证 坏账核销审批表 转账凭证

很多企业在批准了客户订购单之后，会编制一式多联的销售单。销售单是证明销售交易的"发生"认定的凭据之一，也是此笔销售交易轨迹的起点之一。此外，由于客户订购单是来自外部的引发销售交易的文件之一，有时也能为有关销售交易的"发生"认定提供补充证据。

2.批准赊销信用

对赊销业务的批准是由信用管理部门根据管理层的赊销政策在每个客户的已授权的信用额度内进行的。信用管理部门的员工在收到销售单管理部门的销售单后，应将销售单与该客户已被授权的赊销信用额度以及至今尚欠的账款余额加以比较。执行人工赊销信用检查时，还应合理划分工作职责，以避免销售人员为扩大销售而使企业承受不适当的信用风险。

企业的信用管理部门通常应对每个新客户进行信用调查，包括获取信用评审机构对客户信用等级的评定报告。无论是否批准赊销，都要求被授权的信用管理部门人员在销售单上签署意见，然后将已签署意见的销售单送回销售单管理部门。

设计信用批准控制的目的是降低坏账风险，因此，这些控制与应收账款账面余额的"计价和分摊"认定有关。

在使用信息系统实现自动控制的企业，订购单涉及的客户是否已被列入经批准的客户名单，以及赊销金额是否仍在信用额度内这类控制往往通过系统设置得以实现。对于不满足条件的情形则要求管理层的特别批准。

3.根据销售单编制发运凭证并发货

企业管理层通常要求商品仓库管理人员只有在收到经过批准的销售单时才能编制发运凭

证并供货。设立这项控制程序的目的是防止仓库在未经授权的情况下擅自发货。因此，已批准销售单的一联通常应送达仓库，作为仓库按销售单供货和发货给装运部门的授权依据。

信息系统可以协助企业在销售单得到发货批准后才能生成连续编号的发运凭证，并能按照设定的要求核对发运凭证与销售单之间相关内容的一致性。

4.按销售单装运货物

将按经批准的销售单供货与按销售单装运货物职责相分离，有助于避免负责装运货物的员工在未经授权的情况下装运产品。装运部门员工在装运之前，通常会进行独立验证，以确定从仓库提取的商品都附有经批准的销售单，且所提取商品的内容与销售单及发运凭证一致。

5.向客户开具发票

开具发票是指开具并向客户寄送事先连续编号的销售发票。与这项活动相关的问题是：①是否对所有装运的货物都开具了发票（"完整性"）；②是否只对实际装运的货物开具发票，有无重复开具发票或虚开发票（"发生"）；③是否按已授权批准的商品价目表所列价格计价开具发票（"准确性"）。

为了降低开具发票过程中出现遗漏、重复、错误计价或其他差错的风险，通常需要设立以下控制：①负责开发票的员工在开具每张销售发票之前，检查是否存在发运凭证和相应的经批准的销售单；②依据已授权批准的商品价目表开具销售发票；③将发运凭证上的商品总数与相对应的销售发票上的商品总数进行比较。

上述控制与销售交易（即营业收入）的"发生"、"完整性"以及"准确性"认定有关。企业通常保留销售发票的存根联。

信息系统也可以协助实现上述内部控制，在单证核对一致的情况下生成连续编号的销售发票，并对例外事项进行汇总，以供企业相关人员进行进一步的处理。

6.记录销售

在手工会计系统中，记录销售的过程包括区分赊销、现销，按销售发票编制转账凭证或现金、银行存款收款凭证，再据以登记营业收入明细账和应收账款明细账或库存现金、银行存款日记账。

记录销售的控制程序包括但不限于：①依据有效的发运凭证和销售单记录销售；②使用事先连续编号的销售发票并对发票使用情况进行监控；③独立检查已销发票上的销售金额与会计记录金额的一致性；④记录销售的职责应与处理销售交易的其他功能相分离；⑤对记录过程中所涉及的有关记录的接触权限予以限制，以减少未经授权批准的记录发生；⑥定期独立检查应收账款明细账与总账的一致性；⑦由不负责现金出纳和销售及应收账款记账的人员定期向客户寄发对账单，对不符事项进行调查，必要时调整会计记录，编制对账情况汇总报告并交管理层审核。

7.办理和记录现金、银行存款收入

这项活动涉及的是货款收回，导致现金、银行存款增加以及应收账款减少。在办理和记录现金、银行存款收入时，企业最关心的是货币资金的安全性。货币资金的失窃或被侵占可能发生在货币资金收入入账之前或入账之后。处理货币资金收入时要保证全部货币资金如数、及时地记入库存现金、银行存款日记账或应收账款明细账，并如数、及时地将现金存入银行。企业通过出纳与现金记账的职责分离、编制库存现金盘点表、编制银行存款余额调节

表、定期向客户发送对账单等控制来实现上述目的。

8.办理和记录销售退回、销售折扣与折让

客户如果对商品不满意，销售企业一般会同意在商品售出一定期限内接受退货，或给予一定的销售折让；客户如果提前支付货款，销售企业则可能给予一定的销售折扣。此类事项一般需经过授权批准，并确保与办理此事有关的部门和员工各司其职，分别控制实物流和会计处理。

9.提取坏账准备

企业一般定期对应收账款的可收回性进行评估，并基于一定的指标（例如账龄、客户的财务状况等）计提坏账准备。

10.核销坏账

不管赊销部门的工作如何主动，客户因经营不善、宣告破产、死亡等原因而不支付货款的事仍可能发生。如有证据表明某项货款已无法收回，企业应立即通过适当的审批程序注销该笔货款。

（二）收款交易的内部控制

（1）企业应当按照《现金管理暂行条例》《支付结算办法》等的规定，及时办理销售收款业务。

（2）企业应将销售收入及时入账，不得账外设账，不得擅自坐支现金。销售人员应当避免接触销售现款。

（3）企业应当建立应收账款账龄分析制度和逾期应收账款催收制度。销售部门应当负责应收账款的催收，会计部门应当督促销售部门加紧催收。对催收无效的逾期应收账款可通过法律程序予以解决。

（4）企业应当按客户设置应收账款台账，及时登记每一客户应收账款余额增减变动情况和信用额度使用情况。对长期往来客户应当建立起完善的客户资料，并对客户资料实施动态管理，及时更新。

（5）企业对于可能成为坏账的应收账款应当报告有关决策机构，由其进行审查，确定是否确认为坏账。企业发生的各项坏账，应查明原因，明确责任，并在履行规定的审批程序后作出会计处理。

（6）企业注销的坏账应当进行备查登记，做到账销案存。已注销的坏账又收回时应当及时入账，防止形成账外资金。

（7）企业应收票据的取得和贴现必须经由保管票据以外的主管人员的书面批准。应有专人保管应收票据，对于即将到期的应收票据，应及时向付款人提示付款；已贴现票据应在备查簿中登记，以便日后追踪管理；并应制定逾期票据的冲销管理程序和逾期票据追踪监控制度。

（8）企业应当定期与往来客户通过函证等方式核对应收账款、应收票据、预收款项等往来款项。如有不符，应查明原因，及时处理。

（三）内部控制的设计和执行要求

1.适当的职责分离

适当的职责分离有助于防止各种有意或无意的错误。例如，主营业务收入账如果系由记录应收账款之外的员工独立登记，并由另一位不负责账簿记录的员工定期调节总账和明细账，就构成了一项交互牵制；规定负责主营业务收入和应收账款记账的员工不得经手货币资金，也是防止舞弊的一项重要控制。另外，销售人员通常有一种追求更大销售数量的自然倾向，而不问它是否将以巨额坏账损失为代价，赊销的审批则在一定程度上可以抑制这种倾向。因此，赊销批准职能与销售职能的分离，也是一种理想的控制。

为确保办理销售与收款业务的不相容岗位相互分离、制约和监督，一个企业销售与收款业务相关职责适当分离的基本要求通常包括：①企业应分别设立办理销售、发货、收款三项业务的部门（或岗位）。②企业在销售合同订立前，应当指定专门人员就销售价格、信用政策、发货及收款方式等具体事项与客户进行谈判；谈判人员至少应有两人，并与订立合同的人员相分离。③编制销售发票通知单的人员与开具销售发票的人员应相互分离。④销售人员应当避免接触销货现款。⑤企业应收票据的取得和贴现必须经由保管票据以外的主管人员书面批准。

2.恰当的授权审批

对于授权审批问题，审计人员应当关注以下四个关键点上的审批程序：①在销售发生之前，赊销已经正确审批；②非经正当审批，不得发出货物；③销售价格、销售条件、运费、折扣等必须经过审批；④审批人应当根据销售与收款授权批准制度的规定，在授权范围内进行审批，不得超越审批权限。前两项控制的目的在于防止企业因向虚构的或者无力支付货款的客户发货而蒙受损失；价格审批控制的目的则在于保证销售交易按照企业定价政策规定的价格开票收款；对授权审批范围设定权限的目的则在于防止因审批人决策失误而造成严重损失。

3.充分的凭证和记录

充分的凭证和记录有助于企业执行各项控制以实现控制目标。例如，企业在收到客户订购单后，编制一份预先编号的一式多联的销售单，分别用于批准赊销、审批发货、记录发货数量以及向客户开具发票等。在这种制度下，通过定期清点销售单和销售发票，可以避免漏开发票或漏记销售的情况。又如，财务人员在记录销售交易之前，对相关的销售单、发运凭证和销售发票上的信息进行核对，以确保入账的营业收入是真实发生的、准确的。

4.凭证的预先编号

对凭证预先进行编号，旨在防止销售以后遗漏向客户开具发票或登记入账，也可防止重复开具发票或重复记账。定期检查全部凭证的编号，并调查凭证缺号或重号的原因，是实施这项控制的关键点。在信息技术得以广泛运用的环境下，凭证预先编号这一控制在很多情况下由系统执行，同时辅以人工的监控（例如对系统生成的例外报告进行复核）。

5.按月寄出对账单

由不负责现金出纳和销售及应收账款记账的人员按月向客户寄发对账单，能促使客户在发现应付账款余额不正确后及时反馈有关信息。为了使这项控制更加有效，最好将账户余额中出现的所有核对不符的账项，指定一位既不掌管货币资金也不记录主营业务收入和应收账款账目的主管人员处理，然后由独立人员按月编制对账情况汇总报告并交管理层审阅。

6.内部核查程序

由内部审计人员或其他独立人员核查销售交易的处理和记录，是实现内部控制目标所不可缺少的一项控制措施。核查的重点内容包括：①是否存在销售与收款交易不相容职务混岗的现象；②销售与收款交易的授权批准手续是否健全，是否存在越权审批行为；③信用政策、销售政策的执行是否符合规定；④销售收入是否及时入账，应收账款的催收是否有效，坏账核销和应收票据的管理是否符合规定；⑤销售退回手续是否齐全，退回货物是否及时入库。

任务二　评估销售与收款循环的重大错报风险

一、重大错报风险的范围

以一般制造业企业的赊销销售为例，销售与收款循环相关交易和余额存在的重大错报风险通常包括：

（1）收入确认存在的舞弊风险。收入是利润的来源，直接关系到企业的财务状况和经营成果。有些企业往往为了达到粉饰财务报表的目的而采用虚增（发生认定）或隐瞒收入（完整性认定）等方式实施舞弊。在财务报表舞弊案件中，涉及收入确认的舞弊占很大比例，收入确认已成为审计的高风险领域。

（2）收入的复杂性可能导致的错误。例如，被审计单位可能针对一些特定的产品或者服务提供一些特殊的交易安排（例如特殊的退货约定、特殊的服务期限安排等），但管理层可能对这些不同安排下所涉及的交易风险的判断缺乏经验，在收入确认上就容易发生错误。

（3）发生的收入交易未能得到准确记录。

（4）期末收入交易和收款交易可能未计入正确的期间，包括销售退回交易的截止错误。

（5）收款未及时入账或记入不正确的账户，因而导致应收账款或应收票据以及银行存款等账户的错报。

（6）应收账款坏账准备的计提不准确。

二、对收入确认存在的舞弊风险的评估

中国注册会计师审计准则要求注册会计师基于收入确认存在舞弊风险的假定，评价哪些类型的收入、收入交易或认定导致舞弊风险。

注册会计师需要结合对被审计单位及其环境的具体了解，考虑收入确认舞弊可能如何发生。被审计单位不同，管理层实施舞弊的动机或压力不同，其舞弊风险所涉及的具体认定也不同，注册会计师需要作出具体分析。例如，如果管理层难以实现预期的利润目标，则可能有高估收入的动机或压力（如提前确认收入或记录虚假的收入），因此，收入的发生认定存在舞弊风险的可能性较大，而完整性认定则通常不存在舞弊风险；相反，如果管理层有隐瞒收入而降低税负的动机，则注册会计师需要更加关注与收入完整性认定相关的舞弊风险。再如，被审计单位预期难以达到下一年度的销售目标，而已经超额实现了本年度的销售目标，就可能倾向于将本期的收入推迟至下一年度确认。

如果注册会计师认为收入确认存在舞弊风险的假定不适用于业务的具体情况，从而未将收入确认作为由于舞弊导致的重大错报风险领域，注册会计师应当在审计工作底稿中记录得出该结论的理由。

（一）实施风险评估程序识别相关的舞弊风险

实施风险评估程序，对注册会计师识别与收入确认相关的舞弊风险至关重要，例如，注

册会计师通过了解被审计单位生产经营的基本情况、销售模式和业务流程、与收入相关的生产技术条件、收入的来源和构成、收入交易的特性、收入确认的具体原则、所在行业的特殊事项、重大异常交易的商业理由、被审计单位的业绩衡量等，有助于其考虑收入虚假错报可能采取的方式，从而设计恰当的审计程序以发现此类错报。

注册会计师应当评价通过实施风险评估程序和执行其他相关活动获取的信息是否表明存在舞弊风险因素。例如，如果注册会计师通过实施风险评估程序了解到，被审计单位所处行业竞争激烈并伴随着利润率的下降，而管理层过于强调提高被审计单位利润水平的目标，则注册会计师需要警惕管理层通过实施舞弊高估收入，从而高估利润的风险。

（二）常用的收入确认舞弊手段

了解被审计单位通常采用的收入确认舞弊手段，有助于注册会计师更加有针对性地实施审计程序。被审计单位通常采用的收入确认舞弊手段举例如下：

微课：收入
舞弊案例

1.为了达到粉饰财务报表的目的而虚增收入或提前确认收入

（1）利用与未披露关联方之间的资金循环虚构交易。

（2）通过与未披露的关联方进行显失公允的交易。例如，以明显高于其他客户的价格向未披露的关联方销售商品。

（3）通过出售关联方的股权，使之从形式上不再构成关联方，但仍与之进行显失公允的交易，或与未来或潜在的关联方进行显失公允的交易。

（4）通过虚开商品销售发票虚增收入，而将货款挂在应收账款中，并可能在以后期间计提坏账准备，或在期后冲销。

（5）为了虚构销售收入，将商品从某一地点移送至另一地点，以出库单和运输单据为依据记录销售收入。

（6）在与商品相关的风险和报酬尚未全部转移给客户之前确认销售收入。例如，销售合同中约定被审计单位的客户在一定时间内有权无条件退货，而被审计单位隐瞒退货条款，在发货时全额确认销售收入。

（7）通过隐瞒售后回购或售后租回协议，而将以售后回购或售后租回方式发出的商品作为销售商品确认收入。

（8）采用完工百分比法确认劳务收入且采用已经发生的成本占估计总成本的比例确定完工进度时，故意低估预计总成本或多计实际发生的成本，以通过高估完工百分比的方法实现当期多确认收入。

（9）在采用代理商的销售模式时，在代理商仅向购销双方提供帮助接洽、磋商等中介代理服务的情况下，按照相关购销交易的总额而非净额（扣除佣金和代理费等）确认收入。

（10）当存在多种可供选择的收入确认会计政策或会计估计方法时，随意变更所选择的会计政策或会计估计方法。

（11）选择与销售模式不匹配的收入确认会计政策。

（12）其他方式。

2.为达到降低税负或转移利润等目的而少计收入或延后确认收入

（1）被审计单位将商品发出、收到货款并满足收入确认条件后，不确认收入，而将收到的货款作为负债挂账，或转入本单位以外的其他账户。

（2）以明显低于其他客户的价格向未披露的关联方销售商品或服务。

（3）采用不做账、账外账等方式，隐藏不需要开具发票客户的销售收入以逃避相关纳税义务。

（4）被审计单位采用以旧换新的方式销售商品时以新旧商品的差价确认收入。

（5）在提供劳务或建造合同的结果能够可靠估计的情况下，不在资产负债表日按完工百分比法确认收入，而推迟到劳务结束或工程完工时确认收入。

（6）其他方式。

（三）收入确认方面可能存在舞弊风险的迹象

存在舞弊风险迹象并不必然表明发生了舞弊，但了解舞弊风险迹象，有助于注册会计师对审计过程中发现的异常情况产生警觉，从而更有针对性地采取应对措施。通常表明被审计单位在收入确认方面可能存在舞弊风险的迹象举例如下：

（1）被审计单位的客户是否付款取决于下列情况：①能否从第三方取得融资；②能否转售给第三方（如经销商）；③被审计单位能否满足特定的重要条件。

（2）未经客户同意，在销售合同约定的发货期之前发送商品。

（3）未经客户同意，将商品运送到销售合同约定地点以外的其他地点。

（4）被审计单位的销售记录表明，已将商品发往外部仓库或货运代理人，却未指明任何客户。

（5）在实际发货之前开具销售发票，或实际未发货而开具销售发票。

（6）对于期末之后的发货，在本期确认相关收入。

（7）实际销售情况与订单不符，或者根据已取消的订单发货或重复发货。

（8）已经销售给货运代理人的商品，在期后有大量退回。

（9）销售合同或发运单上的日期被更改，或者销售合同上加盖的公章并不属于合同所指定的客户。

（10）在接近期末时发生了大量或大额的交易。

（11）交易之后长期不进行结算。

（12）在被审计单位业务或其他相关事项未发生重大变化的情况下，询证函回函相符比例明显异于以前年度。

（13）发生异常大量的现金交易，或被审计单位有非正常的资金流转及往来，特别是有非正常现金收付的情况。

（14）应收款项收回时，付款单位与购买方不一致，存在较多代付款的情况。

（15）交易标的对交易对手而言不具有合理用途。

（16）主要客户自身规模与其交易规模不匹配。

（四）对收入确认实施分析程序

分析程序是一种识别收入确认舞弊风险的较为有效的方法，注册会计师可以实施的分析程序的例子包括：

（1）将本期销售收入金额与以前可比期间的对应数据或预算数进行比较；

（2）分析月度或季度销售量变动趋势；

（3）将销售收入变动幅度与销售商品及提供劳务收到的现金、应收账款、存货、税费等项目的变动幅度进行比较；

（4）将销售毛利率、应收账款周转率、存货周转率等关键财务指标与可比期间数据、预算数或同行业其他企业数据进行比较；

（5）分析销售收入等财务信息与投入产出率、劳动生产率、产能、水电能耗、运输数量等非财务信息之间的关系；

（6）分析销售收入与销售费用之间的关系，包括销售人员的人均业绩指标、销售人员薪酬、差旅费用、运费，以及销售机构的设置、规模、数量、分布等。

注册会计师通过实施分析程序，可能识别出未注意到的异常关系，或难以发现的变动趋势，从而有目的、有针对性地关注可能发生重大错报风险的领域，有助于评估重大错报风险，为设计和实施应对措施提供基础。例如，如果注册会计师发现被审计单位不断地为完成销售目标而增加销售量，或者大量的销售因不能收现而导致应收账款大量增加，需要对销售收入的真实性予以额外关注；如果注册会计师发现被审计单位临近期末销售量大幅增加，需要警惕将下期收入提前确认的可能性；如果注册会计师发现单笔大额收入能够减轻被审计单位盈利方面的压力，或使被审计单位完成销售目标，需要警惕被审计单位虚构收入的可能性。

☑ 业务指导：对收入实施分析程序举例

❶如果发现毛利率变动较大或与所在行业的平均毛利率差异较大，注册会计师可以采用定性分析与定量分析相结合的方法，从行业及市场变化趋势、产品销售价格和产品成本要素等方面对毛利率变动的合理性进行调查。

❷如果发现应收账款余额较大，或其增长幅度高于销售收入的增长幅度，注册会计师需要分析具体原因（如赊销政策和信用期限是否发生变化等），并在必要时采取恰当的措施，如扩大函证比例、增加截止测试和期后收款测试的比例等。

❸如果发现被审计单位的收入增长幅度明显高于管理层的预期，可以询问管理层的适当人员，并考虑管理层的答复是否与其他审计证据一致，例如，如果管理层表示收入增长是由于销售量增加所致，注册会计师可以调查与市场需求相关的情况。

某些重大错报风险可能与财务报表整体广泛相关，进而影响多项认定，如舞弊风险；某些重大错报风险可能与特定的某类交易、账户余额和披露的认定相关，如会计期末的收入交易和收款交易的截止错误（截止），或应收账款坏账准备的计提（计价）。在评估重大错报风险时，审计人员应当落实到该风险所涉及的相关认定，从而更有针对性地设计进一步审计程序。

三、根据重大错报风险评估结果设计进一步审计程序

注册会计师基于销售与收款循环的重大错报风险评估结果，制订实施进一步审计程序的总体方案（包括综合性方案和实质性方案，见表6-3），继而实施控制测试和实质性程序，以应对识别出的认定层次的重大错报风险。

注册会计师根据重大错报风险的评估结果初步确定实施进一步审计程序的具体审计计划，因为风险评估和审计计划都是贯穿于审计全过程的动态的活动，而且控制测试的结果可能导致注册会计师改变对内部控制的信赖程度，因此，具体审计计划并非一成不变，可能需要在审计过程中进行调整。

表6-3 销售与收款循环的重大错报风险及进一步审计程序总体审计方案

重大错报风险描述	相关报表项目及认定	风险程度	是否信赖控制	进一步审计程序总体方案	控制测试拟获取的保证程度	实质性程序拟获取的保证程度
销售收入可能未真实发生	收入：发生 应收账款：存在	特别	是	综合性方案	高	中
销售收入记录可能不完整	收入/应收账款：完整性	一般	否	实质性方案	无	低
期末收入交易可能未计入正确的期间	收入：截止 应收账款：存在/完整性	特别	否	实质性方案	无	高
发生的收入交易未能得到准确的记录	收入：准确性 应收账款：计价和分摊	一般	是	综合性方案	部分	低
应收账款坏账准备的计提不准确	应收账款：计价和分摊	一般	否	实质性方案	无	中

总之，无论是采用综合性方案还是实质性方案，获取的审计证据都应当能够从认定层面应对所识别的重大错报风险，直至针对该风险所涉及的全部相关认定都已获取足够的保证程度。

任务三 实施销售与收款循环的控制测试和实质性程序

一、销售与收款循环的控制测试

（一）控制测试的基本原理

在对被审计单位销售与收款循环的相关内部控制实施测试时，审计人员需要注意以下几点：

（1）控制测试所使用的审计程序的类型主要包括询问、观察、检查和重新执行，其提供的保证程度依次递增。审计人员需要根据所测试的内部控制的特征及需要获得的保证程度选用适当的测试程序。

（2）如果在期中实施了控制测试，审计人员应当在年末审计时实施适当的前推程序，就控制在剩余期间的运行情况获取证据，以确定控制是否在整个被审计期间持续运行有效。

（3）控制测试的范围取决于注册会计师需要通过控制测试获取的保证程度。

（4）如果拟信赖的内部控制是由计算机执行的自动化控制，审计人员除了测试自动化应用控制的运行有效性外，还需就相关的信息技术一般控制的运行有效性获取审计证据。如果所测试的人工控制利用了系统生成的信息或报告，审计人员除了测试人工控制外，还需就系统生成的信息或报告的可靠性获取审计证据。

长风破浪会有时，直挂云帆济沧海。 ——李白

（二）销售与收款循环的控制测试

风险评估和风险应对是整个审计过程的核心，因此，审计人员通常以识别的重大错报风险为起点，选取拟测试的控制并实施控制测试。在审计实务工作中，审计人员需要从实际出发，设计适合被审计单位具体情况的实用高效的控制测试计划。销售与收款循环中一些较为常见的内部控制和相应的控制测试程序，参考列举如下：

1.订单处理和赊销的信用控制

表6-4列示了订单处理和赊销的信用控制的常见内部控制和相应的控制测试程序。

表6-4　　　　　订单处理和赊销的信用控制的常见内部控制及相应控制测试程序

可能发生错报的环节	相关的报表项目及认定	存在的内控（自动）	存在的内控（人工）	控制测试程序
可能向没有获得赊销授权或超出了其信用额度的客户赊销	收入：发生应收账款：存在	订购单上的客户代码与应收账款主文档记录的代码一致。目前未偿付余额加上本次销售额在信用限额范围内。上述两项均满足才能生成销售单	对于不在主文档中的客户或超过信用额度的客户订购单，需要经过适当授权批准，才可生成销售单	询问员工销售单的生成过程，检查是否所有生成的销售单均有对应的客户订购单为依据。检查系统中自动生成销售单的生成逻辑，是否确保满足了客户范围及其信用控制的要求。对于系统外授权审批的销售单，检查是否经过适当批准

2.发运商品

表6-5列示了发运商品的常见内部控制和相应的控制测试程序。

表6-5　　　　　发运商品的常见内部控制和相应的控制测试程序

可能发生错报的环节	相关的报表项目及认定	存在的内控（自动）	存在的内控（人工）	控制测试程序
可能在没有批准发货的情况下发出了商品	收入：发生应收账款：存在	当客户销售单在系统中获得发货批准时，系统自动生成连续编号的发运凭证	只有当货物附有经批准的销售单和发运凭证时保安人员才能放行	检查系统内发运凭证的生成逻辑以及发运凭证是否连续编号；询问并观察发运时保安人员的放行检查
发运的商品与客户销售单可能不一致	收入：准确性应收账款：计价和分摊	计算机把发运凭证中所有准备发出的商品与销售单上的商品种类和数量进行比对。打印种类或数量不符的例外报告，并暂缓发货	管理层复核例外报告和暂缓发货的清单，并解决问题	检查例外报告和暂缓发货的清单

可能发生错报的环节	相关的报表项目及认定	存在的内控（自动）	存在的内控（人工）	控制测试程序
已发出商品可能与发运凭证上的商品种类和数量不符	收入：准确性 应收账款：计价和分摊		商品打包发运前，装运部门对商品和发运凭证内容进行独立核对，并在发运凭证上签字以示商品已与发运凭证核对且种类和数量相符。 客户要在发运凭证上签字，作为收到商品且商品与订购单一致的证据	检查发运凭证上相关员工及客户的签名，作为发货一致的证据
已销售商品可能未实际发运给客户	收入：发生 应收账款：存在		客户要在发运凭证上签字，作为收到商品且商品与订购单一致的证据	检查发运凭证上客户的签名，作为收货的证据

3. 开具发票

表6-6列示了开具发票的常见内部控制和相应的控制测试程序。

表6-6 开具发票的常见内部控制和相应的控制测试程序

可能发生错报的环节	相关的报表项目及认定	存在的内控（自动）	存在的内控（人工）	控制测试程序
商品发运可能未开具销售发票或已开具发票没有发运凭证的支持	应收账款：存在、完整性、权利和义务 收入：发生、完整性	发货以后系统根据发运凭证及相关信息自动生成连续编号的销售发票。 系统自动复核连续编号的发票和发运凭证的对应关系，并定期生成例外报告	复核例外报告并调查原因	检查系统生成发票的逻辑。 检查例外报告及跟进情况

会当凌绝顶，一览众山小。 ——杜甫

续表

可能发生错报的环节	相关的报表项目及认定	存在的内控（自动）	存在的内控（人工）	控制测试程序
由于定价或产品摘要不正确，以及销售单/发运凭证或销售发票代码输入错误，可能导致销售价格不正确	收入：准确性应收账款：计价和分摊	通过逻辑登录限制控制定价主文档的更改。只有得到授权的员工才能进行更改。系统通过使用和检查主文档版本序号，确定正确的定价主文档版本已经被上传。系统检查录入的产品代码的合理性	核对经授权的有效的价格更改清单与计算机获得的价格更改清单是否一致。如果发票由手工填写或没有定价主文档，则有必要对发票的价格进行独立核对	检查文件以确定价格更改是否经授权。重新执行以确定打印出的更改后价格与授权是否一致。通过检查IT的一般控制和收入交易的应用控制，确定正确的定价主文档版本是否已被用来生成发票。如果发票由手工填写，检查发票中价格以及复核人员的签名。通过核对经授权的价格清单与发票上的价格，重新执行该核对过程
发票上的金额可能出现计算错误	收入：准确性应收账款：计价和分摊	每张发票的单价、计算、商品代码、商品摘要和客户账户代码均由计算机程序控制。如果由计算机控制的发票开具程序的更改是受监控的，在操作控制帮助下，可以确保使用的是正确的发票生成程序版本。系统代码有密码保护，只有经授权的员工才可以更改。定期打印所有系统上作出的更改	上述程序的所有更改由上级复核和审批。如果由手工开具发票，独立复核发票上计算的增值税和总额的正确性	自动：询问发票生成程序更改的一般控制情况，确定是否经授权以及现有的版本是否正在被使用。检查有关程序更改的复核审批程序。手工：检查与发票计算金额正确性相关的人员的签名。重新计算发票金额，证实其是否正确

4. 记录赊销

表6-7列示了记录赊销的常见内部控制和相应的控制测试程序。

表6-7   记录赊销的常见内部控制和相应的控制测试程序

可能发生 错报的环节	相关的报表 项目及认定	存在的内控 （自动）	存在的内控 （人工）	控制测试程序
销售发票入账的会计期间可能不正确	收入：截止、发生 应收账款：存在、完整性、权利和义务	系统根据销售发票的信息自动汇总生成当期销售入账记录	定期执行人工销售截止检查程序。 向客户发送月末对账单，调查并解决客户质询的差异	检查系统中销售记录生成的逻辑。 重新执行销售截止检查程序。 检查客户质询信件并确定问题是否已得到解决
销售发票入账金额可能不准确	收入：准确性 应收账款：计价和分摊	系统根据销售发票的信息自动汇总生成当期销售入账记录	复核明细账与总账间的调节。 向客户发送月末对账单，调查并解决客户质询的差异	检查系统销售入账记录的生成逻辑，对手工调节项目进行检查，并调查原因是否合理。 检查客户质询信件并确定问题是否已得到解决
销售发票可能被记入不正确的应收账款明细账户	应收账款：计价和分摊	系统将客户代码、商品发送地址、发运凭证、发票与应收账款主文档中的相关信息进行比对	应收账款客户主文档中明细账的汇总金额应与应收账款总分类账核对。对于二者之间的调节项需要调查原因并解决。 向客户发送月末对账单，调查并解决客户质询差异	检查应收账款客户主文档中明细余额汇总金额的调节结果与应收账款总分类账是否核对相符，以及负责该项工作的员工的签名。 检查客户质询信件并确定问题是否已得到解决

5.记录应收账款的收款

表6-8列示了记录应收账款的收款的常见内部控制和相应的控制测试程序。

表6-8   记录应收账款的收款的常见内部控制和相应的控制测试程序

可能发生 错报的环节	相关的报表 项目及认定	存在的内控 （自动）	存在的内控 （人工）	控制测试程序
应收账款记录的收款与银行存款可能不一致	应收账款/货币资金：完整性、存在、权利和义务、计价和分摊	在每日编制电子版银行存款清单时，系统自动贷记应收账款	将每日收款汇总表、电子版收款清单和银行存款清单相比较。 定期取得银行对账单，独立编制银行存款余额调节表。 向客户发送月末对账单，对客户质询的差异应予以调查并解决	检查核对每日收款汇总表、电子版收款清单和银行存款清单的核对记录和核对人签名。检查银行存款余额调节表和负责编制的员工的签名。 检查客户质询信件并确定问题是否已被解决

江山代有才人出，各领风骚数百年。   ——赵翼

续表

可能发生错报的环节	相关的报表项目及认定	存在的内控（自动）	存在的内控（人工）	控制测试程序
收款可能被记入不正确的应收账款账户	应收账款：计价和分摊、存在	电子版的收款清单与应收账款明细账之间建立连接界面，根据对应的客户名称、代码、发票号等将收到的款项对应到相应的客户账户。对于无法对应的款项生成例外事项报告。系统定期生成按客户细分的应收账款账龄分析表	将生成的例外事项报告的项目进行手工核对，或调查产生的原因并解决。向客户发送月末对账单，对客户质询的差异应予以调查并解决。管理层每月复核按客户细分的应收账款账龄分析表，并调查长期余额或其他异常余额	检查系统中的对应关系审核设置是否合理。检查对例外事项报告中的信息进行核对的记录以及无法核对事项的解决情况。检查客户质询信件并确定问题是否已被解决。检查管理层对应收账款账龄分析表的复核及跟进措施

6.坏账准备计提及坏账核销

表6-9列示了坏账准备计提及坏账核销的常见内部控制和相应的控制测试程序。

表6-9　　　　坏账准备计提及坏账核销的常见内部控制和相应的控制测试程序

可能发生错报的环节	相关的报表项目及认定	存在的内控（自动）	存在的内控（人工）	控制测试程序
坏账准备的计提可能不充分	应收账款：计价和分摊	依据公司计提坏账的规则，自动生成应收账款账龄分析表	管理层对财务人员依据账龄分析表计算编制的坏账准备计提表进行复核。对于存在客观证据表明将无法按应收项的原有条款收回款项时，复核财务人员是否已经获得该证据，并恰当计算了应计提的坏账准备金额。复核无误后需在坏账准备计提表上签字。管理层复核坏账核销的依据，并进行审批	检查财务系统计算账龄分析表的规则是否正确。询问管理层如何复核坏账准备计提表的计算，检查是否有复核人员的签字。检查坏账核销是否经过管理层的恰当审批

7.记录现金销售

表6-10列示了记录现金销售的常见内部控制和相应的控制测试程序。

二、销售与收款循环的实质性程序

在完成控制测试之后，审计人员基于控制测试的结果（即控制运行是否有效），确定从控制测试中已获得的审计证据及其保证程度，确定是否需要对具体审计计划中设计的实质性程序的性质、时间安排和范围作出适当调整。例如，如果控制测试的结果表明内部控制未能有效运行，审计人员需要从实质性程序中获取更多的相关审计证据，审计人员可以修改实质性程序的性质，如采用细节测试而非实质性分析程序以获取更多的外部证据等，或修改实质性审计程序的范围，如扩大样本规模。

表6-10 记录现金销售的常见内部控制和相应的控制测试程序

可能发生错报的环节	相关的报表项目及认定	存在的内控（自动）	存在的内控（人工）	控制测试程序
登记入账的现金收入与企业已经实际收到的现金不符	收入：完整性、发生、截止、准确性 货币资金：完整性、存在	现金销售通过统一的收款台用收银机集中收款，并自动打印销售小票	销售小票应交予客户确认金额一致。 通过监视器监督收款台。 每个收款台都打印每日现金销售汇总表。 盘点每个收款台收到的现金，并与相关销售汇总表调节相符。 独立检查所有收到的现金已存入银行。 将每日现金销售汇总表与银行存款单相比较。 定期取得银行对账单，独立编制银行存款余额调节表	实地观察收款台、销售点的收款过程，并检查在这些地方是否有足够的物理监控。 检查收款台打印销售小票和现金销售汇总表的程序设置和修改权限设置。 检查盘点记录和结算记录上负责计算现金和与销售汇总表相调节工作的员工的签名。 检查银行存款单和销售汇总表上的签名，证明已实施复核。 检查银行存款余额调节表的编制和复核人员的审核记录

（一）营业收入的实质性程序

1.营业收入的审计目标

营业收入项目核算企业在销售商品、提供劳务等主营业务活动中所产生的收入，以及企业确认的除主营业务活动以外的其他经营活动实现的收入，包括出租固定资产、出租无形资产、出租包装物和商品、销售材料等实现的收入。其审计目标一般包括：①确定利润表中记录的营业收入是否已发生，且与被审计单位有关（发生认定）；②确定所有应当记录的营业收入是否均已记录（完整性认定）；③确定与营业收入有关的金额及其他数据是否已恰当记录，包括对销售退回、销售折扣与折让的处理是否适当（准确性认定）；④确定营业收入是否已记录于正确的会计期间（截止认定）；⑤确定营业收入是否已按照企业会计准则的规定在财务报表中作出恰当的列报。

2.主营业务收入的一般实质性程序

（1）检查营业收入明细表

获取营业收入明细表，并执行以下工作：①获取营业收入明细表，复核加计是否正确，并与报表数、总账数和明细账合计数核对是否相符；②检查以非记账本位币结算的主营业务收入使用的折算汇率及折算是否正确。

（2）实施实质性分析程序

①确定期望值。针对已识别需要运用分析程序的有关项目，并基于对被审计单位及其环境的了解，通过进行以下比较，同时考虑有关数据间关系的影响，以建立有关数据的期望值：a.将本期的主营业务收入与上期的主营业务收入、销售预算或预测数等进行比较，分析主营业务收入及其构成的变动是否异常，并分析异常变动的原因；b.计算本期重要产品的毛利率，与上期预算或预测数据比较，检查是否存在异常，各期之间是否存在重大波动，查明

原因；c.比较本期各月各类主营业务收入的波动情况，分析其变动趋势是否正常，是否符合被审计单位季节性、周期性的经营规律，查明异常现象和重大波动的原因；d.将本期重要产品的毛利率与同行业企业进行对比分析，检查是否存在异常。

②确定可接受的差异额。

③将实际金额与期望值相比较，计算差异额。

④如果差异额超过确定的可接受差异额，调查并获取充分的解释和恰当的、佐证性质的审计证据（如通过检查相关的凭证等）。需要注意的是，如果差异额超过可接受差异额，注册会计师需要对差异额的全额进行调查证实，而非仅针对超出可接受差异额的部分。

⑤评估实质性分析程序的结果。

（3）检查收入确认方法是否符合会计准则的规定

根据《企业会计准则第14号——收入》（2018）的规定，企业应当在履行了合同中的履约义务，即在客户取得相关商品控制权时确认收入。取得相关商品控制权，是指能够主导该商品的使用并从中获得几乎全部的经济利益。

当企业与客户之间的合同同时满足下列条件时，企业应当在客户取得相关商品控制权时确认收入：①合同各方已批准该合同并承诺将履行各自义务；②该合同明确了合同各方与所转让商品或提供劳务相关的权利和义务；③该合同有明确的与所转让商品相关的支付条款；④该合同具有商业实质，即履行该合同将改变企业未来现金流量的风险、时间分布或金额；⑤企业因向客户转让商品而有权取得的对价很可能收回。

收入确认和计量大致分为五步：第一步，识别与客户订立的合同；第二步，识别合同中的单项履约义务；第三步，确定交易价格；第四步，将交易价格分摊至各单项履约义务；第五步，履行各单项履约义务时确认收入。其中，第一步、第二步和第五步主要与收入的确认有关，第三步和第四步主要与收入的计量有关。

需要说明的是，一般而言，确认和计量任何一项合同收入都应考虑全部的五个步骤。但履行某些合同义务确认收入不一定都经过五个步骤，如企业按照第二步确定某项合同仅为单项履约义务时，可以从第三步直接进入第五步确认收入，不需要第四步（分摊交易价格）。

审计人员需要了解被审计单位确认商品销售收入的会计政策，通常对所选取的交易，追查至原始的销售合同，通过了解销售合同中的相关条款来评价收入确认方法是否符合企业会计准则的规定。

☑ 机智过人·审计收入的准确性

❶收入确认是否符合企业会计准则；❷是否存在收入跨期调整问题；❸折扣政策及会计处理；❹现金收入是否对会计核算基础产生不利影响；❺各类收入确认的具体流程、时点、依据及主要会计凭证，收入确认方法与业务模式、相关合同条款或行业惯例是否相符；❻特别关注完工百分比法收入确认。

（4）从收入明细账追查至相关原始凭证，验证收入是否发生

以主营业务收入明细账中的会计分录为起点检查相关原始凭证，如订购单、销售单、发运凭证、发票等，评价已入账的营业收入是否真实发生。检查订购单和销售单，用以确认存在真实的客户购买要求，销售交易已经过适当的授权批准。销售发票存根上所列的单价，通常还要与经过批准的商品价目表进行比较核对，对其金额小计和合计数也要进行复算。发票

中列出的商品的规格、数量和客户代码等，则应与发运凭证进行比较核对，尤其是由客户签收商品的一联，确定已按合同的约定完成交易，可以确认收入。同时，还要检查原始凭证中的交易日期，以确认收入计入了正确的会计期间。

☑ **机智过人·审计收入的真实性**

❶主营业务收入变动趋势，是否发生重大变化。❷销售收入、销量、价格、收入核算是否与同行业上市公司存在重大差异。❸收入的构成，企业的净利润是否主要来源于主营业务，而不是主要来自主营业务以外的投资收益、金融工具公允价值变动、政府补助等。❹收入是否存在跨期调节的情况，是否存在其他利益安排。❺营业收入对关联方或有重大不确定性客户存在重大依赖的情形。❻报告期主要客户信用期存在较多变更的原因及合理性，是否存在通过放宽信用政策增加业务收入的情况。❼无真实交易背景银行承兑汇票、周转贷款行为是否存在利益输送、违法违规、影响销售真实性及收入确认准确性的情形。❽第三方回款、个人账户收款、现金收款等收入回款方式。❾以虚构客户、虚构销售业务等手段虚增销售收入等财务造假的情形。❿海外销售模式下收入的真实性，例如：出口退税情况是否与其境外销售规模相匹配，相关出口业务的物流运输记录、资金划款凭证、发货验收单据、出口单证与海关数据、中国出口信用保险公司数据等能否相互印证。⓫公司与经销商之间的合作及结算模式，经销商模式下收入的真实性（经销模式的必要性、终端收入实现的真实性与合理性；经销收入占比较高、经销商变化较大的情况；交易为买断销售还是佣金销售；所销售的比例和毛利是否显著高于同业可比公司；经销商是否存在大量个人等非法人实体；经销商的定价机制，包括营销、运输费用承担和补贴等）。⓬电商渠道销售收入（例如：与电商平台的合作模式如业务流程、货物流转、运输费用承担、货款结算方式、存货归属权；电商渠道销售收入确认时点和依据；平台费、广告宣传费的会计核算等）。

（5）从发运凭证追查至发票和收入明细账，验证收入是否完整

从发运凭证中选取样本，追查至销售发票存根和主营业务收入明细账，以确定是否存在遗漏事项。也就是说，如果注册会计师测试收入的"完整性"这一目标，应采用顺查法，起点应是发货凭证。为使这一程序有效，审计人员必须能够确信全部发运凭证均已归档，这点一般可以通过检查发运凭证的顺序编号来查明。

（6）函证主要客户本期销售额

结合对应收账款实施的函证程序，选择主要客户函证本期销售额。

（7）实施销售截止测试

对销售实施截止测试的目的主要在于确定被审计单位主营业务收入的会计记录归属期是否正确：应记入本期或下期的主营业务收入是否被推延至下期或提前至本期。审计人员对销售交易实施的截止测试可能包括以下程序：

①选取资产负债表日前后若干天的发运凭证，与应收账款和收入明细账进行核对；同时，从应收账款和收入明细账中选取资产负债表日前后若干天的凭证，与发运凭证核对，以确定销售是否存在跨期现象。

②复核资产负债表日前后销售和发货水平，确定业务活动水平是否异常，并考虑是否有

少年心事当拿云，谁念幽寒坐呜呃。——李贺

必要追加实施截止测试程序。

③取得资产负债表日后所有的销售退回记录，检查是否存在提前确认收入的情况。

④结合对资产负债表日应收账款的函证程序，检查有无未取得对方认可的销售。

☑ 业务指导·开票日期常滞后于收入可确认日期

销售发票与收入相关，但是发票开具日期不一定与收入实现的日期一致。实务中由于增值税发票涉及企业的纳税和抵扣问题，开票日期滞后于收入可确认日期的情况并不少见，因此，通常不能将开票日期作为收入确认的期间。

（8）检查销售退回

存在销售退回的，检查相关手续是否符合规定，结合原始销售凭证检查其会计处理是否正确，结合存货项目审计关注其真实性。

（9）检查销售折扣与折让

企业在销售交易中，往往会因产品品种不符、质量不符合要求以及结算方面的原因发生销售折扣与折让。销售折扣与折让均是对收入的抵减，直接影响收入的确认和计量。审计人员针对销售折扣与折让的实质性程序可能包括：

①获取折扣与折让明细表，复核加计是否正确，并与明细账合计数核对是否相符；

②了解被审计单位有关折扣与折让的政策和程序，抽查折扣与折让的授权批准情况，与实际执行情况进行核对；

③检查折扣与折让的会计处理是否正确。

（10）检查列报和披露

检查主营业务收入在财务报表中的列报和披露是否符合企业会计准则的规定。

3.营业收入的特别审计程序

除了上述较为常规的审计程序外，注册会计师还要根据被审计单位的特定情况和收入的重大错报风险程度，考虑是否有必要实施一些特别的审计程序。

（1）附有销售退回条件的商品销售，如果对退货部分能作出合理估计，确定其是否按估计不会退货部分确认收入；如果对退货部分不能作出合理估计，确定其是否在退货期满时确认收入。

（2）售后回购，分析特定销售回购的实质，判断其是属于真正的销售交易，还是属于融资行为。

（3）以旧换新销售，确定销售的商品是否按照商品销售的方法确认收入，回收的商品是否作为购进商品处理。

（4）出口销售，根据交易的定价和成交方式（离岸价格、到岸价格或成本加运费价格等），并结合合同中有关货物运输途中风险承担的条款，确定收入确认的时点和金额。

（5）对于与关联方发生的销售交易，注册会计师要结合对关联方关系和交易的风险评估结果，实施特定的审计程序。

☑ 业务指导·应对虚假销售高估利润舞弊风险的审计程序

如果审计人员认为被审计单位存在通过虚假销售做高利润的舞弊风险，可能采取一些非常规的审计程序应对该风险，例如：❶调查被审计单位客户的工商登记资料和其他信息，了解客户是否真实存在，其业务范围是否支持其采购行为；❷检查与已收款交易相关的收款记录及原始凭证，检查付款方是否为销售交易对应的客户；❸考虑利用反舞弊专家的工作，对被审计单位和客户的关系及交易进行调查。

4.其他业务收入的实质性程序

其他业务收入的实质性程序一般包括以下内容：

（1）获取其他业务收入明细表，复核加计是否正确，并与总账数和明细账合计数核对是否相符，结合主营业务收入科目与营业收入报表数核对是否相符。

（2）计算本期其他业务收入与其他业务成本的比率，并与上期该比率比较，检查是否有重大波动，并查明原因。

（3）检查其他业务收入是否真实准确，收入确认原则及会计处理是否符合规定，抽查原始凭证予以核实。

（4）对异常项目，追查入账依据及有关法律文件是否充分。

（5）抽查资产负债表日前后一定数量的记账凭证，实施截止测试，确定入账时间是否正确。

（6）确定其他业务收入在财务报表中的列报是否恰当。

（二）应收账款的实质性程序

1.应收账款的审计目标

应收账款的审计目标一般包括：①确定资产负债表中记录的应收账款是否存在（存在认定）；②确定所有应当记录的应收账款是否均已记录（完整性认定）；③确定记录的应收账款是否由被审计单位拥有或控制（权利和义务认定）；④确定应收账款是否可收回，坏账准备的计提方法和比例是否恰当，计提是否充分（计价与分摊认定）；⑤确定应收账款及其坏账准备是否已按照企业会计准则的规定在财务报表中作出恰当列报。

2.应收账款的实质性程序

（1）检查应收账款明细表

①复核加计是否正确，并与总账数和明细账合计数核对是否相符；结合坏账准备科目与报表数核对是否相符。

②检查非记账本位币应收账款的折算汇率及折算是否正确。对于用非记账本位币结算的应收账款，注册会计师应检查被审计单位外币应收账款的增减变动是否采用交易发生日的即期汇率将外币金额折算为记账本位币金额，选择采用汇率的方法前后各期是否一致；期末外币应收账款余额是否采用期末即期汇率折算为记账本位币金额；折算差额的会计处理是否正确。

③分析有贷方余额的项目，查明原因，必要时建议作重分类调整。

④结合其他应收款、预收款项等往来项目的明细余额，调查有无同一客户多处挂账、异常余额或与销售无关的其他款项，必要时提出调整建议。

☑ 业务指导·关注是否对特定客户存在重大依赖

报告期内，你公司前五名客户合计销售金额占年度销售总额比例为81.93%。请结合行业地位、销售政策等因素，说明你公司是否对特定客户存在重大依赖。

报告期末，你公司应收账款余额为9.59亿元，占流动资产的55.26%，占营业收入的64.23%，1年以上账龄的应收账款占比46.55%。结合同行业可比公司说明应收账款余额较大、周转率较低、账龄较长的原因及合理性，坏账计提是否充分。

沉舟侧畔千帆过，病树前头万木春。 ——刘禹锡

（2）分析与应收账款相关的财务指标

①复核应收账款借方累计发生额与主营业务收入的关系是否合理，并将当期应收账款借方发生额占销售收入净额的百分比与管理层考核指标和被审计单位相关赊销政策比较，如存在异常，查明原因。

②计算应收账款周转率、应收账款周转天数等指标，并与被审计单位相关赊销政策、被审计单位以前年度指标、同行业同期相关指标对比，分析是否存在重大异常并查明原因。

（3）检查应收账款账龄分析是否正确

①获取应收账款账龄分析表。被审计单位通常会编制应收账款账龄分析表，以监控货款收回情况、及时识别可能无法收回的应收账款并作为计提坏账准备的依据之一。审计人员可以通过查看应收账款账龄分析表了解和评估应收账款的可收回性。应收账款账龄分析表参考格式见表6-11。

表6-11   应收账款账龄分析表
年 月 日   货币单位：

账户名称	期末余额	账龄			
		1年以内	1~2年	2~3年	3年以上
合　计					

②测试应收账款账龄分析表计算的准确性，并将应收账款账龄分析表中的合计数与应收账款总分类账余额相比较，调查重大调节项目。

③从账龄分析表中抽取一定数量的项目，追查至相关销售原始凭证，测试账龄划分的准确性。

（4）对应收账款实施函证程序

函证应收账款的目的在于证实应收账款账户余额是否真实准确。通过第三方提供的函证回复，可以比较有效地证明被询证者的存在和被审计单位记录的可靠性。

注册会计师根据被审计单位的经营环境、内部控制的有效性、应收账款账户的性质、被询证者处理询证函的习惯做法及回函的可能性等，确定应收账款函证的范围、对象、方式和时间。

①函证决策。除非有充分证据表明应收账款对被审计单位财务报表而言是不重要的，或者函证很可能是无效的，否则，注册会计师应当对应收账款进行函证。如果注册会计师不对应收账款进行函证，应当在审计工作底稿中说明理由。如果认为函证很可能是无效的，注册会计师应当实施替代审计程序，获取相关、可靠的审计证据。

②函证的范围和对象。函证范围是由诸多因素决定的，主要有：

a.应收账款在全部资产中的重要程度。若应收账款在全部资产中所占的比重较大，则函证的范围应相应大一些。

b.被审计单位内部控制的有效性。若相关内部控制有效，则可以相应缩小函证范围；反之，则扩大函证范围。

c.以前期间的函证结果。若以前期间函证中发现过重大差异，或欠款纠纷较多，则函证范围应相应扩大一些。

注册会计师在选择函证项目时，除了考虑金额较大的项目外，还需要考虑风险较高的项目，例如，账龄较长的项目；与债务人发生纠纷的项目；重大关联方项目；主要客户（包括关系密切的客户）项目；新增客户项目；交易频繁但期末余额较小甚至余额为零的项目；可能产生重大错报或舞弊的非正常的项目。这种基于一定的标准选取样本的方法具有针对性，比较适用于应收账款余额金额和性质差异较大的情况。如果应收账款余额由大量金额较小且性质类似的项目构成，则注册会计师通常采用抽样技术选取函证样本。

③函证的方式。注册会计师可采用积极的或消极的函证方式实施函证，也可将两种方式结合使用。由于应收账款通常存在高估风险，且与之相关的收入确认存在舞弊风险假定，因此，实务中通常对应收账款采用积极的函证方式。积极式询证函参考格式见表6-12，消极式询证函参考格式见表6-13。

表6-12 积极式询证函格式

企业询证函

编号：

××公司：

本公司聘请的××会计师事务所正在对本公司××年度财务报表进行审计，按照中国注册会计师审计准则的要求，应当询证本公司与贵公司的往来账项等事项。下列数据出自本公司账簿记录，如与贵公司记录相符，请在本函下端"信息证明无误"处签章证明；如有不符，请在"信息不符"处列明不符金额。如存在与本公司有关的未列入本函的其他项目，也请在"信息不符"处列出这些项目的金额及详细资料。回函请直接寄至××会计师事务所。

回函地址：

邮政编码： 电话： 传真： 联系人：

1.本公司与贵公司的往来账项列示如下：

单位：元

截止日期	贵公司欠	欠贵公司	备注

2.其他事项：

本函仅为复核账目之用，并非催款结算。若款项在上述日期之后已经付清，仍请及时函复为盼。

（公司盖章）

年 月 日

————————————————以下仅供被询证单位使用————————————————

结论：

1.信息证明无误。 （公司盖章） 年 月 日 经办人：	2.信息不符，请列明不符项目及具体内容。 （除上述事项外，无其他不符事项） （公司盖章） 年 月 日 经办人：

表6-13　　　　　　　　　　　　消极式询证函格式

企业询证函

编号：

××公司：

　　本公司聘请的××会计师事务所正在对本公司××年度财务报表进行审计，按照中国注册会计师审计准则的要求，应当询证本公司与贵公司的往来账项等事项。下列数据出自本公司账簿记录，如与贵公司记录相符，则无须回复；如有不符，请直接通知会计师事务所，并请在空白处列明贵公司认为是正确的信息。回函请直接寄至××会计师事务所。

　　回函地址：

　　邮政编码：　　　　　　电话：　　　　　　传真：　　　　　　联系人：

　　1.本公司与贵公司的往来账项列示如下：

单位：元

截止日期	贵公司欠	欠贵公司	备注

　　2.其他事项：

　　本函仅为复核账目之用，并非催款结算。若款项在上述日期之后已经付清，仍请及时核对为盼。

（公司盖章）

年　月　日

──────────────以下仅供被询证单位使用──────────────

××会计师事务所：

　　上面的信息不正确，差异如下：

（公司盖章）

年　月　日

经办人：

　　④函证时间的选择。注册会计师通常以资产负债表日为截止日，在资产负债表日后适当时间内实施函证。如果重大错报风险评估为低水平，注册会计师可选择资产负债表日前适当日期为截止日实施函证，并对所函证项目自该截止日起至资产负债表日止发生的变动实施其他实质性程序。

　　⑤函证的控制。注册会计师通常利用被审计单位提供的应收账款明细账户名称及客户地址等资料编制询证函，但注册会计师应当对函证全过程保持控制，并对确定需要确认或填列的信息、选择适当的被询证者、设计询证函以及发出、跟进和收回询证函保持控制。注册会计师可通过函证结果汇总表的方式（见表6-14）对询证函的收回情况加以汇总。

　　⑥对不符事项的处理。对回函中出现的不符事项，注册会计师需要调查核实原因，确定其是否构成错报。注册会计师不能仅通过询问被审计单位相关人员对不符事项的性质和原因得出结论，而是要在询问原因的基础上，检查相关的原始凭证和文件资料予以证实。必要时与被询证方联系，获取相关信息和解释。对应收账款而言，登记入账的时间不同而产生的不

表6-14 　　　　　　　　　　应收账款函证结果汇总表

被审计单位名称：　　　　　　　　制表：　　　　　　　　日期：

结账日：　年　月　日　　　　　　复核：　　　　　　　　日期：

询证函编号	客户名称	地址及联系方式	账面金额	函证方式	函证日期		回函日期	替代程序	确认余额	差异金额及说明	备注
					第一次	第二次					
合　计											

符事项主要表现为：a.客户已经付款，被审计单位尚未收到货款；b.被审计单位的货物已经发出并已作销售记录，但货物仍在途中，客户尚未收到货物；c.客户由于某种原因将货物退回，而被审计单位尚未收到；d.客户对收到的货物的数量、质量及价格等方面有异议而全部或部分拒付货款等。

⑦对未回函项目实施替代程序。如果未收到被询证方的回函，注册会计师应当实施替代审计程序，例如：

a.检查资产负债表日后收回的货款，值得注意的是，注册会计师不能仅查看应收账款的贷方发生额，而是要查看相关的收款单据，以证实付款方确为该客户且确与资产负债表日的应收账款相关。

b.检查相关的销售合同、销售单、发运凭证等文件。注册会计师需要根据被审计单位的收入确认条件和时点，确定能够证明收入发生的凭证。

c.检查被审计单位与客户之间的往来邮件，如有关发货、对账、催款等事宜的邮件。

在某些情况下，注册会计师可能认为取得积极式函证回函是获取充分、适当的审计证据的必要程序，尤其是识别出有关收入确认的舞弊风险，导致注册会计师不能信赖从被审计单位取得的审计证据，则替代程序不能提供注册会计师需要的审计证据。在这种情况下，如果未获取回函，注册会计师应当确定其对审计工作和审计意见的影响。

（5）对应收账款余额实施函证以外的细节测试

在未实施应收账款函证的情况下（例如，由于实施函证不可行），注册会计师需要实施其他审计程序获取有关应收账款的审计证据。这种程序通常与上述未收到回函情况下实施的替代程序相似。

（6）检查坏账的冲销和转回

首先，注册会计师检查有无债务人破产或者死亡的，以及破产或以遗产清偿后仍无法收回的，或者债务人长期未履行清偿义务的应收账款；其次，应检查被审计单位坏账的处理是否经授权批准，有关会计处理是否正确。

（7）确定应收账款的列报是否恰当

除了企业会计准则要求的披露之外，如果被审计单位为上市公司，注册会计师还要评价其披露是否符合证券监管部门的特别规定。

自信人生二百年，会当水击三千里！ ——毛泽东

☑ **业务指导·第三方回款的审计要点**

第三方回款，通常是指被审计单位收到的销售回款的支付方与签订经济合同的往来客户不一致的情况。如客户为个体工商户或自然人，其通过家庭约定由直系亲属代为支付货款，经中介机构核查无异常的，可不作为第三方回款统计。第三方回款的审查要点：❶真实性，是否存在虚构交易或调节账龄情形；❷第三方回款形成收入占营业收入的比例（通常不高于当期收入的5%）；❸第三方回款的原因、必要性及商业合理性；❹被审计单位及其实际控制人、董监高或其他关联方与第三方回款的支付方是否存在关联关系或其他利益安排；❺境外销售涉及境外第三方的，其代付行为的商业合理性或合法合规性；❻报告期内是否存在因第三方回款导致的货款归属纠纷；❼如签订合同时已明确约定由其他第三方代购买方付款，该交易安排是否具有合理原因。

☑ **拓展提升·票据融资业务的审计要点**

票据融资审计要点：❶是否存在无真实交易的票据业务，涉及无真实交易的票据业务的原因、必要性、相关的资金周转需求、资金流向；❷相关的会计处理是否符合企业会计准则的规定以及对当期报表的影响；❸为关联方融资票据贴现发生的费用金额，是否为关联方承担成本，或相反情形；❹相关内部控制的执行情况、资金管理制度是否存在缺陷以及相关的规范纠正情况。

3.坏账准备的实质性程序

企业会计准则规定，企业应当在期末对应收款项进行检查，并合理预计可能产生的坏账损失。应收款项包括应收票据、应收账款、预付款项、其他应收款和长期应收款等，下面以应收账款相关的坏账准备为例，阐述坏账准备审计常用的实质性程序。

（1）取得坏账准备明细表，复核加计是否正确，与坏账准备总账数、明细账合计数核对是否相符。

（2）将应收账款坏账准备本期计提数与"信用减值损失"相应明细项目的发生额核对是否相符。

（3）检查应收账款坏账准备计提和核销的批准程序，取得书面报告等证明文件，结合应收账款函证回函结果，评价计提坏账准备所依据的资料、假设及方法。

企业应根据所持应收账款的实际可收回情况，合理计提坏账准备，不得多提或少提，否则应视为滥用会计估计，按照重大会计差错更正的方法进行会计处理。

对于单项金额重大的应收账款，企业应当单独进行减值测试，如有客观证据证明其已发生减值，应当计提坏账准备。对于单项金额不重大的应收账款，可以单独进行减值测试，或包括在具有类似信用风险特征的应收账款组合中进行减值测试。此外，单独测试未发生减值的应收账款，应当包括在具有类似信用风险特征的应收账款组合中再进行减值测试。

采用账龄分析法时，收到债务单位当期偿还的部分债务后，剩余的应收账款，不应改变其账龄，仍应按原账龄加上本期应增加的账龄确定；在存在多笔应收账款且各笔应收账款账龄不同的情况下，收到债务单位当期偿还的部分债务，应当逐笔认定收到的是哪一笔应收账款；如果确实无法认定，按照先发生先收回的原则确定，剩余应收账款的账龄按上述同一原则确定。

在确定坏账准备的计提比例时，企业应当在综合考虑以往的经验、债务单位的实际财务状况和预计未来现金流量等因素，以及其他相关信息的基础上作出合理估计。

（4）实际发生坏账损失的，检查转销依据是否符合有关规定，会计处理是否正确。对于被审计单位在被审计期间内发生的坏账损失，注册会计师应检查其原因是否清楚，是否符合有关规定，有无授权批准，有无已做坏账处理后又重新收回的应收账款，相应的会计处理是否正确。对有确凿证据表明确实无法收回的应收账款，如债务单位已撤销、破产、资不抵债、现金流量严重不足等，企业应根据管理权限，经股东大会或董事会或经理办公会或类似机构批准作为坏账损失，冲销提取的坏账准备。

（5）已经确认并转销的坏账重新收回的，检查其会计处理是否正确。

（6）确定应收账款坏账准备的披露是否恰当。企业应当在财务报表附注中清晰地说明坏账的确认标准、坏账准备的计提方法和计提比例。上市公司还应在财务报表附注中分项披露以下主要事项：①本期全额计提坏账准备，或计提坏账准备的比例较大的（计提比例一般超过40％及以上的），应说明计提的比例以及理由；②以前期间已全额计提坏账准备，或计提坏账准备的比例较大但在本期又全额或部分收回的，或通过重组等其他方式收回的，应说明其原因、原估计计提比例的理由以及原估计计提比例的合理性；③本期实际冲销的应收款项及其理由等，其中，实际冲销的关联方交易产生的应收账款应单独披露。

思考与练习

一、单项选择题

1.下列不属于销售收款循环对应的会计报表项目的是（　　　）。

    A.应收账款　　　　B.预收款项　　　　C.预付款项　　　　D.营业收入

2.下列销售与收款循环的内部控制中，不能用于防止贪污客户货款的措施是（　　　）。

    A.批准坏账与记账相互独立　　　　　　　B.开具发票与记账相互独立

    C.收取货款与记账相互独立　　　　　　　D.批准销售退回与记账相互独立

3.在审查主营业务收入截止期正确性时，应重点关注的日期是（　　　）。

    A.请购日期、发货日期、记账日期　　　　B.订货日期、发货日期、发票日期

    C.发货日期、发票日期、记账日期　　　　D.订货日期、发货日期、记账日期

4.为了确保所有发出货物均已开具发票，注册会计师应当从本年度的（　　　）中抽取样本，与相关的发票核对。

    A.货运文件　　　　B.销售合同　　　　C.销售订单　　　　D.销售记账凭证

5.下列各项中，最有助于审计人员证实被审计单位销售业务是否真实发生的是（　　　）。

    A.检查销售发票是否事先连续编号

    B.检查销售记录与收款职责是否相互分离

    C.检查销售发票是否经过适当的授权审批

    D.检查销售记录是否附有相应的销售发票、发运凭证和销货单

6.以下控制活动中，与营业收入发生认定直接相关的是（　　　）。

    A.销售价格、付款条件、运费和销售折扣的确定已经适当的授权批准

    B.销售交易是以附有有效发运凭证和附有销售单的销售发票为依据登记入账的

C.销售发票均经事先连续编号，并已登记入账

D.应收票据的取得、贴现由保管票据以外的主管人员书面批准

7.销售与收款业务循环中，用来表示由于销售退回或经批准折让而引起的应收账款减少的凭证是（　　）。

　　A.销货合同　　　　　B.销货单　　　　　C.贷项通知单　　　　D.客户订货单

8.在销售与收款业务循环的内部控制中，发运商品与记账职责相互分离主要是为了防止（　　）。

　　A.盗窃商品并通过篡改记录加以掩饰

　　B.贪污客户所付款项并通过篡改记录加以掩饰

　　C.贪污已做坏账处理后又收回的应收账款

　　D.放宽信用标准而导致企业信用风险增加

9.对于下列销售收入认定，通过比较资产负债表日前后几天的发货单日期与记账日期，注册会计师认为最可能证实的是（　　）。

　　A.发生　　　　　B.完整性　　　　　C.截止　　　　　D.分类

10.审计人员发现被审计单位多笔销售业务的记账日期为2019年12月末，但相关销售发票和发运凭证日期为2020年1月初，该情况将导致被审计单位（　　）。

　　A.2019年的营业成本被低估　　　　　B.2019年的营业收入被高估

　　C.2020年的营业成本被高估　　　　　D.2020年的营业收入被高估

11.下列最有助于证实被审计单位销售收入记录真实性的实质性程序为（　　）。

　　A.将主营业务收入明细账与应收账款明细账相核对

　　B.抽取主营业务收入明细账中的大额或异常项目，检查销售审批手续是否完备

　　C.询问是否由出纳、销售和应收账款记录以外的人员按月向客户寄发对账单

　　D.将主营业务收入明细账记录与销售发票进行核对，并追查至相关发运凭证

12.注册会计师为了证实销售交易是否实际发生，下列最有效的做法是（　　）。

　　A.检查发票、装运单等原始凭证

　　B.检查营业收入明细账

　　C.由营业收入明细账追查至有关原始凭证

　　D.由有关原始凭证追查至营业收入明细账

13.下列审计程序中，最能有效证实应收账款真实性的是（　　）。

　　A.向债务人寄发询证函　　　　　B.观察赊销信用审批流程

　　C.编制应收账款账龄分析表　　　　D.对应收账款变动进行趋势分析

14.注册会计师为了证实已发生的销售业务是否均已登记入账，下列最有效的做法是（　　）。

　　A.只审查销售日记账

　　B.由营业收入明细账追查至有关原始凭证

　　C.只审查有关原始凭证

　　D.由有关销售业务原始凭证追查至营业收入明细账

15.税务部门依据纳税人相关资料比较分析，认为某纳税人偷漏税款风险较高，则下列检查程序中恰当的是（　　）。

A.从营业收入明细账追查至销售业务的顾客订单（销售合同）、发货记录、收款记录、销售发票等相关原始凭证

B.从销售业务的顾客订单/合同、发货记录、银行收款记录等相关原始凭证追查至销售发票、营业收入明细账

C.从应付账款明细账追查至订购单、验收入库单、购货发票、付款记录等相关原始凭证

D.从订购单、验收入库单、购货发票、付款记录等相关原始凭证追查至应付账款明细账

16.下列各项中，为获取审计证据，注册会计师所实施的审计程序与审计目标无关的是（   ）。

A.对应收账款进行函证以确定应收账款是否存在

B.复核银行存款余额调节表，以确定银行存款余额正确

C.检查外购固定资产的采购发票和采购合同以确定资产所有权

D.抽查营业收入明细账，并追查至有关原始凭证，以确定营业收入是否完整

17.下列注册会计师应该采用积极式函证的是（   ）。

A.重大错报风险评估为低水平

B.预期不存在大量的错误

C.有理由相信被询证者不认真对待函证

D.涉及大量余额较小的账户

18.下列注册会计师应该采用积极式函证的是（   ）。

A.重大错报风险评估为低水平　　　　　B.预期不存在大量的错误

C.大额、重要的应收账款　　　　　　　D.涉及大量余额较小的账户

19.如果实施积极式函证未收到回函，注册会计师再次寄发了询证函后仍未得到回应，此时注册会计师通常应（   ）。

A.再一次寄发询证函　　　　　　　　　B.视为审计范围受到限制

C.实施替代的审计程序　　　　　　　　D.发表保留或无法表示意见的审计报告

20.在采用邮寄方式发出询证函时，为避免询证函被拦截、篡改等舞弊风险，注册会计师采取的下列措施最为恰当的是（   ）。

A.亲自投入被审计单位本身的邮寄设施

B.不使用被审计单位本身的邮寄设施，直接在邮局投递

C.可以使用被审计单位本身的邮寄设施，但在询证函中写明，询证函直接寄往会计师事务所

D.认真核对被询证者的名称、地址，确保准确性

21.审计人员函证应收账款的下列做法中恰当的是（   ）。

A.要求被询证单位将回函寄至被审计单位

B.将重要的询证函复制给被审计单位催收回函

C.由被审计单位派人前往未回函单位进行调查

D.函证后审计人员编制函证汇总分析表

22.对于下列应收账款认定，通过实施函证程序，注册会计师认为最可能证实的是（   ）。

A.计价和分摊　　　　B.分类　　　　　　C.存在　　　　　　　D.完整性

23.下列有关注册会计师是否实施应收账款函证程序的说法中正确的是（　　）。

A.对上市公司财务报表执行审计时，注册会计师可以实施应收账款函证程序

B.对小型企业财务报表执行审计时，注册会计师可以不实施应收账款函证程序

C.如果有充分证据表明函证很可能无效，注册会计师可以不实施应收账款函证程序

D.如果在收入确认方面不存在由于舞弊导致的重大错报风险，注册会计师可以不实施应收账款函证程序

24.审计人员采用函证程序审查应收账款时，不能发现的舞弊是（　　）。

A.收回货款不入账　　　　　　　　B.应收账款提前入账

C.隐匿应收账款户名　　　　　　　D.虚构应收账款户名

25.对被审计单位注销应收某客户95万元账款，审计人员应重点审查的内容是（　　）。

A.注销坏账的审批文件　　　　　　B.赊销政策

C.全年销售计划　　　　　　　　　D.坏账准备的计提政策

26.以下事项中，属于应收账款函证的最有效的替代审计程序的是（　　）。

A.针对营业收入的实质性分析程序

B.检查年内收款情况

C.以发运凭证为起点，追查至销售发票、销售合同及收入明细账

D.检查资产负债表日后收回的货款、检查相关的销售合同、销售单、发运凭证等文件、检查被审计单位与客户之间的往来邮件等

27.下列实质性程序中，与营业收入发生认定最相关的是（　　）。

A.将发运凭证与相关的销售发票和营业收入明细账及应收账款明细账中分录进行核对

B.追查销售发票上的详细信息至发运凭证、经批准的商品价目表和顾客订购单

C.复算销售发票上的数据

D.追查营业收入明细账中的会计分录至销售单、销售发票副联及发运凭证

28.下列实质性程序中，与营业收入完整性认定最相关的审计程序是（　　）。

A.从发运凭证追查到销售发票副本以及对应的营业收入明细账

B.从营业收入明细账追查到销售发票副本、发运凭证以及客户签收单

C.从销售发票追查到发运凭证

D.从销售发票副本追查到营业收入明细账

29.下列各项中，属于被审计单位虚增主营业务收入的是（　　）。

A.对合格品和残次品的销售，均确认为主营业务收入

B.对主产品和副产品的销售，均确认为主营业务收入

C.采用预收款销售方式的，在收到货款时确认主营业务收入

D.销售商品涉及商业折扣的，按照扣除商业折扣后的金额确认主营业务收入

30.在审查应收账款的过程中，控制函证过程的人员应是（　　）。

A.财务主管　　　B.出纳人员　　　　C.审计人员　　　　　D.销售人员

31.对某应收账款账户进行函证，积极式询证函多次发出后均未收到回复时，审计人员应该（　　）。

A.审查相关合同、订单、销货发票等文件

B.认定该账户对应的客户不存在

C.放弃对该账户余额的审查

D.认定该账户余额全额为坏账

二、多项选择题

1.企业在收到客户订单之后，应编制销货单作为处理订货的依据，销货单常用于（　　）。

  A.赊销的批准　　　　　　　　　　B.发货的审批

  C.坏账的审批　　　　　　　　　　D.款项的支付

2.下列各项中，符合销售与收款业务内部控制要求的有（　　）。

  A.发运凭证连续编号

  B.批准赊销信用与销售相互独立

  C.出纳负责定期编制和寄送客户对账单

  D.仓库在收到经过批准的销货单时才能发货

3.审计人员对销售与收款循环进行内部控制测试的内容有（　　）。

  A.发函询证应收账款

  B.检查是否按期编制应收账款账龄分析表

  C.实地观察不相容职务分离情况

  D.审查销售发票是否经过授权批准

4.审计人员对被审计单位销售与收款循环不相容职务的分离情况进行检查时，可实施的审计程序有（　　）。

  A.观察信用部门与应收账款记账部门是否相互独立

  B.询问是否按期编制并向客户寄出对账单

  C.检查坏账准备的计提比例是否合理

  D.验证销售退回是否由业务记录以外人员批准

5.在收入确认领域，注册会计师实施的分析程序包括（　　）。

  A.将本期销售收入金额与以前可比期间的对应数据或预算数进行比较

  B.分析销售收入与销售费用之间的关系

  C.将销售毛利率与可比期间数据、预算数或同行业其他企业数据进行比较

  D.分析销售收入等财务信息与投入产出率、劳动生产率、产能、水电能耗、运输数量等非财务信息之间的关系

6.下列控制活动中，与营业收入完整性直接相关的有（　　）。

  A.对销售发票进行顺序编号并复核当月开具的销售发票是否均已登记入账

  B.检查销售发票是否经适当的授权批准

  C.发运凭证均经事先顺序编号并已登记入账

  D.定期与客户核对应收账款余额

7.下列控制测试程序中，与营业收入完整性认定相关的有（　　）。

  A.检查发运凭证连续编号的完整性　　B.检查销售发票连续编号的完整性

  C.检查赊销业务是否经过授权批准　　D.观察已经寄出的对账单的完整性

8.下列控制测试程序中，与营业收入发生认定相关的有（　　　）。

A.检查发运凭证连续编号的完整性

B.检查顾客的赊购是否经授权批准

C.检查销售发票副联是否附有发运凭证及销售单

D.询问是否寄发对账单，并检查顾客回函档案

9.针对营业收入发生认定，下列审计程序中恰当的有（　　　）。

A.对应收账款余额实施函证

B.追查主营业务收入明细账中的记录至销售单、销售发票副联及发运凭证

C.检查应收账款明细账的贷方发生额及相关的收款单据等

D.将发运凭证与存货永续记录中的发运分录及账簿记录进行核对

10.在运用分析程序检查营业收入的完整性时，审计人员可以实施的程序有（　　　）。

A.计算本期主要产品的销售额和毛利率，并与上期比较

B.比较本期各月营业收入的波动情况

C.比较本期各月营业收入的实际数与计划数

D.计算本期存货周转率，并与上期比较

11.下列各项中，审计人员可以判断应收账款存在较高风险的有（　　　）。

A.应收账款在决算日后收回　　　　　　B.决算日后应收账款有大额调整

C.部分应收账款原始单据有篡改痕迹　　D.应收账款明细频繁发生红字冲销

12.在对应收账款进行函证时，不适合采用否定式函证的情况有（　　　）。

A.应收账款金额较大

B.应收账款金额较小

C.有理由相信欠款可能存在争议

D.预计债务单位认真处理询证函的可能性较小

13.下列关于应收账款函证的表述中，正确的有（　　　）。

A.函证过程应由审计人员控制　　　　　B.回函可由被审计单位代收

C.函证可以证实客户是否存在　　　　　D.函证可以证实应收账款是否真实

14.应收账款函证回函确认的金额与函证的金额有差异，可能存在的原因有（　　　）。

A.购销双方登记入账的时间不同　　　　B.一方或双方记账错误

C.被审计单位弄虚作假　　　　　　　　D.函证方式不恰当

15.下列对函证结果的处理方法中，正确的有（　　　）。

A.对由于寄送地址不详导致函证退回的应收账款，全额确认为坏账

B.对函证回函认可的金额予以确认

C.积极式函证若未能在规定时期内答复，应进行第二次函证

D.函证回函认可的金额与账面金额有差异的，应查明产生差异的原因

16.下列各项中，审计人员判断被审计单位可能虚增本期收入或利润的有（　　　）。

A.将委托他人代销的商品在发出时确认为销售收入

B.将发往本单位外地仓库的货物确认为销售收入

C.将收到的预收账款直接确认为收入

D.将期末货到未付款应估价入账的存货未估价入账

17.对于销售业务的授权审批控制，审计人员应当关注的有（　　　）。

A.在销售发生之前，赊销已经正确审批

B.非经正当审批，不得发出货物

C.销售价格、销售条件、运费、折扣等必须经过审批

D.审批人应当根据销售与收款授权批准制度的规定，在授权范围内进行审批

18.收入确认方面可能存在舞弊风险的迹象包括（　　　）。

A.被审计单位的客户是否付款取决于其能否从第三方取得融资

B.未经客户同意，在销售合同约定的发货期之前发送商品

C.被审计单位的销售记录表明，已将商品发往外部仓库却未指明任何客户

D.在实际发货之前开具销售发票，或实际未发货而开具销售发票

19.收入确认方面可能存在舞弊风险的迹象包括（　　　）。

A.发生异常大量的现金交易，特别是有非正常现金收付的情况

B.应收款项收回时，付款单位与购买方不一致，存在较多代付款的情况

C.交易标的对交易对手而言不具有合理用途

D.主要客户自身规模与其交易规模不匹配

三、判断题

1.如果针对销售订单处理的内部控制存在缺陷，对与应收账款相关的认定，注册会计师可能更多地依赖细节测试，而非实质性分析程序。（　　）

2.企业应当在履行了合同中的履约义务，即在客户取得相关商品所有权时确认收入。（　　）

3.设计信用批准控制的目的是降低坏账风险，因此，这些控制与应收账款账面余额的"计价和分摊"认定有关。（　　）

4.负责开发票的员工在开具每张销售发票之前，检查是否存在发运凭证和相应的经批准的销售单。（　　）

5.企业在收到客户订购单后，编制一份预先编号的一式多联的销售单，分别用于批准赊销、审批发货、记录发货数量以及向客户开具发票等。（　　）

6.审计人员对被审计单位实施销售业务截止测试，主要目的是审查年末应收账款的真实性。（　　）

7.由不负责现金出纳和销售及应收账款记账的人员按月向客户寄发对账单，能促使客户在发现账款余额不正确后及时反馈有关信息。（　　）

8.因人员有限，甲公司应收款项账簿记录人员与出纳由一人担任。（　　）

9.甲公司负责记录应收账款的会计人员负责批准并转销坏账。（　　）

10.企业应当对注销的坏账进行备查登记，做到账销案存。已注销的坏账又收回时应当及时入账，防止形成账外资金。（　　）

11.企业应收票据的取得和贴现必须经由保管票据以外的主管人员的书面批准。（　　）

12.审计人员通过账龄分析确定应收账款是否存在。（　　）

13.如果重大错报风险评估为高水平，注册会计师可选择资产负债表日前适当日期为截止日对应收账款实施函证。（　　）

四、案例分析

ABC会计师事务所负责审计甲公司2019年度财务报表，审计工作底稿中与函证相关的部分内容摘录如下：

（1）审计项目组针对甲公司与其母公司一笔可能存在低估的应收账款，特别设计采用列明应收账款余额的积极式询证函。根据回函不存在不符事项的结果，审计项目组得出甲公司与其母公司的该笔应收账款不存在低估错报的审计结论。

（2）审计项目组针对应收账款回函率与以前年度相比异常偏高保持职业怀疑，审计项目组与重要被询证者相关人员直接沟通讨论询证事项，针对以前年度回函率非常低的三家被询证单位，审计项目组前往被询证单位办公地点，分别验证了其真实存在。

（3）审计项目组实施跟函时，由甲公司财务主管陪伴，注册会计师在整个过程中保持对询证函的控制，同时，对甲公司和被询证单位之间串通舞弊的风险保持高度警觉。

（4）截止到2020年3月1日，审计项目组针对客户丙公司对甲公司的违约诉讼的邮寄方式询证函未收到回函，审计项目组针对该事项专门电话询问了丙公司法律顾问，充分了解该诉讼事项的情况。审计项目组认为该法律顾问的解释合理，无须实施进一步审计程序。

要求：

针对上述第（1）至（4）项，逐项指出审计项目组的做法是否恰当，并简要说明理由。

参考答案

项目七
采购与付款
循环审计

项目七　采购与付款循环审计

◇ **学习目标**

1.阐述采购与付款循环的业务活动及相关内部控制
2.识别、评估采购与付款循环重大错报风险
3.测试采购与付款循环的内部控制
4.完成采购与付款循环的实质性程序

☑ **引导案例：康得新的虚假采购**

2015—2018 年期间，康得新通过虚构采购、生产等研发费用等方式，虚增营业成本和研发、销售费用，虚增利润 119 亿元。

2015 年 12 月，康得新非公开发行 17 074.56 万股股票，发行价为每股人民币 17.57 元，募集资金净额 29.8 亿元，用于向其子公司光电材料增资，建设年产 1.02 亿平方米先进高分子膜材料项目。2016 年 9 月，康得新再次非公开发行 29 411.76 万股股票，发行价为每股人民币 16.32 元，募集资金净额 47.8 亿元，用于向光电材料增资，建设年产 1 亿片裸眼 3D 膜组产品项目和前述先进高分子项目及归还银行贷款。

然而，这些钱并没有真正投进所谓高分子和 3D 膜组产品项目。2018 年 6 月，康得新与中国化学赛鼎宁波工程有限公司（以下简称化学赛鼎）、沈阳宇龙汽车有限公司（以下简称宇龙汽车）签订采购委托协议，约定由康得新确定下游设备供应商，化学赛鼎和宇龙汽车按照康得新的要求与指定供应商制作和签订供货合同，并按照康得新的要求将收到的货款转付给指定供应商。

所谓的指定供应商实际上不过是康得新自己的"马甲"而已。按照相关协议的安排，2018 年 7 月至 12 月期间，康得新累计将 24.53 亿元从募集资金专户转出，以支付设备采购款的名义分别向化学赛鼎、宇龙汽车两公司支付 21.74 亿元、2.79 亿元；转出的募集资金经过多道流转后，绝大部分最终回流至康得新，用于归还银行贷款、配合虚增利润等。另一方面，其却在 2018 年年度报告中披露，已将募集资金全部用于建设年产 1.02 亿平方米先进高分子膜材料项目和年产 1 亿片裸眼 3D 膜组产品项目。这不但构成募集资金用途的变更，还构成了年报的虚假陈述。

（资料来源：良渚. 康得新案：顶格处罚不是一方造就 [EB/OL]. [2019-09-03]. https://finance.sina.com.cn/money/bank/bank_hydt/2019-09-03/doc-iicezueu3095957.shtml）

☑ **案例思考：** 如何识别、评估以及应对虚假采购重大错报风险？

任务一　熟悉采购与付款循环的业务活动和相关内部控制

一、不同行业类型的采购和费用支出

企业的采购与付款循环包括购买商品、劳务和固定资产，以及企业在经营活动中为获取收入而发生的直接或间接的支出。采购业务是企业生产经营活动的起点，企业的支出从性质、数量和发生频率上看是多种多样的。

不同的企业性质决定企业除了有一些共性的费用支出外，还会发生一些不同类型的支

项目七

出。表7-1列示了不同行业通常会发生的一些支出情况，这些支出未包括经营用房产支出和人工费用支出在内。

表7-1 不同行业类别的采购和费用

行业类别	典型的采购和费用支出
贸易业	产品的选择和购买、产品的存储和运输、广告促销费用、售后服务费用
一般制造业	生产过程所需的设备支出，原材料、易耗品、配件的购买与存储支出，市场经营费用，把产成品运达顾客或零售商发生的运输费用，管理费用
专业服务业	律师、会计师、财务顾问的费用支出，包括印刷、通信、差旅费，书籍资料和研究设施的费用
金融服务业	建立专业化的安全的计算机信息网络和用户自动存取款设备的支出，给付储户的存款利息，支付其他银行的资金拆借利息、手续费、现金存放、现金运送和网络银行设施的安全维护费用，客户关系维护费用
建筑业	建材支出、建筑设备和器材的租金或购置费用，支付给分包商的费用；保险支出和安保成本；建筑保证金和许可审批方面的支出；交通费、通信费等。当在外地施工时还会发生建筑工人的食宿费用

二、主要凭证与会计记录

采购与付款交易通常要经过"请购-订货-验收-付款"这样的程序。在内部控制比较健全的企业，处理采购与付款交易通常也需要使用很多凭证与会计记录。以一般制造业企业为例，典型的采购与付款循环所涉及的主要凭证与会计记录有以下几种：

（一）采购计划

企业以销售和生产计划为基础，考虑供需关系及市场计划变化等因素，制订采购计划，并经适当的管理层审批后执行。

（二）供应商清单

企业通过文件审核及实地考察等方式对合作的供应商进行认证，将通过认证的供应商信息进行手工或系统维护，并及时进行更新。

（三）请购单

请购单由生产、仓库等相关部门的有关人员填写，送交采购部门，是申请购买商品、劳务或其他资产的书面凭据。

（四）订购单

订购单由采购部门填写，经适当的管理层审核后发送供应商，是向供应商购买订购单上所指定的商品和劳务的书面凭据。

（五）验收及入库单

验收单是收到商品时所编制的凭据，列示通过质量检验的、从供应商处收到的商品的种类和数量等内容。入库单是由仓库管理人员填写的验收合格品入库的凭证。

（六）卖方发票

卖方发票（供应商发票）是供应商开具的，交给买方以载明发运的货物或提供的劳务、

锦瑟无端五十弦，一弦一柱思华年。 ——李商隐

应付款金额和付款条件等事项的凭证。

（七）付款凭单

付款凭单是采购方企业的应付凭单部门编制的，载明已收到的商品、资产或接受的劳务、应付款金额和付款日期的凭证。付款凭单是采购方企业内部记录和支付负债的授权证明文件。

（八）转账凭证

转账凭证是记录转账交易的记账凭证，是根据有关转账交易（即不涉及库存现金、银行存款收付的各项交易）的原始凭证编制的。

（九）付款凭证

付款凭证包括现金付款凭证和银行存款付款凭证，是用来记录库存现金和银行存款支出交易的记账凭证。

（十）应付账款明细账

（十一）库存现金日记账和银行存款日记账

（十二）供应商对账单

实务中，对采购及应付账款的定期对账通常由供应商发起。供应商对账单是由供应商编制的、用于核对与采购企业往来款项的凭据，通常标明期初余额、本期购买、本期支付给供应商的款项和期末余额等信息。供应商对账单是供应商对有关交易的陈述，如果不考虑买卖双方在收发货物上可能存在的时间差等因素，其期末余额通常应与采购方相应的应付账款期末余额一致。

三、采购与付款循环的业务活动

一般制造业企业采购与付款循环涉及的主要业务活动及常见的主要凭证和会计记录见表7-2。

表7-2　　　　采购与付款循环涉及的交易类别、报表项目、主要活动及凭证记录

交易类别	相关报表项目	主要业务活动	主要凭证和会计记录
采购	存货、其他流动资产、销售费用、管理费用、应付账款、其他应付款、预付款项等	①编制采购计划 ②维护供应商清单 ③请购商品和劳务 ④编制订购单 ⑤验收商品 ⑥储存已验收的商品 ⑦编制付款凭单 ⑧确认与记录负债	①采购计划 ②供应商清单 ③请购单 ④订购单
付款	应付账款、其他应付款、应付票据、货币资金等	①办理付款 ②记录现金、银行存款支出 ③与供应商定期对账	①转账凭证/付款凭证 ②应付账款明细账 ③库存现金日记账和银行存款日记账 ④供应商对账单

四、采购与付款循环的内部控制

(一) 采购与付款循环的内部控制

1.制订采购计划

基于企业的生产经营计划,生产、仓库等部门定期编制采购计划,经部门负责人等适当的管理人员审批后提交采购部门,具体安排商品及劳务采购。

2.供应商认证及信息维护

企业通常对于合作的供应商事先进行资质等审核,将通过审核的供应商信息录入系统,形成完整的供应商清单,并及时对其信息变更进行更新。采购部门只能向通过审核的供应商进行采购。

3.请购商品和劳务

请购单是采购交易轨迹的起点,通常由产品制造、资产使用等部门对所需购买的商品填写请购单,经过这类支出预算负责的主管人员签字批准。

4.编制订购单

采购部门根据经过恰当批准的请购单签发订购单。对每张订购单,采购部门应确定最佳的供应来源,对一些大额、重要的采购应采取竞价方式来确定供应商,以保证供货的质量、及时性和成本的低廉。订购单应正确填写所需要的商品品名、数量、价格、厂商名称和地址等,预先予以顺序编号并经过被授权的采购人员签名,正联应送交供应商,副联送至企业内部的验收部门、应付凭单部门和编制请购单的部门。随后,应独立检查订购单的处理,以确定是否确实收到商品并正确入账。

5.验收商品

验收部门检查收到的商品与订购单上的要求是否相符,如商品品名、摘要、数量、到货时间等,然后盘点商品并检查商品有无损坏。验收合格后编制一式多联、预先按顺序编号的验收单,作为验收和检验商品的依据。一联送交仓库或其他请购部门并要求其在验收单的副联上签字,以确立他们对所采购的资产应负的保管责任,另一联验收单送会计部门作为记录债务的依据。

6.储存已验收的商品

将已验收商品的保管与采购的其他职责相分离,可减少未经授权的采购和盗用商品的风险。存放商品的仓储区应相对独立,限制无关人员接近。

7.编制付款凭单

记录采购交易之前,应付凭单部门应核对订购单、验收单和卖方发票的一致性并编制付款凭单。

8.确认与记录负债

在收到供应商发票时,应付账款记账人员应将发票上所记载的品名、规格、价格、数量、条件及运费与订购单上的有关资料核对,如有可能,还应与验收单上的资料进行比较。审核发票后,据以编制有关记账凭证和登记有关账簿。对于每月月末尚未收到供应商发票的情况,则需根据验收单和订购单暂估相关的负债。

9.办理付款

通常是由应付凭单部门负责确定未付凭单在到期日付款。在付款前,付款凭单由应付账款记账员掌管。订购单、验收单、供应商发票作为付款凭单的支持性凭证，经审核无误后由被授权的会计部门人员签署支票。

10.记录现金、银行存款支出

以支票结算方式为例，会计部门应根据已签发的支票编制付款记账凭证，并据以登记银行存款日记账及其他相关账簿。以记录银行存款支出为例，有关控制包括：①会计主管应独立检查记入银行存款日记账和应付账款明细账的金额的一致性，以及与支票汇总记录的一致性。②通过定期比较银行存款日记账记录的日期与支票副本的日期，独立检查入账的及时性。③独立编制银行存款余额调节表。

在内部控制的设置方面，采购与付款循环和前一章讲述的销售与收款循环存在很多类似之处。此外，采购与付款循环内部控制的特殊之处包括：

（1）适当的职责分离。企业应当建立采购与付款交易的岗位责任制，明确相关部门和岗位的职责、权限，确保办理采购与付款交易的不相容岗位相互分离、制约和监督。采购与付款交易不相容岗位至少包括：请购与审批；询价与确定供应商；采购合同的订立与审批；采购与验收；采购、验收与相关会计记录；付款审批与付款执行。这些都是对企业提出的、有关采购与付款交易相关职责适当分离的基本要求，以确保办理采购与付款交易的不相容岗位相互分离、制约和监督。

（2）恰当的授权审批。付款需要由经授权的人员审批，审批人员在审批前需检查相关支持性文件，并对其发现的例外事项进行跟进处理。

（3）凭证的预先编号及对例外报告的跟进处理。通过对入库单的预先编号以及对例外情况的汇总处理，被审计单位可以应对存货和负债记录方面的完整性风险。如果该控制是人工执行的，被审计单位可以安排入库单编制人员以外的独立复核人员定期检查已经进行会计处理的入库单记录，确认是否存在遗漏或重复记录的入库单，并对例外情况予以跟进。如果在IT环境下，则系统可以定期生成列明跳号或重号的入库单统计例外报告，由经授权的人员对例外报告进行复核和跟进，可以确认所有入库单都进行了处理，且没有重复处理。

（二）固定资产的内部控制

就许多从事制造业的被审计单位而言，固定资产在其资产总额中占有很大的比重，固定资产的购建会影响其现金流量，而固定资产的折旧、维修等费用则是影响其损益的重要因素。固定资产管理一旦失控，所造成的损失将远远超过一般的商品存货等流动资产。所以，为了确保固定资产的真实、完整、安全和有效利用，被审计单位应当建立和健全固定资产的内部控制。

1.固定资产的预算制度

预算制度是固定资产内部控制中最重要的部分。通常，大中型企业应编制旨在预测与控制固定资产增减和合理运用资金的年度预算；小规模企业即使没有正规的预算，对固定资产的购建也要事先加以计划。

2.授权批准制度

完善的授权批准制度包括：企业的资本性预算只有经过董事会等高层管理机构批准方可生效；所有固定资产的取得和处置均需经企业管理层书面认可。

3.账簿记录制度

除固定资产总账外，被审计单位还需设置固定资产明细分类账和固定资产登记卡，按固定资产类别、使用部门和每项固定资产进行明细分类核算。固定资产的增减变化均应有充分的原始凭证。

4.职责分工制度

对固定资产的取得、记录、保管、使用、维修、处置等，均应明确划分责任，由专门部门和专人负责。

5.资本性支出和收益性支出的区分制度

企业应制定区分资本性支出和收益性支出的书面标准。通常需明确资本性支出的范围和最低金额，凡不属于资本性支出的范围、金额低于下限的任何支出，均应列作费用并抵减当期收益。

6.固定资产的处置制度

固定资产的处置，包括投资转出、报废、出售等，均要有一定的申请报批程序。

7.固定资产的定期盘点制度

对固定资产的定期盘点，是验证账面各项固定资产是否真实存在、了解固定资产放置地点和使用状况以及发现是否存在未入账固定资产的必要手段。

8.固定资产的维护保养制度

固定资产应有严密的维护保养制度，以防止其因各种自然和人为的因素而遭受损失，并应建立日常维护和定期检修制度，以延长其使用寿命。

表7-3列示了采购与付款交易的内部控制目标、关键内部控制和常用测试及程序。

表7-3　　　　　　　采购与付款交易的控制目标、关键内部控制和测试一览表

内部控制目标	关键内部控制	常用的控制测试	常用的交易实质性程序
所记录的采购都确已收到商品或已接受劳务（存在）	请购单、订购单、验收单和卖方发票一应俱全，并附在付款凭单后；采购经适当级别批准；注销凭证以防止重复使用；对卖方发票、验收单、订购单和请购单作内部核查	查验付款凭单后是否附有完整的相关单据；检查批准采购的标记；检查注销凭证的标记；检查内部核查的标记	复核采购明细账、总账及应付账款明细账，注意是否有大额或不正常的金额；检查卖方发票、验收单、订购单和请购单的合理性和真实性；追查存货的采购记录至存货永续盘存记录；检查取得的固定资产
已发生的采购交易均已记录（完整性）	订购单均经事先连续编号并将已完成的采购登记入账；验收单均经事先连续编号并已登记入账；应付凭单经事先连续编号并已登记入账	检查订购单连续编号的完整性；检查验收单连续编号的完整性；检查应付凭单连续编号的完整性	从验收单追查至采购明细账；从卖方发票追查至采购明细账
所记录的采购交易估价正确（准确性、计价和分摊）	对计算准确性进行内部核查；采购价格和折扣的批准	检查内部核查的标记；检查批准采购价格和折扣的标记	将采购明细账中记录的交易卖方发票、验收单和其他证明文件比较；复算包括折扣和运费在内的卖方发票填写金额的准确性

内部控制目标	关键内部控制	常用的控制测试	常用的交易实质性程序
采购交易的分类正确（分类）	采用适当的会计科目表；分类的内部核查	检查工作手册和会计科目表；检查有关凭证上内部核查的标记	参照卖方发票，比较会计科目表上的分类
采购交易按正确的日期记录（截止）	要求收到商品或接受劳务后及时记录采购交易；内部核查	检查工作手册并观察有无未记录的卖方发票存在；检查内部核查的标记	将验收单和卖方发票上的日期与采购明细账中的日期进行比较
采购交易被正确记入应付账款和存货等明细账中，并正确汇总（准确性、计价和分摊）	应付账款明细账内容的内部核查	检查内部核查的标记	通过加计采购明细账，追查过入采购总账和应付账款、存货明细账的数额是否正确，用以测试过账和汇总的正确性

任务二　评估采购与付款循环的重大错报风险

一、采购与付款循环存在的重大错报风险

注册会计师基于在了解被审计单位及其环境的整个过程中所识别的相关风险，结合对采购与付款循环中拟测试控制的了解，考虑在采购与付款循环中发生错报的可能性以及潜在错报的重大程度是否足以导致重大错报，从而评估采购与付款循环的相关交易和余额存在的重大错报风险，以为设计和实施进一步审计程序提供基础。影响采购与付款交易和余额的重大错报风险可能包括：

（一）低估负债或相关准备

在承受较高盈利水平和营运资本的压力下，被审计单位管理层可能试图低估应付账款等负债或资产相关准备，包括低估对存货应计提的跌价准备。重大错报风险常常集中体现在：（1）遗漏交易，例如未记录已收取货物但尚未收到发票的与采购相关的负债或未记录尚未付款的已经购买的劳务支出等；（2）采用不正确的费用支出截止期，例如将本期的支出延迟到下期确认；（3）将应当及时确认损益的费用性支出资本化，然后通过资产的逐步摊销予以消化等。

（二）管理层错报负债费用支出的偏好和动因

被审计单位管理层可能为了完成预算，满足业绩考核要求，保证从银行获得资金，吸引潜在投资者，误导股东，影响公司股价等动机，通过操纵负债和费用的确认控制损益，例如：（1）平滑利润，通过多计准备或少计负债和准备，把损益控制在被审计单位管理层希望的程度；（2）利用特别目的实体把负债从资产负债表中剥离，或利用关联方间的费用定价优势制造虚假的收益增长趋势；（3）被审计单位管理层把私人费用计入企业费用，把企业资金

当作私人资金运作。

（三）费用支出的复杂性

例如，被审计单位以复杂的交易安排购买一定期间的多种服务，管理层对于涉及的服务受益与付款安排所涉及的复杂性缺乏足够的了解，这可能导致费用支出分配或计提的错误。

（四）不正确地记录外币交易

当被审计单位进口用于出售的商品时，可能由于采用不恰当的外币汇率而导致该项采购的记录出现差错。此外，还存在未能将诸如运费、保险费和关税等与存货相关的进口费用进行正确分摊的风险。

（五）舞弊和盗窃的固有风险

如果被审计单位经营大型零售业务，由于所采购商品和固定资产的数量及支付的款项庞大，交易复杂，容易造成商品发运错误，员工和客户发生舞弊和盗窃的风险较高。如果那些负责付款的会计人员有权接触应付账款主文档，并能够通过在应付账款主文档中擅自添加新的账户来虚构采购交易，风险也会增加。

（六）存在未记录的权利和义务

这可能导致资产负债表分类错误以及财务报表附注不正确或披露不充分。

为评估重大错报风险，注册会计师应详细了解有关交易或付款的内部控制。注册会计师可以通过审阅以前年度审计工作底稿、观察内部控制执行情况、询问管理层和员工、检查相关的文件和资料等方法加以了解。对相关文件和资料的检查可以提供审计证据，例如通过检查供应商对账单和银行对账单，能够发现差错并加以纠正。

二、根据重大错报风险评估结果设计进一步审计程序

针对评估的财务报表层次重大错报风险，注册会计师应计划进一步审计程序的总体方案，包括确定针对相关认定计划采用综合性方案还是实质性方案，以及考虑审计程序的性质、时间安排和范围。综合控制测试及实质性程序，注册会计师需要评价获取的审计证据是否足以应对识别出的认定层次重大错报风险。

假定评估应付账款为重要账户，且相关认定包括存在/发生、完整性、准确性及截止的前提下，注册会计师计划的进一步审计程序总体方案示例见表7-4。

表7-4　　　　　采购与付款循环的重大错报风险及进一步审计程序总体方案

重大错报风险描述	相关报表项目及认定	风险程度	是否信赖控制	进一步审计程序总体方案	控制测试拟获取的保证程度	实质性程序拟获取的保证程度
确认的负债及费用并未实际发生	应付账款/其他应付款：存在；销售费用/管理费用：发生	一般	是	综合性方案	高	低
不计提采购相关负债或不计提尚未付款的已购买的服务支出	应付账款/其他应付款：完整性；销售费用/管理费用：完整性	特别	是	综合性方案	高	中

千淘万漉虽辛苦，吹尽狂沙始到金。　——刘禹锡

重大错报风险描述	相关报表项目及认定	风险程度	是否信赖控制	进一步审计程序总体方案	控制测试拟获取的保证程度	实质性程序拟获取的保证程度
采用不正确的费用支出截止期，如将本期支出延迟到下期确认	应付账款/其他应付款：存在/完整性；销售费用/管理费用：截止	一般	否	实质性方案	无	高
发生的采购业务未能以正确的金额记录	应付账款/其他应付款：准确性；销售费用/管理费用：计价与分摊	一般	是	综合性方案	高	低

任务三　实施采购与付款循环的控制测试和实质性程序

一、采购与付款循环的控制测试

（一）采购交易的控制测试

（1）询问复核人复核采购计划的过程，检查采购计划是否经复核人恰当复核。

（2）核对请购单与订购单是否一致，请购单是否经过恰当的授权人批准，订购单是否连续编号。检查内部核查的标记及批准采购价格和折扣的标记。

（3）查验付款凭单后是否附有请购单、订购单、验收单等单据，验收单和应付凭单是否连续编号。

（4）检查工作手册和会计科目表，并检查有关凭证上复核人内部核查的标记。

（5）检查工作手册并观察有无未记录的购货发票存在，检查内部核查的标记。

（6）检查应付账款明细账内容是否正确，检查复核人内部核查的标记。

（二）付款交易的控制测试

（1）抽取付款凭证，检查其是否经由会计主管复核和审批，款项支付是否得到适当人员的复核和审批，并检查内部核查的标记。

（2）询问复核人对银行存款余额调节表的复核过程，检查银行对账单和银行存款余额调节表是否及时得到复核，并检查内部核查的标记。

（3）审查现金折扣的合理性。

（4）检查应付票据的合理性，抽查部分作废的、退回的票据，查明是否予以注销，是否编号保存。

（三）固定资产的控制测试

（1）检查固定资产新增手续，选取固定资产投资预算和投资可行性项目讨论报告，检查是否编制预算并进行论证，以及是否经恰当审批。

（2）对实际支出与预算之间的差异以及未列入预算的特殊事项，应检查其是否履行特别的审批手续。

（3）应检查资产授权批准制度本身是否完整，关注授权批准制度是否切实执行。

（4）检查固定资产的账簿记录制度，固定资产明细分类账和登记卡是否完善。

（5）关注固定资产的职责分工制度。

（6）抽取固定资产盘点明细表，检查账实之间的差异是否经审批后及时处理。

（7）抽查固定资产报废单，检查固定资产处置是否经适当批准和处理。

（8）抽取固定资产内部调拨单，检查调入、调出是否已进行适当处理。

（9）抽取固定资产增减变动情况分析表，检查是否经复核。

（10）了解和评价固定资产盘点制度，检查固定资产盘点表上是否有盘点与监盘人员签字，并注意盘盈、盘亏固定资产的处理情况。

☑ 机智过人：固定资产管理常见的十类问题

❶无计划、超计划购建固定资产；❷未将固定资产登记入账，造成固定资产流失；❸违规保管、使用固定资产，造成固定资产损失；❹未按规定清查盘点固定资产并处理清查盘点结果；❺未按规定履行审批程序或超越权限审批；❻以明显低价转让、出租固定资产；❼固定资产出租、处置收入未入账；❽违规以固定资产进行抵押、质押等担保；❾未按规定进行固定资产评估和备案，造成损失；❿在固定资产管理中弄虚作假、串通舞弊、假公济私和严重失职等。

二、采购与付款循环的实质性程序

（一）应付账款的实质性程序

应付账款是企业在正常经营过程中，因购买材料、商品和接受劳务供应等经营活动而应付给供应商的款项。注册会计师应结合赊购交易进行应付账款的审计。

1.应付账款的审计目标

应付账款的审计目标一般包括：①确定资产负债表中记录的应付账款是否存在（存在认定）；②确定所有应当记录的应付账款是否均已记录（完整性认定）；③确定资产负债表中记录的应付账款是否为被审计单位应当履行的现时义务；④确定应付账款是否以恰当的金额包括在财务报表中，与之相关的计价调整是否已恰当记录（计价认定）；⑤确定应付账款是否已按照企业会计准则的规定在财务报表中作出恰当的列报。

2.应付账款的实质性程序

（1）检查应付账款明细表。获取或编制应付账款明细表，并执行以下工作：①复核加计是否正确，并与报表数、总账数和明细账合计数核对是否相符；②检查非记账本位币应付账款的折算汇率及折算是否正确；③分析出现借方余额的项目，查明原因，必要时建议作重分类调整；④结合预付账款、其他应付款等往来项目的明细余额，检查有无针对同一交易在应付账款和预付账款同时记账的情况，是否存在异常余额或与购货无关的其他款项。

（2）实质性分析程序。

①根据对被审计单位的经营活动、供应商的发展历程、贸易条件和行业惯例的了解，确定应付账款和费用支出的期望值。

②根据本期应付账款余额组成与以前期间交易水平和预算的比较，定义采购和应付账款可接受的重大差异额。

③识别需要进一步调查的差异并调查异常数据关系，如与周期趋势不符的费用支出。这

类程序通常包括：观察月度（或每周）已记录采购总额趋势，与往年或预算相比较；将实际毛利与以前年度和预算相比较；计算记录在应付账款上的赊购天数，并将其与以前年度相比较；检查常规账户和付款；检查异常项目的采购；检查付款记录和付款趋势。

④通过询问管理层和员工，调查重大差异额是否表明存在重大错报风险，是否需要设计恰当的细节测试程序以识别和应对重大错报风险。

⑤形成结论，即实质性分析程序是否能够提供充分、适当的审计证据，或需要对交易和余额实施细节测试以获取进一步的审计证据。

（3）函证应付账款。获取适当的供应商相关清单，例如本期采购量清单、所有现存供应商名单或应付账款明细账。询问该清单是否完整并考虑该清单是否应包括预期负债等附加项目。选取样本进行测试并执行如下程序：

①向债权人发送询证函。注册会计师应根据审计准则的规定对询证函保持控制，包括确定需要确认或填列的信息、选择适当的被询证者、设计询证函，包括正确填列被询证者的姓名和地址，以及被询证者直接向注册会计师回函的地址等信息，必要时再次向被询证者寄发询证函等。

②将询证函回函确认的余额与已记录金额相比较，如存在差异，检查支持性文件，评价已记录金额是否适当。

③对于未回复的函证实施替代程序：如检查至付款文件（如现金支出、电汇凭证和支票复印件）、相关的采购文件（如采购订单、验收单、发票和合同）或其他适当文件。

④如果认为回函不可靠，评价对评估的重大错报风险以及其他审计程序的性质、时间安排和范围的影响。

（4）检查应付账款的截止及完整性。检查应付账款是否计入了正确的会计期间，是否存在未入账的应付账款。

①对本期发生的应付账款增减变动，检查至相关支持性文件，确认会计处理是否正确。

②检查资产负债表日后应付账款明细账贷方发生额的相应凭证，关注其验收单、购货发票的日期，确认其入账时间是否合理。

③获取并检查被审计单位与其供应商之间的对账单以及被审计单位编制的差异调节表，确定应付账款金额的准确性。

④针对资产负债表日后付款项目，检查银行对账单及有关付款凭证，询问被审计单位内部或外部的知情人员，查找有无未及时入账的应付账款。

⑤结合存货监盘程序，检查被审计单位在资产负债表日前后的存货入库资料，检查相关负债是否计入了正确的会计期间。

如果注册会计师通过这些审计程序发现某些未入账的应付账款，应将有关情况详细记入审计工作底稿，并根据其重要性确定是否需要建议被审计单位进行相应的调整。

（5）寻找未入账负债的测试。获取期后收取、记录或支付的发票明细，包括获取支票登记簿、电汇报告、银行对账单以及入账的发票和未入账的发票，从中选取项目（尽量接近审计报告日）进行测试并实施以下程序：

①检查支持性文件，如相关的发票、采购合同、收货文件以及接受劳务明细，以确定收到商品、接受劳务的日期及应在期末之前入账的日期。

②追踪已选取项目至应付账款明细账、货到票未到的暂估入账，并关注费用所计入的会计期间，调查并跟进所有已识别的差异。

③评价费用是否被记录于正确的会计期间，并相应确定是否存在期末未入账负债。

（6）检查长期挂账的应付账款。检查应付账款长期挂账的原因并作出记录，对确实无须支付的应付账款的会计处理是否正确。

（7）检查关联方应付账款。如存在应付关联方的款项：①了解交易的商业理由。②检查证实交易的支持性文件（如发票、合同、协议及入库和运输单据等相关文件）。③检查被审计单位与关联方的对账记录或向关联方函证。

（8）检查列报和披露。检查应付账款是否已按照企业会计准则的规定在财务报表中作出恰当列报和披露。

（二）固定资产的实质性程序

固定资产是指同时具有下列两个特征的有形资产：①为生产商品、提供劳务、出租或经营管理而持有。②使用寿命超过一个会计年度。这里的使用寿命是指企业使用固定资产的预计期间，或者该固定资产所能生产产品或提供劳务的数量。固定资产只有同时满足下列两个条件才能予以确认：①与该固定资产有关的经济利益很可能流入企业。②该固定资产的成本能够可靠地计量。

1.固定资产的审计目标

固定资产的审计目标一般包括：确定资产负债表中记录的固定资产是否存在；确定所有应记录的固定资产是否均已记录；确定记录的固定资产是否由被审计单位拥有或控制；确定固定资产以恰当的金额包括在财务报表中，与之相关的计价或分摊已恰当记录；确定固定资产原价、累计折旧和固定资产减值准备是否已按照企业会计准则的规定在财务报表中作出恰当列报。

2.固定资产的实质性程序

（1）获取或编制固定资产和累计折旧分类汇总表（见表7-5），检查固定资产的分类是否正确并与总账数和明细账合计数核对是否相符，结合累计折旧、减值准备科目与报表数核对是否相符。

表7-5

固定资产和累计折旧分类汇总表
年　月　日

被审计单位：　　　　　　编制人：　　　　　日期：　　　　　复核人：　　　　　日期：

固定资产类别	固定资产				累计折旧					
	期初余额	本期增加	本期减少	期末余额	折旧方法	折旧率	期初余额	本期增加	本期减少	期末余额
合计										

（2）对固定资产实施实质性分析程序。

①基于对被审计单位及其环境的了解，通过进行以下比较，并考虑有关数据间关系的影响，建立有关数据的期望值：分类计算本期计提折旧额与固定资产原值的比率，并与上期比

较；计算固定资产修理及维护费用占固定资产原值的比例，并进行本期各月、本期与以前各期的比较；计算固定资产总值除以全年总产量，将该比率与以前年度相比较；比较本年度与以前各年度固定资产增加额和减少额；分析比较各年度固定资产保险费，查明变动有无异常。

②确定可接受的差异额。

③将实际情况与期望值相比较，识别需要进一步调查的差异。

④如果其差异额超过可接受的差异额，调查并获取充分的解释和恰当的佐证，如检查相关的凭证。

⑤评估实质性分析程序的测试结果。

（3）实地检查重要固定资产，确定其是否存在，关注是否存在已报废但仍未核销的固定资产。

实施实地检查审计程序时，注册会计师可以以固定资产明细分类账为起点，进行实地追查，以证明会计记录中所列固定资产确实存在，并了解其目前的使用状况；也应考虑以实地为起点，追查至固定资产明细分类账，以获取实际存在的固定资产均已入账的证据。

注册会计师实地检查的重点是本期新增加的重要固定资产，有时，观察范围也会扩展到以前期间增加的重要固定资产。观察范围的确定需要依据被审计单位内部控制的强弱、固定资产的重要性和注册会计师的经验来判断。如为首次接受审计，则应适当扩大检查范围。

（4）检查固定资产的所有权或控制权。对各类固定资产，注册会计师应获取、收集不同的证据以确定其是否确归被审计单位所有：对外购的机器设备等固定资产，通常经审核采购发票、采购合同等予以确定；对房地产类固定资产，需查阅有关的合同、产权证明、财产税单、抵押借款的还款凭据、保险单等书面文件予以确定；对融资租入的固定资产，应验证有关融资租赁合同，证实其并非经营租赁；对汽车等运输设备，应验证有关运营证件等予以确定；对受留置权限制的固定资产，通常还应审核被审计单位的有关负债项目等予以证实。

（5）检查本期固定资产的增加。被审计单位如果不正确核算固定资产的增加，将对资产负债表和利润表产生长期的影响。因此，审计固定资产的增加，是固定资产实质性程序中的重要内容。固定资产的增加有多种途径，审计中应注意：①询问管理层当年固定资产的增加情况，并与获取或编制的固定资产明细表进行核对；②检查本年度增加固定资产的计价是否正确，手续是否齐备，会计处理是否正确；③检查固定资产是否存在弃置费用，如果存在弃置费用，检查弃置费用的估计方法和弃置费用现值的计算是否合理，会计处理是否正确。

（6）检查本期固定资产的减少。固定资产的减少主要包括出售、向其他单位投资转出、向债权人抵债转出、报废、毁损、盘亏等。有的被审计单位在全面清查固定资产时，常常会出现固定资产账存实亡现象，这可能是由于固定资产管理或使用部门不了解报废固定资产与会计核算两者间的关系，擅自报废固定资产而未及时通知会计部门作相应的会计核算所致，这样势必造成财务报表反映失真。审计固定资产减少的主要目的就在于查明业已减少的固定资产是否已作适当的会计处理。其审计要点如下：①结合固定资产清理科目，抽查固定资产账面转销额是否正确；②检查出售、盘亏、转让、报废或毁损的固定资产是否经授权批准，会计处理是否正确；③检查因修理、更新改造而停止使用的固定资产的会计处理是否正确；④检查投资转出固定资产的会计处理是否正确；⑤检查债务重组或非货币性资产交换转出固定资产的会计处理是否正确；⑥检查转出的投资性房地产账面价值及会计处理是否正确；⑦检查其他减少固定资产的会计处理是否正确。

（7）检查固定资产的后续支出，确定固定资产的后续支出是否满足资产确认条件；如不满足，该支出是否在该后续支出发生时计入当期损益。

（8）检查固定资产的租赁。企业在生产经营过程中，有时可能有闲置的固定资产供其他单位租用；有时由于生产经营的需要，又需租用固定资产。租赁一般分为经营租赁和融资租赁两种。

在经营租赁中，租入固定资产的企业按合同规定的时间，交付一定的租金，享有固定资产的使用权，而固定资产的所有权仍属出租单位。因此，租入固定资产的企业的固定资产价值并未因此而增加，企业对以经营租赁方式租入的固定资产，不在"固定资产"账户内核算，只是另设备查簿进行登记。而租出固定资产的企业，仍继续提取折旧，同时取得租金收入。

在融资租赁中，租入企业在租赁期间，对融资租入的固定资产应按企业自有固定资产一样管理，并计提折旧、进行维修。如果被审计单位的固定资产中融资租赁占有相当大的比例，应当复核租赁协议，确定租赁是否符合融资租赁的条件，结合长期应付款、未确认融资费用等科目检查相关的会计处理是否正确（资产的入账价值、折旧、相关负债）。

（9）获取暂时闲置固定资产的相关证明文件，并观察其实际状况，检查是否已按规定计提折旧，相关的会计处理是否正确。

（10）获取已提足折旧仍继续使用固定资产的相关证明文件，并作相应记录。

（11）获取持有待售固定资产的相关证明文件，并作相应记录，检查对其预计净残值调整是否正确、会计处理是否正确。

（12）检查固定资产保险情况，复核保险范围是否足够。

（13）检查有无与关联方的固定资产购售活动，是否经适当授权，交易价格是否公允。对于合并范围内的购售活动，记录应予合并抵消的金额。

（14）对应计入固定资产的借款费用，应根据企业会计准则的规定，结合长短期借款、应付债券或长期应付款的审计，检查借款费用（借款利息、折溢价摊销、汇兑差额、辅助费用）资本化的计算方法和资本化金额，以及会计处理是否正确。

（15）检查购置固定资产时是否存在与资本性支出有关的财务承诺。

（16）检查固定资产的抵押、担保情况。结合对银行借款等的检查，了解固定资产是否存在重大的抵押、担保情况。如存在，应取证，并作相应的记录，同时提请被审计单位作恰当披露。

（17）确定固定资产是否已按照企业会计准则的规定在财务报表中作出恰当列报。

财务报表附注通常应说明固定资产的标准、分类、计价方法和折旧方法；融资租入固定资产的计价方法；固定资产的预计使用寿命和预计净残值；对固定资产所有权的限制及其金额（这一披露要求是指，企业因贷款或其他原因而以固定资产进行抵押、质押或担保的类别、金额、时间等情况）；已承诺将为购买固定资产支付的金额；暂时闲置的固定资产账面价值（这一披露要求是指，企业应披露暂时闲置的固定资产账面价值，导致固定资产暂时闲置的原因，如开工不足、自然灾害或其他情况等）；已提足折旧仍继续使用的固定资产账面价值；已报废和准备处置的固定资产账面价值。

3. 累计折旧的实质性程序

在考虑固定资产减值准备的前提下，影响折旧的因素包括折旧的基数、累计折旧、固定资产减值准备、固定资产预计净残值和固定资产尚可使用年限五个方面。在计算折旧时，对固定资产的残余价值和清理费用只能人为估计；对固定资产的使用寿命，由于固定资产的有形和无形损耗难以准确计算，因而也只能估计；同样，对固定资产减值准备的计提也带有估计的成分。因此，固定资产折旧主要取决于企业根据其固定资产特点制定的折旧政策，折旧政策在一定程度上也具有主观性。

累计折旧的实质性程序通常包括：

（1）获取或编制累计折旧分类汇总表，复核加计是否正确，并与总账数和明细账合计数核对是否相符。

（2）检查被审计单位制定的折旧政策和方法是否符合相关会计准则的规定，确定其所采用的折旧方法能否在固定资产预计使用寿命内合理分摊其成本，前后期是否一致，预计使用寿命和预计净残值是否合理。

（3）复核本期折旧费用的计提和分配。

①了解被审计单位的折旧政策，并检查其是否符合规定，计提折旧的范围是否正确，确定的使用寿命、预计净残值和折旧方法是否合理；如采用加速折旧法，是否取得批准文件。

②检查被审计单位折旧政策前后期是否一致。如果折旧政策或者相关会计估计（例如使用寿命、预计净残值）有变更，变更理由是否合理；如果没有变更，是否存在需要提请被审计单位关注的对折旧政策或者会计估计产生重大影响的事项（例如重大技术更新或者设备使用环境的恶化等）。

③复核本期折旧费用的计提是否正确，主要包括：a.已计提减值准备的固定资产的应计折旧额应当扣除已计提的固定资产减值准备累计金额，按照该固定资产的账面价值以及尚可使用寿命重新计算确定折旧率和折旧额。已全额计提减值准备的固定资产，是否已停止计提折旧。b.因更新改造而停止使用的固定资产是否已停止计提折旧，因大修理而停止使用的固定资产是否照提折旧。c.对按规定予以资本化的固定资产装修费用是否在两次装修期间与固定资产尚可使用年限两者中较短的期间内，采用合理的方法单独计提折旧，并在下次装修时将该项固定资产装修余额一次性全部计入了当期营业外支出。d.对融资租入固定资产发生的、按规定可予以资本化的固定资产装修费用，是否在两次装修期间、剩余租赁期与固定资产尚可使用年限三者中较短的期间内，采用合理的方法单独计提折旧。e.对采用经营租赁方式租入的固定资产发生的改良支出，是否在剩余租赁期与租赁资产尚可使用年限两者中较短的期间内，采用合理的方法单独计提折旧。f.未使用、不需用和暂时闲置的固定资产是否按规定计提折旧；g.持有待售固定资产的折旧计提是否符合规定。

④检查折旧费用的分配方法是否合理，是否与上期一致；分配计入各项目的金额占本期全部折旧计提额的比例与上期比较是否有重大差异。

⑤注意固定资产增减变动时，有关折旧的会计处理是否符合规定，查明通过更新改造、接受捐赠或融资租入而增加的固定资产的折旧费用计算是否正确。

（4）将"累计折旧"账户贷方的本期计提折旧额与相应的成本费用中的折旧费用明细账户的借方相比较，以查明所计提折旧金额是否已全部摊入本期产品成本或费用。若存在差异，应追查原因，并考虑是否应建议作适当调整。

（5）检查累计折旧的减少是否合理、会计处理是否正确。

（6）确定累计折旧的披露是否恰当。如果被审计单位是上市公司，通常应在其财务报表附注中按固定资产类别分项列示累计折旧期初余额、本期计提额、本期减少额及期末余额。

4.固定资产减值准备的实质性程序

固定资产的可收回金额低于其账面价值称为固定资产减值。这里的可收回金额应当根据固定资产的公允价值减去处置费用后的净额与资产预计未来现金流量的现值两者之间的较高者确定。这里的处置费用包括与固定资产处置有关的法律费用、相关税费、搬运费以及为使固定资产达到可销售状态所发生的直接费用等。

固定资产减值准备的实质性程序一般包括：

（1）获取或编制固定资产减值准备明细表，复核加计是否正确，并与总账数和明细账合计数核对是否相符。

（2）检查被审计单位计提固定资产减值准备的依据是否充分，会计处理是否正确。

（3）获取闲置固定资产的清单，并观察其实际状况，识别是否存在减值迹象。

（4）检查资产组的认定是否恰当，计提固定资产减值准备的依据是否充分，会计处理是否正确。

（5）计算本期期末固定资产减值准备占期末固定资产原值的比率，并与期初该比率比较，分析固定资产的质量状况。

（6）检查被审计单位处置固定资产时原计提的减值准备是否同时结转，会计处理是否正确。

（7）检查是否存在转回固定资产减值准备的情况。按照企业会计准则的规定，固定资产减值损失一经确认，在以后会计期间不得转回。

（8）确定固定资产减值准备的披露是否恰当。如果企业计提了固定资产减值准备，根据企业会计准则的相关规定，企业应当在财务报表附注中披露：①当期确认的固定资产减值损失金额。②企业计提的固定资产减值准备累计金额。如果发生重大固定资产减值损失，还应当说明导致重大固定资产减值损失的原因、固定资产可收回金额的确定方法，以及当期确认的重大固定资产减值损失的金额。如果被审计单位是上市公司，其财务报表附注中通常还应分项列示计提的固定资产减值准备金额、增减变动情况以及计提的原因。

（三）除折旧/摊销、人工费用以外的一般费用的实质性程序

1.一般费用的审计目标

一般费用的审计目标一般包括：确定利润表中记录的一般费用是否确实发生（发生认定）；确定所有应当记录的费用是否均已记录（完整性认定）；确定一般费用是否以恰当的金额包括在财务报表中（准确性认定）；确定费用是否已计入恰当的会计期间（截止认定）。

2.一般费用的实质性程序

（1）获取一般费用明细表，复核其加计数是否正确，并与总账数和明细账合计数核对是否正确。

（2）实质性分析程序：

①考虑可获取信息的来源、可比性、性质和相关性以及与信息编制相关的控制，评价在对记录的金额或比率作出预期时使用的数据的可靠性。

②将费用细化到适当层次，根据关键因素和相互关系（如本期预算、费用类别与销售数量、职工人数的变化之间的关系等）设定预期值，评价预期值是否足够精确以识别重大错报。

③确定已记录金额与预期值之间可接受的、无须作进一步调查的差异额。

④将已记录金额与期望值进行比较，识别需要进一步调查的差异。

⑤调查差异，询问管理层，针对管理层的答复获取适当的审计证据；根据具体情况在必要时实施其他审计程序。

（3）从资产负债表日后的银行对账单或付款凭证中选取项目进行测试，检查支持性文件（如合同或发票），关注发票日期和支付日期，追踪已选取项目至相关费用明细表，检查费用所计入的会计期间，评价费用是否被记录于正确的会计期间。

（4）对本期发生的费用选取样本，检查其支持性文件，确定原始凭证是否齐全，记账凭证与原始凭证是否相符以及账务处理是否正确。

（5）抽取资产负债表日前后的凭证，实施截止测试，评价费用是否被记录于正确的会计期间。

（6）检查一般费用是否已按照企业会计准则及其他相关规定在财务报表中作出恰当的列报和披露。

思考与练习

一、单项选择题

1.下列各项中，正确反映了采购与付款循环主要文件生成顺序的是（　　　）。

　A.请购——订货——验收——付款　　　　B.付款——请购——订货——验收

　C.订货——请购——验收——付款　　　　D.验收——订货——请购——付款

2.下列各项中，违反采购与付款循环内部控制要求的是（　　　）。

　A.验收单预先连续编号

　B.定期与供应商核对往来款项

　C.采购部门提出采购申请

　D.对卖方发票、验收单、订购单、请购单进行内部检查

3.在采购与付款业务循环中，可以由生产或使用部门填写的文件是（　　　）。

　A.订购单　　　　　B.验收单　　　　　C.请购单　　　　　D.付款凭单

4.在生产与存货业务循环中，产品生产部门与检验部门相互独立，可以防止（　　　）。

　A.不合格产品入库　　　　　　　　B.生产计划不合理

　C.篡改会计记录　　　　　　　　　D.多领材料

5.采购申请的提出与批准相互独立，该项控制程序是为了防止（　　　）。

　A.采购的物资被偷盗　　　　　　　B.购入不必要的物资

　C.采购的物资存在质量问题　　　　D.将款项支付给错误的供应商

6.下列单据中，无须事先连续统一编号的是（　　　）。

　A.请购单　　　　　B.订购单　　　　　C.验收单　　　　　D.付款凭单

7.审计人员发现一笔1 210万元的应付账款账龄2年，经审阅原始单据，询问被审计单位有关人员，均未能有效证实其真实性，审计人员应进一步采取的措施是（　　　）。

　　　A.函证债权人　　　　　　　　　　B.核对总账和明细账

  C.作出账实不符结论   D.要求在报表附注中予以说明

  8.以下控制活动中，与采购交易发生认定最相关的是（ ）。

    A.检查验收单是否连续编号   B.检查有无未记录的供应商发票

    C.检查付款凭单是否附有购货发票 D.审核批准采购价格和折扣的授权签字

  9.以下控制活动中，与应付账款存在认定最相关的是（ ）。

    A.向采购供应商函证零余额的应付账款

    B.检查采购订单文件以确定是否预先连续编号

    C.以应付账款明细账为起点，追查至订购单、购货发票和入库单等相关的原始凭证

    D.从采购订单、供应商发票和入库单等原始凭证，追查至应付账款明细账

  10.以下有关付款业务的控制活动中存在设计缺陷的是（ ）。

    A.建立了退货管理制度，对退货条件、退货手续、货物出库、退货货款回收等作出明确规定

    B.对已到期的应付款项由会计主管负责办理付款的审批与支付

    C.财务部门在办理付款业务时，对供应商发票、验收单、订购单等相关凭证进行核对

    D.定期与供应商核对应付账款、应付票据、预付账款等往来款项

  11.注册会计师从验收单追查至相应的供应商发票，同时再追查至应付账款明细账的审计程序，与应付账款的（ ）认定最相关。

    A.计价和分摊   B.完整性   C.存在   D.权利和义务

  12.下列实质性程序中，与未入账负债最相关的是（ ）。

    A.审查供应商发票与债权人名单

    B.审查应付账款、应付票据的函证回函

    C.审查采购价格和折扣

    D.审查资产负债表日后货币资金支出情况的有关付款凭证

  13.以下实质性程序中，与应付账款完整性认定最相关的是（ ）。

    A.编制应付账款明细表，复核加计是否正确，并与报表数、总账数和明细账数核对是否相符

    B.向采购供应商函证零余额的应付账款

    C.以应付账款明细账为起点，追查至采购相关的原始凭证，如采购订单、供应商发票和入库单等

    D.从采购订单、供应商发票和入库单等原始凭证，追查至应付账款明细账

  14.下列审计证据中，与应付账款完整性认定最相关的是（ ）。

    A.被审计单位编制的连续编号的验收单

    B.被审计单位编制的连续编号的订购单

    C.供应商发票

    D.供应商提供的月末对账单

  15.为了证实被审计单位应付账款期末余额的真实性，审计人员应实施的审计程序是（ ）。

    A.检查订购单是否连续编号

    B.计算当年应付账款占流动负债的比率，并与上年相比较

C.抽查应付账款明细账，并追查至相关的原始凭证

D.抽查请购单是否经过适当审批

16.被审计单位在2018年年末存在大额货到未付款（货到、发票账单未到）应估价入账而未记账的情形。在该情形下，被审计单位的2018年会计报表最有可能存在（　　）错报。

A.高估资产，高估收益 　　　　　　　　B.低估资产，低估收益

C.低估负债，低估收益 　　　　　　　　D.低估负债，高估收益

17.审计人员认为不应作为新增固定资产入账价值的项目为（　　）。

A.买价（不含增值税）

B.运输费

C.安装过程中领用的原材料的成本

D.达到预定可使用状态后发生的专门借款利息

18.下列有关固定资产核算的错误及舞弊中，无法通过清查盘点程序予以证实的是（　　）。

A.虚增固定资产

B.固定资产不入账

C.多计提固定资产折旧

D.已完工自行建造工程未及时结转固定资产

19.为了验证固定资产的所有权，审计人员应当采取的审计程序是（　　）。

A.对固定资产进行监盘

B.检查固定资产购买合同、发票和产权证明等文件

C.检查固定资产入账价值是否正确

D.检查固定资产计提折旧的范围是否符合规定

二、多项选择题

1.下列关于采购与付款循环的职责中，应当分离的有（　　）。

A.物资验收与仓库保管 　　　　　　　　B.采购合同的审核与签订

C.采购申请的审批与采购执行 　　　　　　D.应付账款记录与货款支付

2.被审计单位某应付账款明细账期末出现借方余额，审计人员认为可能的原因有（　　）。

A.多付货款　　　　B.预收货款　　　　C.预付货款　　　　D.记账错误

3.为查找决算日前未入账的应付账款，审计人员应审查的决算日后若干天的原始凭证有（　　）。

A.付款凭证　　　　B.收款凭证　　　　C.采购订单及合同　　　D.购货发票

4.下列各项中，属于采购与付款循环内部控制测试程序的有（　　）。

A.函证应付账款

B.检查货款结算手续是否完备

C.分析比较主要应付账款账户波动情况

D.抽查请购单是否经过适当的授权人批准

5.被审计单位对自行建造固定资产业务所做的下列账务处理中，审计人员认为错误的有（　　）。

A.将建造固定资产领用的物资计入在建工程成本

B.将建造固定资产试运转所发生的费用计入管理费用

C.将建造固定资产借款所发生的利息支出全部计入财务费用

D.将完工并达到预定可使用状态的在建工程转入固定资产

6.审计人员发现被审计单位将与采购材料相关的下列项目计入材料采购成本，其中正确的有（　　）。

A.装卸费 　　　　　　　　　　　B.运输费

C.保险费 　　　　　　　　　　　D.买价（不含增值税）

7.下列有关记录负债环节控制活动的说法中，正确的有（　　）。

A.定期独立检查应付账款总账余额与应付凭单部门未付款凭单档案中总金额是否一致

B.定期核对编制付款记账凭证的日期与付款凭单副联的日期，监督付款入账的及时性

C.记录现金支出的人员不得经手现金，其他有价证券除外

D.应付账款部门在收到供应商发票时应将发票上所记载的品名、规格、价格、数量、条件及运费与订货单上的有关资料核对，如有可能，还应与验收单上的资料进行比较

8.下列有关记录支出环节控制活动的说法中，正确的有（　　）。

A.出纳员应当在月末编制银行存款余额调节表，并提交财务经理复核签字，以确保付款记录期间的恰当性

B.会计主管应独立检查记入银行存款日记账和应付账款明细账金额的一致性，以及与支票汇总记录的一致性

C.会计主管通过定期比较银行存款日记账记录的日期与支票副本的日期，以确保付款入账的及时性

D.会计主管应当在核准付款前复核支持性文件，在签发支票后注销相关文件，以确保仅对已记录的应付账款办理支付

9.下列实质性程序中，与采购交易完整性认定相关的包括（　　）。

A.从连续编号的付款凭单追查至相应的供应商发票

B.从连续编号的验收单追查至应付账款明细账

C.从连续编号的订购单追查至相应的验收单

D.从供应商发票追查至应付账款明细账

10.下列实质性程序中，与查找未入账应付账款相关的有（　　）。

A.以应付账款明细账为起点，追查至相关验收单、供应商发票以及订购单等原始凭证

B.针对已偿付的应付账款，追查至银行对账单、银行付款单据和其他原始凭证，检查在资产负债表日前是否计入应付账款

C.检查财务报表日后应付账款明细账贷方发生额的相应凭证

D.检查财务报表日后现金支出的主要凭证

11.下列各项审计程序中，可以为未入账应付账款提供审计证据的有（　　）。

A.检查资产负债表日后应付账款明细账贷方发生额的相应凭证，关注其购货发票的日期，确认其入账时间是否合理

B.获取被审计单位与其供应商之间的对账单，并将对账单和被审计单位财务记录之间的差异进行调节，查找有无未入账的应付账款，确定应付账款金额的准确性

C.针对资产负债表日后付款项目，检查银行对账单及有关付款凭证，询问被审计单位内部或外部的知情人员，查找有无未及时入账的应付账款

D.结合存货监盘程序，检查被审计单位在资产负债日前后的存货入库资料，检查是否有大额货到单未到的情况，确认相关负债是否计入了正确的会计期间

12.在接近审计报告日，获取期后收取、记录或支付的发票明细，注册会计师从中选取项目并实施（　　）程序，以寻找未入账负债。

A.评价费用是否被记录于正确的会计期间，并相应确定是否存在期末未入账负债

B.检查接受劳务明细等，以确定接受劳务的日期及应在期末之前入账的日期

C.检查相关的发票、采购合同等，以确定收到商品的日期及应在期末之前入账的日期

D.追踪已选取项目至应付账款明细账、货到票未到的暂估入账，并关注费用所计入的会计期间

13.针对除折旧、摊销、人工费用以外的一般费用，注册会计师拟实施实质性分析程序，下列说法正确的有（　　）。

A.调查差异，询问管理层，针对管理层的答复获取适当的审计证据

B.考虑可获取信息的来源、可比性、性质和相关性以及与信息编制相关的控制，评价在对记录的金额或比率作出预期时使用数据的可靠性

C.确定已记录金额与预期值之间可接受的、无须作进一步调查的差异额

D.将费用细化到适当层次，根据关键因素和相互关系设定预期值，评价预期值是否足够精确以识别重大错报

14.下列各项中，符合采购与付款循环内部控制要求的有（　　）。

A.应付款项记账员不能接触现金、有价证券和其他资产

B.签发支票支付货款要经过被授权人的签字批准

C.货物验收部门与会计部门相互独立

D.采购部门负责提出采购申请并办理采购业务

15.审计人员对固定资产相关的内部控制进行测试时，应实施的审计程序有（　　）。

A.验证新增固定资产的各种手续是否齐全

B.索取固定资产验收报告，检查验收部门工作的独立性

C.检查固定资产账、卡的设置情况

D.分析比较各年度固定资产保险费，查明有无异常变动

16.下列各项中，应作为固定资产项目在财务报表中列报的有（　　）。

A.经营性租出的固定资产　　　　　　B.经营性租入的固定资产

C.存放在其他企业的固定资产　　　　D.抵押的固定资产

17.审计人员发现的下列情况中，可能表明被审计单位固定资产折旧计提不足的有（　　）。

A.经常发生大额固定资产清理损失

B.固定资产保险额大于其账面价值

C.提取折旧的固定资产账面原值较大

D.本月减少的固定资产从本月起停止计提折旧

18.在实施固定资产审计时，如果审计人员发现与以前年度相比，审计期间的折旧费用大幅度增加，则可能的原因有（ 　　）。

A.存在大量闲置的固定资产　　　　　B.新购置大量固定资产

C.折旧额的计算有误　　　　　　　　D.固定资产折旧方法变更

19.审计人员在审查被审计单位固定资产减值准备时，应关注的内容有（ 　　）。

A.减值准备增减变动记录的完整性　　B.减值准备计提方法的适当性

C.减值准备账户期末余额的正确性　　D.减值准备披露的正确性

三、判断题

1.在采购与付款交易的内部控制中，采购合同的谈判与签订可以由一个人完成。（ 　　）

2.对于享有折扣的采购交易，应根据供应商发票金额减去折扣金额的净额登记应付账款。（ 　　）

3.在固定资产的后续支出中，凡不属于资本性支出的范围，金额低于下限的任何支出，均应列作费用并抵减当期收益。（ 　　）

4.在针对采购与付款循环实施实质性程序时，注册会计师通过查找金额偏大的异常项目并深入调查，可能发现重复付款或计入不恰当应付账款账户的付款。（ 　　）

5.注册会计师认为被审计单位可能存在未记录的负债，因此从应付账款的账面选取项目追查至相关的原始凭证。（ 　　）

6.在采购与付款交易记录严重缺失或者在怀疑存在舞弊时，注册会计师需要决定是否通过函证供应商来证实被审计单位期末的应付账款余额。（ 　　）

7."检查决算日后应付账款明细账及库存现金和银行存款日记账，核实其是否已支付，同时检查该笔债务的相关凭证资料，如合同、发票、验收单，核实应付账款的真实性"可以作为应付账款函证时未回函重大项目的替代程序。（ 　　）

8.一般来说，在财务报表中"应付账款"项目应根据"应付账款"科目所属明细科目的期末贷方余额和"预付账款"科目所属明细科目的期末借方余额的合计数填列。（ 　　）

9.以实地为起点，追查至固定资产明细分类账，实现的是存在目标。（ 　　）

10.审计固定资产减少的主要目的是确定账面记录的固定资产均为真实存在的。（ 　　）

四、案例分析

ABC会计师事务所的A注册会计师负责审计甲公司20×1年度财务报表。审计工作底稿中与负债审计相关的部分摘录如下：

（1）甲公司各部门使用的请购单未连续编号，请购单由部门经理批准，超过一定金额还需总经理批准。A注册会计师认为该项控制设计有效，实施了控制测试，结果满意。

（2）为查找未入账的应付账款，A注册会计师检查了资产负债表日后应付账款明细账贷方发生额的相关凭证，并结合存货监盘程序，检查了甲公司资产负债表日前后的存货入库资料，结果满意。

（3）由于20×1年人员工资和维修材料价格上涨，甲公司实际发生的产品质量保证支出与以前年度的预计数相差较大。A注册会计师要求管理层就该差异进行追溯调整。

（4）甲公司有一笔账龄三年以上、金额重大的其他应付款，因20×1年未发生变动，A

注册会计师未实施进一步审计程序。

要求：针对上述第（1）至（4）项，逐项指出 A 注册会计师的做法是否恰当。如不恰当，简要说明理由。

参考答案

项目八
生产与存货
循环审计

项目八 生产与存货循环审计

◇ 学习目标

1. 阐述生产与存货循环的业务活动及相关内部控制
2. 识别、评估生产与存货循环重大错报风险
3. 测试生产与存货循环的内部控制
4. 完成生产与存货循环的实质性程序

任务一　熟悉生产与存货循环的业务活动和相关内部控制

一、不同行业类型的存货性质

存货是企业的重要资产，存货的采购、使用及销售和企业的经营活动紧密相关，对企业的财务状况和经营成果具有重大而广泛的影响。审计人员应当确认在财务报表中列示的存货金额是否正确（准确性认定），是否归被审计单位所有（存在、完整性、权利和义务认定），期末计价是否准确（计价和分摊认定），存货的购入和发出交易是否计入正确的会计期间（截止认定）。

存货的性质由于被审计单位业务的不同而有很大的差别，表8-1列示不同行业类型的经营主体的存货性质。

表8-1 不同行业类型的存货性质

行业类型	存货性质
贸易业	从厂商、批发商或其他零售商处采购的商品
一般制造商	采购的原材料、易耗品和配件等，生成的半成品和产成品
金融服务业	一般只有消耗品存货，例如仅有文具、教学器材以及行政用的计算机设备等
建筑业	建筑材料、在建项目成本（一般包括建造活动发生的直接人工成本和间接费用，以及支付给分包商的建造成本等）

二、主要凭证与会计记录

以制造业企业为例，生产与存货循环由将原材料转化为产成品的有关活动组成。典型的生产与存货循环所涉及的主要凭证与会计记录包括：

（一）生产指令

生产指令又称"生产任务通知单"或"生产通知单"，是企业下达制造产品等生产任务的书面文件，用以通知供应部门组织材料发放，生产车间组织产品制造，会计部门组织成本计算。广义的生产指令也包括用于指导产品加工的工艺规程，如机械加工企业的"路线图"等。

（二）领发料凭证

领发料凭证是企业为控制材料发出所采用的各种凭证，如材料发出汇总表、领料单、限额领料单、领料登记簿、退料单等。

（三）产量和工时记录

产量和工时记录是登记工人或生产班组在出勤时间内完成产品数量、质量和生产这些产品所耗费工时数量的原始记录。产量和工时记录的内容与格式是多种多样的，在不同的生产企业中，甚至在同一企业的不同生产车间中，由于生产类型不同而采用不同格式的产量和工时记录。常见的产量和工时记录主要有工作通知单、工序进程单、工作班产量报告、产量通知单、产量明细表、废品通知单等。

（四）工薪汇总表及工薪费用分配表

工薪汇总表是为了反映企业全部工薪的结算情况，并据以进行工薪总分类核算和汇总整个企业工薪费用而编制的，它是企业进行工薪费用分配的依据。工薪费用分配表反映了各生产车间各产品应负担的生产工人工薪及福利费。

（五）材料费用分配表

材料费用分配表是用来汇总反映各生产车间各产品所耗费的材料费用的原始记录。

（六）制造费用分配汇总表

制造费用分配汇总表是用来汇总反映各生产车间各产品所应负担的制造费用的原始记录。

（七）成本计算单

成本计算单是用来归集某一成本计算对象所应承担的生产费用，计算该成本计算对象的总成本和单位成本的记录。

（八）产成品入库单和出库单

产成品入库单是产品生产完成并经检验合格后从生产部门转入仓库的凭证。产成品出库单是根据经批准的销售单发出产成品的凭证。

（九）存货明细账

存货明细账是用来反映各种存货增减变动情况和期末库存数量及相关成本信息的会计记录。

（十）存货盘点指令、盘点表及盘点标签

一般制造业企业通常会定期对存货实物进行盘点，将实物盘点数量与账面数量进行核对，对差异进行分析调查，必要时作账务调整，以确保账实相符。在实施存货盘点之前，管理人员通常编制存货盘点指令，对存货盘点的时间、人员、流程及后续处理等方面作出安排。在盘点过程中，通常会使用盘点表记录盘点结果，使用盘点标签对已盘点存货及数量作出标识。

（十一）存货货龄分析表

很多制造业企业通过编制存货货龄分析表，识别流动较慢或滞销的存货，并根据市场情况和经营预测，确定是否需要计提存货跌价准备。这对于管理具有保质期的存货（如食物、药品、化妆品等）尤其重要。

三、生产与存货循环的业务活动

生产与存货循环涉及的财务报表项目、主要业务活动及常见的主要凭证和会计记录见表8-2。

表8-2　　　　　　生产与存货循环涉及的交易类别、报表项目、主要活动及凭证记录

交易类别	相关报表项目	主要业务活动	主要凭证和会计记录
生产	存货	◎计划和安排生产 ◎发出原材料 ◎生产产品和成本核算	◎生产通知单 ◎原材料通知单 ◎领料单 ◎产量统计记录表 ◎生产统计报告 ◎入库单 ◎材料费用分配表 ◎工时统计记录表 ◎人工费用分配汇总表 ◎制造费用分配汇总表 ◎存货明细账
存货管理	存货 营业成本	◎产成品入库及存货保管 ◎发出产成品 ◎提取存货跌价准备	◎验收单 ◎入库单 ◎存货台账 ◎盘点计划 ◎盘点表单 ◎盘点明细表 ◎出库单 ◎营业成本明细账 ◎存货货龄分析表 ◎可变现净值计算表

四、生产与存货循环的内部控制

以一般制造业企业为例，生产与存货循环涉及的主要业务活动包括：计划和安排生产；发出原材料；生产产品；核算产品成本；产成品入库及储存；发出产成品；存货盘点；计提存货跌价准备等。上述业务活动通常涉及以下部门：生产计划部门、仓储部门、生产部门、人事部门、销售部门、会计部门等。

（一）计划和安排生产

生产计划部门的职责是根据客户订购单或者销售部门对销售预测和产品需求的分析来决定生产授权。如决定授权生产，即签发预先顺序编号的生产通知单。该部门通常应将发出的所有生产通知单顺序编号并加以记录控制。此外，通常该部门还需编制一份材料需求报告，列示所需要的材料和零件及其库存。例如，根据经审批的月度生产计划书，由生产计划经理签发预先按顺序编号的生产通知单。

（二）发出原材料

仓储部门的责任是根据从生产部门收到的领料单发出原材料。领料单上必须列示所需的材料数量和种类，以及领料部门的名称。领料单可以一料一单，也可以多料一单，通常需一式三联。仓库管理人员发料并签署后，将其中一联连同材料交给领料部门（生产部门存根联），一联留在仓库登记材料明细账（仓库联），一联交会计部门进行材料收发核算和成本核

算（财务联）。此项业务活动的相关内部控制要求包括：

（1）领料单应当经生产主管批准，仓库管理员凭经批准的领料单发料；领料单一式三联，分别为生产部门存根联、仓库联和财务联。

（2）仓库管理员应把领料单编号、领用数量、规格等信息输入计算机系统，经仓储经理复核并以电子签名方式确认后，系统自动更新材料明细台账。

（三）生产产品

生产部门在收到生产通知单及领取原材料后，便将生产任务分解到每个生产工人，并将所领取的原材料交给生产工人，据以执行生产任务。生产工人在完成生产任务后，将完成的产品交生产部门统计人员查点，然后转交检验员验收并办理入库手续；或是将所完成的半成品移交下一个部门，作进一步加工。

（四）核算产品成本

为了正确核算并有效控制产品成本，必须建立健全成本会计制度，将生产控制和成本核算有机结合在一起。一方面，生产过程中的各种记录、生产通知单、领料单、计工单、产量统计记录表、生产统计报告、入库单等文件资料都要汇集到会计部门，由会计部门对其进行检查和核对，了解和控制生产过程中存货的实物流转；另一方面，会计部门要设置相应的会计账户，会同有关部门对生产过程中的成本进行核算和控制。成本会计制度可以非常简单，只是在期末记录存货余额；也可以是完善的标准成本制度，持续地记录所有材料处理、在产品和产成品，并形成成本差异分析报告。完善的成本会计制度应该提供原材料转为在产品，在产品转为产成品，以及按成本中心、分批次生产任务通知单或生产周期所消耗的材料、人工和间接费用的分配与归集的详细资料。

对于生产产品和核算产品成本这两项主要业务活动，相关的内部控制要求包括：

（1）生产成本记账员应根据原材料领料单财务联，编制原材料领用日报表，与计算机系统自动生成的生产记录日报表核对材料耗用和流转信息；由会计主管审核无误后，生成记账凭证并过账至生产成本及原材料明细账和总分类账。

（2）生产部门记录生产各环节所耗用工时数，包括人工工时数和机器工时数，并将工时信息输入生产记录日报表。

（3）每月月末，由生产车间与仓库核对原材料和产成品的转出和转入记录，如有差异，仓库管理员应编制差异分析报告，经仓储经理和生产经理签字确认后交会计部门进行调整。

（4）每月月末，由计算机系统对生产成本中各项组成部分进行归集，按照预设的分摊公式和方法，自动将当月发生的生产成本在完工产品和在产品之间按比例分配；同时，将完工产品成本在各不同产品类别之间分配，由此生成产品成本计算表和生产成本分配表；由生产成本记账员编制生产成本结转凭证，经会计主管审核批准后进行账务处理。

（五）产成品入库及储存

产成品入库，须由仓储部门先行点验和检查，然后签收。签收后，将实际入库数量通知会计部门。据此，仓储部门确立了本身应承担的责任，并对验收部门的工作进行验证。除此之外，仓储部门还应根据产成品的品质特征分类存放，并填制标签。此项业务活动的相关内部控制要求包括：

（1）产成品入库时，质量检验员应检查并签发预先按顺序编号的产成品验收单，由生产小组将产成品送交仓库，仓库管理员应检查产成品验收单，并清点产成品数量，填写预先顺

不管风吹浪打，胜似闲庭信步！　——毛泽东

序编号的产成品入库单，经质检经理、生产经理和仓储经理签字确认后，由仓库管理员将产成品入库单信息输入计算机系统，计算机系统自动更新产成品明细台账并与采购订单编号核对。

（2）存货存放在安全的环境（如上锁、使用监控设备）中，只有经过授权的工作人员可以接触及处理存货。

（六）发出产成品

产成品的发出须由独立的发运部门进行。装运产成品时必须持有经有关部门核准的发运通知单，并据此编制出库单。出库单一般为一式四联，一联交仓储部门；一联由发运部门留存；一联送交客户；一联作为开具发票的依据。此项业务活动的相关内部控制要求包括：

（1）产成品出库时，由仓库管理员填写预先顺序编号的出库单，并将产成品出库单信息输入计算机系统，经仓储经理复核并以电子签名方式确认后，计算机系统自动更新产成品明细台账并与发运通知单编号核对。

（2）产成品装运发出前，由运输经理独立检查出库单、销售订购单和发运通知单，确定从仓库提取的商品附有经批准的销售订购单，并且，所提取商品的内容与销售订购单一致。

（3）每月月末，生产成本记账员根据计算机系统内状态为"已处理"的订购单数量，编制销售成本结转凭证，结转相应的销售成本，经会计主管审核批准后进行账务处理。

（七）存货盘点

管理人员编制盘点指令，安排适当人员对存货实物（包括原材料、在产品和产成品等所有存货类别）进行定期盘点，将盘点结果与存货账面数量进行核对，调查差异并进行适当调整。此项业务活动的相关内部控制要求包括：

（1）生产部门和仓储部门在盘点日前对所有存货进行清理和归整，便于盘点顺利进行。

（2）每一组盘点人员中应包括仓储部门以外的其他部门人员，即不能由负责保管存货的人员单独负责盘点存货；安排不同的工作人员分别负责初盘和复盘。

（3）盘点表和盘点标签事先连续编号，发放给盘点人员时登记领用人员；盘点结束后回收并清点所有已使用和未使用的盘点表和盘点标签。

（4）为防止存货被遗漏或重复盘点，所有盘点过的存货贴盘点标签，注明存货品名、数量和盘点人员，完成盘点前检查现场确认所有存货均已贴上盘点标签。

（5）将不属于本单位的代其他方保管的存货单独堆放并作标识；将盘点期间需要领用的原材料或出库的产成品分开堆放并作标识。

（6）汇总盘点结果，与存货账面数量进行比较，调查分析差异原因，并对认定的盘盈和盘亏提出账务调整，经仓储经理、生产经理、财务经理和总经理复核批准后入账。

（八）计提存货跌价准备

财务部门根据存货货龄分析表信息及相关部门提供的有关存货状况的信息，结合存货盘点过程中对存货状况的检查结果，对出现损毁、滞销、跌价等降低存货价值的情况进行分析计算，计提存货跌价准备。此项业务活动的相关内部控制要求包括：

（1）定期编制存货货龄分析表，管理人员复核该分析表，确定是否有必要对滞销存货计提存货跌价准备，并计算存货可变现净值，据此计提存货跌价准备。

（2）生产部门和仓储部门每月上报残冷背次存货明细，采购部门和销售部门每月上报原材料和产成品最新价格信息，财务部门据此分析存货跌价风险并计提跌价准备，由财务经理和总经理复核批准并入账。

表8-3列示了成本会计制度的目标、关键内部控制和审计测试的关系。

表8-3 成本会计制度的目标、关键内部控制和测试一览表

内部控制目标	关键内部控制	常用的控制测试	常用的实质性程序
生产业务是根据管理层一般或特定的授权进行的（发生）	对以下三个关键点，应履行恰当手续，经过特别审批或一般审批：①生产指令的授权批准；②领料单的授权批准；③工薪的授权批准	检查凭证中是否包括这三个关键点的恰当审批	检查生产指令、领料单、工薪等是否经过授权
记录的成本为实际发生的而非虚构的（发生）	成本的核算是以经过审核的生产通知单、领发料凭证、产量和工时记录、工薪费用分配表、材料费用分配表、制造费用分配表为依据的	检查有关成本的记账凭证是否附有生产通知单、领发料凭证、产量和工时记录、工薪费用分配表、材料费用分配表、制造费用分配表等，原始凭证的顺序编号是否完整	对成本实施分析程序；将成本明细账与生产通知单、领发料凭证、产量和工时记录、工薪费用分配表、材料费用分配表、制造费用分配表相核对
所有耗费和物化劳动均已反映在成本中（完整性）	生产通知单、领发料凭证、产量和工时记录、工薪费用分配表、材料费用分配表、制造费用分配表均事先顺序编号并已经登记入账	检查生产通知单、领发料凭证、产量和工时记录、工薪费用分配表、材料费用分配表、制造费用分配表的顺序编号是否完整	对成本实施分析程序；将生产通知单、领发料凭证、产量和工时记录、工薪费用分配表、材料费用分配表、制造费用分配表与成本明细账相核对
成本以正确的金额，在恰当的会计期间及时记录于适当的账户（发生、完整性、准确性、计价和分摊）	采用适当的成本核算方法，并且前后各期一致；采用适当的费用分配方法，并且前后各期一致；采用适当的成本核算流程和账务处理流程；内部核查	选取样本测试各种费用的归集和分配以及成本的计算；测试是否按照规定的成本核算流程进行核算和账务处理	对成本实施分析程序；抽查成本计算单，检查各种费用的归集和分配以及成本的计算是否正确；对重大在产品项目进行计价测试
对存货实施保护措施，保管人员与记录、批准人员相互独立（存在、完整性）	存货保管人员与记录人员职务相分离	询问和观察存货与记录的接触控制以及相应的批准程序	检查存货盘亏、毁损的会计处理
账面存货与实际存货定期核对相符（存在、完整性、计价和分摊）	定期进行存货盘点	询问和观察存货盘点程序	对存货实施监盘程序

任务二 评估生产与存货循环的重大错报风险

一、影响重大错报风险的因素

以一般制造业企业为例，影响生产与存货循环交易和余额的风险因素可能包括：

（一）交易的数量和复杂性

制造业企业交易的数量庞大、业务复杂，这就增加了错误和舞弊的风险。

（二）成本基础的复杂性

制造业企业的成本基础是复杂的。虽然原材料和直接人工等直接费用的分配比较简单，但间接费用的分配可能较为复杂，并且，同一行业中的不同企业也可能采用不同的认定和计量基础。

（三）产品的多元化

产品的多元化可能要求聘请专家来验证其质量、状况或价值。另外，计算库存存货数量的方法也可能是不同的。例如，计量煤堆、筒仓里的谷物或糖、钻石或者其他贵重的宝石、化工品和药剂产品的存储量的方法都可能不一样。这并不是要求注册会计师每次清点存货都需要专家配合，如果存货容易辨认，存货数量容易清点，就无须专家帮助。

（四）某些存货项目的可变现净值难以确定

例如价格受全球经济供求关系影响的存货，由于其可变现净值难以确定，会影响存货采购价格和对销售价格的确定，并将影响注册会计师对与存货计价认定有关的风险进行的评估。

（五）将存货存放在很多地点

大型企业可能将存货存放在很多地点，并且可以在不同的地点之间配送存货，这将增加商品途中毁损或遗失的风险，或者导致存货在两个地点被重复列示，也可能产生转移定价的错误或舞弊。

（六）寄存的存货

有时候存货虽然还存放在企业，但可能已经不归企业所有。反之，企业的存货也可能被寄存在其他企业。

二、存货的重大错报风险

由于存货与企业各项经营活动的紧密联系，存货的重大错报风险往往与财务报表其他项目的重大错报风险紧密相关。例如，收入确认的错报风险往往与存货的错报风险共存，采购交易的错报风险与存货的错报风险共存，存货成本核算的错报风险与营业成本的错报风险共存等。

一般制造业企业的存货的重大错报风险通常包括：（1）存货实物可能不存在（存在认定）；（2）属于被审计单位的存货可能未在账面反映（完整性认定）；（3）存货的所有权可能不属于被审计单位（权利和义务认定）；（4）存货的单位成本可能存在计算错误（计价和分摊认定/准确性认定）；（5）存货的账面价值可能无法实现，即跌价损失准备的计提可能不充分（计价和分摊认定）。

三、根据重大错报风险评估结果设计进一步审计程序

注册会计师基于生产与存货循环的重大错报风险评估结果，制订实施进一步审计程序的总体方案（包括综合性方案和实质性方案，见表8-4），继而实施控制测试和实质性程序，以应对识别出的认定层次的重大错报风险。注册会计师通过控制测试和实质性程序获取的审计证据综合起来应足以应对识别出的认定层次的重大错报风险。

微课：存货舞弊的迹象

表8-4　　　　生产与存货循环的重大错报风险及进一步审计程序总体方案

重大错报风险描述	相关报表项目及认定	风险程度	是否信赖控制	进一步审计程序总体方案	控制测试拟获取的保证程度	实质性程序拟获取的保证程度
存货实物可能不存在	存货：存在	特别	是	综合性	中	高
存货的单位成本可能存在计算错误	存货：计价和分摊 营业成本：准确性	一般	是	综合性	中	低
已销售产品的成本可能没有准确结转至营业成本	存货：计价和分摊 营业成本：准确性	一般	是	综合性	中	低
存货的账面价值可能无法实现	存货：计价和分摊	特别	否	实质性	无	高

☑ 业务指导：存货的审计重点

重点关注：①存货的真实性，存货各项目的具体构成、变动的原因及合理性；②存货周转率的合理性；③存货占比高的情形，存货跌价准备是否充分及与同行业比较；④经销商的存货情况；⑤报告期内是否存在产品退换货、质量纠纷等情况及解决措施；⑥存货盘点制度是否完善，存货的库龄情况，库房的面积、实际使用面积、日常存货存放地、管理流程，关注异地存放存货的监盘情况、监盘比例；⑦通过虚增存货少结转成本等方式进行财务造假，例如通过调节出库率、调低原材料采购单价方式少结转销售成本，以及未在账面确认已处理霉变存货损失的方式虚增利润；⑧存货的确认、计量与成本结转是否符合会计准则的要求。

任务三　实施生产与存货循环的控制测试和实质性程序

一、生产与存货循环的控制测试

风险评估和风险应对是整个审计过程的核心，因此，审计人员通常以识别的重大错报风险为起点，选取拟测试的控制并实施控制测试。下文按照主要业务活动环节，列示了通常情况下审计人员对生产和存货循环实施的控制测试。

（一）发出原材料

发出原材料时可能发生错报的环节、相关报表项目及认定、存在的内控，以及相关控制测试程序见表8-5。

表8-5　　　　发出原材料时可能发生错报的环节、相关报表项目及认定、
存在的内控，以及相关控制测试程序

可能发生错报的环节	相关的报表项目及认定	存在的内控（自动）	存在的内控（人工）	控制测试程序
原材料的发出可能未经授权	生产成本：发生		所有领料单由生产主管签字批准，仓库管理员凭经批准的领料单发出原材料	选取领料单，检查是否有生产主管的签字授权
发出的原材料可能未正确计入相应产品的生产成本中	生产成本：准确性	将领料单信息输入系统时须输入对应的生产任务单编号和所生产的产品代码，每月月末系统自动归集生成材料成本明细表	生产主管每月月末将其生产任务单及相关领料单存根联与材料成本明细表进行核对，调查差异并处理	检查生产主管核对材料成本明细表的记录，并询问其核对过程及结果

（二）记录人工成本

记录人工成本时可能发生错报的环节、相关报表项目及认定、存在的内控，以及相关控制测试程序见表8-6。

表8-6　　　　记录人工成本时可能发生错报的环节、相关报表项目及认定、
存在的内控，以及相关控制测试程序

可能发生错报的环节	相关的报表项目及认定	存在的内控（自动）	存在的内控（人工）	控制测试程序
生产工人的人工成本可能未得到准确反映	生产成本：准确性	所有员工有专属员工代码和部门代码，员工的考勤记录记入相应员工代码	人事部每月编制工薪费用分配表，按员工所属部门将工薪费用分配至生产成本、制造费用、管理费用和销售费用，经财务经理复核后入账	检查系统中员工的部门代码设置是否与其实际职责相符。询问并检查财务经理复核工资费用分配表的过程和记录

（三）记录制造费用和计算产品成本

记录制造费用和计算产品成本时可能发生错报的环节、相关报表项目及认定、存在的内控，以及相关控制测试程序见表8-7。

表8-7　　　　记录制造费用和计算产品成本时可能发生错报的环节、
相关报表项目及认定、存在的内控，以及相关控制测试程序

可能发生错报的环节	相关的报表项目及认定	存在的内控（自动）	存在的内控（人工）	控制测试程序
发生的制造费用可能没有得到完整归集	制造费用：完整性	系统根据输入的成本和费用代码自动识别制造费用并进行归集	成本会计每月复核系统生成的制造费用明细表并调查异常波动。必要时由财务经理批准进行调整	检查系统的自动归集设置是否符合有关成本和费用的性质，是否合理。询问并检查成本会计复核制造费用明细表的过程和记录，检查财务经理对调整制造费用的分录的批准记录

项目八

可能发生错报的环节	相关的报表项目及认定	存在的内控（自动）	存在的内控（人工）	控制测试程序
生产成本和制造费用在不同产品之间、在产品和产成品之间的分配可能不正确	存货：计价和分摊营业成本：准确性		成本会计执行产品日常成本核算，财务经理每月月末审核产品成本计算表及相关资料（原材料成本核算表、工薪费用分配表、制造费用分配表等），并调查异常项目	询问财务经理如何执行复核及调查。选取产品成本计算表及相关资料，检查财务经理的复核记录

（四）产成品入库和发出

产成品入库和发出时可能发生错报的环节、相关报表项目及认定、存在的内控，以及相关控制测试程序见表8-8。

表8-8　　　　　产成品入库和发出时可能发生错报的环节、相关报表项目及认定、
存在的内控，以及相关控制测试程序

可能发生错报的环节	相关的报表项目及认定	存在的内控（自动）	存在的内控（人工）	控制测试程序
已完工产品的生产成本可能没有转移到产成品中	存货：计价和分摊	系统根据当月输入的产成品入库单和出库单信息自动生成产成品收（入库）发（出库）存（余额）报表	成本会计将产成品收发存报表中的产品入库数量与当月成本计算表中结转的产成品成本对应的数量进行核对	询问和检查成本会计将产成品收发存报表与成本计算表进行核对的过程和记录
销售发出的产成品的成本可能没有准确转入营业成本	存货：计价和分摊营业成本：准确性	系统根据确认的营业收入所对应的售出产品自动结转营业成本	财务经理和总经理每月对毛利率进行比较分析，对异常波动进行调查和处理	检查系统设置的自动结转功能是否正常运行，成本结转方式是否符合公司成本核算政策。询问和检查财务经理和总经理进行毛利率分析的过程和记录，并对异常波动的调查和处理结果进行核实

（五）存货盘点和计提存货跌价准备

存货盘点和计提存货跌价准备时可能发生错报的环节、相关报表项目及认定、存在的内控，以及相关控制测试程序见表8-9。

人似秋鸿来有信，事如春梦了无痕。　　——苏轼

表8-9 存货盘点和计提存货跌价准备时可能发生错报的环节、相关报表项目及认定、
存在的内控，以及相关控制测试程序

可能发生错报的环节	相关的报表项目及认定	存在的内控（自动）	存在的内控（人工）	控制测试程序
存货可能被盗或因材料领用/产品销售未入账而出现账实不符	存货：存在		仓库保管员每月月末盘点存货并与仓库台账核对调节一致；成本会计监督其盘点与核对，并抽查部分存货进行复盘；每年年末盘点所有存货，根据盘点结果分析盘盈盘亏并进行账面调整	检查仓库保管员月末盘点记录、与台账核对记录；检查成本会计复核记录；检查年末盘点记录
可能存在残冷背次的存货，影响存货的价值	存货：计价和分摊 资产减值损失：完整性	系统根据存货入库日期自动统计货龄，每月月末生成存货货龄分析表	财务部根据系统生成的存货货龄分析表，结合生产和仓储部门上报的存货损毁情况及存货盘点中对存货状况的检查结果，计提存货跌价准备，报总经理审核批准后入账	询问财务经理识别减值风险并确定减值准备的过程，检查总经理的复核批准记录

在上述控制测试中，如果人工控制在执行时依赖信息系统生成的报告，审计人员还应当针对系统生成报告的准确性执行测试，例如与计提存货跌价准备相关的管理层控制中使用了系统生成的存货货龄分析表，其准确性影响管理层控制的有效性，因此，审计人员需要同时测试存货货龄分析表的准确性。

有些被审计单位采用信息系统执行全程自动化成本核算。在这种情况下，审计人员通常需要对信息系统中的成本核算流程和参数设置进行了解和测试（可能需要利用信息技术专家的工作），并测试相关信息系统一般控制的运行有效性。

二、生产与存货循环的实质性程序

（一）存货的审计目标

存货审计，尤其是对年末存货余额的测试，通常是审计中最复杂也最费时的部分。导致存货审计复杂的主要原因包括：①存货通常是资产负债表中的一个主要项目，而且通常是构成营运资本的最大项目；②存货存放于不同的地点以便于产品生产和销售，这使得对它的实物控制和盘点都很困难；③存货项目的多样性也给审计带来了困难，例如，化学制品、宝石、电子元件以及其他高科技产品；④存货本身的陈旧以及存货成本的分配也使得对存货的估价存在困难；⑤不同企业采用的存货计价方法存在多样性。

存货的审计目标一般包括实施审计程序以证实：①账面存货余额对应的实物是否真实存在（存在认定）；②属于被审计单位的存货是否均已入账（完整性认定）；③存货是否属于被审计单位（权利和义务认定）；④存货单位成本的计量是否准确（计价和分摊认定）；⑤存货的账面价值是否可以实现（计价和分摊认定）。

（二）存货的一般审计程序

1.检查存货余额明细表

获取年末存货余额明细表，并执行以下工作：①复核单项存货金额的计算（单位成本×数量）和明细表的加总计算是否准确。②将本年年末存货余额与上年年末存货余额进行比较，总体分析变动原因。

2.实施实质性分析程序

存货的实质性分析程序中较常见的是对存货周转天数的实质性分析程序，过程如下：①根据对被审计单位的经营活动、供应商、贸易条件、行业惯例和行业现状的了解，确定存货周转天数的预期值；②根据对本期存货余额组成、实际经营情况、市场情况、存货采购情况等的了解，确定可接受的差异额；③计算实际存货周转天数和预期周转天数之间的差异；④通过询问管理层和相关员工，调查存在重大差异的原因，并评估差异是否表明存在重大错报风险，是否需要设计恰当的细节测试程序以识别和应对重大错报风险。

☑ 机智过人：如何发现不恰当采购？

不恰当采购分析思路：盘点明细表中单项物资有期初库存，当年入库有动态，当年出库数量小于期初数量，当期采购金额即为不恰当的采购金额。不恰当采购分析方法：利用原材料等物资出入库及库存明细表相关数据资料，将其导入Excel表格，设定相关条件筛选查找发现异常。

3.存货监盘

如果存货对财务报表是重要的，审计人员应当实施下列审计程序，对存货的存在和状况获取充分、适当的审计证据：①在存货盘点现场实施监盘（除非不可行）；②对期末存货记录实施审计程序，以确定其是否准确反映实际的存货盘点结果。

在存货盘点现场实施监盘时，审计人员应当实施下列审计程序：①评价管理层用以记录和控制存货盘点结果的指令和程序；②观察管理层制定的盘点程序的执行情况；③检查存货；④执行抽盘。

存货监盘的相关程序可以用作控制测试或者实质性程序。审计人员可以根据风险评估结果、审计方案和实施的特定程序作出判断。例如，如果只有少数项目构成了存货的主要部分，审计人员可能选择将存货监盘用作实质性程序。

需要说明的是，尽管实施存货监盘，获取有关期末存货数量和状况的充分、适当的审计证据是注册会计师的责任，但这并不能取代被审计单位管理层定期盘点存货、合理确定存货的数量和状况的责任。事实上，管理层通常制定程序，对存货每年至少进行一次实物盘点，以作为编制财务报表的基础，并用以确定被审计单位永续盘存制的可靠性（如适用）。

注册会计师监盘存货的目的在于获取有关存货数量和状况的审计证据。因此，存货监盘针对的主要是存货的存在认定，对存货的完整性认定及计价和分摊认定，也能提供部分审计证据。此外，注册会计师还可能在存货监盘中获取有关存货所有权的部分审计证据。例如，如果注册会计师在监盘中注意到某些存货已经被法院查封，需要考虑被审计单位对这些存货的所有权是否受到了限制。但存货监盘本身并不足以供注册会计师确定存货的所有权，注册会计师可能需要执行其他实质性审计程序以应对所有权认定的相关风险。

项目八

问渠哪得清如许？为有源头活水来。　　——朱熹

4.存货计价测试

针对存货数量的实质性程序主要是存货监盘。此外，还包括对第三方保管的存货实施函证等程序，对在途存货检查相关凭证和期后入库记录等。为验证财务报表上存货余额的真实性，还应当对存货的计价进行审计。针对存货单价的实质性程序包括对购买和生产成本的审计程序和对存货可变现净值的审计程序。其中原材料成本的计量较为简单，通常通过对采购成本的审计进行测试，在产品和产成品的单价较为复杂，包括测试原材料成本、人工成本和制造费用的归集和分摊。

☑ 业务指导：验证存货的存在、计价和分摊认定

❶根据年报披露，你公司实行"以销定产"的经营模式，你公司2018年销售量增长4.54%，而库存量增长158.11%。你公司2018年年末存货账面余额为105.53亿元，较年初增加28.04亿元。请补充说明你公司库存量增幅高于销售量增幅的情形是否符合"以销定产"的经营模式，并结合采购订单及存货结构，说明你公司存货账面余额的真实性。

❷截至2018年年末，你公司累计已计提的存货跌价准备为16.12亿元，2018年计提的存货跌价准备为15.60亿元。2019年第一季度继续计提存货跌价准备2.32亿元。请结合你公司相关业务开展情况，按产品类型分项列示你公司2018年度及2019年第一季度存货跌价准备的计提明细、可变现净值的测算依据、减值原因等，以及以前年度存货跌价准备是否存在未充分计提的情形。

（资料来源：中小板年报问询函〔2019〕第111号）

（三）存货监盘

1.存货监盘计划

（1）制订存货监盘计划的基本要求。有效的存货监盘需要制订周密、细致的计划。为了避免误解并有助于有效地实施存货监盘，注册会计师通常需要与被审计单位就存货监盘等问题达成一致意见。因此，注册会计师首先应当充分了解被审计单位存货的特点、盘存制度和存货内部控制的有效性等情况，并考虑获取、审阅和评价被审计单位预定的盘点程序，在评价被审计单位管理层制定的存货盘点程序的基础上，编制存货监盘计划，对存货监盘作出合理安排。

（2）制订存货监盘计划应考虑的相关事项。在编制存货监盘计划时，注册会计师需要考虑以下事项：

①与存货相关的重大错报风险。存货通常具有较高水平的重大错报风险，影响重大错报风险的因素具体包括：存货的数量和种类、成本归集的难易程度、陈旧过时的速度或易损坏程度、遭受失窃的难易程度。由于制造过程和成本归集制度的差异，制造业企业的存货与其他企业（如批发企业）的存货相比往往具有更高的重大错报风险，对于注册会计师的审计工作而言则更具复杂性。外部因素也会对重大错报风险产生影响。例如，技术进步可能导致某些产品过时，从而导致存货价值更容易发生高估。以下类别的存货就可能增加审计的复杂性与风险：

——具有漫长制造过程的存货。制造过程漫长的企业（如飞机制造和酒类产品酿造企业）的审计重点包括递延成本、预期发生成本以及未来市场波动可能对当期损益的影响等事项。

——具有固定价格合约的存货。预期发生成本的不确定性是其重大审计问题。

——与时装相关的服装行业。由于服装产品的消费者对服装风格或颜色的偏好容易发生变化，因此，存货是否过时是重要的审计事项。

——鲜活、易腐商品存货。因为物质特性和保质期短暂，此类存货变质的风险很高。

——具有高科技含量的存货。由于技术进步，此类存货容易过时。

——单位价值高昂、容易被盗窃的存货。例如，珠宝存货的错报风险通常高于铁制纽扣之类存货的错报风险。

②与存货相关的内部控制的性质。在制订存货监盘计划时，注册会计师应当了解被审计单位与存货相关的内部控制（涉及被审计单位供、产、销各个环节），并根据内部控制的完善程度确定进一步审计程序的性质、时间安排和范围。与存货相关的内部控制见表8-10。

表8-10　　　　　　　　　　　　　与存货相关的内部控制

业务环节	控制目标	单据	关键控制
采购	所有交易都获得适当的授权与批准	订购单	订购单应当预先连续编号；事先确定采购价格并获得批准；应当定期清点购货订购单
存货验收	所有收到的商品都已得到记录	验收报告单	设置独立的部门负责验收商品，验收存货实物、确定数量、编制验收报告、将验收报告传送至会计部门以及运送商品至仓库
存货仓储	确保与存货实物的接触必须得到管理层的指示和批准		采取实物控制措施，使用适当的存储设施，以使存货免受意外损毁、盗窃或破坏
领用存货	所有存货的领用均应得到批准和记录	存货领用单	定期进行清点
加工/生产	对所有的生产过程作出适当的记录	生产报告	在生产报告中，应当对产品质量缺陷和零部件使用及报废情况及时作出说明
装运出库	所有的装运都得到了记录	发运凭证	发运凭证应当预先编号，定期进行清点，并作为日后开具收款账单的依据
存货盘点	保证存货账实相符	存货盘点表	制订合理的存货盘点计划，确定合理的存货盘点程序，配备相应的监督人员，对存货进行独立的内部验证，将盘点结果与永续存货记录进行独立的调节，对盘点表和盘点标签进行充分控制

③对存货盘点是否制定了适当的程序，并下达了正确的指令。注册会计师一般需要复核或与管理层讨论其存货盘点程序。在复核或与管理层讨论其存货盘点程序时，注册会计师应当考虑下列主要因素，以评价其能否合理地确定存货的数量和状况：盘点的时间安排；存货盘点范围和场所的确定；盘点人员的分工及胜任能力；盘点前的会议及任务布置；存货的整理和排列，对毁损、陈旧、过时、残次及所有权不属于被审计单位的存货的区分；存货的计量工具和计量方法；在产品完工程度的确定方法；存放在外单位的存货的盘点安排；存货收发截止的控制；盘点期间存货移动的控制；盘点表单的设计、使用与控制；盘点结果的汇总以及盘盈或盘亏的分析、调查与处理。

读书破万卷，下笔如有神。　——杜甫

　　如果认为被审计单位的存货盘点程序存在缺陷，注册会计师应当提请被审计单位调整。

　　④存货盘点的时间安排。如果存货盘点在财务报表日以外的其他日期进行，注册会计师除实施存货监盘相关审计程序外，还应实施其他审计程序，以获取审计证据，确定存货盘点日与财务报表日之间的存货变动是否已得到恰当的记录。

　　⑤被审计单位是否一贯采用永续盘存制。存货数量的盘存制度一般分为实地盘存制和永续盘存制。存货盘存制度不同，注册会计师需要作出的存货监盘安排也不同。如果被审计单位通过实地盘存制确定存货数量，则注册会计师要参加此种盘点。如果被审计单位采用永续盘存制，注册会计师应在年度中一次或多次参加盘点。

　　⑥确定适当的监盘地点。根据存货的存放地点不同（包括不同存放地点的存货的重要性和重大错报风险），确定适当的监盘地点。

　　如果被审计单位的存货存放在多个地点，注册会计师可以要求被审计单位提供一份完整的存货存放地点清单（包括期末库存量为零的仓库、租赁的仓库，以及第三方代被审计单位保管存货的仓库等），并考虑其完整性。根据具体情况下的风险评估结果，注册会计师可以考虑执行以下一项或多项审计程序：

　　——询问被审计单位除管理层和财务部门以外的其他人员，如营销人员、仓库人员等，以了解有关存货存放地点的情况；

　　——比较被审计单位不同时期的存货存放地点清单，关注仓库变动情况，以确定是否存在因仓库变动而未将存货纳入盘点范围的情况发生；

　　——检查被审计单位存货的出、入库单，关注是否存在被审计单位尚未告知注册会计师的仓库（如期末库存量为零的仓库）；

　　——检查费用支出明细账和租赁合同，关注被审计单位是否租赁仓库并支付租金，如果有，该仓库是否已包括在被审计单位提供的仓库清单中；

　　——检查被审计单位"固定资产——房屋建筑物"明细清单，了解被审计单位可用于存放存货的房屋建筑物。

　　在获取完整的存货存放地点清单的基础上，注册会计师可以根据不同地点所存放存货的重要性以及对各个地点与存货相关的重大错报风险的评估结果（例如，注册会计师在以往审计中可能注意到某些地点存在与存货相关的错报，因此，在本期审计时对其予以特别关注），选择适当的地点进行监盘，并记录选择这些地点的原因。

　　如果识别出由于舞弊导致的影响存货数量的重大错报风险，注册会计师在检查被审计单位存货记录的基础上，可能决定在不预先通知的情况下对特定存放地点的存货实施监盘，或在同一天对所有存放地点的存货实施监盘。

　　同时，在连续审计中，注册会计师可以考虑在不同期间的审计中变更所选择实施监盘的地点。

　　⑦是否需要专家协助。注册会计师可能不具备其他专业领域专长与技能。在确定资产数量或资产实物状况（如矿石堆），或在收集特殊类别存货（如艺术品、稀有玉石、房地产、电子器件、工程设计等）的审计证据时，注册会计师可以考虑利用专家的工作。

　　当在产品存货金额较大时，可能面临如何评估在产品完工程度的问题。注册会计师可以了解被审计单位的盘点程序，如果有关在产品的完工程度未被明确列出，注册会计师应当考虑采用其他有助于确定完工程度的措施，如获取零部件明细清单、标准成本表以及作业成本表，与工厂的有关人员进行讨论等，并运用职业判断。注册会计师也可以根据存货生产过程的复杂程度考虑利用专家的工作。

（3）存货监盘计划的主要内容。存货监盘计划应当包括以下主要内容：

①存货监盘的目标、范围及时间安排。存货监盘的主要目标包括获取被审计单位资产负债表日有关存货数量和状况以及有关管理层存货盘点程序可靠性的审计证据，检查存货的数量是否真实完整，是否归属于被审计单位，存货有无毁损、陈旧、过时、残次和短缺等状况。

存货监盘范围的大小取决于存货的内容、性质以及与存货相关的内部控制的完善程度和重大错报风险的评估结果。

存货监盘的时间，包括实地察看盘点现场的时间、观察存货盘点的时间和对已盘点存货实施检查的时间等，应当与被审计单位实施存货盘点的时间相协调。

②存货监盘的要点及关注事项。存货监盘的要点主要包括注册会计师实施存货监盘程序的方法、步骤，各个环节应注意的问题以及所要解决的问题。注册会计师需要重点关注的事项包括盘点期间的存货移动、存货的状况、存货的截止确认、存货的各个存放地点及金额等。

③参加存货监盘人员的分工。注册会计师应当根据被审计单位参加存货盘点人员分工、分组情况、存货监盘工作量的大小和人员素质情况，确定参加存货监盘的人员组成以及各组成人员的职责和具体的分工情况，并加强督导。

④检查存货的范围。注册会计师应当根据对被审计单位存货盘点和对被审计单位内部控制的评价结果确定检查存货的范围。在实施观察程序后，如果认为被审计单位内部控制设计良好且得到有效实施，存货盘点组织良好，可以相应缩小实施检查程序的范围。

2.存货监盘程序

在存货盘点现场实施监盘时，注册会计师应当实施下列审计程序：

（1）评价管理层用以记录和控制存货盘点结果的指令和程序。注册会计师需要考虑这些指令和程序是否包括下列方面：①适当控制活动的运用，例如，收集已使用的存货盘点记录，清点未使用的存货盘点表单，实施盘点和复盘程序；②准确认定在产品的完工程度，流动缓慢（呆滞）、过时或毁损的存货项目，以及第三方拥有的存货（如寄存货物）；③在适用的情况下用于估计存货数量的方法，如可能需要估计煤堆的重量；④对存货在不同存放地点之间的移动以及截止日前后出入库的控制。

在实施存货监盘程序时，注册会计师需要观察被审计单位有关存货移动的控制程序是否得到执行。同时，注册会计师可以向管理层索取盘点期间存货移动相关的书面记录以及出、入库资料作为执行截止测试的资料，以为监盘结束的后续工作提供证据。

（2）观察管理层制定的盘点程序（如对盘点时及其前后的存货移动的控制程序）的执行情况。如果在盘点过程中被审计单位的生产经营仍将持续进行，注册会计师应通过实施必要的检查程序，确定被审计单位是否已经对此设置了相应的控制程序，确保在适当的期间内对存货作出了准确记录。

注册会计师一般应当获取盘点日前后存货收发及移动的凭证，检查库存记录与会计记录期末截止是否正确。注册会计师需要关注：①所有在盘点日以前入库的存货项目是否均已包括在盘点范围内；②所有已确认为销售但尚未装运出库的商品是否均未包括在盘点范围内；

③在途存货和被审计单位直接向顾客发运的存货是否均已得到了适当的会计处理；④观察存货的验收入库地点和装运出库地点，检查盘点日前、连续编号的存货入库和装运凭证的最后编号，或列出盘点日以前的最后几笔装运和入库记录。

☑ **业务指导·划分独立过渡区域，监盘无法停止移动的存货**

如果被审计单位在盘点过程中无法停止生产，可以考虑在仓库内划分出独立的过渡区域，将预计在盘点期间领用的存货移至过渡区域、对盘点期间办理入库手续的存货暂时存放在过渡区域，以此确保相关存货只被盘点一次。

（3）检查存货。在存货监盘过程中检查存货，虽然不一定能确定存货的所有权，但有助于确定存货的存在，以及识别过时、毁损或陈旧的存货。注册会计师应当把所有过时、毁损或陈旧存货的详细情况记录下来，这既便于进一步追查这些存货的处置情况，也能为测试被审计单位存货跌价准备计提的准确性提供证据。

（4）执行抽盘。对存货盘点结果进行测试的相关要求：①双向抽盘：从存货盘点记录中选取项目追查至存货实物（存在、准确性认定）；从存货实物中选取项目追查至盘点记录（完整性认定）。②尽可能避免让被审计单位事先了解将抽盘的存货项目。③获取存货盘点记录的复印件。除记录注册会计师对存货盘点结果进行的测试情况外，获取管理层完成的存货盘点记录的复印件也有助于注册会计师日后实施审计程序，以确定被审计单位的期末存货记录是否准确地反映了存货的实际盘点结果。

注册会计师在实施抽盘程序时发现差异，很可能表明被审计单位的存货盘点在准确性或完整性方面存在错误。由于检查的内容通常仅仅是已盘点存货中的一部分，所以在检查中发现的错误很可能意味着被审计单位的存货盘点还存在着其他错误。一方面，注册会计师应当查明原因，并及时提请被审计单位更正；另一方面，注册会计师应当考虑错误的潜在范围和重大程度，在可能的情况下，扩大检查范围以减少错误的发生。注册会计师还可要求被审计单位重新盘点。重新盘点的范围可限于某一特殊领域的存货或特定盘点小组。

（5）需要特别关注的情况。其包括：

①存货盘点范围。在被审计单位盘点存货前，注册会计师应当观察盘点现场，确定应纳入盘点范围的存货是否已经适当整理和排列，并附有盘点标识，防止遗漏或重复盘点。对未纳入盘点范围的存货，注册会计师应当查明未纳入的原因。

对所有权不属于被审计单位的存货，注册会计师应当取得其规格、数量等有关资料，确定是否已单独存放、标明，且未被纳入盘点范围。在存货监盘过程中，注册会计师应当根据取得的所有权不属于被审计单位的存货的有关资料，观察这些存货的实际存放情况，确保其未被纳入盘点范围。

②对特殊类型存货的监盘。对某些特殊类型的存货而言，被审计单位通常使用的盘点方法和控制程序并不完全适用。这些存货通常或者没有标签，或者其数量难以估计，或者其质量难以确定，或者盘点人员无法对其移动实施控制。在这些情况下，注册会计师需要运用职业判断，根据存货的实际情况，设计恰当的审计程序，对存货的数量和状况获取审计证据。注册会计师在审计实务中，应当根据被审计单位所处行业的特点、存货的类别和特点以及内部控制等具体情况，并在通用的存货监盘程序基础上，设计关于特殊类型存货监盘的具体审计程序，见表8-11。

表8-11   特殊类型存货的监盘程序

存货类型	盘点方法与潜在问题	可供实施的审计程序
木材、钢筋盘条、管子	通常无标签，但在盘点时会做上标记或用粉笔标识；难以确定存货的数量或等级	检查标记或标识；利用专家或被审计单位内部有经验人员的工作
堆积型存货（如糖、煤、钢废料）	通常既无标签也不做标记；在估计存货数量时存在困难	运用工程估测、几何计算、高空勘测，并依赖详细的存货记录
使用磅秤测量的存货	在估计存货数量时存在困难	在监盘前和监盘过程中均应检验磅秤的精准度，并留意磅秤的位置移动与重新调校程序；将检查和重新衡量程序相结合；检查称量尺度的换算问题
散装物品（如贮窖存货，使用桶、箱、罐、槽等容器储存的液体、气体、谷类粮食、流体存货等）	在盘点时通常难以识别和确定其数量和质量。在估计存货数量时存在困难；在确定存货质量时存在困难	使用容器进行监盘或通过预先编号的清单列表加以确定。使用浸蘸、测量棒、工程报告以及依赖永续盘存记录；选择样品进行化验与分析，或利用专家的工作
贵金属、石器、艺术品与收藏品	在存货辨认与质量确定方面存在困难	选择样品进行化验与分析，或利用专家的工作
生产纸浆用木材，牲畜	在存货辨认与数量确定方面存在困难；可能无法对此类存货的移动实施控制	通过高空摄影以确定其存在，对不同时点的数量进行比较，并依赖永续盘存记录

（6）存货监盘结束时的工作。在被审计单位存货盘点结束前，注册会计师应当：

①再次观察盘点现场，以确定所有应纳入盘点范围的存货是否均已盘点。

②取得并检查已填用、作废及未使用盘点表单的号码记录，确定其是否连续编号，查明已发放的表单是否均已收回，并与存货盘点的汇总记录进行核对。注册会计师应当根据自己在存货监盘过程中获取的信息对被审计单位最终的存货盘点结果汇总记录进行复核，并评估其是否正确地反映了实际盘点结果。

如果存货盘点日不是资产负债表日，注册会计师应当实施适当的审计程序，确定盘点日与资产负债表日之间存货的变动是否已得到恰当的记录。在实务中，注册会计师可以结合盘点日至资产负债表日之间间隔期的长短、相关内部控制的有效性等因素进行风险评估，设计和执行适当的审计程序。在实质性程序方面，注册会计师可以实施的程序示例包括：

a.比较盘点日和资产负债表日之间的存货信息以识别异常项目，并对其执行适当的审计程序（例如实地查看等）；

b.对存货周转率或存货销售周转天数等实施实质性分析程序；

c.对盘点日至资产负债表日之间的存货采购和存货销售分别实施双向检查（例如，对存货采购从入库单查至其相应的永续盘存记录以及从永续盘存记录查至其相应的入库单等支持性文件，对存货销售从货运单据查至其相应的永续盘存记录以及从永续盘存记录查至其相应的货运单据等支持性文件）；

非学无以广才，非志无以成学。   ——诸葛亮

d.测试存货销售和采购在盘点日和资产负债表日的截止是否正确。

3.特殊情况的处理

（1）在存货盘点现场实施存货监盘不可行。在某些情况下，实施存货监盘可能是不可行的。这可能是由存货性质和存放地点等因素造成的，例如，存货存放在对注册会计师的安全有威胁的地点。然而，对注册会计师带来不便的一般因素不足以支持注册会计师作出实施存货监盘不可行的决定。审计中的困难、时间或成本等事项本身，不能作为注册会计师省略不可替代的审计程序或满足于说服力不足的审计证据的正当理由。

如果在存货盘点现场实施存货监盘不可行，注册会计师应当实施替代审计程序（如检查盘点日后出售盘点日之前取得或购买的特定存货的文件记录），以获取有关存货的存在和状况的充分、适当的审计证据。

但在其他一些情况下，如果不能实施替代审计程序，或者实施替代审计程序可能无法获取有关存货的存在和状况的充分、适当的审计证据，注册会计师需要按照审计准则的相关规定发表非无保留审计意见。

（2）因不可预见的情况导致无法在存货盘点现场实施监盘。有时，由于不可预见情况而可能导致无法在预定日期实施存货监盘，两种比较典型的情况包括：一是注册会计师无法亲临现场，即由于不可抗力导致其无法到达存货存放地实施存货监盘；二是气候因素，即由于恶劣的天气导致注册会计师无法实施存货监盘程序，或由于恶劣的天气无法观察存货，如木材被积雪覆盖。

如果由于不可预见的情况无法在存货盘点现场实施监盘，注册会计师应当另择日期实施监盘，并对间隔期内发生的交易实施审计程序。

（3）由第三方保管或控制的存货。如果由第三方保管或控制的存货对财务报表是重要的，注册会计师应当实施下列一项或两项审计程序，以获取有关该存货存在和状况的充分、适当的审计证据：

①向持有被审计单位存货的第三方函证存货的数量和状况。

②实施检查或其他适合具体情况的审计程序。根据具体情况（如获取的信息使注册会计师对第三方的诚信和客观性产生疑虑），注册会计师可能认为实施其他审计程序是适当的。其他审计程序可以作为函证的替代程序，也可以作为追加的审计程序。

其他审计程序的示例包括：①实施或安排其他注册会计师实施对第三方的存货监盘（如可行）；②获取其他注册会计师或服务机构注册会计师针对用以保证存货得到恰当盘点和保管的内部控制的适当性而出具的报告；③检查与第三方持有的与存货相关的文件记录，如仓储单；④当存货被作为抵押品时，要求其他机构或人员进行确认。

考虑到第三方仅在特定时点执行存货盘点工作，在实务中，注册会计师可以事先考虑实施函证的可行性。如果预期不能通过函证获取相关审计证据，可以事先计划和安排存货监盘等工作。

此外，注册会计师可以考虑由第三方保管存货的商业理由的合理性，以进行存货相关风险（包括舞弊风险）的评估，并计划和实施适当的审计程序，例如检查被审计单位和第三方所签署的存货保管协议的相关条款、复核被审计单位调查及评价第三方工作的程序等。

（四）存货计价测试

在对存货的计价实施细节测试之前，注册会计师通常先要了解被审计单位本年度的存货计价方法与以前年度是否保持一致。如发生变化，确定变化的理由是否合理，是否经过适当的审批。

1.存货单位成本测试

针对原材料的单位成本，注册会计师通常基于企业的原材料计价方法（如先进先出法、加权平均法等），结合原材料的历史购买成本，测试其账面成本是否准确，测试程序包括核对原材料采购的相关凭证（主要是与价格相关的凭证，如合同、采购订单、发票等）以及验证原材料计价方法的运用是否正确。

针对产成品和在产品的单位成本，注册会计师需要对成本核算过程实施测试，包括直接材料成本测试、直接人工成本测试、制造费用测试和生产成本在当期完工产品与在产品之间分配的测试四项内容，具体如下：

（1）直接材料成本测试。对采用定额单耗的企业，可选择某一成本报告期若干种具有代表性的产品成本计算单，获取样本的生产指令或产量统计记录及其直接材料单位消耗定额，根据材料明细账或采购业务测试工作底稿中各该直接材料的单位实际成本，计算直接材料的总消耗量和总成本，与该样本成本计算单中的直接材料成本核对。

对未采用定额单耗的企业，可获取材料费用分配汇总表、材料发出汇总表（或领料单）、材料明细账（或采购业务测试工作底稿）中各该直接材料的单位成本，作如下检查：成本计算单中直接材料成本与材料费用分配汇总表中该产品负担的直接材料费用是否相符，分配标准是否合理。抽取材料发出汇总表或领料单中若干种直接材料的发出量、直接材料标准单价及发出材料汇总表或领料单，检查下列事项：根据生产量、直接材料单位标准用量和标准单价计算的标准成本与成本计算单中的直接材料成本核对是否相符；直接材料成本差异的计算与账务处理是否正确。

（2）直接人工成本测试。对采用计时工资制的企业，获取样本的实际工时统计记录、员工分类表和员工工薪手册（工资率）及人工费用分配汇总表，作如下检查：成本计算单中直接人工成本与人工费用分配汇总表中该样本的直接人工费用核对是否相符；样本的实际工时统计记录与人工费用分配汇总表中该样本的实际工时核对是否相符；抽取生产部门若干天的工时台账与实际工时统计记录核对是否相符；当没有实际工时统计记录时，则可根据员工分类表及员工工薪手册中的工资率，计算复核人工费用分配汇总表中该样本的直接人工费用是否合理。

对采用计件工资制的企业，获取样本的产量统计报告、个人（小组）产量记录和经批准的单位工薪标准或计件工资制度，检查下列事项：根据样本的统计产量和单位工薪标准计算的人工费用与成本计算单中直接人工成本核对是否相符；抽取若干个直接人工（小组）的产量记录，检查是否被汇总计入产量统计报告。

对采用标准成本法的企业，获取样本的生产指令或产量统计报告、工时统计报告和经批准的单位标准工时、标准工时工资率、直接人工的工薪汇总表等资料，检查下列事项：根据产量和单位标准工时计算的标准工时总量与标准工时工资率之积同成本计算单中直接人工成本核对是否相符；直接人工成本差异的计算与账务处理是否正确，并注意直接人工的标准成本在当年度内有无重大变更。

看似寻常最奇崛，成如容易却艰辛。　——王安石

（3）制造费用测试。获取样本的制造费用分配汇总表、按项目分列的制造费用明细账、与制造费用分配标准有关的统计报告及其相关原始记录，作如下检查：在制造费用分配汇总表中，样本分摊的制造费用与成本计算单中的制造费用核对是否相符；制造费用分配汇总表中的合计数与样本所属成本报告期的制造费用明细账总计数核对是否相符；制造费用分配汇总表选择的分配标准（机器工时数、直接人工工资、直接人工工时数、产量等）与相关的统计报告或原始记录核对是否相符，并对费用分配标准的合理性作出评估；如果企业采用预计费用分配率分配制造费用，则应针对制造费用分配过多或过少的差额，检查其是否作了适当的账务处理；如果企业采用标准成本法，则应检查样本中标准制造费用的确定是否合理，计入成本计算单的数额是否正确，制造费用差异的计算与账务处理是否正确，并注意标准制造费用在当年度内有无重大变更。

（4）生产成本在当期完工产品与在产品之间分配的测试。检查成本计算单中在产品数量与生产统计报告或在产品盘存表中的数量是否一致；检查在产品约当产量计算或其他分配标准是否合理；计算复核样本的总成本和单位成本。

2.存货跌价准备的测试

注册会计师在测试存货跌价准备时，需要从以下两个方面进行：

（1）识别需要计提跌价准备的存货项目。注册会计师可以通过询问管理层和相关部门（生产、仓储、财务、销售等）员工，了解被审计单位如何收集有关滞销、过时、陈旧、毁损、残次存货的信息并为之计提必要的跌价准备。如被审计单位编制存货货龄分析表，则可以通过审阅分析表识别滞销或陈旧的存货。此外，注册会计师还要结合存货监盘过程中检查存货状况而获取的信息，以判断被审计单位的存货跌价准备计算表是否有遗漏。

（2）检查可变现净值的计量是否合理。在存货计价审计中，由于被审计单位对期末存货采用成本与可变现净值孰低的方法计价，所以注册会计师应充分关注其对存货可变现净值的确定及存货跌价准备的计提。

可变现净值是指企业在日常活动中，存货的估计售价减去至完工时估计将要发生的成本、估计的销售费用以及相关税费后的金额。企业确定存货的可变现净值，应当以取得的确凿证据为基础，并且考虑持有存货的目的以及资产负债表日后事项的影响等因素。

思考与练习

一、单项选择题

1.下列属于生产与存货循环的业务活动是（   ）。
    A.编制订购单　　　B.验收商品　　　　C.计划和安排生产　　　D.提取坏账准备
2.下列属于生产与存货循环的业务活动是（   ）。
    A.批准赊销信用　　B.接受客户订购　　C.生产产品和成本核算　D.编制付款凭单
3.下列属于生产与存货循环的业务活动是（   ）。
    A.接受客户订购　　B.编制付款凭单　　C.提取存货跌价准备　　D.批准赊销信用
4.存货成本审计不应包括的内容是（   ）。
    A.制造费用　　　　B.直接人工　　　　C.直接材料　　　　　　D.管理费用

5.很多制造业企业通过编制（　　），识别流动较慢或滞销的存货，并根据市场情况和经营预测，确定是否需要计提存货跌价准备。

  A.存货货龄分析表　　　　　　　　　B.账龄分析表

  C.银行存款日记账　　　　　　　　　D.存货明细账

6.如果存货跌价准备计提存在错误，影响存货的具体认定是（　　）。

  A.存在　　　　　B.计价与分摊　　　　C.完整性　　　　D.真实性

7.审计人员抽查资产负债表日前后的购货记录，并与有关购货发票和验收单或入库单相核对，其目的是审查购入存货的（　　）。

  A.总体合理性　　B.截止期正确性　　C.所有权　　　　D.分类正确性

8.管理层对财务报表的下列认定中，注册会计师通过分析存货周转率最有可能证实的是（　　）。

  A.存在或发生　　B.权利和义务　　　C.表达和披露　　　D.计价或分摊

9.审计人员对被审计单位的利润进行趋势分析，发现利润增长较大。经初步测试，了解到该公司管理模式和生产规模都没有变化，根据以上情况，利润增长最有可能源自（　　）。

  A.供货商减少　　B.低估年末应收账款　C.产品竞争对手增加　D.高估年末存货成本

10.检查存货盘点表，发现材料盘亏230万元，账面记录未作调整，审计人员应要求被审计单位进行调整，借记"管理费用"科目，贷记"（　　）"科目。

  A.存货　　　　　B.原材料　　　　　C.待处理财产损溢　D.营业外收入

11.在生产与存货循环中，交易数量、业务复杂程度和错报风险三者的关系是（　　）。

  A.交易数量越大，业务越复杂，发生错报的风险就越大

  B.交易数量越小，业务越复杂，发生错报的风险就越大

  C.交易数量越大，业务越简单，发生错报的风险就越大

  D.交易数量越大，业务越复杂，发生错报的风险就越小

12.注册会计师针对计提存货跌价准备应实施的控制测试程序不包括（　　）。

  A.询问财务经理识别存货减值风险的过程

  B.询问财务经理确定减值准备的过程

  C.检查总经理的复核审批记录

  D.重新计算完工产成品的成本

13.关于存货循环内部控制设计的情况与注册会计师实施检查程序范围的关系，说法正确的是（　　）。

  A.如果认为被审计单位内部控制设计良好且得到有效实施，存货盘点组织良好，可以相应缩小实施检查程序的范围

  B.如果认为被审计单位内部控制未得到有效实施，可以相应缩小实施检查程序的范围

  C.如果认为被审计单位内部控制设计良好且得到有效实施，存货盘点组织良好，可以相应扩大实施检查程序的范围

  D.如果认为被审计单位内部控制设计无效，可以相应缩小实施检查程序的范围

14.被审计单位辅助生产成本明细账期末记录账面余额为零，审计人员核对凭证并复核，发现期末累计借方余额为120万元，被审计单位这一处理会导致（　　）。

  A.生产成本虚增　B.负债增加　　　　C.存货虚增　　　　D.生产成本虚减

15.审查企业H产品，账面库存为2 000吨，实地检查结果为1 300吨，保管人员提供一份由某单位出具的收货收条抵顶库存，而业务部门则解释为因本企业仓库容量有限而委托其他单位保存。对此，审计人员应采取的措施为（　　　）。

A.认定账实不符

B.请被审计单位冲销账面记录

C.请被审计单位提供合法有效的文件再作认定

D.认定为赊销

16.某产品2020年毛利率与2019年相比有所上升，K公司提供了以下解释，其中与毛利率变动不相关的是（　　　）。

A.该产品的销售价格与2019年相比有所上升

B.该产品的产量与2019年相比有所上升

C.该产品的采购成本相对于2019年有所下降

D.该产品使用的主要原材料价格相对于2019年有所下降

17.注册会计师监盘存货针对的主要是存货的（　　　）认定。

A.存在　　　　　　B.完整性　　　　　　C.计价和分摊　　　　　　D.所有权

18.如果被审计单位的存货存放在多个地点，注册会计师可以要求被审计单位提供一份完整的（　　　），以确定适当的监盘地点。

A.存货明细账　　　B.存货价目表　　　C.存货分类汇总表　　　D.存货存放地点清单

19.存货监盘范围的大小取决于存货的内容、性质以及与存货相关的内部控制的完善程度和（　　　）。

A.销售人员的素质　　　　　　　　　B.管理人员的工作积极性

C.重大错报风险的评估结果　　　　　D.报表出具的流程是否合法

20.审计人员对被审计单位存货实施监盘时，下列做法中错误的是（　　　）。

A.参与制订盘点计划　　　　　　　　B.将盘点结果与材料明细账余额核对

C.毁损存货按盘亏处理　　　　　　　D.抽查盘点记录进行复核

21.审计人员对被审计单位存货实施监盘时，下列做法中错误的是（　　　）。

A.参与客户盘点计划的制订　　　　　B.将盘点结果与材料明细账余额核对

C.抽查盘点记录进行复核　　　　　　D.拟对所有存货进行突击盘点

22.在对存货实施监盘程序时，注册会计师的做法不恰当的是（　　　）。

A.对于已经质押的存货，向债权人函证质押存货的真实情况

B.对于受托代存的存货，实施向存货所有权人函证等审计程序

C.因不可预见的情况无法在存货盘点现场实施监盘，审计人员实施函证程序

D.审计人员观察盘点人员盘点存货，检查已盘点的存货

23.在对存货实施检查程序时，注册会计师应该选择的恰当的做法是（　　　）。

A.存货监盘的时间应当略晚于被审计单位实施存货盘点的时间

B.事先就拟抽取测试的存货项目与被审计单位沟通，以提高监盘的效率

C.从存货盘点记录中选取项目追查至存货实物，以测试盘点记录的完整性

D.如果盘点记录与存货实物存在差异，要求被审计单位更正盘点记录

24.为应对被审计单位在存货项目可能存在的舞弊，注册会计师应实施一些具有针对性

的应对程序，但下列并不适当的程序是（　　　）。

    A.在预先通知的情况下观察某些存放地点的存货盘点，或在同一天对所有存放地点的存货实施观察

    B.在观察存货盘点过程中结合实施其他程序，并利用专家工作

    C.按照存货的等级或类别、存放地点或其他标准分类，将存货的当期数量与上期进行比较，或将盘点数量与存货记录进行比较

    D.检查被审计单位的存货记录，判断需要在被审计单位盘点过程中（或结束后）特别重视的存货项目或存货存放地点

25.如果在存货盘点现场实施存货监盘不可行，为了获取有关存货的存在和状况的充分、适当的审计证据，注册会计师应当实施的替代审计程序是（　　　）。

    A.检查特定存货的永续盘存记录

    B.检查购买特定存货的文件记录

    C.检查盘点日前出售特定存货的文件记录

    D.检查盘点日后出售盘点日之前取得或购买的特定存货的文件记录

26.下列存货监盘程序中，与测试存货盘点记录的完整性不相关的是（　　　）。

    A.从存货盘点记录中选取项目追查至存货实物

    B.从存货实物中选取项目追查至存货盘点记录

    C.在存货盘点过程中关注存货的移动情况

    D.在存货盘点结束前再次观察盘点现场

二、多项选择题

1.下列属于生产与存货循环的业务活动有（　　　）。

    A.编制订购单　　　　　　　　　B.计划和安排生产

    C.生产产品和成本核算　　　　　D.提取存货跌价准备

2.导致存货审计复杂的主要原因包括（　　　）。

    A.存货通常是资产负债表中的一个主要项目，而且通常是构成营运资本的最大项目

    B.存货存放于不同的地点，这使得对它的实物控制和盘点都很困难

    C.存货项目及其计价方法的多样性也给审计带来了困难

    D.存货本身的陈旧以及存货成本的分配也使得对存货的估价出现困难

3.被审计单位的存货周转率较以前年度有明显提高，审计人员分析可能的原因是（　　　）。

    A.销售收入增加　　　B.销售收入减少　　　C.销售成本减少　　　D.平均存货减少

4.审计人员在对该公司生产与存货循环内部控制进行测试的过程中，可以采取的措施有（　　　）。

    A.编制存货余额明细表并与总账核对相符

    B.抽取部分存货出、入库业务，追踪检查其业务处理过程

    C.审查产品生产和成本管理制度的执行情况

    D.检查生产与存货管理各环节不相容职责的分离情况

5.下列各项审计程序中，属于对生产与存货业务循环控制测试的有（　　　）。

A.实地观察仓库验收原材料的情况

B.抽查领料凭证上反映的手续是否齐备

C.编制存货跌价准备明细表，并与报表、总账和明细账核对

D.计算毛利率并分析本期与上期有无明显变化

6.下列关于存货监盘的表述，不正确的有（　　）。

A.如果被审计单位已定期进行存货盘点，审计人员不必进行监盘

B.存货监盘的主要目的是鉴别存货的质量等级

C.监盘的范围应视对被审计单位内部控制评价的结果而定

D.对盘点难度大的存货，应根据被审计单位存货收发记录确认存货数量

7.注册会计师监盘存货可以获取管理层（　　）等认定的审计证据。

A.存在　　　　　B.完整性　　　　　C.计价和分摊　　　　　D.所有权

8.在生产与存货业务循环中，下列各项中属于生产成本控制措施的有（　　）。

A.审核领料凭证　　　　　　　　B.控制厂部办公经费开支

C.制订成本计划　　　　　　　　D.编制成本预算

9.下列各项中，审计人员可以据以判断生产与存货循环内部控制风险较高的有（　　）。

A.内部审计人员监督存货盘点

B.存货盘点只由仓库保管员实施

C.定期对陈旧过时的存货进行处理

D.存货盘点结果显示存在较多账实不符的情况

10.审计人员对丙公司的存货实施了监盘，以下做法中正确的有（　　）。

A.审计人员参与制订盘点计划

B.审计人员自始至终在现场监督盘点的进行

C.在监盘过程中对过期、毁损的存货单独作出记录，并将盘点结果与明细账余额核对

D.让被审计单位事先了解将抽盘的存货项目

11.审计人员在存货盘点现场执行抽盘时，正确的做法或观点有（　　）。

A.实行双向抽盘以获取有关盘点记录准确性和完整性的审计证据

B.让被审计单位事先了解将抽盘的存货项目以提高监盘效率

C.尽可能避免让被审计单位事先了解将抽盘的存货项目

D.获取存货盘点记录的复印件

12.下列各项审计程序中，可以用于对产品成本总体合理性进行检查的有（　　）。

A.分析比较近期各年度主要产品生产成本的变动情况

B.分析比较近期各年度产品生产成本总额及单位生产成本的变动情况

C.计算产品毛利率，分析其变动合理性

D.抽取部分产品成本计算单，审查直接人工费计算的正确性

13.审计时发现下列项目计入生产成本，属于违反规定的有（　　）。

A.将无形资产支出列入生产成本

B.将对外投资支出列入生产成本

C.按实际发生额在限额内计算的职工福利费

D.将罚款及被没收财物损失列入生产成本

14. 审计人员在对某企业产品成本进行审计时发现该企业在产品成本中列支了如下内容，其中不符合相关规定的有（　　　）。

　　A. 向希望小学捐款50 000元　　　　　B. 向供货单位支付合同违约金8 000元

　　C. 结转制造费用95 000元　　　　　　D. 因火灾造成的原材料损失费85 000元

15. 下列有关存货审计的表述中，正确的有（　　　）。

　　A. 存货监盘的范围取决于被审计单位的意见

　　B. 可运用存货周转率分析存货跌价准备计提的合理性

　　C. 审计人员在监盘过程中随时抽查盘点记录，必要时直接复点

　　D. 被审计单位经营环境发生重大变化时，应关注存货是否发生了减值

16. 注册会计师在复核或与管理层讨论其存货盘点程序时，应当考虑的主要因素包括（　　　）。

　　A. 盘点的时间安排，存货盘点范围和场所的确定

　　B. 盘点人员的分工及胜任能力

　　C. 存货的计量工具和计量方法

　　D. 盘点结果的汇总与处理

17. 注册会计师在复核或与管理层讨论其存货盘点程序时，应当考虑的主要因素包括（　　　）。

　　A. 盘点前的会议及任务布置　　　　　B. 存货的整理和排列

　　C. 在产品完工程度的确定方法　　　　D. 存货收发截止的控制

18. 针对存货数量的实质性程序主要包括（　　　）。

　　A. 监盘存货

　　B. 对第三方保管的存货实施函证

　　C. 检查存货的可变现净值

　　D. 对在途存货检查相关凭证和期后入库记录

19. 在存货盘点现场实施监盘时，审计人员应当实施的审计程序包括（　　　）。

　　A. 评价管理层用以记录和控制存货盘点结果的指令和程序

　　B. 观察管理层制定的盘点程序的执行情况

　　C. 检查存货并执行抽盘

　　D. 查明账实不符的原因

20. 如果被审计单位由第三方保管或控制的存货对财务报表是重要的，为了获取有关该存货存在和状况的充分、适当的审计证据，注册会计师应当实施的审计程序包括（　　　）。

　　A. 向第三方函证存货的数量和状况，或者实施对第三方的存货监盘（如可行）

　　B. 检查与第三方持有的存货相关的文件记录，如仓储单

　　C. 当存货被作为抵押品时，要求其他机构或人员进行确认

　　D. 考虑由第三方保管存货的商业理由的合理性，检查保管协议的相关条款

三、判断题

　　1. 生产计划部门根据客户订单或销量预测表来计划生产任务。如果决定计划生产，签发预先连续编号的生产通知单。　　　　　　　　　　　　　　　　　　　　　　（　　　）

2.领料单一般一式三联，一联交由领料部门，一联留存在仓储部门，一联交由会计部门进行成本核算。 （　　）

3.被审计单位永续盘存记录应由仓储部门负责。 （　　）

4.存放商品的仓库应相对独立，限制无关人员接近，这项控制与商品的"完整性"认定有关。 （　　）

5.会计部门负责建立健全成本核算制度，以正确核算、有效控制产品成本。生产过程中的各种文件资料（生产通知单、领料单、计工单、入库单等）都要汇集到会计部门，由会计部门对其进行检查和核对。 （　　）

6.有些企业可能将存货储存在多个地点，如果存货被重复列示在报表中，就会导致存货的完整性认定存在错报风险。 （　　）

7.由于生产与存货循环与其他业务循环是紧密联系的，生产与存货循环中某些审计程序，特别是存货余额审计，与其他业务循环的审计程序同时进行将更为有效。 （　　）

8.审计中的困难、时间或成本等事项本身，不能作为注册会计师省略不可替代的审计程序或满足于说服力不足的审计证据的正当理由。 （　　）

9.如果在存货盘点现场实施存货监盘不可行，注册会计师应当实施替代审计程序，以获取有关存货的存在和状况的充分、适当的审计证据。 （　　）

10.如果识别出由于舞弊导致的影响存货数量的重大错报风险，注册会计师应当在预先通知的情况下对特定存放地点的存货实施监盘。 （　　）

11.存货监盘针对的主要是存货的存在认定，对存货的完整性认定及计价和分摊认定，也能提供部分审计证据。 （　　）

12.审计师可以在存货监盘中获取有关存货所有权的部分审计证据，但存货监盘本身并不足以供审计师确定存货的所有权，审计师可能需要执行其他实质性审计程序以应对所有权认定的相关风险。 （　　）

13.管理层一般需要复核或与注册会计师讨论其存货监盘程序。 （　　）

14.被审计单位对存货实地盘点时，注册会计师应当作为盘点小组成员进行盘点。 （　　）

15.在存货监盘过程中，注册会计师应当根据取得的所有权不属于被审计单位的存货的有关资料，观察这些存货的实际存放情况，确保其也被纳入盘点范围。 （　　）

16.将来料加工的存货列入盘点范围可能导致被审计单位本年利润虚增。 （　　）

17.被审计单位当年12月31日收到一张购货发票，并记入当年12月份存货明细账，而存货实物却在次年的1月2日才收到，未包括在年底的盘点范围内，这样有可能虚减本年的利润。 （　　）

四、案例分析

A注册会计师是甲公司2020年度财务报表审计业务的项目合伙人。甲公司是一家时装加工企业，存货占其资产总额的比例很大，主营来料加工类业务。A注册会计师计划于2020年12月31日实施存货监盘程序。A注册会计师编制的存货监盘计划和计价测试部分内容摘录如下：

（1）基于存货风险较高的评估结果，针对甲公司存货存放地点较多的情况，拟询问被审计单位的管理层，比较不同时期的存货存放地点的清单，检查存货的出、入库单等。

（2）在到达存货盘点现场后，监盘人员观察来料加工业务的原材料是否已经单独存放并予以标明，确定其未被纳入存货盘点范围。

（3）对盘点过程中收到的存货，纳入盘点和监盘范围。

（4）在和被审计单位沟通存货盘点程序时，对于盘点程序的缺陷，不予指明。

（5）计价测试时，充分关注甲公司对存货可变现净值的确定及存货跌价准备的计提。

要求：

1.根据以上注册会计师对被审计单位的了解，请评估甲公司与存货相关的经营风险。

2.针对上述事项第（1）至（5）项，逐项指出是否存在不当之处。如果存在，简要说明理由。

参考答案

项目九
货币资金审计

项目九　货币资金审计

◇ **学习目标**

1.阐述货币资金特点及相关内部控制
2.识别、评估货币资金的重大错报风险
3.测试货币资金的内部控制
4.完成货币资金的实质性程序

任务一 熟悉货币资金的主要业务活动和相关内部控制

一、主要凭证与会计记录

货币资金根据存放地点及用途的不同分为库存现金、银行存款及其他货币资金。货币资金是企业资产的重要组成部分，是企业资产中流动性最强的一种资产。货币资金主要来源于股东投入、债权人借款和企业经营累积，主要用于资产的取得和费用的结付。总的来说，只有保持健康的、正的现金流，企业才能够继续生存；反之，企业将会陷入财务困境，并威胁企业的持续经营能力。

微课：货币资金业务循环

货币资金审计涉及的主要凭证与会计记录包括：①库存现金盘点表；②银行对账单；③银行存款余额调节表；④有关科目的记账凭证；⑤有关会计账簿。

二、货币资金的主要业务活动

（一）现金管理

出纳员每日对库存现金自行盘点，编制现金日报表，计算当日现金收入、支出及结余额，并将结余额与实际库存额进行核对，如有差异及时查明原因。会计主管不定期检查现金日报表。

每月月末，会计主管指定出纳员以外的人员对现金进行盘点，编制库存现金盘点表，将盘点金额与库存现金日记账余额进行核对。对冲抵库存现金的借条、未提现支票、未做报销的原始票证，在库存现金盘点表中予以注明。会计主管复核库存现金盘点表，如果盘点金额与库存现金日记账余额存在差异，需查明原因并报经财务经理批准后进行账务处理。

（二）银行存款管理

1.银行账户管理

企业的银行账户的开立、变更或注销须经财务经理审核，报总经理审批。

2.编制银行存款余额调节表

每月月末，会计主管指定出纳员以外的人员核对银行存款日记账和银行对账单，编制银行存款余额调节表，使银行存款账面余额与银行对账单调节相符。如调节不符，查明原因。会计主管复核银行存款余额调节表，对需要进行调整的调节项目及时进行处理。

3.票据管理

财务部门设置银行票据登记簿，防止票据遗失或盗用。出纳员登记银行票据的购买、领用、背书转让及注销等事项。空白票据存放在保险柜中。每月月末，会计主管指定出纳员以

项目九

外的人员对空白票据、未办理收款和承兑的票据进行盘点，编制银行票据盘点表，并与银行票据登记簿进行核对。会计主管复核银行票据盘点表，如果存在差异，需查明原因。

4.印章管理

企业的财务专用章由财务经理保管，办理相关业务时使用的个人名章必须由本人或其授权人员保管，严禁一人保管支付款项所需的全部印章。

三、货币资金内部控制

一般而言，一个良好的货币资金内部控制应该达到以下几点：①货币资金收支与记账的岗位分离；②货币资金收支要有合理、合法的凭据；③全部收支及时准确入账，并且资金支付应严格履行审批、复核制度；④控制现金坐支，当日收入现金应及时送存银行；⑤按月盘点现金，按月编制银行存款余额调节表，以做到账实相符；⑥对货币资金进行内部审计。

尽管由于每个企业的性质、所处行业、规模以及内部控制健全程度等不同，使得其与货币资金相关的内部控制内容有所不同，但以下要求通常是应当共同遵循的：

（一）岗位分工及授权批准

（1）企业应当建立货币资金业务的岗位责任制，明确相关部门和岗位的职责权限，确保办理货币资金业务的不相容岗位相互分离、制约和监督。出纳人员不得兼任稽核、会计档案保管和收入、支出、费用、债权债务账目的登记工作。企业不得由一人办理货币资金业务的全过程。

（2）企业应当对货币资金业务建立严格的授权审批制度，明确审批人对货币资金业务的授权批准方式、权限、程序、责任和相关控制措施，规定经办人办理货币资金业务的职责范围和工作要求。审批人应当根据货币资金授权批准制度的规定，在授权范围内进行审批，不得超越审批权限。经办人应当在职责范围内，按照审批人的批准意见办理货币资金业务。对于审批人超越授权范围审批的货币资金业务，经办人员有权拒绝办理，并及时向审批人的上级授权部门报告。

（3）企业应当按照规定的程序办理货币资金支付业务。

①支付申请。企业有关部门或个人用款时，应当提前向审批人提交货币资金支付申请，注明款项的用途、金额、预算、支付方式等内容，并附有效经济合同或相关证明。

②支付审批。审批人根据其职责、权限和相应程序对支付申请进行审批，审核付款业务的真实性、付款金额的准确性，以及申请人提交票据或者证明的合法性，严格监督资金支付。对不符合规定的货币资金支付申请，审批人应当拒绝批准。

③支付复核。财务部门收到经审批人审批签字的相关凭证或证明后，应再次复核业务的真实性、金额的准确性，以及相关票据的齐备性，相关手续的合法性和完整性，并签字认可。复核无误后，交由出纳人员办理支付手续。

④办理支付。出纳人员应当根据复核无误的支付申请，按规定办理货币资金支付手续，及时登记库存现金和银行存款日记账。

（4）企业对于重要货币资金支付业务，应当实行集体决策和审批，并建立责任追究制度，防范贪污、侵占、挪用货币资金等行为。

（5）严禁未经授权的机构或人员办理货币资金业务或直接接触货币资金。

（二）对现金和银行存款的管理

（1）企业应当加强对现金库存限额的管理，超过库存限额的现金应及时存入银行。

（2）企业必须根据《现金管理暂行条例》的规定，结合本企业的实际情况，确定本企业现金的开支范围。不属于现金开支范围的业务应当通过银行办理转账结算。

（3）企业现金收入应当及时存入银行，不得从企业的现金收入中直接支付（即坐支）。因特殊情况需坐支现金的，应事先报经开户银行审查批准，由开户银行核定坐支范围和限额。

企业借出款项必须执行严格的授权批准程序，严禁擅自挪用、借出货币资金。

（4）企业取得的货币资金收入必须及时入账，不得私设"小金库"，不得账外设账，严禁收款不入账。

（5）企业应当严格按照《支付结算办法》等国家有关规定，加强对银行账户的管理，严格按照规定开立账户，办理存款、取款和结算。银行账户的开立应当符合企业经营管理实际需要，不得随意开立多个账户，禁止企业内设管理部门自行开立银行账户。

企业应当定期检查、清理银行账户的开立及使用情况，发现问题应及时处理。

企业应当加强对银行结算凭证的填制、传递及保管等环节的管理与控制。

（6）企业应当严格遵守银行结算纪律，不准签发没有资金保证的票据或远期支票，套取银行信用；不准签发、取得和转让没有真实交易和债权债务的票据，套取银行和他人资金；不准违反规定开立和使用银行账户。

（7）企业应当指定专人定期核对银行账户（每月至少核对一次），编制银行存款余额调节表，使银行存款账面余额与银行对账单调节相符。如调节不符，应查明原因，及时处理。

出纳人员一般不得同时从事银行对账单的获取、银行存款余额调节表的编制工作。确需出纳人员办理上述工作的，应当指定其他人员定期进行审核、监督。

实行网上交易、电子支付等方式办理资金支付业务的企业，应当与承办银行签订网上银行操作协议，明确双方在资金安全方面的责任与义务、交易范围等。操作人员应当根据操作授权和密码进行规范操作。使用网上交易、电子支付方式的企业办理资金支付业务，不应因支付方式的改变而随意简化、变更所必需的授权审批程序。企业在严格实行网上交易、电子支付操作人员不相容岗位相互分离控制的同时，应当配备专人加强对交易和支付行为的审核。

（8）企业应当定期和不定期地进行现金盘点，确保现金账面余额与实际库存相符。发现不符，及时查明原因并作出处理。

（三）对票据及有关印章的管理

（1）企业应当加强对与货币资金相关的票据的管理，明确各种票据的购买、保管、领用、背书转让、注销等环节的职责权限和程序，并专设登记簿进行记录，防止空白票据的遗失和被盗用。

企业因填写、开具失误或者其他原因导致作废的法定票据，应当按规定予以保存，不得随意处置或销毁。对超过法定保管期限、可以销毁的票据，在履行审核手续后进行销毁，但应当建立销毁清册并由授权人员监销。

（2）企业应当加强对银行预留印鉴的管理。财务专用章应由专人保管，个人名章必须由本人或其授权人员保管。严禁一人保管支付款项所需的全部印章。

按规定需要有关负责人签字或盖章的经济业务，必须严格履行签字或盖章手续。

（四）监督检查

（1）企业应当建立货币资金业务的监督检查制度，明确监督检查机构或人员的职责权限，定期和不定期地进行检查。

（2）货币资金监督检查的内容主要包括：①货币资金业务相关岗位及人员的设置情况。重点检查是否存在货币资金业务不相容岗位职责未分离的现象。②货币资金授权批准制度的执行情况。重点检查货币资金支出的授权批准手续是否健全，是否存在越权审批行为。③支付款项印章的保管情况。重点检查是否存在办理付款业务所需的全部印章交由一人保管的现象。④票据的保管情况。重点检查票据的购买、领用、保管手续是否健全，票据保管是否存在漏洞。

（3）对监督检查过程中发现的货币资金内部控制中的薄弱环节，应当及时采取措施，加以纠正和完善。

任务二　评估货币资金的重大错报风险

一、货币资金可能发生错报的环节

以一般制造业企业为例，与库存现金、银行存款相关的交易和余额可能发生错报环节通常包括（括号内为相应的认定）：

（1）被审计单位资产负债表的货币资金项目中的库存现金和银行存款在资产负债表日不存在。（存在认定）

（2）被审计单位所有应当记录的现金收支业务和银行存款收支业务未得到完整记录，存在遗漏。（完整性认定）

（3）被审计单位的现金收款通过舞弊手段被侵占。（完整性认定）

（4）记录的库存现金和银行存款不为被审计单位所拥有或控制。（权利和义务认定）

（5）库存现金和银行存款的金额未被恰当地包括在财务报表的货币资金项目中，与之相关的计价调整未得到恰当记录。（计价和分摊认定）

（6）库存现金和银行存款未按照企业会计准则的规定在财务报表中作出恰当列报。（列报认定）

二、识别可能发生错报环节的内部控制

为评估与货币资金的交易、余额和列报相关的认定的重大错报风险，注册会计师应了解与货币资金相关的内部控制，这些控制主要是为防止、发现并纠正相关认定发生重大错报的固有风险（即可能发生错报环节）而设置的。注册会计师可以通过审阅以前年度审计工作底稿、观察内部控制执行情况、询问管理层和员工、检查相关的文件和资料等方法对这些控制进行了解。此外，对相关文件和资料进行检查也可以提供审计证据，例如通过检查财务人员编制的银行存款余额调节表，可以发现差错并加以纠正。

需要强调的是，在评估与货币资金的交易、余额和列报相关的认定的重大错报风险时，注册会计师之所以需要充分了解被审计单位对货币资金的控制活动，是因为这样可以使得计

下定决心，不怕牺牲，排除万难，去争取胜利。　——毛泽东

划实施的审计程序更加有效。也就是说，注册会计师必须恰当评估被审计单位的重大错报风险，在此基础上设计并实施进一步审计程序，才能有效应对重大错报风险。

（一）库存现金内部控制

在良好的现金内部控制下，企业的现金收支记录应及时、准确、完整；全部现金支出均按经批准的用途进行；现金得以安全保管。一般而言，一个良好的现金内部控制应该达到以下几点：（1）现金收支与记账的岗位分离；（2）现金收支要有合理、合法的凭据；（3）全部收入及时准确入账，并且现金支出应严格履行审批、复核制度；（4）控制现金坐支，当日收入现金应及时送存银行；（5）按月盘点现金，以做到账实相符；（6）对现金收支业务进行内部审计。

审计人员在了解现金内部控制时，应当注意检查库存现金内部控制的建立和执行情况，重点包括：（1）库存现金的收支是否按规定的程序和权限办理；（2）是否存在与被审计单位经营无关的款项收支情况；（3）出纳与会计的职责是否严格分离；（4）库存现金是否妥善保管，是否定期盘点、核对等。

（二）银行存款内部控制

一般而言，一个良好的银行存款的内部控制应达到以下几点：（1）银行存款收支与记账的岗位分离；（2）银行存款收支要有合理、合法的凭据；（3）全部收支及时准确入账，全部支出要有核准手续；（4）按月编制银行存款余额调节表，以做到账实相符；（5）加强对银行存款收支业务的内部审计。

审计人员在了解银行存款内部控制时，应当注意的内容包括：（1）银行存款的收支是否按规定的程序和权限办理；（2）银行账户的开立是否符合《银行账户管理办法》等相关法律法规的要求；（3）银行账户是否存在与本单位经营无关的款项收支情况；（4）是否存在出租、出借银行账户的情况；（5）出纳与会计的职责是否严格分离；（6）是否定期取得银行对账单并编制银行存款余额调节表等。

三、与货币资金相关的重大错报风险

货币资金业务交易、账户余额和列报的认定层次的重大错报风险可能包括：

（1）被审计单位存在虚假的货币资金余额或交易，因而导致银行存款余额的存在或交易的发生存在重大错报风险。

（2）被审计单位所有应当记录的货币资金收支业务未得到完整记录，存在遗漏或通过舞弊手段等被非法侵占，使得货币资金的完整性认定存在重大错报风险。

微课：货币资金案例

（3）被审计单位存在大额的外币交易和余额，可能存在外币交易或余额未被准确记录的风险。例如，对于有外币现金或外币银行存款的被审计单位，企业有关外币交易的增减变动或年底余额可能因未采用正确的折算汇率而导致计价错误（计价和分摊/准确性认定）。

（4）银行存款的期末收支存在大额的截止错误。例如，被审计单位期末存在金额重大且异常的银付企未付、企收银未收事项。

（5）被审计单位可能存在未能按照企业会计准则的规定对货币资金作出恰当披露的风险。例如，被审计单位期末持有使用受限制的大额银行存款，但在编制财务报表时未在财务报表附注中对其进行披露。

项目九

在实施货币资金审计的过程中，如果被审计单位存在以下事项或情形，注册会计师需要保持警觉：

（1）被审计单位的现金交易比例较高，并与其所在的行业常用的结算模式不同；

（2）库存现金规模明显超过业务周转所需资金；

（3）银行账户开立数量与企业实际的业务规模不匹配；

（4）在没有经营业务的地区开立银行账户；

（5）企业资金存放于管理层或员工个人户；

（6）货币资金收支金额与现金流量表不匹配；

（7）不能提供银行对账单或银行存款余额调节表；

（8）存在长期或大量银行未达账项；

（9）银行存款明细账存在非正常转账的"一借一贷"；

（10）违反货币资金存放和使用规定（如上市公司未经批准开立账户转移募集资金、未经许可将募集资金转作其他用途等）；

（11）存在大额外币收付记录，而被审计单位并不涉足外贸业务；

（12）被审计单位以各种理由不配合注册会计师实施银行函证。

除上述与货币资金项目直接相关的事项或情形外，注册会计师在审计其他财务报表项目时，还可能关注到其他一些也需保持警觉的事项或情形。例如：

（1）存在没有具体业务支持或与交易不相匹配的大额资金往来；

（2）长期挂账的大额预付款项；

（3）存在大额自有资金的同时，向银行高额举债；

（4）付款方账户名称与销售客户名称不一致、收款方账户名称与供应商名称不一致；

（5）开具的银行承兑汇票没有银行承兑协议支持；

（6）银行承兑票据保证金余额与应付票据余额比例不合理。

当被审计单位存在以上事项或情形时，可能表明存在舞弊风险。

☑ 业务指导：关注货币资金重大错报风险

2015年至2017年年末，你公司账面货币资金分别为100.87亿元、153.89亿元、185.04亿元，占总资产比例分别为54.92%、58.24%、54.01%，同期有息负债（短期借款+长期借款+应付债券）分别为50.59亿元、57.05亿元、110.05亿元，同期发生的财务费用分别为3.05亿元、2.30亿元、5.53亿元，请补充说明：你公司货币资金存放地点、存放类型、利率水平、是否存在抵押/质押/冻结等权利限制，请年审会计核查并对货币资金的真实性、存放安全性、是否存在权利限制发表专项意见。

四、拟实施的进一步审计程序的总体方案

注册会计师基于以上识别的重大错报风险评估结果，制订实施进一步审计程序的总体方案（包括综合性方案和实质性方案），继而实施控制测试和实质性审计程序，以应对识别出的重大错报风险。注册会计师通过综合性方案或实质性方案获取的审计证据应足以应对识别出的认定层次的重大错报风险。

有志者，事竟成。 ——后汉书

任务三 实施货币资金的控制测试和实质性程序

一、货币资金的控制测试

(一) 库存现金的控制测试

1.现金付款的审批和复核

例如，被审计单位针对现金付款审批作出以下内部控制要求：(1)部门经理审批本部门的付款申请，审核付款业务是否真实发生、付款金额是否准确，以及后附票据是否齐备，并在复核无误后签字认可。(2)财务部门在安排付款前，财务经理再次复核经审批的付款申请及后附的相关凭据或证明，如核对一致，进行签字认可并安排付款。针对该内部控制，注册会计师可以在选取适当样本的基础上实施以下控制测试程序：(1)询问相关业务部门的部门经理和财务经理在日常现金付款业务中执行的内部控制，以确定其是否与被审计单位内部控制政策要求保持一致。(2)观察财务经理复核付款申请的过程，是否核对了付款申请的用途、金额及后附的相关凭据，以及在核对无误后是否进行了签字确认。(3)重新核对经审批及复核的付款申请及其相关凭据，并检查是否经签字确认。

2.现金监盘

注册会计师实施的现金监盘程序可能涉及：(1)检查现金以确定其是否存在，并检查现金盘点结果。(2)观察执行现金盘点的人员对盘点计划的遵循情况，以及用于记录和控制现金盘点结果的程序的实施情况。(3)获取有关被审计单位现金盘点程序可靠性的审计证据。现金监盘程序是用作控制测试还是实质性程序，取决于注册会计师对风险评估结果、审计方案和实施的特定程序的判断。注册会计师可以将现金监盘同时用作控制测试和实质性程序。如被审计单位库存现金存放部门有两处或两处以上的，应同时进行盘点。

例如，被审计单位针对现金盘点作出了以下内部控制要求：会计主管指定应付账款会计每月月末的最后一天对库存现金进行盘点，根据盘点结果编制库存现金盘点表，将盘点余额与库存现金日记账余额进行核对，并对差异调节项进行说明。会计主管复核库存现金盘点表，如盘点金额与库存现金日记账余额存在差异且差异金额超过2万元，需查明原因并报财务经理批准后进行账务处理。针对该内部控制，注册会计师可以在选取适当样本的基础上实施以下控制测试程序：(1)在月末最后一天参与被审计单位的现金盘点，检查是否由应付账款会计进行库存现金盘点。(2)观察现金盘点程序是否按照盘点计划的指令和程序执行，是否编制了库存现金盘点表并根据内控要求经财务部门相关人员签字复核。(3)检查库存现金盘点表中记录的现金盘点余额是否与实际盘点金额保持一致、库存现金盘点表中记录的库存现金日记账余额是否与被审计单位库存现金日记账中余额保持一致。(4)针对调节差异金额超过2万元的调节项，检查是否经财务经理批准后进行账务处理。

如果被审计单位的现金交易比例较高，注册会计师可以考虑在了解和评价被审计单位现金交易内部控制的基础上，针对相关控制运行的有效性获取充分、适当的审计证据。

☑ 业务指导：现金交易的审计重点

❶现金交易是否合理和必要，是否符合内控相关要求，收现是否及时转入公司账户；

❷现金交易是否具有可验证性，交易情形是否符合行业经营特点或经营模式（如线下商业零售、向农户采购、日常零散产品销售或采购支出等）；❸现金管理制度是否与业务模式匹配且执行有效，其中，企业与个人消费者发生的商业零售、门票服务等现金收入通常能够在当日或次日缴存公司开户银行，企业与单位机构发生的现金交易比重较低（不高于当期收入或当期采购成本的10%）；❹现金交易的客户或供应商是不是关联方；❺现金交易比例整体是否呈下降趋势，一般不超过同业平均水平，或与类似公司是否存在重大差异。

（二）银行存款的控制测试

1.银行账户的开立、变更和注销

例如，被审计单位针对银行账户的开立、变更和注销作出了以下内部控制要求：会计主管根据被审计单位的实际业务需要就银行账户的开立、变更和注销提出申请，经财务经理审核后报总经理审批。针对该内部控制，注册会计师可以实施以下控制测试程序：（1）询问会计主管被审计单位本年账户开立、变更、撤销的整体情况。（2）取得本年度账户开立、变更、撤销申请项目清单，检查清单的完整性，并在选取适当样本的基础上检查账户的开立、变更、撤销项目是否已经财务经理和总经理审批。

2.银行付款的审批和复核

例如，被审计单位针对银行付款审批作出以下内部控制要求：部门经理审批本部门的付款申请，审核付款业务是否真实发生、付款金额是否准确，以及后附票据是否齐备，并在复核无误后签字认可。财务部门在安排付款前，财务经理再次复核经审批的付款申请及后附的相关凭据或证明，如核对一致，进行签字认可并安排付款。针对该内部控制，注册会计师可以在选取适当样本的基础上实施以下控制测试程序：（1）询问相关业务部门的部门经理和财务经理在日常银行付款业务中执行的内部控制，以确定其是否与被审计单位内部控制政策要求保持一致。（2）观察财务经理复核付款申请的过程，是否核对了付款申请的用途、金额及后附的相关凭据，以及在核对无误后是否进行了签字确认。（3）重新核对经审批及复核的付款申请及其相关凭据，并检查是否经签字确认。

3.编制银行存款余额调节表

例如，被审计单位为保证财务报表中银行存款余额的存在、完整性和准确性作出了以下内部控制要求：每月月末，会计主管指定应收账款会计核对银行存款日记账和银行对账单，编制银行存款余额调节表，使银行存款账面余额与银行对账单调节相符。如存在差异项，查明原因并进行差异调节说明。会计主管复核银行存款余额调节表，对需要进行调整的调节项目及时进行处理，并签字确认。针对该内部控制，注册会计师可以实施以下控制测试程序：（1）询问应收账款会计和会计主管，以确定其执行的内部控制是否与被审计单位内部控制政策要求保持一致，特别是针对未达账项的编制及审批流程。（2）针对选取的样本，检查银行存款余额调节表，查看调节表中记录的企业银行存款日记账余额是否与银行存款日记账余额保持一致、调节表中记录的银行对账单余额是否与被审计单位提供的银行对账单中的余额保持一致。（3）针对调节项目，检查是否经会计主管的签字复核。（4）针对大额未达账项进行期后收付款的检查。

☑ 业务指导：个人账户结算的审计要点

重点关注：❶个人账户结算的原因及必要性；❷是否存在规避税务监管情形和法律风

业精于勤，荒于嬉；行成于思，毁于随。 ——韩愈险,是否履行了代扣税费相关义务; ❸个人账户收款对应的销售真实性及合理性; ❹会计基础工作是否规范,相关内部控制制度是否健全有效。

二、货币资金的实质性程序

(一)库存现金的实质性程序

根据对重大错报风险的评估和从控制测试(如实施)中所获取的审计证据和保证程度,注册会计师就库存现金实施的实质性程序可能包括:

(1)核对库存现金日记账与总账的金额是否相符,检查非记账本位币库存现金的折算汇率及折算金额是否正确。注册会计师测试现金余额的起点是,核对库存现金日记账与总账的金额是否相符。如果不相符,应查明原因,必要时应建议作出适当调整。

(2)监盘库存现金。对被审计单位现金盘点实施的监盘程序是用作控制测试还是实质性程序,取决于注册会计师对风险评估结果、审计方案和实施的特定程序的判断。例如,注册会计师可能基于风险评估的结果判断无须对现金盘点实施控制测试,而仅实施实质性程序。

企业盘点库存现金,通常包括对已收到但未存入银行的现金、零用金、找换金等的盘点。盘点库存现金的时间和人员应视被审计单位的具体情况而定,但现金出纳员和被审计单位会计主管人员必须参加,并由注册会计师进行监盘。监盘库存现金的步骤与方法主要有:

①查看被审计单位制订的盘点计划,以确定监盘时间。对库存现金的监盘最好实施突击性的检查,时间最好选择在上午上班前或下午下班时,监盘范围一般包括被审计单位各部门经管的所有现金。

②查阅库存现金日记账并同时与现金收付凭证相核对。一方面检查库存现金日记账的记录与凭证的内容和金额是否相符;另一方面了解凭证日期与库存现金日记账日期是否相符或接近。

③检查被审计单位现金实存数,并将该监盘金额与库存现金日记账余额进行核对,如有差异,应要求被审计单位查明原因,必要时应提请被审计单位作出调整;如无法查明原因,应要求被审计单位按管理权限批准后作出调整。若有冲抵库存现金的借条、未提现支票、未作报销的原始凭证,应在"库存现金监盘表"中注明,必要时应提请被审计单位作出调整。

④在非资产负债表日进行监盘时,应将监盘金额调整为至资产负债表日的金额,并对变动情况实施程序。

(3)抽查大额库存现金收支。查看大额现金收支,并检查原始凭证是否齐全、原始凭证内容是否完整、有无授权批准、记账凭证与原始凭证是否相符、账务处理是否正确、是否记录于恰当的会计期间等项内容。

(4)检查库存现金是否在财务报表中作出恰当列报。根据有关规定,库存现金在资产负债表的"货币资金"项目中反映,注册会计师应在实施上述审计程序后,确定"库存现金"账户的期末余额是否恰当,进而确定库存现金是否在资产负债表中恰当披露。

(二)银行存款的实质性程序

根据对重大错报风险的评估和从控制测试(如实施)中所获取的审计证据和保证程度,注册会计师就银行存款实施的实质性程序可能包括:

1.检查银行存款余额明细表

获取银行存款余额明细表,复核加计是否正确,并与总账数和日记账合计数核对是否相符；检查非记账本位币银行存款的折算汇率及折算金额是否正确。注册会计师核对银行存款日记账与总账的余额是否相符。如果不相符，应查明原因，必要时应建议作出适当调整。

如果对被审计单位银行账户的完整性存有疑虑，例如，当被审计单位可能存在账外账或资金体外循环时，注册会计师可以考虑额外实施以下实质性程序：

（1）注册会计师亲自到中国人民银行或其基本存款账户开户行查询并打印《已开立银行结算账户清单》，以确认被审计单位账面记录的银行人民币结算账户是否完整。

（2）结合其他相关细节测试，关注原始单据中被审计单位的收（付）款银行账户是否包含在注册会计师已获取的开立银行账户清单内。

2. 实施实质性分析程序

计算银行存款累计余额和应收利息收入，分析比较被审计单位银行存款应收利息收入与实际利息收入的差异是否恰当，评估利息收入的合理性，检查是否存在高息资金拆借，确认银行存款余额是否存在，利息收入是否已经完整记录。

3. 检查银行存款账户发生额

注册会计师还可以考虑对银行存款账户的发生额实施以下程序：

（1）分析不同账户发生银行存款日记账漏记银行交易的可能性，获取相关账户相关期间的全部银行对账单。

（2）如果对被审计单位银行对账单的真实性存有疑虑，注册会计师可以在被审计单位的协助下亲自到银行获取银行对账单。在获取银行对账单时，注册会计师要全程关注银行对账单的打印过程。

（3）从银行对账单中选取交易的样本与被审计单位银行存款日记账记录进行核对；从被审计单位银行存款日记账上选取样本，核对至银行对账单。

（4）浏览银行对账单，选取大额异常交易，如银行对账单上有一收一付相同金额，或分次转出相同金额等，检查被审计单位银行存款日记账上有无该项收付金额记录。

4. 取得并检查银行对账单和银行存款余额调节表

取得并检查银行对账单和银行存款余额调节表是证实资产负债表中所列银行存款是否存在的重要程序。银行存款余额调节表通常应由被审计单位根据不同的银行账户及货币种类分别编制。具体测试程序通常包括：

（1）取得并检查银行对账单。①取得加盖银行印章的被审计单位的银行对账单，注册会计师应对银行对账单的真实性保持警觉，必要时，亲自到银行获取对账单，并对获取过程保持控制；②将获取的银行对账单余额与银行存款日记账余额进行核对，如存在差异，获取银行存款余额调节表；③将被审计单位资产负债表日的银行对账单与银行询证函回函核对，确认是否一致。

（2）取得并检查银行存款余额调节表。①检查调节表中加计数是否正确，调节后银行存款日记账余额与银行对账单余额是否一致。②检查调节事项。对于企业已收付、银行尚未入账的事项，检查相关收付款凭证，并取得期后银行对账单，确认未达账项是否存在，银行是否已于期后入账；对于银行已收付、企业尚未入账的事项，检查期后企业入账的收付款凭证，确认未达账项是否存在，如果企业的银行存款余额调节表存在大额或较长时间的未达账项，注册会计师应查明原因并确定是否需要提请被审计单位进行调整。③关注长期未达账项，查看是否存在挪用资金等事项。④特别关注银付企未付、企付银未付中支付异常的领款

发愤忘食，乐以忘忧，不知老之将至。　——孔子

事项，包括没有载明收款人、签字不全等支付事项，确认是否存在舞弊。

5. 函证银行存款余额，编制银行函证结果汇总表

银行函证程序是证实资产负债表所列银行存款是否存在的重要程序。通过向往来银行函证，注册会计师不仅可了解企业资产的存在，还可了解企业账面反映所欠银行债务的情况；并有助于发现企业未入账的银行借款和未披露的或有负债。

注册会计师应当对银行存款（包括零余额账户和在本期内注销的账户）、借款及与金融机构往来的其他重要信息实施函证程序，除非有充分证据表明某一银行存款、借款及与金融机构往来的其他重要信息对财务报表不重要且与之相关的重大错报风险很低。如果不对这些项目实施函证程序，注册会计师应当在审计工作底稿中说明理由。

微课 | 函证
银行存款

当实施函证程序时，注册会计师应当对询证函保持控制，当函证信息与银行回函结果不符时，注册会计师应当调查不符事项，以确定是否表明存在错报。

在实施银行函证时，注册会计师需要以被审计单位的名义向银行发函询证，以验证被审计单位的银行存款是否真实、合法、完整。根据《关于进一步规范银行函证及回函工作的通知》（财会〔2016〕13号），各银行应对询证函列示的全部项目作出回应，并在收到询证函之日起10个工作日内，将回函直接寄往会计师事务所。表9-1列示了通知中给出的银行询证函格式（通用格式）。

表9-1　　　　　　　　　审计业务银行询证函（通用格式）

编号：

××（银行）：

本公司聘请的××会计师事务所正在对本公司　　　年度（或期间）的财务报表进行审计，按照中国注册会计师审计准则的要求，应当询证本公司与贵行相关的信息。下列第1~14项信息出自本公司的记录：

（1）如与贵行记录相符，请在本函"结论"部分签字、签章；

（2）如有不符，请在本函"结论"部分列明不符项目及具体内容，并签字和签章。

本公司谨授权贵行将回函直接寄至××会计师事务所，地址及联系方式如下：

回函地址：

联系人：　　　　电话：　　　　传真：　　　　邮编：

电子邮箱：

本公司谨授权贵行可从本公司××账户支取办理本询证函回函服务的费用。

截至　　年　月　日，本公司与贵行相关的信息列示如下：

1. 银行存款

账户名称	银行账号	币种	利率	账户类型	余额	起止日期	是否用于担保或存在其他使用限制	备注

除上述列示的银行存款外，本公司并无在贵行的其他存款。

注："起止日期"一栏仅适用于定期存款，如为活期或保证金存款，可只填写"活期"或"保证金"字样；"账户类型"列明账户性质，如基本户、一般户等。

2.银行借款

借款人名称	银行账号	币种	余额	借款日期	到期日期	利率	抵（质）押品/担保人	备注

除上述列示的银行借款外，本公司并无自贵行的其他借款。

注：如存在本金或利息逾期未付行为，在"备注"栏中予以说明。

3.自　　年　月　日起至　　年　月　日期间内注销的账户

账户名称	银行账号	币　种	注销账户日

除上述列示的注销账户外，本公司在此期间并未在贵行注销其他账户。

4.本公司作为贷款方的委托贷款

账户名称	银行账号	资金借入方	币种	利率	余额	贷款起止日期	备注

除上述列示的委托贷款外，本公司并无通过贵行办理的其他委托贷款。

注：如资金借入方存在本金或利息逾期未付行为，在"备注"栏中予以说明。

5.本公司作为借款方的委托贷款

账户名称	银行账号	资金借出方	币种	利率	余额	贷款起止日期	备注

除上述列示的委托贷款外，本公司并无通过贵行办理的其他委托贷款。

注：如存在本金或利息逾期未付行为，在"备注"栏中予以说明。

6.担保（包括保函）

（1）本公司为其他单位提供的、以贵行为担保受益人的担保

被担保人	担保方式	担保余额	担保到期日	担保合同编号	备注

除上述列示的担保外，本公司并无其他以贵行为担保受益人的担保。

注：如采用抵押或质押方式提供担保，应在"备注"栏中说明抵押或质押物情况；如被担保方存在本金或利息逾期未付行为，在"备注"栏中予以说明。

（2）贵行向本公司提供的担保

被担保人	担保方式	担保金额	担保到期日	担保合同编号	备注

除上述列示的担保外，本公司并无贵行提供的其他担保。

行路难，不在水，不在山，只在人情反覆间。　——白居易

7.本公司为出票人且由贵行承兑而尚未支付的银行承兑汇票

银行承兑汇票号码	承兑银行名称	结算账户账号	票面金额	出票日	到期日

除上述列示的银行承兑汇票外，本公司并无由贵行承兑而尚未支付的其他银行承兑汇票。

8.本公司向贵行已贴现而尚未到期的商业汇票

商业汇票号码	付款人名称	承兑人名称	票面金额	出票日	到期日	贴现日	贴现率	贴现净额

除上述列示的商业汇票外，本公司并无向贵行已贴现而尚未到期的其他商业汇票。

9.本公司为持票人且由贵行托收的商业汇票

商业汇票号码	承兑人名称	票面金额	出票日	到期日

除上述列示的商业汇票外，本公司并无由贵行托收的其他商业汇票。

10.本公司为申请人、由贵行开具的、未履行完毕的不可撤销信用证

信用证号码	受益人	信用证金额	到期日	未使用金额

除上述列示的不可撤销信用证外，本公司并无由贵行开具的、未履行完毕的其他不可撤销信用证。

11.本公司与贵行之间未履行完毕的外汇买卖合约

类　别	合约号码	买卖币种	未履行的合约买卖金额	汇率	交收日期
贵行卖予本公司					
本公司卖予贵行					

除上述列示的外汇买卖合约外，本公司并无与贵行之间未履行完毕的其他外汇买卖合约。

12.本公司存放于贵行托管的有价证券或其他产权文件

有价证券或其他产权文件名称	产权文件编号	数　量	金　额

除上述列示的有价证券或其他产权文件外，本公司并无存放于贵行托管的其他有价证券或其他产权文件。

13. 本公司购买的由贵行发行的未到期银行理财产品

产品名称	产品类型	认购金额	购买日	到期日	币种

除上述列示的银行理财产品外，本公司并无购买其他由贵行发行的理财产品。

14. 其他

注：此项应填列注册会计师认为重大且应予函证的其他事项，如欠银行的其他负债或者或有负债、除外汇买卖外的其他衍生交易、贵金属交易等。

（预留印鉴）

年　月　日

经办人：

职　　务：

电　话：

──────── 以下由被询证银行填列 ────────

结论：

经本行核对，所函证项目与本行记载信息相符。特此函复。
年　月　日　　经办人：　　职务：　　　电话：
复核人：　　职务：　　　电话：
（银行盖章）

经本行核对，存在以下不符之处。
年　月　日　　经办人：　　职务：　　　电话：
复核人：　　职务：　　　电话：
（银行盖章）

说明：

1. 本询证函（包括回函）中所列信息应严格保密，仅用于注册会计师审计目的。

2. 注册会计师可根据审计的需要，从本函所列第1~14项中选择所需询证的项目，对于不适用的项目，应当将该项目中的表格用斜线划掉。

3. 本函应由被审计单位加盖骑缝章。

6. 检查银行存款户名是否为被审计单位

检查银行存款账户存款人是否为被审计单位，若存款人非被审计单位，应获取该账户户主和被审计单位的书面声明，确认资产负债表日是否需要提请被审计单位进行调整。

7. 检查是否存在受限制存款和境外存款

关注是否存在质押、冻结等对变现有限制或存在境外的款项。如果存在，是否已提请被审计单位作必要的调整和披露。此外，对不符合现金及现金等价物条件的银行存款应在审计工作底稿中予以列明，以考虑对现金流量表的影响。

8. 抽查大额银行存款收支的原始凭证

检查原始凭证是否齐全、记账凭证与原始凭证是否相符、账务处理是否正确、是否记录于恰当的会计期间等项内容。检查是否存在非营业目的的大额货币资金转移，并核对相关账户的进账情况；如有与被审计单位生产经营无关的收支事项，应查明原因并作相应的记录。

9. 检查银行存款收支的截止是否正确

选取资产负债表日前后若干张、一定金额以上的凭证实施截止测试，关注业务内容及对应项目，如有跨期收支事项，应考虑是否提请被审计单位进行调整。

10. 检查银行存款是否在财务报表中作出恰当列报

根据有关规定，企业的银行存款在资产负债表的"货币资金"项目中反映，所以，注册会计师应在实施上述审计程序后，确定银行存款账户的期末余额是否恰当，进而确定银行存款是否在资产负债表中恰当披露。此外，如果企业的银行存款存在抵押、冻结等使用受到限制的情况或者潜在回收风险，注册会计师应关注企业是否已经恰当披露有关情况。

（三）其他货币资金的实质性程序

1. 检查定期存款

如果被审计单位有定期存款，注册会计师可以考虑实施以下审计程序：

（1）向管理层询问定期存款存在的商业理由并评估其合理性。

（2）获取定期存款明细表，检查是否与账面记录金额一致，存款人是否为被审计单位，定期存款是否被质押或限制使用。

（3）在监盘库存现金的同时，监盘定期存款凭据。如果被审计单位在资产负债表日有大额定期存款，基于对风险的判断考虑选择在资产负债表日实施监盘。

（4）对未质押的定期存款，检查开户证实书原件，以防止被审计单位提供的复印件是未质押（或未提现）前原件的复印件。在检查时，还要认真核对相关信息，包括存款人、金额、期限等，如有异常，需实施进一步审计程序。

（5）对已质押的定期存款，检查定期存单复印件，并与相应的质押合同核对。对于质押借款的定期存单，关注定期存单对应的质押借款有无入账，对于超过借款期限但仍处于质押状态的定期存款，还应关注相关借款的偿还情况，了解相关质权是否已被行使；对于为他人担保的定期存单，关注担保是否逾期及相关质权是否已被行使。

（6）函证定期存款相关信息。

（7）结合财务费用审计测算利息收入的合理性，判断是否存在体外资金循环的情形。

（8）在资产负债表日后已提取的定期存款，核对相应的兑付凭证等。

（9）关注被审计单位是否在财务报表附注中对定期存款给予充分披露。

2. 检查其他货币资金

除定期存款外，注册会计师对其他货币资金实施审计程序时，通常可能特别关注以下事项：

（1）对保证金存款的检查，检查开立银行承兑汇票的协议或银行授信审批文件。可以将保证金账户对账单与相应的交易进行核对，根据被审计单位应付票据的规模合理推断保证金数额，检查保证金与相关债务的比例和合同约定是否一致，特别关注是否存在有保证金发生而被审计单位无对应保证事项的情形。

（2）对于存出投资款，跟踪资金流向，并获取董事会决议等批准文件、开户资料、授权操作资料等。如果投资于证券交易业务，通常结合相应金融资产项目审计，核对证券账户名称是否与被审计单位相符，获取证券公司证券交易结算资金账户的交易流水，抽查大额的资金收支，关注资金收支的财务账面记录与资金流水是否相符。

思考与练习

一、单项选择题

1.货币资金审计涉及的主要凭证与会计记录是（　　）。

A.贷项通知单　　　B.付款凭单　　　　C.销售发票　　　　D.银行对账单

2.货币资金审计涉及的主要凭证与会计记录是（　　）。

A.卖方发票　　　　　　　　　B.贷项通知单

C.销售单　　　　　　　　　　D.银行存款余额调节表

3.月末，会计主管应指定（　　）对现金进行盘点。

A.出纳人员　　　B.财务经理　　　　C.出纳以外的人　　　D.仓管人员

4.银行存款余额调节表签字复核的负责人应是（　　）。

A.出纳员　　　　B.会计主管　　　　C.财务经理　　　　D.总经理

5.企业的财务专用章由（　　）保管。

A.出纳员　　　　B.会计主管　　　　C.财务经理　　　　D.总经理

6.企业银行账户的开立、变更和注销，一般由（　　）申请/审核/审批。

A.出纳员　　　　B.会计主管　　　　C.财务经理　　　　D.总经理

7.企业办理货币资金相关业务中使用的个人名章必须由（　　）保管。

A.出纳员　　　　B.会计主管　　　　C.财务经理　　　　D.本人或其授权人员

8.以下货币资金的控制活动符合规范的是（　　）。

A.货币资金收支有合理、合法的凭据

B.出纳兼任稽核、档案保管等业务

C.企业的出纳负责核对银行存款日记账和银行对账单

D.财务专用章由出纳保管，个人名章由出纳会计保管

9.企业对于重要货币资金支付业务，应当由（　　）决策和审批。

A.会计主管　　　B.财务经理　　　　C.总经理　　　　D.集体

10.企业应当指定专人定期核对银行账户，至少每（　　）核对一次。

A.年　　　　　　B.月　　　　　　　C.日　　　　　　　D.季度

11.企业应当定期进行现金盘点，确保现金账面余额与（　　）相符。

A.总账　　　　　B.明细账　　　　　C.日记账　　　　　D.实际库存

12.被审计单位的现金收款被个人通过舞弊手段侵占，有可能导致货币资金（　　）认定存在重大错报风险。

A.截止　　　　　B.存在　　　　　　C.完整性　　　　　D.权利和义务

13.库存现金未按照会计准则的规定在报表中作出恰当列报，将导致货币资金（　　）认定存在错报。

A.存在　　　　　　　B.准确性　　　　　　　C.列报　　　　　　　D.完整性

14.注册会计师监盘库存现金时必须参加的人员不包括（　　）。

A.出纳人员　　　　　B.会计主管　　　　　　C.总经理　　　　　　D.注册会计师

15.注册会计师实施银行函证时，各银行应将询证函寄给（　　）。

A.出纳人员　　　　　B.总账会计　　　　　　C.注册会计师　　　　D.会计主管

16.如果被审计单位某银行账户的银行对账单余额与银行存款日记账余额不符，最有效的审计程序是（　　）。

A.检查该银行账户的银行存款余额调节表

B.重新测试相关的内部控制

C.检查银行存款日记账中记录的资产负债表日前后的收付情况

D.检查银行对账单中记录的资产负债表日前后的收付情况

17.现金盘点与存货盘点方式的区别在于（　　）。

A.现金盘点采取预告方式

B.现金盘点最好采取突击方式

C.存货盘点最好采取突击方式

D.现金盘点采取预告方式而存货盘点应采取突击方式

18.函证不适用于验证（　　）审计目标。

A.应收账款的存在　　　　　　　　B.库存现金的存在

C.银行存款的存在　　　　　　　　D.重大交易的发生

19.下列与现金业务有关的职责可以不分离的是（　　）。

A.现金支付的审批与执行　　　　　B.现金保管与库存现金日记账的记录

C.现金支票签发与印章保管　　　　D.现金保管与库存现金总分类账的记录

20.下列各项中，符合货币资金业务内部控制职责分离要求的是（　　）。

A.出纳员编制银行存款余额调节表

B.出纳员登记应收账款明细账

C.出纳员保管空白支票和印鉴

D.出纳员根据审核后的凭证登记库存现金日记账

21.对库存现金监盘的表述中，正确的是（　　）。

A.最好采取突击方式进行

B.单位主要负责人应在库存现金盘点表上签字

C.清点现金时应要求出纳回避

D.存放不同地点的现金应按照重要程度依次监盘

22.下列关于库存现金监盘的表述中，错误的是（　　）。

A.应以突击方式进行监盘

B.出纳和会计主管应在盘点表上签字

C.由出纳自行盘点，会计主管和审计人员在旁边观察监督

D.对存放于不同地点的现金，应分别安排不同的监盘时间

23.审计人员审查库存现金时，发现账面结存 4 298.20 元，实际库存 3 028.20 元，另有已支付的 150 元劳务费和已报销的 520 元差旅费单据未入账。审计人员由此可以得出的结论是（　　）。

  A.库存现金短缺 1 270 元   B.库存现金短缺 670 元

  C.库存现金短缺 600 元   D.库存现金溢余 600 元

24.为测试银行存款截止的正确性，应审查银行存款收付业务的期间是（　　）。

  A.决算日后任意一天   B.决算日当天

  C.整个审计期间   D.决算日前后数天

25.下列有关函证的说法中不正确的是（　　）。

  A.函证是一项实质性程序

  B.如果被询证者是被审计单位的关联方，则其回复的可靠性会降低

  C.如果不对银行存款实施函证，注册会计师应当在审计工作底稿中说明理由

  D.对于银行存款的函证，注册会计师应核实需要银行确认的信息是否与银行存款日记账保持一致

26.当被审计单位可能存在账外账或资金体外循环时，审计人员应亲自到中国人民银行或其基本存款账户开户行查询并打印（　　），以确认被审计单位账面记录的银行结算账户是否完整。

  A.银行开户许可证   B.开户银行对账单

  C.银行存款余额调节表   D.已开立银行结算账户清单

二、多项选择题

1.一个良好的货币资金内部控制应该包括（　　）。

  A.收支与记账的岗位分离，收支要有合理、合法的凭据

  B.全部收支及时准确入账，全部支出要有核准手续

  C.按月盘点库存现金和编制银行存款余额调节表，以做到账实相符

  D.加强对货币资金收支业务的内部审计

2.下列各项中，符合货币资金内部控制要求的有（　　）。

  A.支票和印章分别由出纳和会计主管保管

  B.会计主管定期核对银行存款日记账和银行对账单

  C.在已办理完支付手续的原始凭证上加盖"付讫"戳记

  D.指定负责成本核算的会计人员每月编制银行存款余额调节表

3.关于库存现金的监盘，下列说法正确的有（　　）。

  A.将所有库存现金同时全面清点

  B.提前通知出纳人员做好准备

  C.盘点时间一般安排在营业前或营业终了后

  D.盘点时应由审计人员亲自清点

4.下列各项中，符合库存现金监盘要求的有（　　）。

  A.被审计单位会计主管需要回避

  B.对不同存放地点的库存现金同时进行监盘

C.监盘之前将已办理现金收付款手续的收付款凭证登入库存现金日记账

D.监盘时间最好安排在当日现金收付业务进行过程中

5.下列各项中，属于对被审计单位货币资金循环实施的实质性程序的有（　　）。

A.抽查企业是否定期编制银行存款余额调节表

B.抽查付款凭证上是否有审批授权人的签章

C.抽查大额现金收支

D.分析银行存款中定期存款占全部存款的比例

6.评审内部控制时，认为被审计单位以下职务应分离的有（　　）。

A.登记银行存款日记账与核对银行账

B.出纳与编制银行存款余额调节表

C.保管支票与保管印章

D.登记库存现金及银行存款日记账与登记总分类账

7.审查库存现金时，应对库存现金进行清查，正确的清查做法有（　　）。

A.应由出纳员将库存现金全部放入保险柜暂行封存

B.事先通知出纳员做必要准备

C.盘点库存现金的时间一般安排在营业前或营业后

D.清点库存现金时，会计主管人员和审计人员在旁观察监督

8.以下审计程序中，属于实质性程序的有（　　）。

A.检查银行预留印鉴的保管情况

B.验证签章人是否符合授权层次范围

C.检查银行存款余额调节表中未达账项在资产负债表日后的进账情况

D.检查外币银行存款年末余额是否按年末汇率折算为记账本位币金额

9.下列关于银行函证的表述中，正确的有（　　）。

A.对银行存款的函证，可以采用积极式和消极式

B.以被审计单位的名义寄发银行询证函

C.不需要对余额为零的银行账户和年内注销的银行账户实施函证

D.当实施函证程序时，审计人员应当对询证函保持控制

10.下列审计程序中，属于证实银行存款存在的重要程序有（　　）。

A.盘点库存现金　　　　　　　　　B.审查银行存款余额调节表

C.审查银行存款的所有权　　　　　D.函证银行存款余额

11.被审计单位下列与货币资金相关的内部控制中，存在缺陷的包括（　　）。

A.对于审批人超越授权范围审批的货币资金业务，经办人员先行办理后，需要及时向审批人的上级授权部门报告

B.不得签发、取得和转让没有真实交易和债权债务的票据

C.出纳人员应当根据复核无误的支付申请，按规定办理货币资金支付手续，及时登记库存现金和银行存款日记账

D.出纳人员支付货币资金后，应及时登记应付账款明细账

12.下列各项中，属于应在库存现金盘点表中反映的事项有（　　）。

A.盘点日库存现金日记账结余数

B.实际库存现金监盘数

C.库存现金溢缺情况

D.盘点日已开具但未发出且未入账的现金支票金额

13.审计人员收到举报，称某被审计单位领导擅自决定将本企业500万元资金借给其他单位周转使用，资金随后被归还，但资金借出与收回业务均未入账核算。为核实此问题，审计人员应实施的程序包括（　　）。

A.检查银行存款日记账，并和银行存款总账进行核对

B.到被审计单位开立账户银行查询交易记录

C.将银行对账单与银行存款日记账核对

D.抽查应收账款明细记录，检查相关凭证

14.下列有关函证银行存款余额的表述中，正确的有（　　）。

A.对银行存款余额为零的开户银行可以不函证

B.对已获得银行对账单的开户银行可以不函证

C.函证银行存款余额的同时，应一并收集贷款信息

D.应向账户已结清，但被审计单位在本期存过款的银行发函

15.下列关于向有关开户银行函证的表述，正确的有（　　）。

A.询证函应包括银行账户开户及存款信息

B.了解是否存在已贴现而尚未到期的商业汇票

C.要求银行直接回函至审计人员

D.对本期已注销存款账户的银行也应函证

16.在实施货币资金审计的过程中，审计人员需要对（　　）事项或情形保持警觉。

A.银行账户开立数量与其业务规模不匹配，或者在没有业务的地区开立银行账户

B.企业资金存放于管理层或员工个人户

C.不能提供银行对账单或银行存款余额调节表

D.银行存款明细账存在非正常转账的"一借一贷"

17.下列可能表明被审计单位存在舞弊风险的有（　　）。

A.存在没有具体业务支持或与交易不相匹配的大额资金往来

B.存在大额自有资金的同时，向银行高额举债

C.付款方账户名称与销售客户名称不一致、收款方账户名称与供应商名称不一致

D.银行承兑汇票没有银行承兑协议支持、承兑保证金余额与应付票据余额比例不合理

18.根据《关于进一步规范银行函证及回函工作的通知》（财会〔2016〕13号）的要求，下列银行需要作出回应的函证项目包括（　　）。

A.银行存款、银行借款

B.委托贷款、担保（包括保函）

C.本公司存放于贵行托管的有价证券或其他产权文件

D.本公司购买的由贵行发行的未到期银行理财产品

三、判断题

1.企业的财务专用章由总经理保管，办理相关业务中使用的个人名章必须由本人或其授

权人员保管，严禁一人保管支付款项所需的全部印章。 （　　）

2.企业的银行账户的开立、变更或注销须经财务经理审核，报总经理审批。 （　　）

3.每月月末，会计主管指定出纳员以外的人员对空白票据、未办理收款和承兑的票据进行盘点，编制银行票据盘点表，并与银行票据登记簿进行核对。 （　　）

4.单位因特殊情况需坐支现金的，应事先报经财务经理审查批准并核定坐支范围和限额。 （　　）

5.在非资产负债表日进行监盘时，应将监盘金额调整为至资产负债表日的金额，对变动情况实施程序。 （　　）

6.企业内设管理部门，可以根据实际业务需要自行开立银行账户。 （　　）

7.出纳人员一般不得同时从事银行对账单的获取、银行存款余额调节表的编制工作。
（　　）

8.在本年度内注销的银行账户不属于银行存款函证的范围。 （　　）

9.对于银行存款的函证，审计师应核实需要银行确认的信息是否与被审计单位的银行存款日记账保持一致。 （　　）

10.除有充分证据表明某一银行账户的其他重要信息对财务报表不重要且与之相关的重大错报风险很低外，注册会计师应当对银行存款（包括零余额账户和在本期内注销的账户）、借款及与金融机构往来的其他重要信息实施函证程序。 （　　）

四、案例分析

在对G公司2019年度财务报表进行审计时，M注册会计师负责审计货币资金项目，以下是相关情况摘要：

（1）G公司在总部和营业部均设有出纳部门。为顺利监盘库存现金，M注册会计师在监盘前一天通知G公司会计主管人员做好监盘准备。

（2）考虑到出纳日常工作安排，对总部和营业部库存现金的监盘时间分别定在上午八点和下午四点。

（3）监盘时，出纳与注册会计师共同参与，由出纳将现金放入保险柜，并将已办妥现金收付手续的交易登入库存现金日记账，结出库存现金日记账余额。

（4）由M注册会计师当场盘点现金，并将盘点金额与库存现金日记账余额进行核对。

（5）由注册会计师编制"库存现金监盘表"，在签字后纳入审计工作底稿。

要求：请判断以上各审计程序是否恰当，若不恰当请说明理由。

参考答案

项目十
审计报告

项目十　审计报告

◇ **学习目标**

1.评价审计中的重大发现以及识别出的错报
2.主动识别报表日至审计报告日发生的期后事项
3.记识审计报告的含义、作用、分类、内容
4.阐述不同审计意见类型各自适用的情形
5.初步学会在审计报告中沟通关键审计事项以及增加强调事项段和其他事项段

任务一　完成审计工作

审计完成阶段是审计的最后一个阶段。注册会计师按业务循环完成各财务报表项目的审计测试和一些特殊项目的审计工作后，在审计完成阶段应汇总审计测试结果，进行更具综合性的审计工作，如评价审计中的重大发现、汇总审计差异、评价独立性和道德问题、考虑被审计单位的持续经营假设的合理性、关注或有事项和期后事项对财务报表的影响、撰写审计总结、复核审计工作底稿和财务报表等。在此基础上，应评价审计结果，在与客户沟通以后，获取管理层声明，确定应出具审计报告的意见类型和措辞，进而编制并致送审计报告，终结审计工作。

一、评价审计中的重大发现

重大发现涉及会计政策的选择、运用和一贯性的重大事项，包括相关的信息披露。在审计完成阶段，项目合伙人和审计项目组考虑的重大发现和事项的例子包括：（1）中期复核中的重大发现及其对审计方法的相关影响；（2）涉及会计政策的选择、运用和一贯性的重大事项，包括相关的披露；（3）就识别的重大风险，对审计策略和计划的审计程序所作的重大修正；（4）在与管理层和其他人员讨论重大发现和事项时得到的信息；（5）与注册会计师的最终审计结论相矛盾或不一致的信息。

对实施的审计程序的结果进行评价，可能全部或部分地揭示出以下事项：（1）为了实现计划的审计目标，是否有必要对重要性进行修订；（2）对审计策略和计划的审计程序的重大修正，包括对审计目标的重大错报风险评估水平的重要变动；（3）对审计方法有重要影响的与财务报告相关的值得关注的内部控制的缺陷和其他弱点；（4）财务报表中存在的重大错报或漏报，包括相关披露和其他审计调整；（5）项目组成员内部，或项目组与项目质量控制复核人员或提供咨询的其他人员之间，就重大会计和审计事项达成最终结论所存在的意见分歧；（6）在实施审计程序时遭遇重大困难的情形；（7）向事务所内部有经验的专业人士或外部专业顾问咨询；（8）与管理层或其他人员就重大发现以及与注册会计师的最终审计结论相矛盾或不一致的信息进行讨论。

注册会计师在审计计划阶段对重要性的判断，与其在评估审计差异时对重要性的判断是不同的。如果出现下列情况之一，注册会计师应当确定是否需要修改总体审计策略和具体审计计划：（1）识别出的错报的性质以及错报发生的环境表明可能存在其他错报，并且可能存在的其他错报与审计过程中累积的错报合计起来可能是重大的；（2）审计过程中累积的错报合计数接近按照《中国注册会计师审计准则第1221号——计划和执行审计工作时的重要性》

的规定确定的重要性。

如果在审计完成阶段确定的修订后的重要性水平远远低于在计划阶段确定的重要性水平，注册会计师应重新评估已经获得的审计证据的充分性和适当性。

二、评价审计过程中识别出的错报

（一）错报的定义及其分类

1.错报的定义

错报，是指某一财务报表项目的金额、分类、列报或披露，与按照适用的财务报告编制基础应当列示的金额、分类、列报或披露之间存在的差异；或根据注册会计师的判断，为使财务报表在所有重大方面实现公允反映，需要对金额、分类、列报或披露作出的必要调整。错报可能是由于错误或舞弊导致的。

错报可能由下列事项导致：①收集或处理用以编制财务报表的数据时出现错误；②遗漏某项金额或披露；③由于疏忽或明显误解有关事实导致作出不正确的会计估计；④注册会计师认为管理层对会计估计作出不合理的判断或对会计政策作出不恰当的选择和运用。⑤信息的分类、汇总或分解不恰当。

2.错报的分类

为了帮助注册会计师评价审计过程中累积的错报的影响以及与管理层和治理层沟通错报事项，可将错报区分为：

（1）事实错报。事实错报是毋庸置疑的错报。这类错报产生于被审计单位收集和处理数据的错误，对事实的忽略或误解，或故意舞弊行为。例如，注册会计师在审计测试中发现最近购入存货的实际价值为 15 000 元，账面记录的金额却为 10 000 元。因此，存货和应付账款分别被低估了 5 000 元，这里被低估的 5 000 元就是已识别的对事实的具体错报。

（2）判断错报。判断错报是指由于注册会计师认为管理层对会计估计作出不合理的判断或不恰当地选择和运用会计政策而导致的差异。这类错报产生于两种情况：一是管理层和注册会计师对会计估计值的判断差异，例如，由于包含在财务报表中的管理层作出的估计值超出了注册会计师确定的合理范围，导致出现判断差异；二是管理层和注册会计师对选择和运用会计政策的判断差异，由于注册会计师认为管理层选用会计政策造成错报，管理层却认为选用会计政策适当，导致出现判断差异。

（3）推断错报。注册会计师对总体存在的错报作出的最佳估计数，涉及根据在审计样本中识别出的错报来推断总体的错报。推断错报通常包括：

①通过测试样本估计出的总体的错报减去在测试中发现的已识别的具体错报。例如，应收账款年末余额为 2 000 万元，注册会计师抽查 10% 的样本发现金额有 100 万元的高估，高估部分为账面金额的 20%，据此注册会计师推断总体的错报金额为 400 万元（即 2 000×20%），那么上述 100 万元就是已识别的具体错报，其余 300 万元即推断错报。

②通过实质性分析程序推断出的会计错报。例如，注册会计师根据客户的预算资料及行业趋势等因素，对客户年度销售费用独立作出估计，并与客户账面金额比较，发现两者间有50% 的差异；考虑到估计的精确性有限，注册会计师根据经验认为 10% 的差异通常是可接受的，而剩余 40% 的差异需要有合理解释并取得佐证；假定注册会计师对其中 10% 的差异

无法得到合理解释或不能取得佐证，则该部分差异金额即为推断错报。

（二）错报的沟通和更正

除非法律法规禁止，注册会计师应当及时将审计过程中累积的所有错报与适当层级的管理层进行沟通。适当层级的管理层，通常是指有责任和权限对错报进行评价并采取必要行动的人员。

注册会计师应当要求管理层更正所有错报，除非错报明显微小，即该错报无论单独或者汇总起来，无论从规模、性质或其发生的环境来看都是明显微不足道的，明显不会对财务报表产生重大影响。管理层更正所有错报，能够保持会计账簿和记录的准确性，降低由于与本期相关的、非重大的且尚未更正的错报的累积影响而导致未来期间财务报表出现重大错报的风险。注册会计师对管理层不更正错报的理由的理解，可能影响其对被审计单位会计实务质量的考虑。

（三）评价未更正错报的影响

未更正错报，是指注册会计师在审计过程中累积的且被审计单位未予更正的错报。在评价未更正错报的影响之前，注册会计师应当重新评估按照《中国注册会计师审计准则第1221号——计划和执行审计工作时的重要性》的规定确定的重要性，以根据被审计单位的实际财务结果确认其是否仍然适当，注册会计师可能依据实际的财务结果对重要性作出修改。

注册会计师应当确定未更正错报单独或汇总起来是否重大，注册会计师应当考虑：①相对特定类别的交易、账户余额或披露以及财务报表整体而言，错报的金额和性质以及错报发生的特定环境；②与以前期间相关的未更正错报对相关类别的交易、账户余额或披露以及财务报表整体的影响。

下列情况可能影响注册会计师对错报的评价：①错报对遵守监管要求的影响程度；②错报对遵守债务合同或其他合同条款的影响程度；③错报与会计政策的不正确选择或运用相关，这些会计政策的不正确选择或运用对当期财务报表不产生重大影响，但可能对未来期间财务报表产生重大影响；④错报掩盖收益的变化或其他趋势的程度（尤其是在结合宏观经济背景和行业状况进行考虑时）；⑤错报对用于评价被审计单位财务状况、经营成果或现金流量的有关比率的影响程度；⑥错报对财务报表中披露的分部信息的影响程度；⑦错报对增加管理层薪酬的影响程度；⑧相对于注册会计师所了解的以前向财务报表使用者传达的信息（如盈利预测），错报是重大的；⑨错报对涉及特定机构或人员的项目的相关程度，例如，与被审计单位发生交易的外部机构或人员是否与管理层成员有关联方关系；⑩错报涉及对某些重要信息的遗漏；⑪错报对其他重要信息的影响程度。

需要注意的是，注册会计师应当要求管理层和治理层提供书面声明，说明其是否认为未更正错报单独或汇总起来对财务报表整体的影响不重大。

三、复核审计工作底稿和财务报表

（一）对财务报表总体合理性进行复核

在审计结束或临近结束时，注册会计师运用分析程序的目的是确定经审计调整后的财务报表整体是否与对被审计单位的了解一致，是否具有合理性。注册会计师应当围绕这一目的运用分析程序。

在运用分析程序进行总体复核时，如果识别出以前未识别的重大错报风险，注册会计师应当重新考虑对全部或部分各类交易、账户余额、披露评估的风险是否恰当，并在此基础上重新评价之前计划的审计程序是否充分，是否有必要追加审计程序。

（二）复核审计工作底稿

会计师事务所应当建立完善的审计工作底稿分级复核制度。审计工作底稿的复核包括项目组内部复核和项目质量控制复核。

1.项目组内部复核

项目组内部复核又分为项目负责经理的现场复核和项目合伙人的复核两个层次。会计师事务所在安排复核工作时，应当由项目组内经验较多的人员复核经验较少的人员的工作。对一些较为复杂、审计风险较高的领域，例如，舞弊风险的评估与应对、重大会计估计及其他复杂的会计问题等，需要指派经验丰富的项目组成员执行复核，必要时可以由项目合伙人执行复核。

项目负责经理对工作底稿的复核属于第一级复核，该级复核通常在审计现场完成，以便及时发现和解决问题。所有的审计工作底稿至少要经过第一级复核。执行复核时，复核人员需要考虑的事项包括：①审计工作是否已按照职业准则和适用的法律法规的规定执行；②重大事项是否已提请进一步考虑；③相关事项是否已进行适当咨询，由此形成的结论是否已得到记录和执行；④是否需要修改已执行审计工作的性质、时间安排和范围；⑤已执行的审计工作是否支持形成的结论，并已得到适当记录；⑥已获取的审计证据是否充分、适当；⑦审计程序的目标是否已实现。

项目合伙人对审计工作底稿实施复核是项目组内部最高级别的复核，该复核既是对项目负责经理复核的再监督，也是对重要审计事项的把关。根据审计准则的规定：项目合伙人应当对会计师事务所分派的每项审计业务的总体质量负责；项目合伙人应当对项目组按照会计师事务所复核政策和程序实施的复核负责。项目合伙人复核的内容包括：①对关键领域所作的判断，尤其是执行业务过程中识别出的疑难问题或争议事项；②特别风险；③项目合伙人认为重要的其他领域。项目合伙人无须复核所有审计工作底稿。在审计报告日或审计报告日之前，项目合伙人应当通过复核审计工作底稿与项目组讨论，确信已获取充分、适当的审计证据，支持得出的结论和拟出具的审计报告。

2.项目质量控制复核

项目质量控制复核，也称独立复核，是指在报告日或报告日之前，项目质量控制复核人员对项目组作出的重大判断和在编制报告时得出的结论进行客观评价的过程。项目质量控制复核适用于上市实体财务报表审计，以及会计师事务所确定需要实施项目质量控制复核的其他审计业务。

项目质量控制复核人员，是指项目组成员以外的，具有足够、适当的经验和权限，对项目组作出的重大判断和在编制报告时得出的结论进行客观评价的合伙人、会计师事务所的其他人员、具有适当资格的外部人员或由这类人员组成的小组。

项目质量控制复核人员应当客观地评价项目组作出的重大判断以及在编制审计报告时得出的结论。评价工作应当涉及下列内容：①与项目合伙人讨论重大事项；②复核财务报表和拟出具的审计报告；③复核选取的与项目组作出的重大判断和得出的结论相关的审计工作底稿；④评价在编制审计报告时得出的结论，并考虑拟出具审计报告的恰当性。

不鸣则已，一鸣惊人。 ——司马迁

对于上市实体财务报表审计，项目质量控制复核人员在实施项目质量控制复核时，还应当考虑：①项目组就具体审计业务对会计师事务所独立性作出的评价；②项目组是否已就涉及意见分歧的事项，或者其他疑难问题或争议事项进行适当咨询，以及咨询得出的结论；③选取的用于复核的审计工作底稿，是否反映了项目组针对重大判断执行的工作，以及是否支持得出的结论。

四、审计期后事项

（一）期后事项的种类

期后事项是指财务报表日至审计报告日之间发生的事项以及审计报告日后发现的事实。财务报表可能受到财务报表日后发生的事项的影响。期后事项通常分为以下两类：

1.财务报表日后调整事项

该事项即对财务报表日已经存在的情况提供了新的或进一步证据的事项，需提请被审计单位管理层调整财务报表及与之相关的披露信息。这类事项既为被审计单位管理层确定财务报表日账户余额提供信息，也为注册会计师核实这些余额提供补充证据。如果这类期后事项的金额重大，应提请被审计单位对本期财务报表及相关的账户金额进行调整。诸如：

（1）财务报表日后诉讼案件结案，法院判决证实了企业在财务报表日已经存在现时义务，需要调整原先确认的与该诉讼案件相关的预计负债，或确认一项新负债。例如，被审计单位由于某种原因在财务报表日前被起诉，法院于财务报表日后判决被审计单位应赔偿对方损失。因这一负债实际上在财务报表日之前就已存在，所以，如果赔偿数额比较大，注册会计师应考虑提请被审计单位调整或增加资产负债表有关负债项目的数额，并加以说明。

（2）财务报表日后取得确凿证据，表明某项资产在财务报表日发生了减值或者需要调整该项资产原先确认的减值金额。例如，财务报表日被审计单位认为可以收回的大额应收款项，因财务报表日后债务人突然破产而无法收回。在这种情况下，债务人财务状况显然早已恶化，所以注册会计师应考虑提请被审计单位计提坏账准备或者增加计提坏账准备，调整财务报表有关项目的数额。

（3）财务报表日后进一步确定了财务报表日前购入资产的成本或售出资产的收入。例如，被审计单位在财务报表日前购入一项固定资产，并投入使用。由于购入时尚未确定准确的购买价款，故先以估计的价格考虑其达到预定可使用状态前所发生的可归属于该项固定资产的运输费、装卸费、安装费和专业人员服务费等因素暂估入账，并按规定计提固定资产折旧。如果在财务报表日后商定了购买价款，取得了采购发票，被审计单位就应该据此调整该固定资产原价。

（4）财务报表日后发现了财务报表舞弊或差错。例如，在财务报表日以前，被审计单位根据合同的规定所销售的商品已经发出，当时认为与该项商品所有权相关的风险和报酬已经转移，货款能够收回，根据收入确认原则确认了收入并结转了相关成本，即在资产负债表日被审计单位确认为销售实现，并在财务报表上反映。但在财务报表日后至审计报告日之间所取得的证据证明该批已确认为销售的商品确实已经退回。如果金额较大，注册会计师应考虑提请被审计单位调整财务报表有关项目的数额。

利用期后事项审计以确认被审计单位财务报表所列金额时，应对财务报表日已经存在的事项和财务报表日后出现的事项严加区分，不能混淆。如果确认发生变化的事项直到财务报表日后才发生，就不应将财务报表日后的信息并入财务报表本身。

2.财务报表日后非调整事项

该事项即表明财务报表日后发生的情况的事项。这类事项因不影响财务报表日财务状况，所以不需要调整被审计单位的本期财务报表。但如果被审计单位的财务报表因此可能受到误解，就应在财务报表中以附注的形式予以适当披露。

被审计单位在财务报表日后发生的，需要在财务报表上披露而非调整的事项通常包括：①财务报表日后发生重大诉讼、仲裁、承诺；②财务报表日后资产价格、税收政策、外汇汇率发生重大变化；③财务报表日后因自然灾害导致资产发生重大损失；④财务报表日后发行股票和债券以及其他巨额举债；⑤财务报表日后以资本公积转增资本；⑥财务报表日后发生巨额亏损；⑦财务报表日后发生企业合并或处置子公司；⑧财务报表日后企业利润分配方案中拟分配的以及经审议批准宣告发放的股利或利润。

微课：资产负债表日后事项

如图 10-1 所示，根据期后事项的上述定义，期后事项可以划分为三个时段：第一个时段是财务报表日后至审计报告日，我们可以把在这一期间发生的事项称为"第一时段期后事项"；第二个时段是审计报告日后至财务报表报出日，我们可以把这一期间发现的事实称为"第二时段期后事项"；第三个时段是财务报表报出日后，我们可以把这一期间发现的事实称为"第三时段期后事项"。

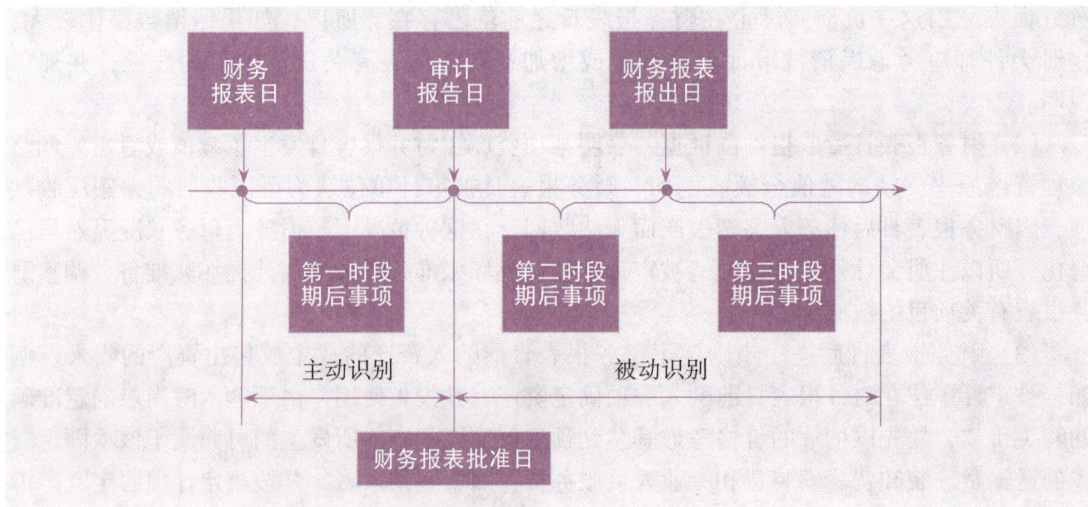

图 10-1　期后事项分段示意

在图 10-1 中，财务报表日是指财务报表涵盖的最近期间的截止日期；财务报表批准日是指构成整套财务报表的所有报表（包括相关附注）已经编制完成，并且被审计单位董事会、管理层或类似机构已经认可其对财务报表负责的日期；财务报表报出日是指审计报告和已审财务报表提供给第三方的日期。按照中国注册会计师审计准则的相关规定，审计报告的日期不应早于注册会计师获取充分、适当的审计证据（包括管理层认可对财务报表的责任且已批准财务报表的证据），并在此基础上对财务报表形成审计意见的日期。因此，在实务中审计报告日通常与财务报表批准日是相同的日期。

（二）财务报表日至审计报告日发生的事项

1.主动识别第一时段期后事项

对于这一时段的期后事项，注册会计师负有主动识别的义务，注册会计师应当实施必要的审计程序，获取充分、适当的审计证据，以确定所有在财务报表日至审计报告日发生的、需要在财务报表中调整或披露的事项是否均已得到识别，并根据这些事项的性质判断其对财务报表的影响，进而确定是进行调整，还是披露。

2.用以识别期后事项的审计程序

注册会计师应当按照审计准则的规定实施审计程序，以使审计程序能够涵盖财务报表日至审计报告日（或尽可能接近审计报告日）之间的期间。通常情况下，针对期后事项的专门审计程序的实施时间越接近审计报告日越好。用以识别第一时段期后事项的审计程序通常包括：

（1）了解管理层为确保识别期后事项而建立的程序。

（2）询问管理层和治理层，确定是否已发生可能影响财务报表的期后事项。注册会计师可以询问根据初步或尚无定论的数据作出会计处理的项目的现状，以及是否发生新的承诺、借款或担保，是否有计划出售或购置资产等。

（3）查阅被审计单位的所有者、管理层和治理层在财务报表日后举行会议的纪要，在不能获取会议纪要的情况下，询问此类会议讨论的事项。

（4）查阅被审计单位最近的中期财务报表（如有）。

除以上审计程序外，注册会计师可能认为实施以下一项或多项审计程序是必要和适当的：①查阅被审计单位在财务报表日后最近期间内的预算、现金流量预测及其他相关管理报告；②就诉讼和索赔事项询问被审计单位的法律顾问，或扩大之前的口头或书面查询的范围；③考虑是否有必要获取涵盖特定期后事项的书面声明以支持其他审计证据，从而获取充分、适当的审计证据。

3.知悉对财务报表有重大影响的期后事项时的考虑

在实施了上述审计程序后，如果注册会计师识别出对财务报表有重大影响的期后事项，应当确定这些事项是否按照适用的财务报告编制基础的规定在财务报表中得到恰当反映。

如果所知悉的期后事项属于调整事项，注册会计师应当考虑被审计单位是否已对财务报表作出适当的调整。如果所知悉的期后事项属于非调整事项，注册会计师应当考虑被审计单位是否在财务报表附注中予以充分披露。

（三）审计报告日后至财务报表报出日前知悉的事实

1.被动识别第二时段期后事项

在审计报告日后，注册会计师没有义务针对财务报表实施任何审计程序。审计报告日后至财务报表报出日前发现的事实属于"第二时段期后事项"，注册会计师针对被审计单位的审计业务已经结束，要识别可能存在的期后事项比较困难，因而无法承担主动识别第二时段期后事项的审计责任。但是，在这一阶段，被审计单位的财务报表并未报出，管理层有责任将发现的可能影响财务报表的事实告知注册会计师。当然，注册会计师还可能从媒体报道、举报信或者证券监管部门告知等途径获悉影响财务报表的期后事项。

2.知悉第二时段期后事项时的考虑

在审计报告日后至财务报表报出日前，如果知悉了某些事实，且若在审计报告日知悉可能导致修改审计报告，注册会计师应当与管理层和治理层讨论该事项；确定财务报表是否需要修改；如果需要修改，询问管理层将如何在财务报表中处理该事项。

（1）管理层修改财务报表时的处理。

如果管理层修改财务报表，注册会计师应当根据具体情况对有关修改实施必要的审计程序，并针对修改后的财务报表出具新的或经修改的审计报告。由于审计报告日的变化，注册会计师应当将用以识别期后事项的审计程序延伸至新的审计报告日，以避免重大遗漏。新的审计报告日期不应早于修改后的财务报表被批准的日期。

（2）管理层不修改财务报表且审计报告未提交时的处理。

如果注册会计师认为应当修改财务报表而管理层没有修改，并且审计报告尚未提交给被审计单位，注册会计师应当按照《中国注册会计师审计准则第1502号——在审计报告中发表非无保留意见》的规定发表非无保留意见，然后提交审计报告。

（3）管理层不修改财务报表且审计报告已提交时的处理。

如果注册会计师认为应当修改财务报表而管理层没有修改，并且审计报告已提交给被审计单位，注册会计师应当通知管理层和治理层在财务报表作出必要修改前不要向第三方报出。如果财务报表在未经必要修改的情况下仍被报出，注册会计师应当采取适当措施，以设法防止财务报表使用者信赖该审计报告。例如，针对上市公司，注册会计师可以利用证券传媒刊登必要的声明，防止使用者信赖审计报告。注册会计师采取的措施取决于自身的权利和义务以及所征询的法律意见。

（四）财务报表报出日后知悉的事实

1.没有义务识别第三时段期后事项

财务报表报出日后知悉的事实属于第三时段期后事项，注册会计师没有义务针对财务报表实施任何审计程序。但是，并不排除注册会计师通过媒体等其他途径获悉可能对财务报表产生重大影响的期后事项的可能性。

2.知悉第三时段期后事项时的考虑

在财务报表报出后，如果知悉了某些事实，且若在审计报告日知悉可能导致修改审计报告，注册会计师应当：①与管理层和治理层讨论该事项；②确定财务报表是否需要修改；③如果需要修改，询问管理层将如何在财务报表中处理该事项。

应当指出的是，需要注册会计师在知悉后采取行动的第三时段期后事项是有严格限制的：①这类期后事项应当是在审计报告日已经存在的事实；②该事实如果被注册会计师在审计报告日前获知，可能影响审计报告。只有同时满足这两个条件，注册会计师才需要采取行动。

管理层修改财务报表时的处理。如果管理层修改了财务报表，注册会计师应当采取如下必要的措施：①根据具体情况对有关修改实施必要的审计程序；②复核管理层采取的措施能否确保所有收到原财务报表和审计报告的人士了解这一情况；③针对修改后的财务报表出具新的或经修改的审计报告。

管理层未采取任何行动时的处理。如果管理层没有采取必要措施确保所有收到原财务报表的人士了解这一情况，也没有在注册会计师认为需要修改的情况下修改财务报表，注册会

数风流人物，还看今朝。　——毛泽东

计师应当通知管理层和治理层，并采取适当措施以设法防止财务报表使用者信赖该审计报告。

五、获取管理层书面声明

（一）声明书的含义

书面声明，是指管理层向注册会计师提供的书面陈述，用以确认某些事项或支持其他审计证据。书面声明是注册会计师在财务报表审计中需要获取的必要信息，是审计证据的重要来源。尽管书面声明提供必要的审计证据，但其本身并不为所涉及的任何事项提供充分、适当的审计证据。而且，管理层已提供可靠书面声明的事实，并不影响注册会计师就管理层责任履行情况或具体认定获取的其他审计证据的性质和范围。

（二）针对管理层责任的书面声明

管理层负责按照适用的财务报告编制基础编制财务报表并使其实现公允反映。针对财务报表的编制，注册会计师应当要求管理层提供书面声明，确认其根据审计业务约定条款，履行了按照适用的财务报告编制基础编制财务报表并使其实现公允反映的责任。基于管理层认可并理解在审计业务约定条款中提及的管理层的责任，注册会计师可能还要求管理层在书面声明中再次确认其对自身责任的认可与理解。

针对提供的信息和交易的完整性，注册会计师应当要求管理层就下列事项提供书面声明：①按照审计业务约定条款，已向注册会计师提供所有相关信息，并允许注册会计师不受限制地接触所有相关信息以及被审计单位内部人员和其他相关人员；②所有交易均已记录并反映在财务报表中。

（三）书面声明的日期和涵盖的期间

由于书面声明是必要的审计证据，在管理层签署书面声明前，注册会计师不能发表审计意见，也不能签署审计报告。而且，由于注册会计师关注截至审计报告日发生的、可能需要在财务报表中作出相应调整或披露的事项，书面声明的日期应当尽量接近对财务报表出具审计报告的日期，但不得在审计报告日后。此外，书面声明应当涵盖审计报告针对的所有财务报表和期间。

（四）管理层不提供要求的书面声明

如果管理层不提供要求的一项或多项书面声明，注册会计师应当：①与管理层讨论该事项；②重新评价管理层的诚信，并评价该事项对书面或口头声明和审计证据总体的可靠性可能产生的影响；③采取适当措施，包括确定该事项对审计意见可能产生的影响。

如果认为书面声明不可靠，注册会计师应当采取适当措施，包括确定其对审计意见可能产生的影响。如果存在下列情形之一，注册会计师应当对财务报表发表无法表示意见：①对管理层的诚信产生重大疑虑，以至于认为其作出的书面声明不可靠。②管理层不提供审计准则要求的书面声明。例如：管理层不提供其履行了按照适用的财务报告编制基础编制财务报表并使其实现公允反映的责任的书面声明；管理层不提供针对提供的信息和交易的完整性的书面声明。

任务二 出具审计报告

一、审计报告的含义、作用、分类

（一）审计报告的含义

审计报告是指具体承办审计事项的审计人员或审计组织在实施审计后，就审计工作的结果向其委托人、授权人或其他法定报告对象提交的书面文件。审计报告是审计人员评价被审计单位承担或履行经济责任情况发表审计意见和提出审计建议的载体。就民间审计而言，审计报告是指注册会计师根据审计准则的规定，在执行审计工作的基础上，对财务报表发表审计意见的书面文件。审计报告具有以下特征：①注册会计师应当按照审计准则的规定执行审计工作；②注册会计师在实施审计工作的基础上才能出具审计报告；③注册会计师通过对财务报表发表意见履行业务约定书约定的责任；④注册会计师应当以书面形式出具审计报告。

注册会计师应当根据由审计证据得出的结论，清楚表达对财务报表的意见。注册会计师一旦在审计报告上签名并盖章，就表明对其出具的审计报告负责。

审计报告是注册会计师对财务报表是否在所有重大方面按照财务报告编制基础编制并实现公允反映发表审计意见的书面文件，因此，注册会计师应当将已审计的财务报表附于审计报告之后，以便于财务报表使用者正确理解和使用审计报告，并防止被审计单位替换、更改已审计的财务报表。

（二）审计报告的作用

注册会计师签发的审计报告，主要具有鉴证、保护和证明三方面的作用。

1.鉴证作用

注册会计师签发的审计报告，不同于政府审计和内部审计的审计报告，是以超然独立的第三方身份，对被审计单位财务报表合法性、公允性发表意见。这种意见，具有鉴证作用，得到了政府及其各部门和社会各界的普遍认可。政府有关部门判断财务报表是否合法、公允，主要依据注册会计师的审计报告。企业的投资者，主要依据注册会计师的审计报告来判断被投资企业的财务报表是否公允地反映了其财务状况和经营成果，以进行投资决策等。

2.保护作用

注册会计师通过审计，可以对被审计单位财务报表出具不同类型审计意见的审计报告，以提高或降低财务报表使用者对财务报表的信赖程度，能够在一定程度上对被审计单位的债权人和股东以及其他利害关系人的利益起到保护作用。如投资者为了减少投资风险，在进行投资之前，需要查阅被投资企业的财务报表和注册会计师的审计报告，了解被投资企业的经营情况和财务状况。

3.证明作用

审计报告是对注册会计师审计任务完成情况及其结果所作的总结，它可以表明审计工作的质量并明确注册会计师的审计责任。因此，审计报告可以对审计工作质量和注册会计师的审计责任起证明作用。例如，是否以审计工作底稿为依据发表审计意见，发表的审计意见是否与被审计单位的实际情况相一致，审计工作的质量是否符合要求。

关关雎鸠，在河之洲。窈窕淑女，君子好逑。 ——诗经

（三）审计报告的分类

审计报告可以按照不同的标准，划分为不同的种类。（1）按使用目的，审计报告可分为公布目的的审计报告和非公布目的的审计报告。（2）按详略程度，审计报告可分为简式审计报告和详式审计报告。（3）按照审计主体，审计报告可分为国家审计报告、内部审计报告和独立审计报告。（4）按审计内容和范围，审计报告可分为财政财务审计报告、经济效益审计报告、财经法纪审计报告。（5）按审计报告的意见类型，审计报告可分为无保留意见审计报告和非无保留意见审计报告。非无保留审计意见的类型，具体包括保留意见、否定意见和无法表示意见。

二、审计意见的形成

（一）得出审计结论时考虑的领域

注册会计师应当就财务报表是否在所有重大方面按照适用的财务报告编制基础编制并实现公允反映形成审计意见。为了形成审计意见，针对财务报表整体是否不存在由于舞弊或错误导致的重大错报，注册会计师应当得出结论，确定是否已就此获取合理保证。在得出结论时，注册会计师应当考虑下列方面：

1.是否已获取充分、适当的审计证据

在形成审计意见时，注册会计师应当考虑所有相关的审计证据，无论该证据与财务报表认定相互印证还是相互矛盾。如果对重大的财务报表认定没有获取充分、适当的审计证据，注册会计师应当尽可能获取进一步的审计证据。

2.未更正错报单独或汇总起来是否构成重大错报

在确定时，注册会计师应当考虑：①相对特定类别的交易、账户余额或披露以及财务报表整体而言，错报的金额和性质以及错报发生的特定环境；②与以前期间相关的未更正错报对相关类别的交易、账户余额或披露以及财务报表整体的影响。

3.评价财务报表是否在所有重大方面按照适用的财务报告编制基础编制

注册会计师应当依据适用的财务报告编制基础特别评价下列内容：①财务报表是否充分披露了选择和运用的重要会计政策。②选择和运用的会计政策是否符合适用的财务报告编制基础，并适合被审计单位的具体情况。③管理层作出的会计估计是否合理。④财务报表列报的信息是否具有相关性、可靠性、可比性和可理解性。⑤财务报表是否作出充分披露，使财务报表预期使用者能够理解重大交易和事项对财务报表所传递的信息的影响。⑥财务报表使用的术语（包括每一财务报表的标题）是否适当。⑦考虑被审计单位会计实务的质量，包括表明管理层的判断可能出现偏向的迹象。例如，管理层对提请其注意的错报进行选择性更正；管理层在作出会计估计时可能存在偏向。

4.评价财务报表是否实现公允反映

在评价财务报表是否实现公允反映时，注册会计师应当考虑下列内容：①财务报表的整体列报、结构和内容是否合理；②财务报表（包括相关附注）是否公允地反映了相关交易和事项。

5.评价财务报表是否恰当提及或说明适用的财务报告编制基础

管理层和治理层编制的财务报表应当恰当说明适用的财务报告编制基础，例如，国际财务报告准则、国际公共部门会计准则或者其他国家或地区的财务报告准则。

（二）审计意见的类型

注册会计师的目标是在评价根据审计证据得出的结论的基础上，对财务报表形成审计意见，并通过书面报告的形式清楚地表达审计意见。

1. 无保留意见

如果认为财务报表在所有重大方面按照适用的财务报告编制基础编制并实现公允反映，注册会计师应当发表无保留意见。无保留意见，是指当注册会计师认为财务报表在所有重大方面按照适用的财务报告编制基础编制并实现公允反映时发表的审计意见。

2. 非无保留意见

当存在下列情形之一时，注册会计师应当按照《中国注册会计师审计准则第1502号——在审计报告中发表非无保留意见》的规定，在审计报告中发表非无保留意见：（1）根据获取的审计证据，得出财务报表整体存在重大错报的结论；（2）无法获取充分、适当的审计证据，不能得出财务报表整体不存在重大错报的结论。

如果财务报表没有实现公允反映，注册会计师应当就该事项与管理层讨论，并根据适用的财务报告编制基础的规定和该事项得到解决的情况，决定是否有必要按照审计准则的相关规定在审计报告中发表非无保留意见。非无保留意见，是指对财务报表发表的保留意见、否定意见或无法表示意见。

三、审计报告的基本内容

无保留意见审计报告应当包括下列要素：①标题；②收件人；③审计意见；④形成审计意见的基础；⑤管理层对财务报表的责任；⑥注册会计师对财务报表审计的责任；⑦按照相关法律法规的要求报告的事项（如适用）；⑧注册会计师的签名和盖章；⑨会计师事务所的名称、地址和盖章；⑩报告日期。

（一）标题

审计报告应当具有标题，统一规范为"审计报告"。

（二）收件人

审计报告的收件人是指注册会计师按照业务约定书的要求致送审计报告的对象，一般是指审计业务的委托人。审计报告应当按照审计业务的约定载明收件人的全称。

注册会计师应当与委托人在业务约定书中约定致送审计报告的对象，以防止在此问题上发生分歧或审计报告被委托人滥用。针对整套通用目的财务报表出具的审计报告，审计报告的致送对象通常为被审计单位的股东或治理层。

（三）审计意见

审计意见部分由两部分构成。第一部分指出已审计财务报表，应当包括下列方面：①指出被审计单位的名称；②说明财务报表已经审计；③指出构成整套财务报表的每一财务报表的名称；④提及财务报表附注；⑤指明构成整套财务报表的每一财务报表的日期或涵盖的期间。

第二部分应当说明注册会计师发表的审计意见。如果对财务报表发表无保留意见，除非法律法规另有规定，审计意见应当使用"我们认为，财务报表在所有重大方面按照［适用的财务报告编制基础（如企业会计准则等）］编制，公允反映了［……］"的措辞。

我住长江头，君住长江尾。日日思君不见君，共饮长江水。 　　——李之仪

（四）形成审计意见的基础

该部分提供关于审计意见的重要背景，应当紧接在审计意见部分之后，并包括下列方面：①说明注册会计师按照审计准则的规定执行了审计工作。②提及审计报告中用于描述审计准则规定的注册会计师责任的部分。③声明注册会计师按照与审计相关的职业道德要求独立于被审计单位，并履行了职业道德方面的其他责任。声明中应当指明适用的职业道德要求，如中国注册会计师职业道德守则。④说明注册会计师是否相信获取的审计证据是充分、适当的，为发表审计意见提供了基础。

（五）管理层对财务报表的责任

该部分应当说明管理层负责下列方面：①按照适用的财务报告编制基础的规定编制财务报表，使其实现公允反映，并设计、执行和维护必要的内部控制，以使财务报表不存在由于舞弊或错误导致的重大错报；②评估被审计单位的持续经营能力和使用持续经营假设是否适当，并披露与持续经营相关的事项（如适用）。对管理层评估责任的说明应当包括描述在何种情况下使用持续经营假设是适当的。

（六）注册会计师对财务报表审计的责任

该部分应当包括下列内容：（1）说明注册会计师的目标是对财务报表整体是否不存在由于舞弊或错误导致的重大错报获取合理保证，并出具包含审计意见的审计报告；（2）说明合理保证是高水平的保证，但并不能保证按照审计准则执行的审计在某一重大错报存在时总能发现；（3）说明错报可能由于舞弊或错误导致。

注册会计师对财务报表审计的责任部分还应当包括下列内容：（1）说明在按照审计准则执行审计工作的过程中，注册会计师运用职业判断，并保持职业怀疑；（2）通过说明注册会计师的责任，对审计工作进行描述。这些责任包括：

①识别和评估由于舞弊或错误导致的财务报表重大错报风险，设计和实施审计程序以应对这些风险，并获取充分、适当的审计证据，作为发表审计意见的基础。由于舞弊可能涉及串通、伪造、故意遗漏、虚假陈述或凌驾于内部控制之上，未能发现由于舞弊导致的重大错报的风险高于未能发现由于错误导致的重大错报的风险。

②了解与审计相关的内部控制，以设计恰当的审计程序，但目的并非对内部控制的有效性发表意见。当注册会计师有责任在财务报表审计的同时对内部控制的有效性发表意见时，应当略去上述"目的并非对内部控制的有效性发表意见"的表述。

③评价管理层选用会计政策的恰当性和作出会计估计及相关披露的合理性。

④对管理层使用持续经营假设的恰当性得出结论。同时，根据获取的审计证据，就可能导致对被审计单位持续经营能力产生重大疑虑的事项或情况是否存在重大不确定性得出结论。如果注册会计师得出结论认为存在重大不确定性，审计准则要求注册会计师在审计报告中提请报表使用者关注财务报表中的相关披露；如果披露不充分，注册会计师应当发表非无保留意见。注册会计师的结论基于截至审计报告日可获得的信息。然而，未来的事项或情况可能导致被审计单位不能持续经营。

⑤评价财务报表的总体列报（包括披露）、结构和内容，并评价财务报表是否公允反映相关交易和事项。

注册会计师对财务报表审计的责任部分还应当包括下列内容：

（1）说明注册会计师与治理层就计划的审计范围、时间安排和重大审计发现等事项进行沟通，包括沟通注册会计师在审计中识别的值得关注的内部控制缺陷；

（2）对于上市实体财务报表审计，指出注册会计师就已遵守与独立性相关的职业道德要求向治理层提供声明，并与治理层沟通可能被合理认为影响注册会计师独立性的所有关系和其他事项，以及相关的防范措施（如适用）；

（3）对于上市实体财务报表审计，以及决定按照《中国注册会计师审计准则第1504号——在审计报告中沟通关键审计事项》的规定沟通关键审计事项的其他情况，说明注册会计师从与治理层沟通过的事项中确定哪些事项对本期财务报表审计最为重要，因而构成关键审计事项。注册会计师应当在审计报告中描述这些事项，除非法律法规禁止公开披露这些事项，或在极少数情形下，注册会计师合理预期在审计报告中沟通某事项造成的负面后果超过在公众利益方面产生的益处，因而确定不应在审计报告中沟通该事项。

（七）按照相关法律法规的要求报告的事项（如适用）

除审计准则规定的注册会计师对财务报表出具审计报告的责任外，相关法律法规可能对注册会计师设定了其他报告责任。在某些情况下，相关法律法规可能要求或允许注册会计师将对这些其他责任的报告作为对财务报表出具的审计报告的一部分。在另外一些情况下，相关法律法规可能要求或允许注册会计师在单独出具的报告中进行报告。

（八）注册会计师的签名和盖章

审计报告应当由项目合伙人和另一名负责该项目的注册会计师签名和盖章。在审计报告中指明项目合伙人有助于进一步增强对审计报告使用者的透明度，有利于增强项目合伙人的个人责任感。因此，对上市实体整套通用目的财务报表出具的审计报告应当注明项目合伙人。

（九）会计师事务所的名称、地址和盖章

审计报告应当载明会计师事务所的名称和地址，并加盖会计师事务所公章。根据《中华人民共和国注册会计师法》的规定，注册会计师承办业务，由其所在的会计师事务所统一受理并与委托人签订委托合同。因此，审计报告除了应由注册会计师签名和盖章外，还应载明会计师事务所的名称和地址，并加盖会计师事务所公章。

注册会计师在审计报告中载明会计师事务所地址时，标明会计师事务所所在的城市即可。在实务中，审计报告通常载于会计师事务所统一印刷的、标有该所详细通信地址的信笺上，因此，无须在审计报告中注明详细地址。

（十）报告日期

审计报告应当注明报告日期。审计报告日不应早于注册会计师获取充分、适当的审计证据（包括管理层认可对财务报表的责任且已批准财务报表的证据），并在此基础上对财务报表形成审计意见的日期。在确定审计报告日时，注册会计师应当确信已获取下列两方面的审计证据：①构成整套财务报表的所有报表（包括相关附注）已编制完成；②被审计单位的董事会、管理层或类似机构已经认可其对财务报表负责。

审计报告的日期向审计报告使用者表明，注册会计师已考虑其知悉的、截至审计报告日发生的事项和交易的影响。注册会计师对审计报告日后发生的事项和交易的责任，在《中国注册会计师审计准则第1332号——期后事项》中作出了规定。因此，审计报告的日期非常重要。注册会计师对不同时段的财务报表日后事项有着不同的责任，而审计报告的日期是划分时段的关键时点。由于审计意见是针对财务报表发表的，并且编制财务报表是管理层的责任，所以，只有在注册会计师获取证据证明构成整套财务报表的所有报表（包括相关附注）

昔我往矣，杨柳依依。今我来思，雨雪霏霏。　　——诗经已经编制完成，并且管理层已认可其对财务报表的责任的情况下，注册会计师才能得出已经获取充分、适当的审计证据的结论。在实务中，注册会计师在正式签署审计报告前，通常把审计报告草稿和已审计财务报表草稿一同提交给管理层。如果管理层批准并签署已审计财务报表，注册会计师即可签署审计报告。注册会计师签署审计报告的日期通常与管理层签署已审计财务报表的日期为同一天，或晚于管理层签署已审计财务报表的日期。

四、审计报告的参考格式

（一）审计报告参考格式1：对非上市实体财务报表出具的无保留意见审计报告

背景信息：

（1）对非上市实体整套财务报表进行审计。该审计不属于集团审计（即不适用《中国注册会计师审计准则第1401号——对集团财务报表审计的特殊考虑》）。

（2）管理层按照企业会计准则编制财务报表。

（3）审计业务约定条款体现了《中国注册会计师审计准则第1111号——就审计业务约定条款达成一致意见》中关于管理层对财务报表责任的描述。

（4）基于获取的审计证据，注册会计师认为发表无保留意见是恰当的。

（5）适用的相关职业道德要求为中国注册会计师职业道德守则。

（6）基于获取的审计证据，根据《中国注册会计师审计准则第1324号——持续经营》，注册会计师认为可能导致对被审计单位持续经营能力产生重大疑虑的事项或情况不存在重大不确定性。

（7）注册会计师未被要求，并且也决定不沟通关键审计事项。

（8）注册会计师在审计报告日前已获取所有其他信息，且未识别出信息存在重大错报。

（9）负责监督财务报表的人员与负责编制财务报表的人员不同。

（10）除财务报表审计外，注册会计师不承担法律法规要求的其他报告责任。

审计报告

ABC股份有限公司全体股东：

一、审计意见

我们审计了ABC股份有限公司（以下简称ABC公司）财务报表，包括20×1年12月31日的资产负债表，20×1年度的利润表、现金流量表、股东权益变动表以及相关财务报表附注。

我们认为，后附的财务报表在所有重大方面按照企业会计准则的规定编制，公允反映了ABC公司20×1年12月31日的财务状况以及20×1年度的经营成果和现金流量。

二、形成审计意见的基础

我们按照中国注册会计师审计准则的规定执行了审计工作。审计报告的"注册会计师对财务报表审计的责任"部分进一步阐述了我们在这些准则下的责任。按照中国注册会计师职业道德守则，我们独立于ABC公司，并履行了职业道德方面的其他责任。我们相信，我们获取的审计证据是充分、适当的，为发表审计意见提供了基础。

三、其他信息

［按照《中国注册会计师审计准则第1521号——注册会计师对其他信息的责任》的规定报告，见《〈中国注册会计师审计准则第1521号——注册会计师对其他信息的责任〉应用指南》附录2中的参考格式1。］

四、管理层和治理层对财务报表的责任

ABC 公司管理层（以下简称管理层）负责按照企业会计准则的规定编制财务报表，使其实现公允反映，并设计、执行和维护必要的内部控制，以使财务报表不存在由于舞弊或错误导致的重大错报。

在编制财务报表时，管理层负责评估 ABC 公司的持续经营能力，披露与持续经营相关的事项（如适用），并运用持续经营假设，除非管理层计划清算 ABC 公司、终止运营或别无其他现实的选择。

治理层负责监督 ABC 公司的财务报告过程。

五、注册会计师对财务报表审计的责任

我们的目标是对财务报表整体是否不存在由于舞弊或错误导致的重大错报获取合理保证，并出具包含审计意见的审计报告。合理保证是高水平的保证，但并不能保证按照审计准则执行的审计在某一重大错报存在时总能发现。错报可能由于舞弊或错误导致，如果合理预期错报单独或汇总起来可能影响财务报表使用者依据财务报表作出的经济决策，则通常认为错报是重大的。

在按照审计准则执行审计工作的过程中，我们运用职业判断，并保持职业怀疑。同时，我们也执行以下工作：

（1）识别和评估由于舞弊或错误导致的财务报表重大错报风险，设计和实施审计程序以应对这些风险，并获取充分、适当的审计证据，作为发表审计意见的基础。由于舞弊可能涉及串通、伪造、故意遗漏、虚假陈述或凌驾于内部控制之上，未能发现由于舞弊导致的重大错报的风险高于未能发现由于错误导致的重大错报的风险。

（2）了解与审计相关的内部控制，以设计恰当的审计程序，但目的并非对内部控制的有效性发表意见。（如果注册会计师结合财务报表审计对内部控制的有效性发表意见，应当删除"但目的并非对内部控制的有效性发表意见"的措辞）

（3）评价管理层选用会计政策的恰当性和作出会计估计及相关披露的合理性。

（4）对管理层使用持续经营假设的恰当性得出结论。同时，根据获取的审计证据，就可能导致对 ABC 公司持续经营能力产生重大疑虑的事项或情况是否存在重大不确定性得出结论。如果我们得出结论认为存在重大不确定性，审计准则要求我们在审计报告中提请报表使用者注意财务报表中的相关披露；如果披露不充分，我们应当发表非无保留意见。我们的结论基于截至审计报告日可获得的信息。然而，未来的事项或情况可能导致 ABC 公司不能持续经营。

（5）评价财务报表的总体列报（包括披露）、结构和内容，并评价财务报表是否公允反映相关交易和事项。我们与治理层就计划的审计范围、时间安排和重大审计发现等事项进行沟通，包括沟通我们在审计中识别出的值得关注的内部控制缺陷。

××会计师事务所　　　　　　　中国注册会计师（项目合伙人）：×××（签名并盖章）
（盖章）　　　　　　　　　　　中国注册会计师：×××（签名并盖章）
中国××市　　　　　　　　　　二〇×二年××月××日

曾经沧海难为水，除却巫山不是云。取次花丛懒回顾，半缘修道半缘君。　　——元稹

（二）审计报告参考格式2：对上市实体财务报表出具的无保留意见审计报告

背景信息：

（1）对上市实体整套财务报表进行审计。该审计不属于集团审计（即不适用《中国注册会计师审计准则第1401号——对集团财务报表审计的特殊考虑》）。

（2）管理层按照企业会计准则编制财务报表。

（3）审计业务约定条款体现了《中国注册会计师审计准则第1111号——就审计业务约定条款达成一致意见》中关于管理层对财务报表责任的描述。

（4）基于获取的审计证据，注册会计师认为发表无保留意见是恰当的。

（5）适用的相关职业道德要求为中国注册会计师职业道德守则。

（6）基于获取的审计证据，根据《中国注册会计师审计准则第1324号——持续经营》，注册会计师认为可能导致对被审计单位持续经营能力产生重大疑虑的相关事项或情况不存在重大不确定性。

（7）已按照《中国注册会计师审计准则第1504号——在审计报告中沟通关键审计事项》的规定沟通了关键审计事项。

（8）负责监督财务报表的人员与负责编制财务报表的人员不同。

（9）除财务报表审计外，按照法律法规的要求，注册会计师具有其他报告责任，且注册会计师决定在审计报告中履行其他报告责任。

审计报告

ABC股份有限公司全体股东：

一、对财务报表出具的审计报告

（一）审计意见

我们审计了ABC股份有限公司（以下简称"ABC公司"）财务报表，包括20×1年12月31日的资产负债表，20×1年度的利润表、现金流量表、股东权益变动表以及相关财务报表附注。

我们认为，后附的财务报表在所有重大方面按照企业会计准则的规定编制，公允反映了ABC公司20×1年12月31日的财务状况以及20×1年度的经营成果和现金流量。

（二）形成审计意见的基础

我们按照中国注册会计师审计准则的规定执行了审计工作。审计报告的"注册会计师对财务报表审计的责任"部分进一步阐述了我们在这些准则下的责任。按照中国注册会计师职业道德守则，我们独立于ABC公司，并履行了职业道德方面的其他责任。我们相信，我们获取的审计证据是充分、适当的，为发表审计意见提供了基础。

（三）关键审计事项

关键审计事项是根据我们的职业判断，认为对本期财务报表审计最为重要的事项。这些事项是在对财务报表整体进行审计并形成意见的背景下进行处理的，我们不对这些事项提供单独的意见。

［按照《中国注册会计师审计准则第1504号——在审计报告中沟通关键审计事项》的规定描述每一关键审计事项。］

（四）管理层和治理层对财务报表的责任

ABC公司管理层（以下简称管理层）负责按照企业会计准则的规定编制财务报表，使其实现公允反映，并设计、执行和维护必要的内部控制，以使财务报表不存在由于舞弊或错误导致的重大错报。

在编制财务报表时，管理层负责评估ABC公司的持续经营能力，披露与持续经营相关的事项（如适用），并运用持续经营假设，除非计划清算ABC公司、停止营运或别无其他现实的选择。

治理层负责监督ABC公司的财务报告过程。

（五）注册会计师对财务报表审计的责任

我们的目标是对财务报表整体是否不存在由于舞弊或错误导致的重大错报获取合理保证，并出具包含审计意见的审计报告。合理保证是高水平的保证，但并不能保证按照审计准则执行的审计在某一重大错报存在时总能发现。错报可能由于舞弊或错误导致，如果合理预期错报单独或汇总起来可能影响财务报表使用者依据财务报表作出的经济决策，则通常认为错报是重大的。

在按照审计准则执行审计工作的过程中，我们运用职业判断，保持职业怀疑。同时，我们也执行以下工作：

（1）识别和评估由于舞弊或错误导致的财务报表重大错报风险，设计和实施审计程序以应对这些风险，并获取充分、适当的审计证据，作为发表审计意见的基础。由于舞弊可能涉及串通、伪造、故意遗漏、虚假陈述或凌驾于内部控制之上，未能发现由于舞弊导致的重大错报的风险高于未能发现由于错误导致的重大错报的风险。

（2）了解与审计相关的内部控制，以设计恰当的审计程序，但目的并非对内部控制的有效性发表意见。

（3）评价管理层选用会计政策的恰当性和作出会计估计及相关披露的合理性。

（4）对管理层使用持续经营假设的恰当性得出结论。同时，根据获取的审计证据，就可能导致对ABC公司持续经营能力产生重大疑虑的事项或情况是否存在重大不确定性得出结论。如果我们得出结论认为存在重大不确定性，审计准则要求我们在审计报告中提请报表使用者注意财务报表中的相关披露；如果披露不充分，我们应当发表非无保留意见。我们的结论基于截至审计报告日可获得的信息。然而，未来的事项或情况可能导致ABC公司不能持续经营。

（5）评价财务报表的总体列报（包括披露）、结构和内容，并评价财务报表是否公允反映相关交易和事项。

我们与治理层就计划的审计范围、时间安排和重大审计发现等事项进行沟通，包括我们在审计中识别出的值得关注的内部控制缺陷。

我们还就遵守关于独立性的相关职业道德要求向治理层提供声明，并就可能被合理认为影响我们独立性的所有关系和其他事项，以及相关的防范措施（如适用）与治理层进行沟通。

从与治理层沟通的事项中，我们确定哪些事项对本期财务报表审计最为重要，因而构成关键审计事项。我们在审计报告中描述这些事项，除非法律法规禁止公开披露这些事项，或在极其罕见的情形下，如果合理预期在审计报告中沟通某事项造成的负面后果超过在公众利益方面产生的益处，我们确定不应在审计报告中沟通该事项。

二、按照相关法律法规的要求报告的事项

[本部分的格式和内容，取决于法律法规对其他报告责任的性质的规定。法律法规规范

汽笛一声肠已断，从此天涯孤旅。　　——毛泽东

的事项（其他报告责任）应当在本部分处理，除非其他报告责任与审计准则所要求的报告责任涉及相同的主题。如果涉及相同的主题，其他报告责任可以在审计准则所要求的同一报告要素部分中列示。当其他报告责任和审计准则规定的报告责任涉及同一主题，并且审计报告中的措辞能够将其他报告责任与审计准则规定的责任予以清楚地区分（如差异存在）时，允许将两者合并列示（即包含在"对财务报表出具的审计报告"部分中，并使用适当的副标题）。]

××会计师事务所	中国注册会计师（项目合伙人）：×××（签名并盖章）
（盖章）	中国注册会计师：×××（签名并盖章）
中国××市	二〇×二年××月××日

任务三　沟通关键审计事项

《中国注册会计师审计准则第1504号——在审计报告中沟通关键审计事项》要求注册会计师在上市实体整套通用目的财务报表审计报告中增加关键审计事项部分，用于沟通关键审计事项。关键审计事项，是指注册会计师根据职业判断认为对当期财务报表审计最为重要的事项。在审计报告中沟通关键审计事项，可以提高已执行审计工作的透明度，从而提高审计报告的决策相关性和有用性。沟通关键审计事项还能够为财务报表使用者提供额外的信息，以帮助其了解被审计单位、已审计财务报表中涉及重大管理层判断的领域，以及注册会计师根据职业判断认为对当期财务报表审计最为重要的事项。沟通关键审计事项，还能够为财务报表预期使用者就与被审计单位、已审计财务报表或已执行审计工作相关的事项进一步与管理层和治理层沟通提供基础。

微课：关键审计事项案例

一、确定关键审计事项的决策框架

据关键审计事项的定义，注册会计师在确定关键审计事项时，需要遵循以下决策框架（如图10-2所示）：

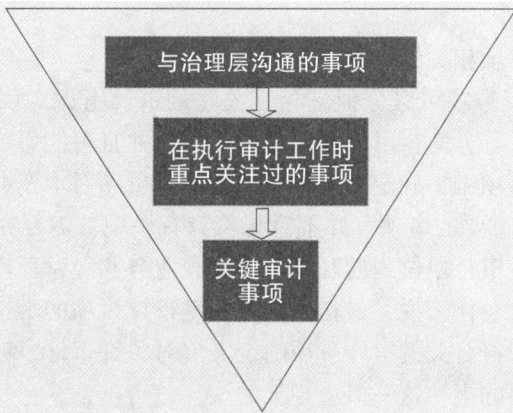

图10-2　关键审计事项的决策框架

（一）以"与治理层沟通的事项"为起点选择关键审计事项

《中国注册会计师审计准则第1151号——与治理层的沟通》要求注册会计师与被审计单位治理层沟通审计过程中的重大发现，包括注册会计师对被审计单位的重要会计政策、会计估计和财务报表披露等会计实务的看法，审计过程中遇到的重大困难，已与治理层讨论或需要书面沟通的重大事项等，以便治理层履行其监督财务报告过程的职责。对财务报表和审计报告使用者信息需求的调查结果表明，他们对这些事项感兴趣，并且呼吁增加这些沟通的透明度。因此，应从与治理层沟通事项中选取关键审计事项。

（二）从"与治理层沟通的事项"中选出"在执行审计工作时重点关注过的事项"

注册会计师在确定哪些事项属于重点关注过的事项时，应当特别考虑下列方面：（1）评估的重大错报风险较高的领域或识别出的特别风险；（2）与财务报表中涉及重大管理层判断（包括被认为具有高度估计不确定性的会计估计）的领域相关的重大审计判断；（3）当期重大交易或事项对审计的影响。

（三）从"在执行审计工作时重点关注过的事项"中选出"最为重要的事项"，从而构成关键审计事项

在确定某一与治理层沟通过的事项的相对重要程度以及该事项是否构成关键审计事项时，下列考虑也可能是相关的：

（1）该事项对预期使用者理解财务报表整体的重要程度，尤其是对财务报表的重要性。

（2）与该事项相关的会计政策的性质或者与同行业其他实体相比，管理层在选择适当的会计政策时涉及的复杂程度或主观程度。

（3）从定性和定量方面考虑，与该事项相关的由于舞弊或错误导致的已更正错报和累积未更正错报（如有）的性质和重要程度。

（4）为应对该事项所需要付出的审计努力的性质和程度，包括：①为应对该事项而实施审计程序或评价这些审计程序的结果（如有）在多大程度上需要特殊的知识或技能；②就该事项在项目组之外进行咨询的性质。

（5）在实施审计程序、评价实施审计程序的结果、获取相关和可靠的审计证据以作为发表审计意见的基础时，注册会计师遇到的困难的性质和严重程度，尤其是当注册会计师的判断变得更加主观时。

（6）识别出的与该事项相关的控制缺陷的严重程度。

（7）该事项是否涉及数项可区分但又相互关联的审计考虑。例如，长期合同的收入确认、诉讼或其他或有事项等方面，可能需要重点关注，并且可能影响其他会计估计。

从需要重点关注的事项中，确定哪些事项以及多少事项对本期财务报表审计最为重要属于职业判断问题。"最为重要的事项"并不意味着只有一项。需要在审计报告中包含的关键审计事项的数量可能受被审计单位规模和复杂程度、业务和经营环境的性质，以及审计业务具体事实和情况的影响。总体来说，最初确定为关键审计事项的事项越多，注册会计师越需要重新考虑每一事项是否符合关键审计事项的定义。对关键审计事项作冗长的列举可能与这些事项是审计中最为重要的事项这一概念相抵触。

山无陵，江水为竭，冬雷震震，夏雨雪，天地合，乃敢与君绝。　——上邪

二、在审计报告中沟通关键审计事项

(一)在审计报告中单设关键审计事项部分

为达到突出关键审计事项的目的，注册会计师应当在审计报告"形成审计意见的基础"段后单设一部分，以"关键审计事项"为标题，并在该部分使用恰当的子标题逐项描述关键审计事项。关键审计事项部分的引言应当同时说明下列事项：

（1）关键审计事项是注册会计师根据职业判断，认为对本期财务报表审计最为重要的事项；

（2）关键审计事项的应对以对财务报表整体进行审计并形成审计意见为背景，注册会计师对财务报表整体形成审计意见，而不对关键审计事项单独发表意见。

需要强调指出的是，导致非无保留意见的事项、可能导致对被审计单位持续经营能力产生重大疑虑的事项或情况存在重大不确定性等，虽然符合关键审计事项的定义，但这些事项在审计报告中专门的部分披露，不在关键审计事项部分披露。进一步说，在关键审计事项部分披露的关键审计事项是已经得到满意解决的事项，即不存在审计范围受到限制，也不存在注册会计师与被审计单位管理层意见分歧的情况。注册会计师应当按照适用的审计准则的规定报告这些事项，并在关键审计事项部分提及形成保留（否定）意见的基础部分或与持续经营相关的重大不确定性部分。

(二)描述单一关键审计事项

为帮助财务报表使用者了解注册会计师确定的关键审计事项，注册会计师应当在审计报告中逐项描述每一关键审计事项，并同时说明下列方面：

（1）该事项被认定为审计中最为重要的事项之一，因而被确定为关键审计事项的原因。

（2）该事项在审计中是如何应对的。注册会计师可以描述下列要素：

①在审计应对措施或审计方法中，与该事项最为相关或对评估的重大错报风险最有针对性的方面；②对已实施审计程序的简要描述；③实施审计程序的结果；④对该事项作出的主要看法。

对关键审计事项进行描述的目的在于提供一种简明、不偏颇的解释，以使预期使用者能够了解为何该事项是对审计最为重要的事项之一，以及这些事项是如何在审计中加以应对的。在描述时，注册会计师还应当分别索引至财务报表的相关披露（如有），以使预期使用者能够进一步了解管理层在编制财务报表时如何应对这些事项。

三、不在审计报告中沟通关键审计事项的情形

一般而言，在审计报告中沟通关键审计事项，通常有助于提高审计的透明度，是符合公众利益的。然而，在极其罕见的情况下，关键审计事项可能涉及某些"敏感信息"，沟通这些信息可能为被审计单位带来较为严重的负面影响。在某些情况下，法律法规也可能禁止公开披露某事项。例如，公开披露某事项可能妨碍相关机构对某项违法行为或疑似违法行为的调查。

因此，除非法律法规禁止公开披露某事项，或者在极其罕见的情况下，如果合理预期在审计报告中沟通某事项造成的负面后果超过产生的公众利益方面的益处，注册会计师确定不应在审计报告中沟通该事项，则注册会计师不应当在审计报告中逐项描述关键审计事项。

四、就关键审计事项与治理层沟通

此外，注册会计师还应当就下列事项与治理层沟通：(1) 注册会计师确定的关键审计事项；(2) 根据被审计单位和审计业务的具体事实和情况，注册会计师确定不存在需要在审计报告中沟通的关键审计事项（如适用）。

任务四　非无保留意见审计报告

一、非无保留意见的含义

非无保留意见是指保留意见、否定意见或无法表示意见。当存在下列情形之一时，注册会计师应当在审计报告中发表非无保留意见：

（一）根据获取的审计证据，得出财务报表整体存在重大错报的结论

为了形成审计意见，针对财务报表整体是否不存在由于舞弊或错误导致的重大错报，注册会计师应当得出结论，确定是否已就此获取合理保证。在得出结论时，注册会计师需要评价未更正错报对财务报表的影响。

错报是指某一财务报表项目的金额、分类、列报或披露，与按照适用的财务报告编制基础应当列示的金额、分类、列报或披露之间存在的差异。财务报表的重大错报可能源于：

（1）选择的会计政策的恰当性。在选择的会计政策的恰当性方面，当出现下列情形时，财务报表可能存在重大错报：①选择的会计政策与适用的财务报告编制基础不一致；②财务报表（包括相关附注）没有按照公允列报的方式反映交易和事项。财务报告编制基础通常包括对会计处理、披露和会计政策变更的要求。如果被审计单位变更了重大会计政策，且没有遵守这些要求，财务报表可能存在重大错报。

（2）对所选择的会计政策的运用。在对所选择的会计政策的运用方面，当出现下列情形时，财务报表可能存在重大错报：①管理层没有按照适用的财务报告编制基础的要求一贯运用所选择的会计政策，包括管理层未在不同会计期间或对相似的交易和事项一贯运用所选择的会计政策（运用的一致性）；②不当运用所选择的会计政策（如运用中的无意错误）。

（3）财务报表披露的恰当性或充分性。在财务报表披露的恰当性或充分性方面，当出现下列情形时，财务报表可能存在重大错报：①财务报表没有包括适用的财务报告编制基础要求的所有披露；②财务报表的披露没有按照适用的财务报告编制基础列报；③财务报表没有作出必要的披露以实现公允反映。

（二）无法获取充分、适当的审计证据，不能得出财务报表整体不存在重大错报的结论

如果注册会计师能够通过实施替代程序获取充分、适当的审计证据，则无法实施特定的程序并不构成对审计范围的限制。下列情形可能导致注册会计师无法获取充分、适当的审计证据（审计范围受到限制）：

（1）超出被审计单位控制的情形。例如：①被审计单位的会计记录已毁坏；②重要组成部分的会计记录已被政府有关机构无限期地查封。

（2）与注册会计师工作的性质或时间安排相关的情形。例如：①被审计单位需要使用权益法对联营企业进行核算，注册会计师无法获取有关联营企业财务信息的充分、适当的审计证据以评价被审计单位是否恰当运用了权益法;②注册会计师接受审计委托的时间安排,使注册会计师无法实施存货监盘;③注册会计师确定仅实施实质性程序是不充分的,但被审计单位的控制是无效的。

(3)管理层施加限制的情形。管理层对审计范围施加的限制致使注册会计师无法获取充分、适当的审计证据的情形,例如:①管理层阻止注册会计师实施存货监盘;②管理层阻止注册会计师对特定账户余额实施函证。管理层施加的限制可能对审计产生其他影响,如注册会计师对舞弊风险的评估和对业务保持的考虑。

二、确定非无保留意见的类型

注册会计师确定恰当的非无保留意见类型,取决于下列事项:(1)导致非无保留意见的事项的性质,是财务报表存在重大错报,还是在无法获取充分、适当的审计证据的情况下,财务报表可能存在重大错报;(2)注册会计师就导致非无保留意见的事项对财务报表产生或可能产生影响的广泛性作出的判断。

广泛性是描述错报影响的术语,用以说明错报对财务报表的影响,或者由于无法获取充分、适当的审计证据而未发现的错报(如存在)对财务报表可能产生的影响。根据注册会计师的判断,对财务报表的影响具有广泛性的情形包括但不限于:(1)对财务报表的特定要素、账户或项目产生影响;(2)虽然仅对财务报表的特定要素、账户或项目产生影响,但这些要素、账户或项目是或可能是财务报表的主要组成部分;(3)当与披露相关时,产生的影响对财务报表使用者理解财务报表至关重要。

表10-1列示了注册会计师对导致发表非无保留意见的事项的性质和这些事项对财务报表产生或可能产生影响的广泛性作出的判断,以及注册会计师的判断对审计意见类型的影响。

表10-1   非无保留审计意见的判断

导致发表非无保留意见的事项的性质	事项对财务报表产生或可能产生影响的广泛性	
	重大但不具有广泛性	重大且具有广泛性
财务报表存在重大错报	保留意见	否定意见
无法获取充分、适当的审计证据	保留意见	无法表示意见

(一)发表保留意见

当存在下列情形之一时,注册会计师应当发表保留意见:

(1)在获取充分、适当的审计证据后,注册会计师认为错报单独或汇总起来对财务报表影响重大,但不具有广泛性。

注册会计师在获取充分、适当的审计证据后,只有当认为财务报表就整体而言是公允的,但还存在对财务报表产生重大影响的错报时,才能发表保留意见。如果注册会计师认为错报对财务报表产生的影响极为严重且具有广泛性,则应发表否定意见。

(2)注册会计师无法获取充分、适当的审计证据以作为形成审计意见的基础,但认为未发现的错报(如存在)对财务报表可能产生的影响重大,但不具有广泛性。

微课:保留意见案例

注册会计师因审计范围受到限制而发表保留意见还是无法表示意见,取决于无法获取的审计证据对形成审计意见的重要性。注册会计师在判断重要性时,应当考虑有关事项潜在影响的性质和范围以及在财务报表中的重要程度。只有当未发现的错

项目十

报（如存在）对财务报表可能产生的影响重大但不具有广泛性时，才能发表保留意见。

（二）发表否定意见

在获取充分、适当的审计证据后，如果认为错报单独或汇总起来对财务报表的影响重大且具有广泛性，注册会计师应当发表否定意见。

（三）发表无法表示意见

如果无法获取充分、适当的审计证据以作为形成审计意见的基础，而且认为未发现的错报（如存在）对财务报表可能产生的影响重大且具有广泛性，注册会计师应当发表无法表示意见。

微课：否定意见案例

三、非无保留意见的审计报告的格式和内容

（一）导致非无保留意见的事项段

（1）审计报告格式和内容的一致性。如果对财务报表发表非无保留意见，除在审计报告中包含《中国注册会计师审计准则第 1501 号——对财务报表形成审计意见和出具审计报告》规定的审计报告要素外，注册会计师还应当直接在审计意见段之后增加一个部分，并使用恰当的标题，如"形成保留意见的基础"、"形成否定意见的基础"或"形成无法表示意见的基础"，说明导致发表非无保留意见的事项。审计报告格式和内容的一致性有助于提高使用者的理解和识别存在的异常情况。因此，尽管不可能统一非无保留意见的措辞和对导致非无保留意见的事项的说明，但仍有必要保持审计报告格式和内容的一致性。

微课：无法表示意见案例

（2）量化财务影响。如果财务报表中存在与具体金额（包括定量披露）相关的重大错报，注册会计师应当在导致非无保留意见的事项段中说明并量化该错报的财务影响。举例来说，如果存货被高估，注册会计师就可以在审计报告中形成保留/否定/无法表示意见的基础部分说明该重大错报的财务影响，即量化其对所得税、税前利润、净利润和所有者权益的影响。如果无法量化财务影响，注册会计师应当在审计报告中形成保留/否定/无法表示意见的基础部分说明这一情况。

（3）存在与叙述性披露相关的重大错报。如果财务报表中存在与叙述性披露相关的重大错报，注册会计师应当在形成非无保留意见的基础部分解释该错报错在何处。

（4）存在与应披露而未披露信息相关的重大错报。如果财务报表中存在与应披露而未披露信息相关的重大错报，注册会计师应当：①与治理层讨论未披露信息的情况；②在形成非无保留意见的基础部分描述未披露信息的性质；③如果可行并且已针对未披露信息获取了充分、适当的审计证据，在形成非无保留意见的基础部分包含对未披露信息的披露，除非法律法规禁止。

如果存在下列情形之一，则在形成非无保留意见的基础部分披露遗漏的信息是不可行的：①管理层还没有作出这些披露，或管理层已作出但注册会计师不易获取这些披露；②根据注册会计师的判断，在审计报告中披露该事项过于庞杂。

（5）无法获取充分、适当的审计证据。如果因无法获取充分、适当的审计证据而导致发表非无保留意见，注册会计师应当在形成非无保留意见的基础部分说明无法获取审计证据的原因。

（6）披露其他事项。即使发表了否定意见或无法表示意见，注册会计师也应当在形成非无保留意见的基础部分说明注意到的、将导致发表非无保留意见的所有其他事项及其影响。这是因为，对注册会计师注意到的其他事项的披露可能与财务报表使用者的信息需求相关。

平生不会相思，才会相思，便害相思。 ——徐再思

（二）审计意见段

（1）标题。在发表非无保留意见时，注册会计师应当对审计意见段使用恰当的标题，如"保留意见"、"否定意见"或"无法表示意见"。审计意见段的标题能够使财务报表使用者清楚注册会计师发表了非无保留意见，并能够表明非无保留意见的类型。

（2）发表保留意见。当由于财务报表存在重大错报而发表保留意见时，注册会计师应当根据适用的财务报告编制基础在审计意见段中说明：注册会计师认为，除了形成保留意见的基础部分所述事项产生的影响外，财务报表在所有重大方面按照适用的财务报告编制基础编制，并实现公允反映。

当无法获取充分、适当的审计证据而导致发表保留意见时，注册会计师应当在审计意见段中使用"除……可能产生的影响外"等措辞。

当注册会计师发表保留意见时，在审计意见段中使用"由于上述解释"或"受……影响"等措辞是不恰当的，因为这些措辞不够清晰或没有足够的说服力。

（3）发表否定意见。当发表否定意见时，注册会计师应当根据适用的财务报告编制基础在审计意见段中说明：注册会计师认为，由于形成否定意见的基础部分所述事项的重要性，财务报表没有在所有重大方面按照适用的财务报告编制基础编制，未能实现公允反映。

（4）发表无法表示意见。当由于无法获取充分、适当的审计证据而发表无法表示意见时，注册会计师应当在审计意见段中说明：由于形成无法表示意见的基础部分所述事项的重要性，注册会计师无法获取充分、适当的审计证据以作为对财务报表发表审计意见的基础，因此，注册会计师不对这些财务报表发表审计意见。

（三）非无保留意见对审计报告要素内容的修改

当发表保留意见或否定意见时，注册会计师应当修改形成无保留意见的基础部分的描述，以说明：注册会计师相信，已获取的审计证据是充分、适当的，为发表非无保留意见提供了基础。

当由于无法获取充分、适当的审计证据而发表无法表示意见时，注册会计师应当修改审计报告的意见段，说明：注册会计师接受委托审计财务报表；注册会计师不对后附的财务报表发表审计意见；由于形成无法表示意见的基础部分所述事项的重要性，注册会计师无法获取充分、适当的审计证据以作为对财务报表发表审计意见的基础。

当注册会计师对财务报表发表无法表示意见时，注册会计师应当修改无保留意见审计报告中形成审计意见的基础部分，不应提及审计报告中用于描述注册会计师责任的部分，也不应说明注册会计师是否已获取充分、适当的审计证据以作为形成审计意见的基础。

当注册会计师对财务报表发表无法表示意见时，注册会计师应当修改无保留意见审计报告中注册会计师对财务报表审计的责任部分，使之仅包含下列内容：（1）注册会计师的责任是按照中国注册会计师审计准则的规定，对被审计单位财务报表执行审计工作，以出具审计报告；（2）但由于形成无法表示意见的基础部分所述的事项，注册会计师无法获取充分、适当的审计证据以作为发表审计意见的基础；（3）声明注册会计师在独立性和职业道德方面的其他责任。

四、非无保留意见的审计报告的参考格式

（一）保留意见的审计报告

审计报告参考格式3：列示了由于财务报表存在重大错报而发表保留意见的审计报告。

背景信息：

（1）对上市实体整套财务报表进行审计。该审计不属于集团审计（即不适用《中国注册会计师审计准则第1401号——对集团财务报表审计的特殊考虑》）。

（2）管理层按照企业会计准则编制财务报表。

（3）审计业务约定条款体现了《中国注册会计师审计准则第1111号——就审计业务约定条款达成一致意见》关于管理层对财务报表责任的描述。

（4）存货存在错报，该错报对财务报表影响重大但不具有广泛性（即保留意见是恰当的）；

（5）适用的相关职业道德要求为中国注册会计师职业道德守则。

（6）基于获取的审计证据，根据《中国注册会计师审计准则第1324号——持续经营》，注册会计师认为可能导致对被审计单位持续经营能力产生重大疑虑的相关事项或情况不存在重大不确定性。

（7）已按照《中国注册会计师审计准则第1504号——在审计报告中沟通关键审计事项》的规定沟通了关键审计事项。

（8）（负责监督财务报表的人员与负责编制财务报表的人员不同。

（9）除财务报表审计外，按照法律法规的要求，注册会计师还承担法律法规要求的其他报告责任，且注册会计师决定在审计报告中履行其他报告责任。

审计报告

ABC股份有限公司全体股东：

一、对财务报表出具的审计报告

（一）保留意见

我们审计了ABC股份有限公司（以下简称"ABC公司"）财务报表，包括20×1年12月31日的资产负债表，20×1年度的利润表、现金流量表、股东权益变动表以及相关财务报表附注。

我们认为，除"形成保留意见的基础"部分所述事项产生的影响外，后附的财务报表在所有重大方面按照企业会计准则的规定编制，公允反映了ABC公司20×1年12月31日的财务状况以及20×1年度的经营成果和现金流量。

（二）形成保留意见的基础

ABC公司20×1年12月31日资产负债表中存货的列示金额为×元。管理层根据成本对存货进行计量，而没有根据成本与可变现净值孰低的原则进行计量，这不符合企业会计准则的规定。ABC公司的会计记录显示，如果管理层以成本与可变现净值孰低来计量存货，存货列示金额将减少×元。相应地，资产减值损失将增加×元，所得税、净利润和股东权益将分别减少×元、×元和×元。

我们按照中国注册会计师审计准则的规定执行了审计工作。审计报告的"注册会计师对财务报表审计的责任"部分进一步阐述了我们在这些准则下的责任。按照中国注册会计师职业道德守则，我们独立于ABC公司，并履行了职业道德方面的其他责任。我们相信，我们获取的审计证据是充分、适当的，为发表保留意见提供了基础。

（三）关键审计事项

关键审计事项是根据我们的职业判断，认为对本期财务报表审计最为重要的事项。这些事项是在对财务报表整体进行审计并形成意见的背景下进行处理的，我们不对这些事项提供单独的意见。除"形成保留意见的基础"部分所述事项外，我们确定下列事项是需要在审计报告中沟通的关键审计事项。

青青子衿，悠悠我心。 ——诗经

[按照《中国注册会计师审计准则第1504号——在审计报告中沟通关键审计事项》的规定描述每一关键审计事项。]

（四）管理层和治理层对财务报表的责任

[按照《中国注册会计师审计准则第1501号——对财务报表形成审计意见和出具审计报告》的规定报告，参见前文"审计报告参考格式2"。]

（五）注册会计师对财务报表审计的责任

[按照《中国注册会计师审计准则第1501号——对财务报表形成审计意见和出具审计报告》的规定报告，参见前文"审计报告参考格式2"。]

二、按照相关法律法规的要求报告的事项

[按照《中国注册会计师审计准则第1501号——对财务报表形成审计意见和出具审计报告》的规定报告，参见前文"审计报告参考格式2"。]

××会计师事务所	中国注册会计师（项目合伙人）：×××（签名并盖章）
（盖章）	中国注册会计师：×××（签名并盖章）
中国××市	二〇×二年××月××日

（二）无法表示意见的审计报告

审计报告参考格式4：列示了由于注册会计师无法针对财务报表多个要素获取充分、适当的审计证据而发表无法表示意见的审计报告。

背景信息：

（1）对非上市实体整套财务报表进行审计。该审计不属于集团审计（即不适用《中国注册会计师审计准则第1401号——对集团财务报表审计的特殊考虑》）。

（2）管理层按照企业会计准则编制财务报表。

（3）审计业务约定条款体现了《中国注册会计师审计准则第1111号——就审计业务约定条款达成一致意见》关于管理层对财务报表责任的描述。

（4）对财务报表的多个要素，注册会计师无法获取充分、适当的审计证据。例如，对被审计单位的存货和应收账款，注册会计师无法获取审计证据，这一事项对财务报表可能产生的影响重大且具有广泛性。

（5）适用的相关职业道德要求为中国注册会计师职业道德守则。

（6）负责监督财务报表的人员与负责编制财务报表的人员不同。

（7）按照审计准则要求在注册会计师的责任部分作出更有限的表述。

（8）除财务报表审计外，按照法律法规的要求，注册会计师负有其他报告责任，且注册会计师决定在审计报告中履行其他报告责任。

审计报告

ABC股份有限公司全体股东：

一、对财务报表出具的审计报告

（一）无法表示意见

我们接受委托，审计ABC股份有限公司（以下简称"ABC公司"）财务报表，包括20×1

年12月31日的资产负债表，20×1年度的利润表、现金流量表、股东权益变动表以及相关财务报表附注。

我们不对后附的ABC公司财务报表发表审计意见。由于"形成无法表示意见的基础"部分所述事项的重要性，我们无法获取充分、适当的审计证据以作为对财务报表发表审计意见的基础。

（二）形成无法表示意见的基础

我们于20×2年1月接受ABC公司的审计委托，因而未能对ABC公司20×1年年初金额为×元的存货和年末金额为×元的存货实施监盘程序。此外，我们也无法实施替代审计程序获取充分、适当的审计证据。并且，ABC公司于20×1年9月采用新的应收账款电算化系统，由于存在系统缺陷导致应收账款出现大量错误。截至报告日，管理层仍在纠正系统缺陷并更正错误，我们也无法实施替代审计程序，以对截至20×1年12月31日的应收账款总额×元获取充分、适当的审计证据。因此，我们无法确定是否有必要对存货、应收账款以及财务报表其他项目作出调整，也无法确定应调整的金额。

（三）管理层和治理层对财务报表的责任

［按照《中国注册会计师审计准则第1501号——对财务报表形成审计意见和出具审计报告》的规定报告，参见前文"审计报告参考格式2"。］

（四）注册会计师对财务报表审计的责任

我们的责任是按照中国注册会计师审计准则的规定，对ABC公司的财务报表执行审计工作，以出具审计报告。但由于"形成无法表示意见的基础"部分所述的事项，我们无法获取充分、适当的审计证据以作为发表审计意见的基础。

按照中国注册会计师职业道德守则，我们独立于ABC公司，并履行了职业道德方面的其他责任。

二、对其他法律和监管要求的报告

［按照《中国注册会计师审计准则第1501号——对财务报表形成审计意见和出具审计报告》的规定报告，参见前文"审计报告参考格式2"。］

××会计师事务所   中国注册会计师（项目合伙人）：×××（签名并盖章）

（盖章）   中国注册会计师：×××（签名并盖章）

中国××市   二○×二年××月××日

任务五　强调事项段和其他事项段

一、强调事项段

（一）强调事项段的含义

审计报告的强调事项段是指审计报告中含有的一个段落，该段落提及已在财务报表中恰当列报或披露的事项，根据注册会计师的职业判断，该事项对财务报表使用者理解财务报表

君问归期未有期，巴山夜雨涨秋池。何当共剪西窗烛，却话巴山夜雨时。　——李商隐

至关重要。

（二）增加强调事项段的情形

如果认为有必要提醒财务报表使用者关注已在财务报表中列报或披露，且根据职业判断认为对财务报表使用者理解财务报表至关重要的事项，在同时满足下列条件时，注册会计师应当在审计报告中增加强调事项段：

（1）按照《中国注册会计师审计准则第1502号——在审计报告中发表非无保留意见》的规定，该事项不会导致注册会计师发表非无保留意见；

（2）当《中国注册会计师审计准则第1504号——在审计报告中沟通关键审计事项》适用时，该事项未被确定为在审计报告中沟通的关键审计事项。

按照《中国注册会计师审计准则第1504号——在审计报告中沟通关键审计事项》被确定为关键审计事项的事项，根据注册会计师的职业判断，也可能对财务报表使用者理解财务报表至关重要。在这种情况下，按照《中国注册会计师审计准则第1504号——在审计报告中沟通关键审计事项》的规定将该事项作为关键审计事项沟通时，注册会计师可能希望突出或提请进一步关注其相对重要程度。在关键审计事项部分，注册会计师可以使该事项的列报更为突出（如作为第一个事项），或在关键审计事项的描述中增加额外信息，以指明该事项对财务报表使用者理解财务报表的重要程度。

某一事项可能不符合《中国注册会计师审计准则第1504号——在审计报告中沟通关键审计事项》的规定，因而未被确定为关键审计事项（即该事项未被重点关注过），但根据注册会计师的判断，其对财务报表使用者理解财务报表至关重要（例如期后事项）。如果注册会计师认为有必要提请财务报表使用者关注该事项，根据审计准则的规定，该事项将包含在审计报告的强调事项段中。

某些审计准则对特定情况下在审计报告中增加强调事项段提出具体要求。这些情形包括：

（1）法律法规规定的财务报告编制基础不可接受，但其是由法律或法规作出的规定；

（2）提醒财务报表使用者注意财务报表按照特殊目的编制基础编制；

（3）注册会计师在审计报告日后知悉了某些事实（即期后事项），并且出具了新的审计报告或修改了审计报告。

除上述审计准则要求增加强调事项的情形外，注册会计师可能认为需要增加强调事项段的情形举例如下：

（1）异常诉讼或监管行动的未来结果存在不确定性。

（2）提前应用（在允许的情况下）对财务报表有广泛影响的新会计准则。

（3）存在已经或持续对被审计单位财务状况产生重大影响的特大灾难。

强调事项段的过多使用会降低注册会计师沟通所强调事项的有效性。此外，与财务报表中的列报或披露相比，在强调事项段中包括过多的信息，可能隐含着这些事项未被恰当列报或披露。因此，强调事项段应当仅提及已在财务报表中列报或披露的信息。

（三）在审计报告中增加强调事项段时注册会计师采取的措施

如果在审计报告中增加强调事项段，注册会计师应当采取下列措施：

（1）将强调事项段作为单独的一部分置于审计报告中，并使用包含"强调事项"这一术语的适当标题。

（2）明确提及被强调事项以及相关披露的位置，以便能够在财务报表中找到对该事项的详细描述。强调事项段应当仅提及已在财务报表中列报或披露的信息。

（3）指出审计意见没有因该强调事项而改变。

在审计报告中包含强调事项段不影响审计意见。包含强调事项段不能代替下列情形：

（1）根据审计业务的具体情况，按照《中国注册会计师审计准则第1502号——在审计报告中发表非无保留意见》的规定发表非无保留意见；

（2）适用的财务报告编制基础要求管理层在财务报表中作出的披露，或为实现公允列报所需的其他披露；

（3）按照《中国注册会计师审计准则第1324号——持续经营》的规定，当可能导致对被审计单位持续经营能力产生重大疑虑的事项或情况存在重大不确定性时作出的报告。

强调事项段部分置于审计报告的"审计意见"段之后，例如（完整审计报告的其他部分见前文参考格式，本处略）：

"（三）强调事项——火灾的影响

我们提醒财务报表使用者关注，财务报表附注×描述了火灾对ABC公司的生产设备造成的影响。本段内容不影响已发表的审计意见。"

二、其他事项段

（一）其他事项段的含义

其他事项段是指审计报告中含有的一个段落，该段落提及未在财务报表中列报或披露的事项，根据注册会计师的职业判断，该事项与财务报表使用者理解审计工作、注册会计师的责任或审计报告相关。

（二）需要增加其他事项段的情形

如果认为有必要沟通虽然未在财务报表中列报或披露，但根据职业判断认为与财务报表使用者理解审计工作、注册会计师的责任或审计报告相关的事项，在同时满足下列条件时，注册会计师应当在审计报告中增加其他事项段：

（1）未被法律法规禁止；

（2）当《中国注册会计师审计准则第1504号——在审计报告中沟通关键审计事项》适用时，该事项未被确定为在审计报告中沟通的关键审计事项。

具体讲，需要在审计报告中增加其他事项段的情形包括：

1.与使用者理解审计工作相关的情形

《中国注册会计师审计准则第1151号——与治理层的沟通》要求注册会计师就计划的审计范围和时间安排与治理层进行沟通，包括注册会计师识别的特别风险。尽管与特别风险相关的事项可能被确定为关键审计事项，根据《中国注册会计师审计准则第1504号——在审计报告中沟通关键审计事项》对关键审计事项的定义，其他与计划及范围相关的事项（比如计划的审计范围或审计时对重要性的运用）不太可能成为关键审计事项。然而，法律法规可能要求注册会计师在审计报告中沟通与计划及范围相关的事项，或者注册会计师可能认为有必要在其他事项段中沟通这些事项。

在极其特殊的情况下，即使由于管理层对审计范围施加的限制导致无法获取充分、适当的审计证据可能产生的影响具有广泛性，注册会计师也不能解除业务约定。在这种情况下，注册会计师可能认为有必要在审计报告中增加其他事项段，解释为何不能解除业务约定。

2.与使用者理解注册会计师的责任或审计报告相关的情形

法律法规或得到广泛认可的惯例可能要求或允许注册会计师详细说明某些事项，以进一步解释注册会计师在财务报表审计中的责任或审计报告。在这种情况下，注册会计师可以使用一个或多个子标题来描述其他事项段的内容。

但增加其他事项段不涉及以下两种情形：（1）除根据审计准则的规定有责任对财务报表出具审计报告外，注册会计师还有其他报告责任；（2）注册会计师可能被要求实施额外的规定的程序并予以报告，或对特定事项发表意见。

3.对两套以上财务报表出具审计报告的情形

被审计单位可能按照通用目的编制基础（如×国财务报告编制基础）编制一套财务报表，且按照另一个通用目的的编制基础（如国际财务报告准则）编制另一套财务报表，并委托注册会计师同时对两套财务报表出具审计报告。如果注册会计师已确定两个财务报告编制基础在各自情形下都是可接受的，可以在审计报告中增加其他事项段，说明该被审计单位根据另一个通用目的的编制基础（如国际财务报告准则）编制了另一套财务报表以及注册会计师对这些财务报表出具了审计报告。

4.限制审计报告分发和使用的情形

为特定目的编制的财务报表可能按照通用目的的编制基础编制，因为财务报表预期使用者已确定这种通用目的的财务报表能够满足他们对财务信息的需求。由于审计报告旨在提供给特定使用者，注册会计师可能认为在这种情况下需要增加其他事项段，说明审计报告只是提供给财务报表预期使用者，不应被分发给其他机构或人员或者被其他机构或人员使用。

需要注意的是，其他事项段的内容明确反映了未被要求在财务报表中列报或披露的其他事项。其他事项段不包括法律法规或其他职业准则（如中国注册会计师职业道德守则中与信息保密相关的规定）禁止注册会计师提供的信息。其他事项段也不包括要求管理层提供的信息。

如果在审计报告中包含其他事项段，注册会计师应当将该段落作为单独的一部分，并使用"其他事项"或其他适当标题。

三、与治理层的沟通

如果拟在审计报告中增加强调事项段或其他事项段，注册会计师应当就该事项和拟使用的措辞与治理层沟通。

与治理层的沟通能使治理层了解注册会计师拟在审计报告中所强调的特定事项的性质，并在必要时为治理层提供向注册会计师作出进一步澄清的机会。当然，当审计报告中针对某一特定事项增加其他事项段在连续审计业务中重复出现时，注册会计师可能认为没有必要在每次审计业务中重复沟通。

☑ 业务指导：在审计报告中提及专家工作

注册会计师不应在无保留意见的审计报告中提及专家的工作，除非法律法规另有规定。

如果法律法规要求提及专家的工作，注册会计师应当在审计报告中指明，这种提及并不减轻注册会计师对审计意见承担的责任。

如果注册会计师在审计报告中提及专家的工作，并且这种提及与理解审计报告中的非无保留意见相关，注册会计师应当在审计报告中指明，这种提及并不减轻注册会计师对审计意见承担的责任。

思考与练习

一、单项选择题

1.下列对审计过程中识别出的错报的考虑中，不正确的是（　　）。

A.被审计单位收集和处理数据的错误，属于事实错报

B.管理层作出的会计估计超出了注册会计师确定的合理范围而出现的差异属于判断错报

C.一项由于内部控制失效而导致的错报可能表明还存在其他错报

D.被审计单位运用不恰当的假设或评估方法而导致的错报通常是孤立发生的

2.项目质量控制复核人员执行复核时，需要考虑的事项包括（　　）。

A.审计工作是否已按照职业准则和适用的法律法规的规定执行

B.已获取的审计证据是否充分、适当

C.审计程序的目标是否已实现

D.复核财务报表和拟出具的审计报告，评价拟出具审计报告的恰当性

3.下列各项因素中，注册会计师在确定明显微小错报临界值时，通常无须考虑的是（　　）。

A.以前年度审计中识别出的错报

B.重大错报风险的评估结果

C.被审计单位治理层和管理层对注册会计师与其沟通错报的期望

D.被审计单位的财务报表是否分发给广大范围的使用者

4.审计人员发现被审计单位将下列资产负债表日后事项作为调整事项，恰当的是（　　）。

A.财务报表日后发生重大诉讼

B.财务报表日后以资本公积转增资本

C.财务报表日后税收政策发生重大变化

D.财务报表日后发现上年财务报表重大差错

5.报告年度所售商品于资产负债表日后的审计期间退回时，正确的处理方法是（　　）。

A.冲减发生退货当期的主营业务收入

B.调整报告年度年初未分配利润

C.调整报告年度的主营业务收入和主营业务成本

D.计入前期损益调整项目

6.项目负责经理对审计工作底稿的现场复核内容不包括（　　）。

A.审计工作是否已按职业准则的规定执行

B.助理人员专业是否胜任

C.已获取的审计证据是否充分、适当

D.审计程序的目标是否已实现

7.审计工作底稿的项目质量控制复核适用于（ ）。

  A.个体工商户年报审计   B.独资企业户年报审计

  C.有限公司年报审计   D.上市实体财务报表审计

8.如果认为财务报表在所有重大方面按照适用的财务报告编制基础的规定编制并实现公允反映，注册会计师应当发表审计报告的意见类型是（ ）。

  A.无保留意见 B.保留意见 C.否定意见 D.无法表示意见

9.下面有关就管理层的责任达成一致意见的说法中，错误的是（ ）。

  A.按照审计准则的规定，执行审计的前提是管理层已认可并理解其承担的责任

  B.在大多数情况下，管理层负责执行，而治理层负责监督管理层

  C.管理层设计、执行和维护必要的内部控制，以使编制的财务报表不存在由于舞弊或错误导致的重大错报

  D.注册会计师按照审计准则的规定执行的独立审计工作，可以代替管理层维护编制财务报表所需要的内部控制

10.注册会计师审计报告的收件人是指（ ）。

  A.中注协   B.证券监督管理部门以及证券交易所

  C.审计业务的委托人   D.被审计单位的管理层

11.注册会计师在审计报告中沟通的"关键审计事项"是指（ ）。

  A.认为对本期财务报表审计最为重要的事项

  B.导致非无保留意见的事项

  C.审计范围受到限制的事项

  D.注册会计师与被审计单位管理层意见分歧的事项

12.下列注册会计师应当发表无保留意见的情形是（ ）。

  A.认为财务报表在所有重大方面按照适用的财务报告编制基础编制并实现公允反映

  B.在获取充分、适当的审计证据后，注册会计师认为错报单独或汇总起来对财务报表影响重大，但不具有广泛性

  C.在获取充分、适当的审计证据后，注册会计师认为错报单独或汇总起来对财务报表影响重大，并且具有广泛性

  D.注册会计师无法获取充分、适当的审计证据以作为形成审计意见的基础，但认为未发现的错报（如存在）对财务报表可能产生的影响重大，但不具有广泛性

13.下列注册会计师应当发表保留意见的情形是（ ）。

  A.认为财务报表在所有重大方面按照适用的财务报告编制基础编制并实现公允反映

  B.在获取充分、适当的审计证据后，注册会计师认为错报单独或汇总起来对财务报表影响重大，并且具有广泛性

  C.注册会计师无法获取充分、适当的审计证据以作为形成审计意见的基础，但认为未发现的错报（如存在）对财务报表可能产生的影响重大，但不具有广泛性

  D.注册会计师无法获取充分、适当的审计证据以作为形成审计意见的基础，但认为未发现的错报（如存在）对财务报表可能产生的影响重大，并且具有广泛性

14.下列注册会计师应当发表否定意见的情形是（ ）。

A.在获取充分、适当的审计证据后，注册会计师认为错报单独或汇总起来对财务报表影响重大，但不具有广泛性

B.在获取充分、适当的审计证据后，注册会计师认为错报单独或汇总起来对财务报表影响重大，并且具有广泛性

C.注册会计师无法获取充分、适当的审计证据以作为形成审计意见的基础，但认为未发现的错报（如存在）对财务报表可能产生的影响重大，但不具有广泛性

D.注册会计师无法获取充分、适当的审计证据以作为形成审计意见的基础，但认为未发现的错报（如存在）对财务报表可能产生的影响重大，并且具有广泛性

15.下列注册会计师应当发表无法表示意见的情形是（　　　）。

A.在获取充分、适当的审计证据后，注册会计师认为错报单独或汇总起来对财务报表影响重大，但不具有广泛性

B.在获取充分、适当的审计证据后，注册会计师认为错报单独或汇总起来对财务报表影响重大，并且具有广泛性

C.注册会计师无法获取充分、适当的审计证据以作为形成审计意见的基础，但认为未发现的错报（如存在）对财务报表可能产生的影响重大，但不具有广泛性

D.注册会计师无法获取充分、适当的审计证据以作为形成审计意见的基础，但认为未发现的错报（如存在）对财务报表可能产生的影响重大，并且具有广泛性

二、多项选择题

1.下列对于明显微小的错报的理解中，错误的有（　　　）。

A.明显微小即不重大

B.注册会计师不需要累积明显微小的错报

C.明显微小错报的临界值确定为财务报表整体重要性的10%

D.注册会计师需要在制订审计计划时预先设定明显微小错报的临界值

2.若确定明显微小错报界限为5万元，意味着注册会计师认为（　　　）。

A.金额低于5万元的错报的汇总数低于实际执行的重要性水平

B.金额低于5万元的错报不需要纳入汇总范围

C.汇总错报的范围应当包括所发现的金额达到5万元的所有错报

D.金额高于5万元的错报都是重大的

3.项目负责经理执行复核时，需要考虑的事项包括（　　　）。

A.审计工作是否已按照职业准则和适用的法律法规的规定执行

B.已执行的审计工作是否支持形成的结论，并已得到适当记录

C.已获取的审计证据是否充分、适当，审计程序的目标是否已实现

D.复核财务报表和拟出具的审计报告，评价拟出具审计报告的恰当性

4.注册会计师审计工作底稿的项目组内部复核包括（　　　）。

A.三级复核　　　　　　　　　　　B.项目质量控制复核

C.项目负责经理的现场复核　　　　　D.项目合伙人的复核

5.注册会计师签发的审计报告，其具有的主要作用包括（　　　）。

A.鉴证　　　　　　B.评价　　　　　　C.保护　　　　　　D.证明

6.被审计单位下列属于资产负债表日后非调整事项的包括（　　）。

A.资产负债表日后发生巨额亏损

B.资产负债表日后发行股票和债券

C.资产负债表日后外汇汇率发生重大变化

D.资产负债表日确认的巨额商品销售，在资产负债表日后发生销售退回

7.被审计单位下列属于资产负债表日后调整事项的包括（　　）。

A.资产负债表日前被起诉，法院于资产负债表日后判决被审计单位应赔偿对方损失

B.资产负债表日后发生重大诉讼、仲裁、承诺

C.资产负债表日确认的大额应收款项，因资产负债表日后债务人突然破产而无法收回

D.资产负债表日后因自然灾害导致资产发生重大损失

8.在得出审计结论时，注册会计师应当考虑的事项包括（　　）。

A.是否已获取充分、适当的审计证据

B.未更正错报单独或汇总起来是否构成重大错报

C.评价财务报表是否在所有重大方面按照适用的财务报告编制基础编制

D.评价财务报表是否实现公允反映

9.注册会计师应当在审计报告中发表非无保留意见的情形包括（　　）。

A.在评估认定层次重大错报风险时，预期控制的运行是有效的

B.仅实施实质性程序并不能够提供认定层次充分、适当的审计证据

C.根据获取的审计证据，得出财务报表整体存在重大错报的结论

D.无法获取充分、适当的审计证据，不能得出财务报表整体不存在重大错报的结论

10.注册会计师在审计报告中发表非无保留意见的类型包括（　　）。

A.保留意见　　　　B.否定意见　　　　C.无法表示意见　　　D.不表示意见

11.下列属于管理层对财务报表的责任包括（　　）。

A.按照适用的财务报告编制基础的规定编制财务报表，使其实现公允反映

B.设计、执行和维护必要的内部控制，以使报表不存在由于舞弊或错误导致的重大错报

C.对财务报表整体是否不存在由于舞弊或错误导致的重大错报获取合理保证

D.评价会计政策的恰当性和会计估计的合理性，对财务报表是否合法、公允发表意见

12.下列属于注册会计师的责任包括（　　）。

A.按照适用的财务报告编制基础的规定编制财务报表，使其实现公允反映

B.对财务报表整体是否不存在由于舞弊或错误导致的重大错报获取合理保证

C.对财务报表是否合法、公允发表意见

D.评价管理层选用会计政策的恰当性和作出会计估计及相关披露的合理性

13.下列注册会计师不宜作为审计报告中沟通的"关键审计事项"包括（　　）。

A.导致非无保留意见的事项，以及审计范围受到限制的事项

B.注册会计师与被审计单位管理层意见分歧的事项

C.法律法规可能禁止公开披露的某些"敏感信息"

D.注册会计师认为对本期财务报表审计最为重要的事项

14.下列注册会计师应当发表保留意见的情形包括（　　）。

A.在获取充分、适当的审计证据后，注册会计师认为错报单独或汇总起来对财务报表影

响重大，但不具有广泛性

  B.在获取充分、适当的审计证据后，注册会计师认为错报单独或汇总起来对财务报表影响重大，并且具有广泛性

  C.注册会计师无法获取充分、适当的审计证据以作为形成审计意见的基础，但认为未发现的错报（如存在）对财务报表可能产生的影响重大，但不具有广泛性

  D.注册会计师无法获取充分、适当的审计证据以作为形成审计意见的基础，但认为未发现的错报（如存在）对财务报表可能产生的影响重大，并且具有广泛性

  15.下列各项注册会计师应当对财务报表发表无法表示意见的情形有（ ）。

  A.根据获取的审计证据，得出财务报表整体存在重大错报的结论

  B.无法获取充分、适当的审计证据，不能得出财务报表整体不存在重大错报的结论

  C.对管理层的诚信产生重大疑虑，以至于认为其作出的书面声明不可靠

  D.管理层不提供针对提供的信息和交易的完整性的书面声明

  16.当注册会计师对财务报表发表无法表示意见时，注册会计师应当修改无保留意见审计报告中形成审计意见的基础部分，包括（ ）。

  A.不应提及审计报告中用于描述注册会计师责任的部分

  B.不应说明注册会计师是否已获取充分、适当的审计证据以作为形成审计意见的基础

  C.说明注册会计师接受委托审计财务报表

  D.说明注册会计师不对后附的财务报表发表审计意见

  17.当由于无法获取充分、适当的审计证据而发表无法表示意见时，注册会计师应当修改审计报告的意见段，说明（ ）。

  A.注册会计师已获取充分、适当的审计证据以作为形成审计意见的基础

  B.注册会计师接受委托审计财务报表

  C.注册会计师不对后附的财务报表发表审计意见

  D.由于形成无法表示意见的基础部分所述事项的重要性，注册会计师无法获取充分、适当的审计证据以作为对财务报表发表审计意见的基础

三、判断题

  1.如果在审计完成阶段确定的修订后的重要性水平远远高于在计划阶段确定的重要性水平，注册会计师应重新评估已经获得的审计证据的充分性和适当性。 （ ）

  2.对应收账款存在认定的重大错报风险实施非统计抽样时，A注册会计师拟将余额低于明显微小错报临界值的客户划分为极不重要客户，不对其实施审计程序。 （ ）

  3.被审计单位主营业务收入存在严重高估，但注册会计师认为该高估错报与管理费用的高估错报相抵后对利润几乎没有影响，认为该高估错报并不重要。 （ ）

  4.注册会计师审计发现，截止到2019年12月31日，甲公司提前确认了大额营业收入，同时结转了营业成本。注册会计师分析营业收入与营业成本抵消后的差额，发现大大低于明显微小错报临界值，因此未建议甲公司管理层更正。 （ ）

  5.在审计完成阶段，注册会计师调整增加了财务报表整体的重要性水平，拟相应扩大审计程序的范围，以增加审计证据的数量。 （ ）

  6.注册会计师签署审计报告的日期通常与管理层签署已审计财务报表的日期为同一天，

或早于管理层签署已审计财务报表的日期。 （ ）

7.注册会计师对上市公司财务报表整体进行审计，需要对关键审计事项单独发表意见。

（ ）

8.如果专家工作结果致使注册会计师出具非无保留意见的审计报告，注册会计师可以考虑在审计报告中提及或描述专家的工作。 （ ）

9.注册会计师经过审计后认为，被审计单位财务报表存在应调整而被审计单位未调整的重大事项，注册会计师应发表保留意见或无法表示意见。 （ ）

10.无保留意见，是指当注册会计师认为财务报表在所有重大方面按照适用的财务报告编制基础编制并实现公允反映时发表的审计意见。 （ ）

11.注册会计师不应在无保留意见的审计报告中提及专家的工作，除非法律法规另有规定。 （ ）

12.如果法律法规要求提及专家的工作，注册会计师应当在审计报告中指明，这种提及并不减轻注册会计师对审计意见承担的责任。 （ ）

四、案例分析

1.登录上海/深圳证券交易所网站、上市公司官网，或者财经、证券类网站，在线检索下载不同行业类型中相关标杆上市公司的最新审计报告。

要求：

（1）分小组整理提交3~5家上市公司最新审计报告中的"关键审计事项"；

（2）各小组借助互联网等新媒体平台，查询行业企业背景资料，并结合审计报告中的"关键审计事项"，归纳、整理并提交案例企业的行业特点和年报审计应关注的重点领域等相关资料；

（3）各小组推荐代表，就"关键审计事项"话题在全班汇报分享交流。

2.登录中注协官网，查询近期的《上市公司年报审计情况快报》，选择"非无保留意见"上市公司审计报告真实案例，整理提交"保留意见""无法表示意见""否定意见"等审计报告实务案例各1篇。

参考答案

参考文献及网站

[1] 中国注册会计师协会. 审计 [M]. 北京：中国财政经济出版社，2020.

[2] 本书编写组. 审计理论与实务——审计专业技术资格考试辅导教材 [M]. 北京：中国时代经济出版社，2019.

[3] 李凤鸣. 审计学原理 [M]. 7版. 上海：复旦大学出版社，2019.

[4] 财政部会计资格评价中心. 初级会计实务 [M]. 北京：经济科学出版社，2019.

[5] 中注协. 中国注册会计师职业道德守则 [OL]. http://www.cicpa.org.cn.

[6] 中注协. 中国注册会计师职业道德守则问题解答 [OL]. http://www.cicpa.org.cn.

[7] 财政部. 关于印发38项审计准则的通知（财会〔2010〕第21号）[OL]. http://www.cicpa.org.cn.

[8] 财政部. 关于印发12项审计准则的通知（财会〔2016〕第24号）[OL]. http://www.cicpa.org.cn.

[9] 财政部. 关于印发18项审计准则的通知（财会〔2019〕第5号）[OL]. http://www.cicpa.org.cn.

[10] 中注协. 关于印发24项审计准则应用指南的通知 [OL]. http://www.cicpa.org.cn.

[11] 财政部. 企业会计准则应用指南 [M]. 上海：立信会计出版社，2018.

[12] 中国内审协会. 内部审计准则 [OL]. http://www.ciia.com.cn.

[13] 中华人民共和国审计署官网，http://www.audit.gov.cn.

[14] 中国注册会计师协会官网，http://www.cicpa.org.cn.

[15] 中国内部审计协会官网，http://www.ciia.com.cn.

[16] 中国会计视野，http://www.esnai.com.

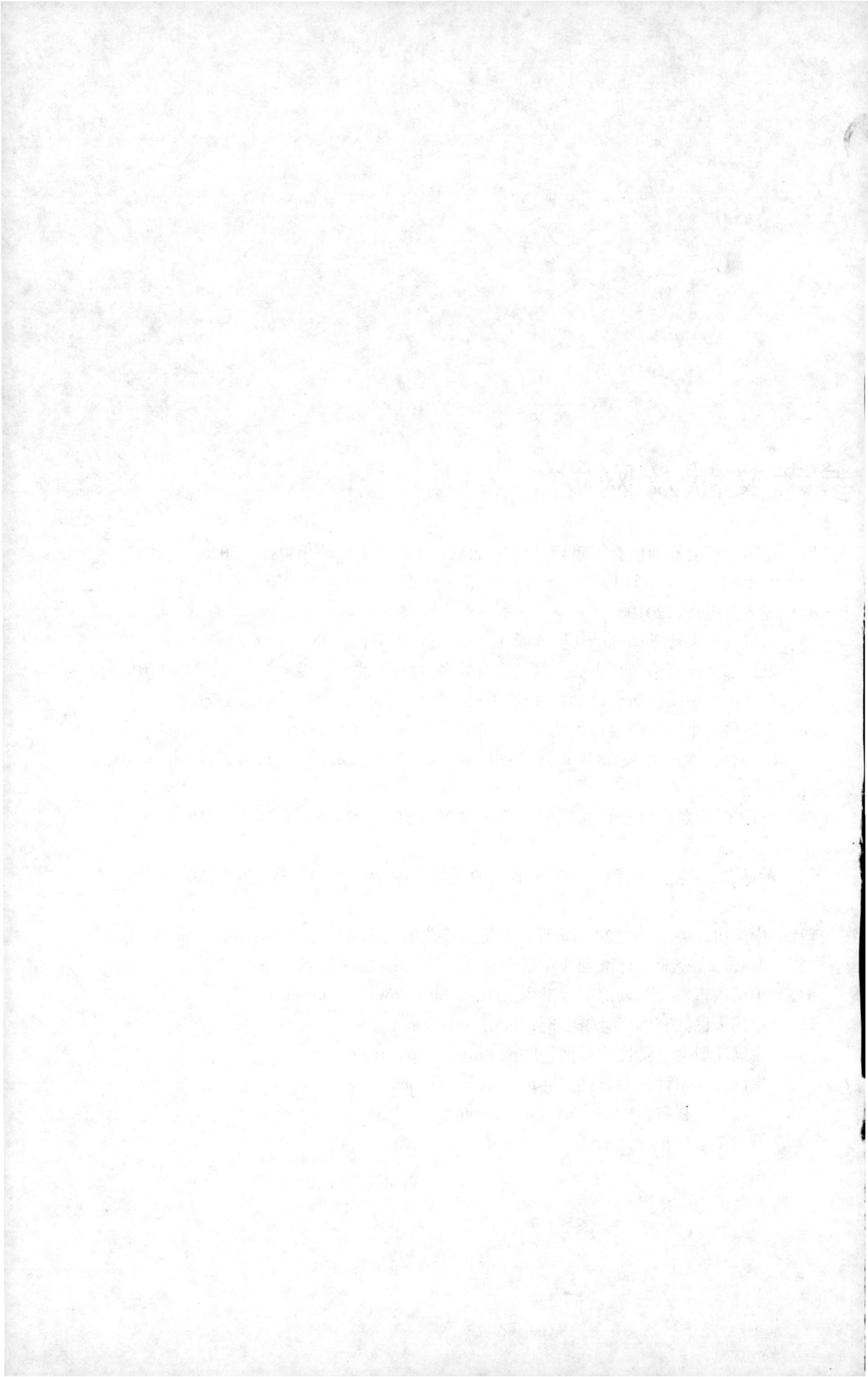